H. H. Johnston

Der Kongo

H. H. Johnston

Der Kongo

ISBN/EAN: 9783743333529

Manufactured in Europe, USA, Canada, Australia, Japa

Cover: Foto ©ninafisch / pixelio.de

Manufactured and distributed by brebook publishing software (www.brebook.com)

H. H. Johnston

Der Kongo

DER KONGO.

REISE VON SEINER MÜNDUNG BIS BOLOBO

NEBST EINER SCHILDERUNG DER KLIMATISCHEN,
NATURGESCHICHTLICHEN UND ETHNOGRAPHISCHEN VERHÄLTNISSE
DES WESTLICHEN KONGOGEBIETES.

VON

H. H. JOHNSTON,

MITGLIED DER KÖNIGLICHEN GEOGRAPHISCHEN GESELLSCHAFT UND DER
ZOOLOGISCHEN GESELLSCHAFT ZU LONDON.

AUTORISIRTE DEUTSCHE AUSGABE.

AUS DEM ENGLISCHEN

VON

W. VON FREEDEN.

MIT 78 ABBILDUNGEN UND 2 KARTEN.

LEIPZIG:
F. A. BROCKHAUS
1884.

HERRN

HENRY MORELAND STANLEY

WIDMET DIESES BUCH

IN ERINNERUNG AN SEIN FREUNDLICHES ENTGEGENKOMMEN

DER VERFASSER.

VORWORT DES VERFASSERS.

Ich glaube, ein Negerfürst hat einstens zu den Eroberungen der angelsächsischen Rasse die Bemerkung gemacht, von ihr werde erst der Missionar, dann der Kaufmann und zuletzt der britische Soldat ausgeschickt. Der politischen Eroberung gleicht im gewissen Sinne die Besitzergreifung neu zu erforschender Gegenden durch die Wissenschaft. Der Pionier ist ein Mann vom Schlage der Livingstone und Stanley, welcher rasch eine unbekannte Gegend durchschreitet, ihren Gefahren trotzt, ihre Entbehrungen erduldet und seinen Nachfolgern die Stellen anweist, an welchen seine Entdeckungen am besten wieder aufgenommen und im einzelnen weiter verfolgt werden können. Wie darum Stanley mit vollem Recht der grosse Missionar unserer Kenntniss vom Kongo genannt wird, so glaube ich mich für den Kaufmann ausgeben zu dürfen, der bescheidentlich seinen Spuren folgte und vor den Augen der Welt einige Proben aus den bislang nicht aufgeschlossenen Fundgruben der Forschung ausbreitet, deren Vorhandensein der grosse Entdecker wol andeuten konnte, ohne aber ihre Reichthümer auf seinem eiligen Marsche heben zu können. Dieses Werk macht keinen Anspruch darauf, von neuen Entdeckungen zu erzählen, weil ich wenig Plätze besuchte, die nicht bereits bekannt waren, noch von wissenschaftlichen Forschungen zu berichten, weil mir die dazu erforderliche Gelehrsamkeit fehlt. Ich habe nur versucht, mit Hülfe von Feder und Pinsel einen einfachen Führer am Kongo herzustellen, welcher sowol dem künftigen Reisenden als auch dem zu Hause bleibenden Leser eine leidlich richtige Vorstellung von den charakteristischen Zügen des grossen Stromes vermitteln soll. Alle Schilderungen und Zeichnungen dieses Buches sind unmittelbar nach der Natur entworfen und ihre Mängel rühren eher von einer Unvollständigkeit im einzelnen her als von ungenauer Skizzirung des ganzen. Fast das ganze Buch ist inmitten meines Beobachtungsfeldes entstanden. Viele Kapitel sind genau so dem Druck übergeben, wie sie mit Bleistift niedergeschrieben wurden, wenn ich entweder an einer schattigen Stelle rastete, oder im Kanoe den Fluss entlang fuhr. Alle Bilder sind direct nach meinen Zeichnungen photographirt und theilweis als getreue Facsimiles derselben in mechanischer Reproduction für den Druck hergestellt.

Bevor ich zu neuem Ausfluge ausziehe, wünsche ich allen Freunden, die mir auf der ersten Reise geholfen haben, meinen herzlichen Dank auszusprechen. Herr H. M. Stanley muss sich mit der einfachen Anführung seines Namens begnügen; wollte ich alle seine Liebenswürdigkeiten einzeln aufzählen, so müssten meine Verleger sich zu einer Ausgabe in zwei Bänden entschliessen. Kaum weniger Dank schulde ich Herrn Augustus Cohen, dem englischen Consul für Angola und den Kongo, dessen anregende Gastfreundschaft viel dazu beigetragen hat, seinen Wohnsitz in Loanda meinem Herzen theuer zu machen. Ebenfalls habe ich zu danken dem Commandanten I. M. S. „Rambler", Herrn Kapitän Algernon Littleton, für die lange und angenehme Kreuzfahrt längs der afrikanischen Küste, wie ich auch noch andern afrikanischen Freunden meine aufrichtige Erkenntlichkeit aussprechen möchte, namentlich Herrn Robert Scott Newton, britischen Viceconsul zu São Paulo de Loanda, Mijnheer A. de Bloeme, von der Holländischen Handelsgesellschaft am Kongo, und Herrn T. J. Comber, von der Baptisten-Mission am Stanley-Pool.

Aufrichtigsten Dank schulde ich endlich allen Herren, welche mir so häufig beigestanden und Muth eingeflösst haben, den Herren H. W. Bates, Secretär der königl. Geographischen Gesellschaft, Dr. Philip Lutley Sclater, Secretär der Zoologischen Gesellschaft, Professor Oliver vom Herbarium zu Kew, Edwin Arnold, Herausgeber des „Daily Telegraph", E. C. Reye, vom „Field", und Carmichael Thomas, vom „Graphic."

LONDON, im Februar 1884.

H. H. Johnston.

VORWORT DES ÜBERSETZERS.

Ein Zug wie gegen das Ende des 15. Jahrhunderts geht durch die europäische Welt. Wie damals das Bedürfniss nach Ausdehnung ihrer Handelsbeziehungen die romanischen Völker Europas nach dem neuen Welttheil hinüberführte, so drängt dasselbe Streben jetzt die germanisch-angelsächsische Rasse zur Erschliessung des bis dahin allen darauf gerichteten Versuchen trotzig widerstehenden dunkeln Welttheils. Die lange Jahre hindurch unternommenen Reisen durch die trost- und hoffnungslosen Wüsten des nördlichen Afrika sollen jetzt ihren praktischen Lohn finden in der Cultivation und Colonisation des mittlern Afrika, nachdem durch die bahnbrechende Reise Stanley's ein benutzbarer Wasserweg in das bisher völlig unbekannte Innere gefunden worden ist. Seine begeisterten Erzählungen von dem Reichthum des centralen Afrika an Menschen und Handelsartikeln verschiedenster Art mussten wie die Erzählungen des ersten Westindienfahrers vor dem Hofe der kastilischen Isabella die stammverwandten Nationen reizen, das kühn begonnene Werk mit grössern Kräften, kühlerer Ueberlegung und klarer gestellten Zielen fortzuführen. Nicht mehr als abenteuernder Pionier im steten Kampfe ums Dasein, sondern mit der bestimmten Absicht, friedliche dauernde Handelsverbindungen mit den zahlreichen An- und Umwohnern des gewaltigen Kongostromes anzuknüpfen, hat Stanley, allen voran, zum zweiten mal, und diesmal stromaufwärts von Westen her sich zum Schauplatz seiner frühern vorübergehenden Thaten zurückbegeben, und dort zunächst eine Reihe fester Stationen als Stütz- und Haltepunkte für die weitere gründlichere Erforschung Innerafrikas angelegt.

Unser Reisender, Herr Johnston, ist einer von Stanley's freiwilligen Nachfolgern und Helfern am Werk. Was zu diesem Berufe nöthig ist, bringt er in reichlichem Masse mit: gute Empfehlungen und die äussern Mittel, körperliche Gesundheit und umsichtige aufmerksame Pflege derselben, wie sie nicht blos seine zarte, wenn auch zähe, sondern jede europäische Constitution erfordert, scharfe künstlerisch geübte und verfeinerte Beobachtungsgabe, warme Theilnahme für alles was Land und Leute, Wald und Flur, die Pflanzen und Thierwelt bieten, endlich eine Herz und Geist erquickende, malerisch schöne, wahrheitliebende und stets von einem edlen Humor gewürzte Darstellung. Die Lektüre seines Reisehandbuchs, wie der liebenswürdige Reisende das Werk selber bescheidentlich nennt, wird wahrscheinlich eine zwiefache Wirkung haben. Ein Theil seiner Leser wird sich von seinen packenden Schilderungen angeregt fühlen, seinen Fussstapfen zu folgen, um die gepriesenen Wunder der Wald-, Berg- und Fusspartien mit eigenen Augen zu schauen, gelegentlich wie Johnston zu Msuata eine längere beschauliche Rast nach 16 monatlichem Umherstreifen zu nehmen, dann aber das Werk in cultivirendem Geiste weiter fortzusetzen, — die andern werden, befriedigt von dem gebotenen Einblick in die innerafrikanische Welt, als wären sie selber auch dagewesen, mit um so tieferer Ueberzeugung von der Gesundheit des Klimas des innerafrikanischen Hochlandes, von der Ergiebigkeit seines Bodens und seiner Gebirge als Unterlage gedeihlichen Handels, kurz von der Sicherheit des Gelingens, allen Bestrebungen Vorschub leisten, welche dieses jungfräuliche weitgedehnte Land in unsere Machtsphäre hineinziehen wollen.

Deutschland hat sich dem Streben anderer europäischer Nationen angeschlossen, in jenen weiten herrenlosen Gebieten Centralafrikas eine Verwendung für sein überschüssiges Material an Menschen und seine Kapitalkraft zu suchen. Wenn wir schon die bereits angebahnte Schutzherrschaft über verschiedene Küstenstrecken des mittlern und südlichen Afrika als endlichen Anfang colonialen Besitzes willkommen heissen, so werden wir erst recht einem aussichtsvollen Vorgehen längs des Kongo und einer Colonisation Innerafrikas durch deutsche Ackerbauer und Bergleute das Wort reden. Uns leitet dabei die feste Voraussicht, dass die Einwanderer dort bei vernünftiger Rücksicht auf ihre Gesundheit ein reichliches Auskommen finden und in der von ihnen zu begründenden staatlichen Ordnung dem Mutterlande nicht so entfremdet werden, wie es leider in den übrigen von der Auswanderung begünstigten Gebieten gewöhnlich der Fall ist.

Da das Reisewerk Johnston's eine überaus klare und tiefe Einsicht in die verschiedenen hierbei in Betracht kommenden Verhältnisse gewährt und Land und Leute dem prüfenden Blick wirklich überraschend nahegeführt werden, so ist es gewiss dankbar anzuerkennen, dass die Verlagshandlung dieses hochinteressante Werk sobald als möglich dem grössern deutschen Publikum zugänglich gemacht hat. Ein Vergleich der Daten der Vorreden mag den äussern

Beweis liefern für den Eifer, mit welchem, trotz aller
Schwierigkeiten der blumen- und bilderreichen, gar oft an
die classischen Darstellungen in Humboldt's „Ansichten der
Natur" erinnernden und doch so fraglos aufrichtigen Darstellung, und der vielen naturwissenschaftlichen und sprachlichen Excurse am Schlusse des Werkes, versucht worden
ist, dem gerechten Verlangen unserer deutschen Leser nach
einer gründlichen Belehrung über die wahre Natur des
Kongolandes zu entsprechen.

BONN, im September 1884.

W. von Freeden.

Inhalt

	Seite
Die Insel gegenüber Kinschascha	266
Camoensia maxima	277
Eine Pythonschlange	301
Flösselhecht (*Polypterus*)	312
Hydrocyon (?) — *Erythrinus* (?)	313
Schizorhis gigantea	323
Sporenkibitz (Krokodilswächter)	344
Ein Galago-Maki	347
Eine Wasserbock-Antilope	357
1. Mujansi. 2. Muteke. 3. Mussirongo	367
Ein Nkimba	378
Ein Mbuma. Ein Mujansi	384
Ein Muster der Tätowirung	391
Eine Bateke-Frau	393
Ein Kongo-Schaf	399
Bateke-Stuhl	402
1. Töpferwaren vom obern Kongo. 2. Antilopenhorn-Trompete. 3. Pulverflasche	403
Leier der Eingeborenen. Messer der Bajansi	404
Hackemesser der Bajansi. Axt als Zeichen der Würde eines Häuptlings der Bateke	405
Ein Eingeborener vom untern Kongo	409
Der Fetisch und die geheiligte Lanze von Ganschu	413

SEPARATBILDER.

Ibaka, König von Bolobo (Titelbild).	
Schildraben auf dem Strande von Banana	22
Kissange vom Fluss aus gesehen	28
Vivi von der Strasse nach Isangila aus gesehen	42
Der untere Kongo von Vivi aus gesehen	44
Die Jellala-Wasserfälle	68
Der Kongo vom Hochland von Manjanga aus gesehen	113
Landschaft in der Nähe von Lutete	124
Landschaft am obern Kongo	238

KARTEN.

Skizze vom Stanley-Pool. (S. 171.)
Physikalische Karte der Westküste von Afrika.
Der Kongo von seiner Mündung bis Bolobo.

ERSTES KAPITEL.

VON SÃO PAULO DE LOANDA NACH DEM KONGO.

Ambris. — Ueberlandreise nach Kinsembo. — Ein afrikanisches Mittagsessen. — Bücher als Mittel gegen den Branntwein. — Beschreibung von Kinsembo. — Die „Calemma". — Pflanzenwuchs. — Ueberlandreise nach Muserra. — Ein merkwürdiger Monolith. — Pflanzengeographie von Südwestafrika. — Das wüste Grenzgebiet der Tropen. — Ambrisette. — Affenbrotbäume. — Schönheiten der Pflanzenwelt. — Der Handelsweg. — Die Eingeborenen und die Einverleibung. — Cabeça da Cobra. — Der Busch von Cabeça da Cobra. — Jasminsträucher. — Muschirongos. — Der Kongo. — Seine Mündung. — Farbe seines Wassers. — Banana Point. — Krujungen. — Krumanos und Kabindas. — Lehrlingszeit und Sklaverei.

Affenbrotbaum
(Baobab) Blätter und
Blüten ansetzend.

ERSTES KAPITEL.
VON SÃO PAULO DE LOANDA NACH DEM KONGO.

Im Monat October des Jahres 1882 verliess ich Loanda, um einen lange liebgewonnenen Gedanken auszuführen, den Kongostrom zu besuchen, seine wenig bekannte Natur zu studiren und so genau als möglich die Landschaften und Bewohner eines Landes zu porträtiren, welches die Kunst der Photographie noch nicht erreicht und kein Naturforscher jemals bereist hat.

Nachdem ich mir einen Platz auf einem holländischen Frachtdampfer genommen hatte, fuhr ich nordwärts längs der Küste bis Ambris, der letzten Besitzung der Portugiesen in der Pro-

1*

vinz Angola, welche von Loanda etwa 60 engl. Meilen entfernt liegt. Als wir früh morgens dort anlangten, stieg ich für einige Zeit aus, weil ich eine Strecke längs des Strandes in der Hängematte zurücklegen wollte, um näher mit dem hier an dem Meere angrenzenden Lande bekannt zu werden. Träger sind in Ambris nicht immer leicht zu erhalten und gerade zu damaliger Zeit war es besonders schwer, weil der Kaffeetransport aus dem Innern nach den Lagerhäusern der Kaufleute lohnendere Arbeit gab als die mühseligere Aufgabe, einen weissen Mann in der Hängematte nach Kinsembo zu tragen. Der Tag verging in verdriesslichem, hoffnungslosem Warten im Hause eines englischen Kaufmanns, und ich begann mich mit der Nothwendigkeit vertraut zu machen, mich in den unangenehmen Gedanken zu ergeben, eine Nacht bei den Fliegen und Moskitos zuzubringen, mit welchen Ambris alle Neuangekommenen begrüsst; indessen als die Sonne beinahe bis zum Seehorizont herabgesunken war, stellte sich nach und nach eine hinreichende Anzahl Leute ein, eine Hängematte wurde geborgt, und ich schüttelte vergnügt den Staub von Ambris von meinen Füssen und verfiel bald in den bequemen halb träumerischen Zustand, welchen die schwingende Bewegung der Hängematte hervorruft. Eine Zeit lang führte uns der Weg am Strande entlang, so recht im Gischt der rollenden Brechseen hin, von deren betäubendem Brüllen einem die Ohren sausen. Hier, geschützt vor ihrer fürchterlichen Gewalt, auf der sichern Mutter Erde, konnte ich mit ungestörtem Interesse mich über den unwiderstehlichen Anprall und Rückprall der Wogen wundern, welche alles Landen ausser in einem Brandungsboot an diesen freiliegenden Küsten unmöglich machen. Ein halbstündiger Trab der Leute brachte uns an den Fluss Lodje, die gegenwärtige nördliche Grenze der portugiesischen Besitzungen in Unterguinea. Die Mangrovegebüsche, welche seine schmale Mündung einfassen, sind sehr schön und malerisch und geben den zahlreichen Wasservögeln Schutz, welche eifrig ihre Abendmahlzeit fischten, während wir uns rüsteten hinüber zu setzen. Ein Kanoe mit Eingeborenen kam vom jenseitigen Ufer und brachte uns in zwei Fahrten hinüber; dann den Fluss verlassend marschirten wir durch verschiedene schwarze und übeldünstende Sümpfe, in denen die Zweige der Mangroven so niedrig hingen, dass sie mich oft unters Kinn fassten und beinahe aus der Hängematte warfen.

Als der Boden fester und härter wurde, säumten Wälder von „Kandelaber"-Euphorbien, hässliche verhext aussehende Dinger, den Weg ein, und bildeten die einzige sichtbare Vegetation bis Kinsembo. Hier wurde ich natürlich mit jenem cordialen Willkommengruss und der herzlichen Gastfreundschaft empfangen, welche alle englischen Kaufleute in Westafrika dem Fremden bieten, mag seine gesellschaftliche Stellung oder Nationalität sein welche sie wolle. In einem wohnlichen luftigen Zimmer, dessen Hintergrund mit einer Orgel, und dessen Wände mit Bildern geschmückt waren, setzten wir Freunde von fünf Minuten uns zu einer so schönen Mahlzeit nieder, als die Zinnbüchsen von Kinsembo nur liefern konnten.

In solchen Plätzen, wo eine Landeskost fast gar nicht existirt, und ausser einem gelegentlichen Wasserbock *(Cobus antelope)* und einer Schüssel kleiner Austern nichts zu haben ist, leben die Europäer fast ausschliesslich von den von England gesandten Vorräthen und befinden sich wohl dabei. Ein Fremder an dieser Küste fühlt sich völlig überrascht von der Güte und Mannichfaltigkeit dieser eingemachten Speisen und, abgesehen von einer kleinen Schüssel Salat, nach welcher man sich gelegentlich sehnt, ist die von den grossen Lieferanten von Conserven zur Verfügung gestellte Speisekarte in Afrika eine durchaus appetitliche. An einem der in Kinsembo verlebten Abende hatten wir das nachstehende Souper, dessen Karte ich zum Troste aller nach mir die Westküste von Afrika besuchenden Reisenden hier folgen lasse.

Mock-Turtlesuppe.
Lachs.
Hummer.
Kaninchen-Ragout mit Curry-Reis.
Gebratenes Rindfleisch Gekochtes Hammelfleisch
(mit eingemachten *Kartoffeln*).
Wildpastete.
Spargel.
Plumpudding.
Pfirsiche.   Stachelbeeren.
Thee.   Biscuits.

Ausser dem Reis mit Curry war alles den Büchsen entnommen, und der Plumpudding und der Spargel waren ganz besonders ausgezeichnet.

Nicht alle Kaufleute an dieser Küste leben so gut; nur die englischen Kaufhäuser haben die Gewohnheit, ihre Angestellten derartig zu verpflegen. Andererseits muss ich leider zugestehen, dass unter den englischen Kaufleuten die Trunksucht verbreitet ist, obgleich in letzter Zeit dieses Uebel erfolgreich bekämpft wird durch reichliches Angebot von kohlensauren Getränken und leichtem deutschen Bier. Man bedarf in Afrika des Alkohols weniger als sonst irgendwo, und man wird mit guter nahrhafter Kost der Blutarmut wirksamer entgegen arbeiten als mit hitzigen, Fieber erzeugenden Getränken. Die geistige Gedrücktheit, eine Folge des entnervenden Klimas, wird in gesünderer Weise durch

interessante unterhaltende Lektüre gehoben, besonders wenn
sie mit einer Tasse heissen Kaffees verbunden wird, als durch
die beständigen Gläser Grog oder die verschiedenen „Schlucks"
Cognac, „Angostura-", „Ingwer-", oder „China-Bittern",
deren Alkoholzusatz immer vermehrt werden muss, damit
sie auf die abgestumpften Sinne einwirken. Wenn mir,
nachdem ich den grössten Theil des westlichen Afrika, von
der Gambiaküste bis Mossamedes hinunter, bereist, und die
Gastfreundschaft so vieler grossen afrikanischen Handelsgesellschaften genossen habe, gestattet wird, ihren Prinzipalen
in Europa einen guten Rath zu geben, so würde ich ihnen
zurufen „Schicken Sie soviel gute Bücher als möglich hinaus.
Bedenken Sie, dass in Afrika der Geist mehr in Gefahr ist
Hunger zu leiden als der Körper, und dass bei allen, welchen
das wundervolle Land, in dem sie wohnen, nicht selber ein
grosses aufgeschlagenes Buch der Mutter Natur ist, die Er-
schlaffung des Geistes, das tödliche Heimweh und die düstere
Niedergeschlagenheit am besten bekämpft und zerstreut wird,
nicht durch beständiges Nippen geistiger Getränke, sondern
durch hübsche Novellen, humoristische Erzählungen und
wissenschaftliche Schilderungen, deren unsere Literatur so
viele bietet." Wenn dann die Oellampe angezündet und
die düstere afrikanische Nacht selbst von den Fenstern durch
das hellstrahlende Licht verdrängt ist, dann wird der Europäer den fremden Zauber draussen — die Sümpfe und Marschen mit ihren weissen giftigen Nebeln, die zanksüchtigen
„Nigger", die strahlend und glänzend vor Schweiss um ihre
Feuer herumtanzen, die grossen Nachtmotten und garstigen
Fledermäuse — vergessen über den schönen Schöpfungen
und heitern Gedanken unserer „Ritter vom Geiste". Indem
ich Kinsembo als Stelle für diese Bemerkung wählte, habe
ich übrigens keineswegs andeuten wollen, als ob die würdigen

dort angestellten Engländer mehr als anderswo ihren Trost und ihre Zuflucht zum Alkohol nehmen; aber weil es eine der wenigen grossen Handelsniederlassungen ist, welche ich auf meinem Wege zum Kongo angetroffen, so benutze ich die Gelegenheit auszusprechen, was ich als alter Afrikaner für das brennendste und am leichtesten zu befriedigende Bedürfniss der englischen Faktoreien im westlichen Afrika halte — mehr Bücher, weniger Branntwein!

Kinsembo ist ein blühender Platz, was seinen Handel anbetrifft; ohne Zweifel hat es viel von dem Kaffee, Elfenbein und Gummi an sich gezogen, welches sonst nach Ambris gebracht wäre; denn es ist durch die Niederlassung vieler Handlungshäuser entstanden, welche Ambris und Portugiesisch-Afrika verliessen, um von dessen Ein- und Ausgangszöllen befreit zu werden.

Die verschiedenen Gebäude von Kinsembo stehen alle oben auf einer Reihe hoher rother Klippen, welche an der Mündung eines kleinen Flusses in einen langen Felsgrat auslaufen. Dieser Fluss hat natürlich eine Sandbarre, sonst würde seine Mündung den so dringend nöthigen Hafen abgeben. Unter jetzigen Umständen ist das Löschen und Laden mit beträchtlicher Gefahr verbunden, weil die Brechseen hier fast noch mehr zu fürchten sind, als an irgend einem andern Theil der Südwestküste. Zur Zeit der „Calemma" (so nennen die Portugiesen die schweren „Roller", welche dann und wann über den Atlantic daherkommen) gewährt der Strand von Kinsembo, von oben herunter gesehen, ein grossartiges Schauspiel. Woge nach Woge kommt heran wie eine Schar Rennpferde, stürzt sich auf den Strand, prallt in die Höhe und rollt wieder zurück, einer andern nachfolgenden entgegen. Zuweilen thürmen sich die Wellen zu einer einzigen übereinander zusammen, gewöhnlich ist aber jedesmal die dritte die schlimmste, und nachdem diese Riesenwelle ihre Kraft erschöpft hat, tritt eine Zwischenzeit verhältnissmässiger Ruhe ein [1], welche die Bootsleute krampfhaft zu benutzen suchen. Zu landen in einer „Calemma" ist nach meiner Meinung weniger gefährlich als nach See zu gelangen. Auf alle Fälle bringt beides eine „angstvolle Viertelstunde", voll unterdrückter Aufregung und Sorge. Das grosse Brandungsboot, ohne Bug noch Stern, damit es nach Belieben vorwärts oder rückwärts bewegt werden kann, hochgekrümmt an beiden Enden und dem wachsenden Monde ähnlich an Gestalt, wird von einem Manne gesteuert, der in dem nach See gerichteten Ende des Bootes steht und sich zum Steuern eines langen Riemens bedient. Er fährt bis in eine gewisse Entfernung vom Strande, wartet dann vorsichtig seine Zeit ab, sucht sich einen starken Roller aus, und reitet auf ihm mit unwiderstehlicher Hast dem Strande zu, wo das Boot sofort von den herausspringenden Ruderern angefasst und strandaufwärts fortgeschleppt wird, bevor die zurückrollenden Gewässer es der Vernichtung entgegenführen.

Die Kinsemboküste ist weniger dürr als die von Ambris, immerhin ist die Vegetation noch recht dürftig. Doch treten zum ersten male Hyphaene- oder Dum-Palmen auf, wenn man von Süden die Küste heraufkommt, auch zeigen sich oben auf den Klippen seltsam verstümmelte Affenbrotbäume oder Baobabs (welche einige Botaniker für eine besondere Art halten), und eine plump aussehende Winde wuchert am Strande vermischt mit der Calabarbohne.

---

[1] In der „Spanischen See" oder im Golf von Biscaya wird diese rhythmische Bewegung der oceanischen Wellen bereits wahrgenommen. Die holländischen Seeleute nennen diese drei zueinander gehörigen Seen oder Wellen *„Jan", en „zijn Maat", en „zijn Maatsmaat"*! Vgl. auch Mrs. Gill: *Six Months in Ascension*, Kap. 4, 8, 12, 22.

Die übliche parkartige Landschaft des Innern beginnt erst 10 km von der Küste. Kinsembo ist, wenn man vom Süden aus Angola kommt, einer der ersten Punkte, wo sich der Einfluss des Kongo bemerkbar macht. Die wenigen eingeborenen Stämme gleichen in ihrem Dialekt mehr den Ba-Kongo, als den südlicher wohnenden benachbarten Bundavölkern.

Hyphaene Guineensis.

Die Ueberlandreise nach Muserra, der nächsten Handelsniederlassung, erfordert ungefähr fünf Stunden zu Fuss oder in der Hängematte, indessen gebrauchte ich etwas längere Zeit, weil ich anhielt, um die seltsame Säule von Muserra zu zeichnen, einen grossen zugespitzten Stein, der auf einer ebenen Steinplatte balancirt, und den Gipfel einer kleinen Erhöhung krönt, auf dem er weithin sichtbar ist, sowol nach See als nach dem Binnenlande zu. Ich habe keine Ahnung, woher dieser merkwürdige Monolith rühren mag; nur halte ich es für unwahrscheinlich, dass er von Menschenhand dort hingestellt ist. Man findet eine Menge ähnlicher Blöcke in verschiedenen Theilen der Landschaften des untern Kongo. Am Fuss des niedrigen Hügels, auf welchem die Säule steht, findet sich nur wenig Vegetation ausser dem gewöhnlichen Durcheinander von Euphorbien und Aloë, und da kein Busch Schatten gewährt, so entwarf ich

meine Skizze des Monolithen so rasch als möglich und eilte
dann weiter durch die brennende Sonne. Wir passirten
viele Maniokpflanzungen und tauchten auf einmal wieder
am Strande auf, wo ich im Schutz einiger niedriger Jasmin-
gebüsche kurze Zeit halt machte, um auszuruhen und mich

Säule von Muserra.

durch ein frugales Frühstück zu stärken; dann ging es
wieder weiter und wir erreichten die holländische Faktorei[1]
in Muserra gerade zur Essenszeit.

Die Gegend bei dieser Niederlassung hat fast denselben
Charakter wie bei Kinsembo. Dasselbe dürre Gras, dieselben

---

[1] Alle Handelsniederlassungen an der westafrikanischen Küste heissen
Faktoreien, nach dem portugiesischen Worte „*feitoria*“ = Geschäftsplatz.

spärlich verstreuten Gebüsche und Euphorbien; aber hier wird der reiche Pflanzenwuchs des Innern bereits auf 5 km Entfernung von der Küste angetroffen; derselbe rückt allmählich, wie man sieht, der See näher, bis bei Cabeça da Cobra die letzten Spuren des Einflusses der Wüste verschwinden und eine tropische Ueppigkeit der Flora zu herrschen beginnt.

Gewisse Eigenthümlichkeiten der Pflanzengeographie des südwestlichen Afrika lassen sich am besten auf der beifolgenden Karte verfolgen. Ich habe mich bemüht, auf derselben die Vertheilung und verhältnissmässige Ueppigkeit der Vegetation zu zeigen, welche einem auf der Reise durch das westliche tropische Afrika und besonders in den Gegenden zwischen dem Kunene und dem obern Kongo entgegentritt. Von Sierra Leone bis zum Ogowe längs der Küste herrscht endloser Wald vor. Dies ist nur ein Theil der grossen Waldregion — des Waldgürtels, welcher seine besondere Fauna und Flora hat und sich in östlicher Richtung in der Nähe des Aequators durch mehr als die Hälfte von Afrika bis zum Victoria Njansa und den westlichen Ufern des Tanganikasees ausdehnt. Dies ist die Zone der menschenähnlichen Affen, welche gleichmässig in der Nähe von Sierra Leone, am Uëlle und nahe dem obern Nil gefunden werden. Hat man aber die Mündung des Ogowe passirt, so fangen die Wälder, ausser wo sie den Flussläufen folgen an, sich von der Küste zurückzuziehen, und machen allmählich einer mehr offenen Savannenlandschaft Platz, welche so charakteristisch für den grössten Theil Afrikas ist und von ältern Reisenden ganz passend als „parkartig" geschildert wird, eine Bezeichnung, welche ihre offenen Grasplätze und regelmässigen Gruppen schattiger Bäume hinlänglich rechtfertigen. So sieht die Landschaft zu Loango, Kabinda und den untern

Kongo entlang bis nach Stanley-Pool aus. Aber ein wenig
südlich von der Kongomündung beginnt die parkartige
Scenerie ihrerseits sich von der See zurückzuziehen, etwa
bei dem bereits erwähnten Cabeça da Cobra, und nun folgt
eine recht hässliche Gegend mit dürftigem Pflanzenwuchs und
weniger reichlichem Regen. Dieser Art ist das Land um
Loanda, wo ausser Euphorbien, Baobabs und Aloë kaum
etwas wächst, und wo es oft kaum zwei Monate im Jahr
regnet. Dieses unfreundliche Land zieht sich längs der Küste
eine Strecke weit hin, etwa bis zum 13. Breitengrad, wo es
nach dem Innern abschwenkt, um der reinen Wüste Platz
zu machen, welche von nun ab ununterbrochen bis zum
Oranjefluss vorherrscht. Auf einer Reise von Mossamedes
bis zum Kunenefluss, 15—16° südl. Br., passirt man nacheinander diese letzten drei Arten der Landschaft, und gelangt,
nachdem man eine reine Wüstenzone und darauf eine Gegend
mit spärlichem Pflanzenwuchs durchwandert hat, endlich in
ein schönes welliges Land mit zerstreuten Waldflächen und
Grasplätzen, welche die See erst nördlich des Kongostromes
wieder erreichen. Die eben beschriebenen vier Districte
wechseln von fast absoluter Unfruchtbarkeit bis zu über-
strömendem Reichthum der Vegetation; vielleicht ist indessen Unfruchtbarkeit ein zu hartes Wort, weil der Wüsten-
boden recht wohl im Stande ist, reiche Ernten zu liefern,
sobald ihm nur der Regen nicht fehlt. Die sandigen Wüsten
zwischen Mossamedes und dem Oranjefluss erzeugen wenig
ausser der seltsamen *Welwitschia mirabilis* und einigen verkrüppelten Bauhinien; in der folgenden Region sind Euphorbien und Aloë die Herren des Bodens, gelegentlich
einem Affenbrotbaume, einer Mimose oder Feige Raum ge-
während. In der parkartigen Landschaft sind die Waldbäume zu zahlreich und mannichfaltig, als dass man sie auf-

zählen könnte; doch mögen unter ihnen die hübsche Hyphaenepalme, die Oelpalmen bis 10° südl. Br., der Baumwollenbaum, der Affenbrotbaum, gigantische Mimosen, Feigenbäume und eine Unzahl herrlicher Bäume aus der Familie der Schmetterlingsblütler erwähnt werden. Dies ist die am meisten typische Gegend von Afrika und der Tummelplatz der grossen Jagdthiere. Die Rhinozeros, Zebras, Giraffen und viele Antilopen kommen nie in den Waldgürtel, der einen so grossen Theil des westlichen Afrika bedeckt und die äusserste Spitze vegetabilischen Wachsthums bedeutet, wo im weiten Raum unter beständigem Regen und einer äquatorialen Sonne das Pflanzenleben blüht und allgewaltig über das thierische Leben herrscht.

In Bezug auf Unfruchtbarkeit und geringe jährliche Regenmenge zeigen die Küstenländer des südwestlichen Afrika eine merkwürdige Aehnlichkeit mit denen des westlichen Australien und des westlichen Südamerika. Alle sind mehr oder weniger richtige Wüsten, während Queensland, das südöstliche Afrika und Brasilien von Pflanzenleben strotzen. Es ist ferner eine interessante Thatsache, welche aber hier nur kurz gestreift werden kann, dass ein Blick über eine physikalische Karte der Erde uns unwiderleglich darthut, dass im Norden wie im Süden des Aequators die tropische Zone von den gemässigten durch eine mehr oder weniger scharf begrenzte Region von Wüsten oder pflanzenleeren Steppen getrennt ist. Die Sahara, die syrische, arabische, persische und indische Wüste, die grosse Wüste Gobi und die öden Wüsten in China und Tibet trennen die fruchtbaren Gebiete des mässig warmen Europa, Afrika und Asien von der Zone des tropischen Regens, gerade so wie in Nordamerika fast in denselben Breiten die Salzebenen, Wüsten und die hässlichen todstarren Einöden des nördlichen Mexico dazwischenliegen. Südlich von der Linie finden wir in Südamerika die Atacama-Wüste und die Grassteppen des Gran Chaco nebst den nördlichen Staaten der Argentina; das sterile Gebiet von Inneraustralien, die Kalahari-Wüste von Südafrika, welche sich nordwärts bis Mossamedes ausbreitet und ihren Einfluss auf die westliche Küstenlinie bis nahe an den Kongo ausdehnt. —

Ich erreichte den holländischen Dampfer in Muserra wieder und fuhr auf ihm bis Ambrisette, wo viele Faktoreien von englischen, holländischen und französischen Gesellschaften sich befinden. Die Scenerie des Binnenlandes wird schon in 1—2 km Entfernung von der Küste schön und parkartig, obgleich in der Nähe des Strandes sie nur einen sandigen Landstrich mit dürftigem Pflanzenwuchs aufzuweisen hat. Dieser geht aber bald in schönes Wiesenland über, besetzt mit schönen Baumgruppen und strahlend von einer Fülle wilder Blumen, besonders gelbgründiger Orchideen, weisser Commelinen und glänzender safranfarbiger Winden.

Die Baobabs oder Affenbrotbäume (*Adansonia*) sehen aus der Entfernung wie die schönen stolzen Buchen unserer heimischen Wälder aus, und ihre eben unter den Octoberregen aufbrechenden Blätter sind zart und grün. Von ihren Zweigen hängen an zwirnartigen Blattstielen schöne weisse Blüten mit wachsartigen Blumenblättern und einer Menge federiger und faseriger Staubfäden gerade herunter. Diese Blüten fallen bald ab und ihre schneeige Weisse färbt sich mit gelben Pünktchen und Streifen, wie sie in Haufen daliegen am Fusse des gichtisch angeschwollenen Stammes. Die „Calebasse", jener grosse Flaschenkürbis, welcher entfernte Aehnlichkeit mit der äussern Schale der Kokosnuss hat, hängt vom Baume herab zugleich mit ihren sich frisch öffnenden Blüten und sieht fast wie eine ungeheure Fledermaus aus,

welche mit zusammengefalteten Flügeln von den Zweigen
herunterhängt. Durstig von meiner Mittagswanderung in
dem spärlichen Schatten der halb geöffneten Blätter sprang
ich nach einer Calebasse, schlug sie herunter und brach sie
auf. Dann schnitt ich das blinkend weisse Mark heraus
und kaute das wohlthuende, durstlöschende, säuerliche Fleisch
aus. Die Affen sind grosse Liebhaber von diesem Mark,
weshalb die Frucht des Baobab eben Affenbrot genannt
wird. *Adansonia digitata*, der „Imbundeiro" der Portugiesen,
oder gewöhnlich der Baobab genannt (obgleich ich nicht
weiss, woher dieser Name stammt), findet sich durch ganz
Mittelafrika, zwischen der Sahara und Kalahari-Wüste, und
eine verwandte Art kommt in Australien vor. Aeusserlich
sieht sie aus wie eine grosse Pappel, und ähnelt mehr einer
Riesenstaude als einem Baume, denn das Innere des dick
angeschwollenen Baumes besteht aus schwammigem Mark
und nicht aus festem Holz.

Die Kandelaber-Euphorbien, welche an der Angolaküste
so häufig vorkommen, verschwinden allmählich um Ambris
herum, obgleich sie in dieser begünstigten Gegend schöner
und glatter aufwachsen und die Schmutzfarbe und Krüppel-
gestalt verlieren, welche sie weiter im Süden charakterisirt.[1]
Die Aloëpflanzen stehen überall in Blüte, und ihre schlanken
orangerothen Blütenschafte heben sich schön ab von den
gelben Orchideen und dem gelbgrünen Grase. Der Fluss bei
Ambrisette ist malerisch, seine Mangrovegebüsche sind ausnahmsweise hübsch, und weil der Boden zu einiger Höhe
landeinwärts ansteigt, so erhält man viele schöne Ausblicke

---

[1] Die Kandelaber-Euphorbie (*Euphorbia candelabrum*, auch *cana-
riensis*, Wolfsmilch) kommt an der Südwestküste weiter nördlich, also
auch am Kongo, nicht vor.

auf den sich träge durch das dichte Gebüsch dahinwälzenden Strom. Auf den knorrigen Wurzeln sitzen am Wasser entlang viele Wasservögel und auf den steilen Flussufern wächst eine Fülle von Gebüsch, aus welchem, gleich unserm Weissdorn im Mai, die schneeweissen Büschel von Jasminblüten hervorragen, welche die Luft mit ihrem balsamischen Duft erfüllen.

Der Ambrisettefluss (dort Nbrisch genannt) hat einen ziemlich langen Lauf und entspringt südöstlich von São Salvador auf einem Hochlande von 800 m Höhe, von welchem er in prächtigen Wasserfällen, welche man die Arthington-Fälle nennt, in die Ebene hinab stürzt, um von dort in vielen Windungen dem Meere zuzueilen. Seine oberen Gewässer wurden zuerst von einem Baptisten-Missionar von São Salvador aus besucht und beschrieben, und von ihm sind die Fälle nach einem wohlbekannten englischen Philanthropen benannt.

Wie Ambris der grosse Kaffeehafen, so ist Ambrisette schon seit langen Jahren der Ausfuhrplatz für Elfenbein. Wie der Leser später ersehen wird, geht die Elfenbeinstrasse von Stanley-Pool aus, führt durch São Salvador und endigt in Ambrisette. Von Ambrisette oder einer benachbarten Niederlassung ist die Ananas längs der Handelswege tief in das Innere des Kongolandes eingeführt worden, und wahrscheinlich sind Citronen, Orangen, Mais, Zuckerrohr, Maniok und manche andere Pflanzen zu den von den Eingeborenen gebauten Früchten ursprünglich hier hinzugekommen, wo die portugiesischen Händler sie von Brasilien mitbrachten und, den arteriellen Handelswegen folgend, diese bis dahin armselig ernährten Völker rasch damit versahen.

Die Eingeborenen von Ambrisette sind sehr unruhiger

Natur [1] und entschieden jedem Gedanken an Anschluss oder Unterwerfung unter eine europäische Macht abgeneigt. Deshalb gestatten sie keinem weissen Manne, von Ambrisette aus weiter als einige Meilen ins Innere vorzudringen, und sie unterscheiden wissenschaftliche Forschungsreisen durchaus nicht von politischen Recognoscirungen. Infolge dessen bleibt die Gegend zwischen São Salvador und der Küste, welche Ngoje genannt wird, eine *terra incognita* für die Europäer.

Nordwärts von Ambrisette meines Weges ziehend berührte ich verschiedene Orte, in denen Faktoreien etablirt waren, aber keine einzige bot irgendetwas Bemerkenswerthes, bis ich eine kleine Niederlassung 80 km südlich vom Kongo erreichte, genannt Cabeça da Cobra (Schlangenkopf). Dieser Platz erschien meinen verhungerten Blicken wie ein Paradies. Endlich war der widerwärtige Einfluss der südlichen Küste überwunden und eine reiche und mannichfaltige Vegetation gedieh bis an den Saum der Meereswellen.

Ein niedriges Land von etwa 1—2 km Breite dehnte sich bis unmittelbar an die See aus, überwachsen von dichtem Gebüsch, sodass es beinahe eine Art von natürlichem botanischen Garten mit vielen Gattungen der in verschwenderischem Ueberfluss gedeihenden afrikanischen Flora bildete. Gruppen schattiger Bäume (darunter schöne Arten der Schmetterlingsblütler mit violetten bohnenstrauchartigen Blüten [2]) boten willkommenen langentbehrten Schatten, wo man auf einem Gitterwerk von Kletterpflanzen über einem

---

[1] Nach der Ansicht der weissen Handelsleute! Die Eingeborenen werden ihrerseits wol eher sagen, dass sie nur für ihre Unabhängigkeit auftreten.
[2] *Lonchocarpus* sp. inc. In einigen Lichtungen der Wälder war der Boden unter diesen Bäumen mit einer blass malvenfarbigen Decke herabgefallener Blüten überzogen.

trockenen Teppich von abgefallenen Blättern und verwelkenden Blüten sitzen und träumend den starken warmen Duft einathmen konnte, welchen die heisse Sonne den Jasminbüschen entlockte, welche sich unter diese anmuthigen Bäume verirrt hatten. Anscheinend wachsen hier zwei Arten Jasmin; die eine hat etwas nelkenartige Blüten mit glänzenden Blättern und dornigem Stengel, ist sehr gemein in Angola [1], und wächst für sich allein in grossen Gebüschen, während die andere eine viel grössere, rein weisse, der Stephanotis ähnliche Blüte hat, ohne Dornen und anscheinend mehr eine Kletterpflanze ist [2], da sie hoch über die Bäume zu ranken liebt, um von da ihre lieblichen sternartigen Blumen an lang gestreckten Stengeln herunter hängen zu lassen.

Im Hintergrunde dieser grünen Landschaft steigt der Boden plötzlich auf und scheint aus einer Reihe alter Klippen zu bestehen, von welchen die See sich zurückgezogen und der Regen den losen Oberflächengrund herabgewaschen zu haben scheint, welcher jetzt den grünen Garten unterhalb des Abhanges abgibt. Die Hügelkämme sind nackt und gänzlich entblösst, aber 1 km weiter nach dem Innern bedeckt wieder ein reicher Pflanzenwuchs den fruchtbaren Boden.

Die Eingeborenen in der Nachbarschaft von Cabeça da Cobra sind die Muschirongo [3], ein heruntergekommener Stamm mit leicht schwärzlicher Hautfarbe und von ärmlicher körperlicher Entwickelung, welche am untern Kongo bis Boma hinauf, besonders aber in dem marschigen Lande längs seines südlichen Ufers bis zum Meere wohnen.

---

[1] Diesen Jasmin (*Corissa* sp.) habe ich nie nördlich vom Kongo gefunden.
[2] Wahrscheinlich *Jasminum auriculatum*.
[3] Vielleicht verdorben aus Muschikongo.

Kurz bevor wir den Kongo erreichen, sinken die rothen Felswände, welche einen so beständigen Charakterzug der südwestlichen Küste von Afrika abgeben, tiefer und tiefer, und machen zuletzt mächtigen Mangrovesümpfen von beträchtlicher Ausdehnung Platz. Darauf fängt die See an sich mit den Niederschlägen des Stromes zu färben, und der Gegensatz ist scharf abgegrenzt, wo die trüben Gewässer des Flusses denen der klaren See begegnen. Die Farbe des Kongowassers ist dunkelbraunroth und die des Seewassers durchsichtig grün; auch die Temperatur der Gewässer ist verschieden, indem die des Kongowassers 28,3° C. und die des Seewassers 23,3° C., also volle fünf Grade weniger beträgt.

Die Mündung des Kongo ist ziemlich einheitlich und ungetheilt im Vergleich zu den grossen Deltas des Nil, des Niger und des Sambesi. Wirklich ist es dieser erste Eindruck, welcher dem Strome den Charakter von etwas „Neuem" gibt und vermuthen lässt, dass die gegenwärtige Ausflussmündung in den Atlantischen Ocean von nicht gerade altem Datum sein mag. Dass der Kongo nach vielen Richtungen es versucht, sich seinen Weg nach dem Meere durch viele kleinere Kanäle zu bahnen, möchte ich aus dem Vorkommen so vieler kleiner Flussarme, hier Creeks genannt, zwischen Boma und dem Meere schliessen. Wenn sie gegenwärtig auch nur Sackgassen bilden, so finden sie sich doch schon lange in der Erinnerung der alten europäischen Ansiedler am untern Kongo, und auch die Meinung der Kenner des Kongo geht dahin, dass der Strom sich schliesslich einen Ausgang zum Meere nach Kabinda zu vermittelst eines von Boma sich abzweigenden Armes (des sogenannten Krokodilflusses hinter der Ansiedelung) durchbrechen wird. Der Anblick der Mündung des Kongo zwischen den beiden sich gegenüber-

liegenden Punkten Padrão und Banana ist merkwürdig genug.
Diese sehen aus wie die letzten Ueberbleibsel der alten
Küstenlinie, durch welche der Strom hindurchgebrochen ist.
Padrão ist eine marschige Landspitze, die von prächtiger
Waldung bedeckt und mit Wellenbrechern von Mangroven
und von Gruppen schöner Fächerpalmen *(Hyphaene guineensis)*
umsäumt ist. Banana ist eine kleine sandige Halbinsel, welche
auf der einen Seite von der Brandung des Atlantic gepeitscht
wird, während längs der andern Seite der mächtige Kongo
sie benagt. Sie wird lediglich erhalten durch Reihen von in
das Ufer getriebenen Pfählen, hinter welchen der Strand
vermittelst Massen schwerer Steine erhöht und befestigt wird.
Warum die Holländer dem Ort einen so wenig bezeichnen-
den Namen gegeben haben, ist mir unbekannt; sicherlich
sollte man ihn jetzt fallen lassen, da man keine einzige
Banane mehr dort wachsen sieht. Indessen er hat ihn einmal,
und derselbe ist weit und breit bekannt, denn Banana ist
eine wichtige Ansiedelung und in der zukünftigen Entwickelung des Kongogebietes um so mehr zu einer grossen
Rolle berufen, als es den einzigen guten und sichern Hafen
an dessen Mündung besitzt. Auf diesem schmalen Streifen
Landes, wo der Boden so werthvoll ist als in unsern grossen
Städten, liegen drei verschiedene Faktoreien, von denen
die der holländischen Gesellschaft bei weitem die grösste
und wichtigste ist. Auf dem von dieser Niederlassung ein-
genommenen Boden sind schöne Palmen zahlreich angepflanzt,
damit ihre Wurzeln dem losen Boden mehr Festigkeit und
Zusammenhalt geben. Wo die Halbinsel an das Festland
stösst, ist alles überwuchert von riesigen Mangroven und
der Boden sehr sumpfig, und darum das Ganze eigentlich
eine wirkliche Insel, weil man von ihr nur mittels Bootes
nach dem Festland gelangen kann. Von der Innenseite des

kleinen Vorgebirges läuft eine tiefe und geräumige Fahrrinne zum Kongo, welche einer ganzen Flotte Raum zum Ankern bietet. Hier können Schiffe von der grössten Art verankert werden bis auf 80 km von der Seeküste.

Der holländischen Handelsgesellschaft oder der Nieuwe Afrikaansche Handels-Genootschap gehört fast das halbe Banana; die Lage ist gesund, weil über den schmalen Landstreifen beständig die Seebrise weht und der ausgewaschene Auswurf des Strandes sowol als der ganze von den Häusern stammende Unrath sofort von den Schildraben *(Pterocorax scapulatus)* vertilgt wird. Höchst verständigerweise werden diese nützlichen Vögel in Banana geschützt, sind deshalb sehr zahm und versammeln sich zahlreich auf dem Sandstrande, um alle verwesenden Substanzen, welche die Krebse zu faul sind zu essen, ihrerseits zu zerreissen und zu verschlingen. Die holländische Niederlassung ist sehr weitläufig und von etwa vierzig weissen Angestellten bewohnt. Krujungen, Krumanos und Kabindas werden zu den gröbern Arbeiten in den Faktoreien und auf den der Gesellschaft gehörenden Dampfern benutzt, und mögen wol 3—400 dieser „Nigger" in Banana beschäftigt werden. Es wird ein feiner Unterschied zwischen einem Krujungen und einem Krumann oder, portugiesisch gesprochen, Krumano gemacht. Der Krujunge kommt von Sierra Leone [1]

Krujunge.

---

[1] Die zu Sierra Leone bilden eigentlich eine gesonderte Kolonie aus dem „Krulande", welches ostwärts von Liberia liegt.

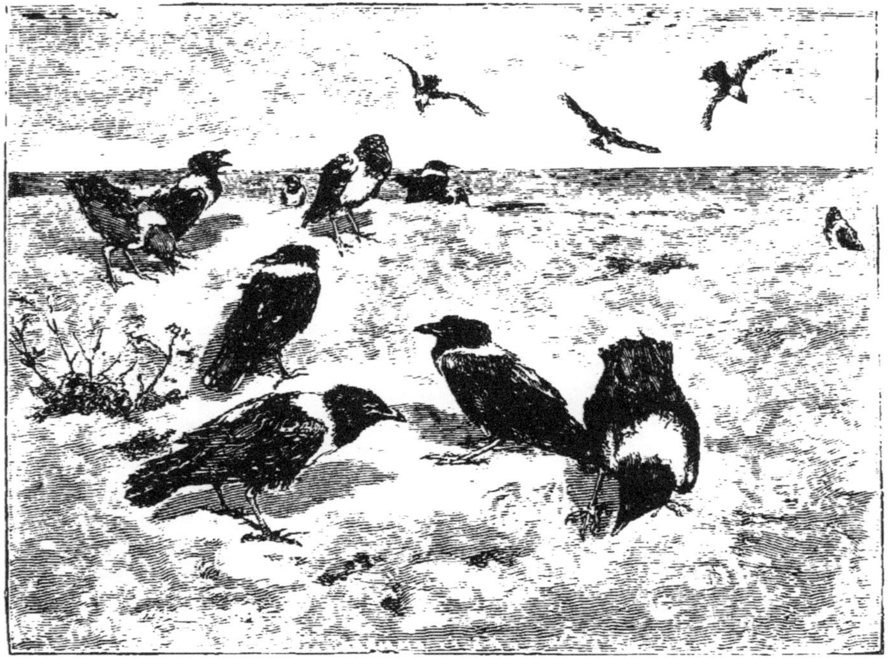

SCHILDRABEN AUF DEM STRANDE VON BANANA. S. 22.

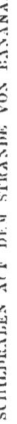

und der Küste von Liberia, und ist im ganzen westlichen Afrika sehr gesucht als ein unschätzbarer Arbeiter. Er hat viel Unabhängigkeitsgefühl und kehrt unbedingt mit Ablauf seiner Dienstzeit nach Hause zurück, wo er unter seinen Verwandten seinem Schlendrian nachgeht, bis er sich wieder vermiethet. Unter Krumano versteht man die eingeborenen

Mangrove-Wurzeln bei Banana.

Sklaven des Landes — Leute z. B. von den Stämmen des untern Kongo, welche von ihren Häuptlingen an die europäischen Kaufleute verhandelt sind, aber um keinen Anstoss zu erregen, Krumanos genannt werden. Auch auf andere Weise kann man zum Krumano werden. Hat in diesen Gegenden ein Eingeborener einen Weissen bestohlen, so muss er sein Sklave werden, bis die Angehörigen eine bedeutende Entschädigung gezahlt haben. Natürlich geschieht es in zehn Fällen neun mal nicht, und so bleibt der Dieb der Sklave des Bestohlenen, ganz im Sinne Rechtens der Eingeborenen. Man möchte diesen Zustand übrigens eher eine sogenannte Sklaverei nennen, denn diese Leute gehören eigentlich von dem ersten Augenblick an zur Familie, leben mit und in ihr und haben Frauen und Kinder in ihren eigenen Wohnungen. Würde man ihnen gestatten, nach Ablauf von z. B. sieben Jahren ihre völlige Freiheit wieder zu geniessen, ohne sie zu zwingen einen neuen Kontrakt einzugehen, so möchte gegen dieses System nichts einzuwenden sein. Die Portugiesen haben eine Einrichtung, dass „Lehrlinge" von Seiten der Regierung eingestellt werden, und diese würde sich auch am Kongo bewähren.

ZWEITES KAPITEL.

DER UNTERE KONGO. VON BANANA NACH VIVI.

Kissange. — Der Wald. — *Lissochilus giganteus*. — Die Lagunen und ihre Bewohner. — Das Pflanzen-Venedig. — Vögel. — Dorf der Eingeborenen. — Lieblinge. — Antilopen. — Abenteuer mit einem Krokodil. — Ponta da Lenha. — Der sein Delta bildende Strom. — Boma. — Underhill. — Mussuka. — Höllenkessel. — Ein Besuch bei Stanley. — Belgique Creek. — Vivi. — Stanley und die Eingeborenen. — Die Mittagsgesellschaft. — Eine von Stanley's Stationen. — Leben zu Vivi.

ZWEITES KAPITEL.
DER UNTERE KONGO.
VON BANANA NACH VIVI.

Anfangs December 1882 reiste ich ab, um auf einem holländischen Dampfer, dem Morjan, den Kongo hinaufzufahren, und machte den ersten Halt in Kissange, einer kleinen Handelsniederlassung einige 30 km vom Meere, auf dem südlichen Ufer des Kongo, in wunderbarer Lage für einen Naturforscher, welcher die reiche sumpfige Gegend

Lissochilus giganteus.

des untern Kongo in verhältnissmässiger Ruhe und Bequemlichkeit studiren will. Ich verbrachte hier drei höchst angenehme Wochen, während welcher ich mich der gütigen Gastfreundschaft des Senhor Ribeiro in einer holländischen Faktorei erfreute. Wirklich habe ich seitdem bedauert, dass der Aufenthalt so kurz war, da es dort so reichliches Material zum Studiren und zugleich so manche Erleichterung gab, mitten im eigensten Arbeitsfelde zu arbeiten, ohne Entbehrungen oder unnöthige Anstrengungen zu erdulden. Jenseits der veränderlichen und unbedeutenden Lichtungen der wenigen Handelshäuser thürmt sich der mächtige majestätische Wald zum Himmel auf und entfaltet durch sein reiches phantastisches Laub, die glänzenden Schattirungen der grünen Farben, und eine zauberische Architektur verschlungener und massiver Bäume die blendendsten Wirkungen.

Die Zahl unserer Adjektive ist zu dürftig, um den Pflanzenwuchs solcher Plätze wie Kissange annähernd zu schildern. Wir müssten in der Sprache Mittelafrikas reden, welche mitunter sieben verschiedene Ausdrücke für einzelne Gattungen der Waldgewächse hat. Ueber die gegenwärtigen Umzäunungen der hiesigen Faktoreien hinaus herrscht eine Ueppigkeit vegetabilischen Wachsthums, welche einer entsprechenden Darstellung, sei es mit der Feder oder dem Pinsel, spottet. Die heisse Sonne und der weiche Schlamm rufen eine Vegetation ins Leben, deren schlanke Grossartigkeit und monströses Wachsthum an die Wälder der Steinkohlenperiode erinnert und vor unsern Augen in unsern entarteten Tagen die Majestät des Pflanzenreichs vergangener Epochen wieder hervorzaubert.

An den sumpfigen Stellen in der Nähe des Stromufers finden sich Massen von glänzenden Orchideen, *Lissochilus giganteus*, einer Festlandsart, welche oft bis zu sechs Fuss

KISANGE VOM FLUSS AUS GESEHEN.

Höhe vom Boden aufschiesst und oben eine solche Menge röthlich lilafarbener Blüten mit goldigem Kelche trägt, dass kaum eine Blume der Welt ihr an Schönheit und Zartheit der Formen gleichkommt. Diese Orchideen mit ihren hellgrünen lanzettförmigen Blättern und ihren langen herabhängenden Blütenstengeln wachsen in Gruppen von 40—50 Exemplaren zusammen, oft sich wiederspiegelnd in dem seichten Pfuhl der um ihre Wurzeln stagnirenden Gewässer und den Vordergrund des tief dunkelgrünen Waldes mit zartem pfirsichfarbenen Licht erfüllend, sodass nach meiner Meinung kein Europäer es ohne Bewegung anstaunen könnte. Die portugiesischen Kaufleute freilich, welche inmitten dieser lieblichen Natur wohnen, beachten sie kaum und lachten über den Eifer, mit welchem ich dieses „Capim" — dies gemeine Gras oder Rohr, wie sie es nennen, sammelte und zeichnete.

Gruppen einer Art Zwergpalme, *Phoenix spinosa*, welche eine halbwegs essbare trockene Dattel trägt, schützen diese herrlichen Orchideen vor der Wegführung durch den Strom und erscheinen als eine Art Wassermarke, welche die Flut selten übersteigt; aber das Wasser dringt doch oft durch diese schlammige und vegetabilische Schranke und bildet innerhalb des Zauns von Zwergpalmen viele kleine stille Lagunen, die nicht gerade ungesund zu nennen sind, weil ihr Wasserinhalt von jeder Meeresflut ergänzt und bewegt wird.

In diesen von hohen Orchideengebüschen mit ihren langen spatelförmigen Blättern und den weissglänzenden Deckblättern ihrer Blütenkelche, von Schraubenbäumen, wedelnden Oelpalmen und auf ihren vielen Wurzeln sich wiegenden, ihre Blätter gegen den glänzenden Himmel wie gothische Bogenfenster ausbreitenden Mangrovebäumen umstandenen Lagunen und ihren ruhigen Flächen stillen Wassers hausen und leben Myriaden thierischer Wesen: blaue Flusskrebse,

deren Löcher den schwarzen Grund siebartig aushöhlen;
immer flinke und bewegliche Schlammbeisser, durch den
Schlamm klatschend und plätschernd; winzige amethyst-
farbige rothschnäbelige Königsfischer; schwarzweisse oder
grosse, graue und gefleckte Königsfischer; weisse Reiher von
der braunen und storchähnlichen Gattung *Scopus umbretta;*
Sporengänse und die alles verschlingenden *Gypohierax*-Geier.
Hier rauscht es im Grase und eine riesige Waran-Eidechse
schlüpft ins Wasser; dort liegt auf festgetrampelter Sandbank ein Krokodil und schläft in der Sonne mit seinem
stereotypen schmunzelnden Lächeln um den grimmen Rachen.
Diese Lagunen strotzen allüberall von Leben — einem
immer regen, eifrigen, thätigen Leben; tritt man aber plötzlich, halb gleitend, halb fallend, in diese wässerigen, dem
Fuss keinen Halt gewährenden Sümpfe hinein, so begrüsst
einen ein plötzliches Schweigen und der erwartungsvolle
Schrecken tausend furchtsamer Geschöpfe. Jenseits dieser
Lagunen und der Streifen von Schlamm und Wasser erhebt
sich die fast undurchdringliche Schranke des Hochwaldes,
zu Lande fast gar nicht zu passiren, aber glücklicherweise
von vielen kleinen Armen und natürlichen Kanälen des
Kongo durchzogen, welche ihn zerschneiden und zu dem
jenseitigen trockenen festen Lande führen. Wenn man langsam
in einem Kanoe der Eingeborenen durch die Wasserstrassen
dieses vegetabilischen Venedig fährt, wo die majestätischen
Bäume oben fest ineinander verschlungen den Kanal über-
wölben und alles in dunkle grüne Dämmerung hüllen, dann
decken die Einblicke und Durchsichten durch den Wald
uns manche schöne Formen des Vogel- und Insektenlebens
auf. Bartvögel mit rothen Köpfen und grossen eingekerb-
ten Schnäbeln brüten in einfältigem Nachdenken auf den
Zweigen, ein heiseres mechanisches Quiecken ausstossend,

wenn die zu grosse Annäherung des Kanoes sie in ihrem Träumen stört. Kleine afrikanische Baumspechte laufen auf den Zweigen, und schwingen sich hastig nach der abgewandten Seite, wenn man sie beobachtet; grosse grüne Gottesanbeterinnen machen mit ihren starken durchbohrenden Raubfüssen Jagd auf kleine Fliegen und werden dann und wann selber wieder von einer Rolle weggeschnappt, trotz ihrer wunderbaren täuschenden Aehnlichkeit mit dem umgebenden grünen Laubwerk. Weiter im Walde hört der Kanal, ein blinder Wasserweg, plötzlich auf, der Grund wird fest, steigt entschieden auf und lässt einen Pfad der Eingeborenen erkennen, welcher durch die nun mehr parkartigen und wohlbegrenzten Waldmassen zu einem entfernten Dorf

Pogonorhynchus orogaster.

hinführt, woher das Krähen der Hähne und das gelegentliche Gelächter der Eingeborenen herüberschallt. Aber obgleich wir uns den Wohnungen der Menschen nähern, mindern sich die Vögel darum nicht. Aus den buschigen Bäumen fliegen plötzlich kleine Trupps schwarzer und weisser Hornvögel auf und wenden ihren schlaffen unregelmässigen Flug zu einem andern Schlupfwinkel. Violette Pisangfresser leuchten von Zeit zu Zeit auf in ihrer strahlenden Schöne, Goldkukuks, gelbbäuchige Grauvögel [1], grüne Feldtauben, graue

---

[1] *Pycnonotus.*

Papageien, Papageien mit grauen, blauen und gelben Schlägen, grüne Sittiche und Scharen von kleinen Wachsschnäbeln, ein wahrer Mischmasch verschiedener und schöner Vögel belebt den schwarzen Torfweg durch den Wald mit ihrem lauten Geschrei, ihrem lieblichen Gefieder und ihren raschen Bewegungen. In dem Dorfe der Eingeborenen, welches ich nun erreiche, begraben in dem Walde, welcher Fremde mit seiner Majestät überwältigt, finden sich manche Proben der benachbarten Fauna. Diese Uferbewohner des untern Kongo finden eine lohnende Beschäftigung darin, jedes erreichbare Thier zu fangen und zu zähmen und bringen es, sei es Vogel oder Schlange oder Säugethier, zu den englischen Dampfern oder den Kaufleuten von Banana zum Verkauf. Hier in diesem Dorf in der Nähe von Kissange sieht man junge Mandrillaffen mit ihren bleiblauen kleinen Gesichtern den Vorübergehenden gedankenvoll aus den Thüren der Hütten anstarren. In niedlichen weidenartig aus dem starken leichten Holz der Baobabs geflochtenen Körbchen warten viele Vögel auf die Abreise ihrer Jäger nach Banana. Dort hängt ein grüner Papagei [1], grün mit einigen rothen Stellen auf den Flügeln, einigermassen übereinstimmend — vielleicht verwandt — mit dem Amazonen-Papagei von Südamerika. Zahllose kleine Seidenschwänze, Wachsschnäbel und Webervögel zwitschern in ihren wirklich niedlichen Käfigen. Ein armer kleiner Faulthieraffe sitzt nachlässig und dumm in seinem Unglückskasten, betrübt von dem hellen Sonnenschein, dem er ausgesetzt ist. Der Anblick aller dieser lebendigen Wesen ist zu viel für mich; und obschon ich weiss, dass man keine Thiere am Leben erhalten kann, wenn man unterwegs ist, so gebe ich doch den auf-

---

[1] *Paeocephalus robustus.*

dringlichen Eingeborenen nach und kaufe mir einen Käfig voll seltener Bartvögel (vgl. Abbildung S. 31), fünf Stück in einem reizenden kleinen Käfig für einen Schilling, oder ein gleichwerthiges Stück Zeug aus der benachbarten Faktorei.

Kissange ist nahezu eine Insel [1], da es von zwei Armen des Kongo umflossen ist, die nur in der heissen Jahreszeit gelegentlich eintrocknen; auf dem Festland, wo der Boden wirklich hart ist, findet sich mehr Wild als auf den Inseln und sumpfigen Ufern des Flusses. Streifenantilopen [2], Buschböcke [3], *Cobus* und *Cephalophus*, Zwergantilopen oder Ducker werden in ziemlicher Anzahl gefunden. Krokodile sind hier nicht so häufig als in Boma, wo sie geradezu die Pest des Landes bilden. Zum Beleg ihrer Kühnheit und Gefrässigkeit will ich den nachstehenden Unfall erwähnen, welcher mir kürzlich von dieser Seite des Kongo berichtet ist. Ein portugiesischer Kaufmann fuhr den Fluss hinab in seinem grossen Kanoe. Er sass auf einem Stuhle vorn im Boote, und wie dasselbe hinunterglitt, bemerkte er ein grosses Krokodil, welches in gleicher Höhe mit ihm unter Wasser nebenher schwamm. Er gab nur wenig auf die Bewegungen des Thieres Acht, zeigte indessen den beharrlichen Verfolger seinen Bootsleuten, welche über seine Hartnäckigkeit lachten. Plötzlich sprang aber das Krokodil aus dem Wasser, ergriff den weissen Mann beim Bein, und zog ihn beinahe in den Fluss. Die Kabinda, welche ruderten, intervenirten mit grosser Entschlossenheit und Geistesgegenwart und schlugen das Krokodil so fest mit ihren Riemen auf den Schädel, dass es seine Ansprüche

---

[1] Kissange bedeutet Insel in der Kongo-Sprache.
[2] *Tragelaphus scriptus*.
[3] *Tragelaphus gratus*.

mässigte und mit einem Fuss statt mit dem ganzen Körper des Weissen abzog. Das unglückliche Opfer wurde zu einem englischen Kaufmann in Ponta da Lenha gebracht, welcher in der Wundarzneikunst bewandert war und ihm, wie ich hörte, durch geschickte Behandlung das Leben rettete. Daraus sollte jeder Kongo-Reisende die Lehre entnehmen, die Begleitung von Krokodilen durchweg abzulehnen und auf sie zu jeder Jahreszeit zu schiessen. Flusspferde sieht man nicht oft in diesem untern Stromlaufe, sie werden aber zahlreicher, sobald wir uns Boma nähern. Die Fleischfresser sind vertreten durch die Zibethkatze, die allerliebste kleine Genettkatze und durch Leoparden, deren Klauen von den Häuptlingen des untern Kongo als Kopfputz getragen werden.

Die nächste Ansiedelung von Bedeutung ist Ponta da Lenha, wo die Dampfer neues Holz zum Heizen einnehmen (daher der portugiesische Name „der Holzpunkt"). Ponta da Lenha, 70 km vom Meere, und gerade ausserhalb des Bereichs der Mangrovesümpfe, bietet wenig Interesse ausser den bemerkenswerthen schönen Orangebäumen, den einzigen, welche am untern Kongo vorkommen. Der Ort liegt kaum etwas über dem Niveau des Stromes, und das Land wird durch Pfähle geschützt, weil sonst der Kongo Ponta da Lenha wegfegen würde. Erst vor kurzem verschwand eine französische Faktorei vollständig im Wasser, welches jetzt 6 m hoch darüber hinwegfliesst. Im gewöhnlichen Verlauf der Dinge wäre ohne die Dazwischenkunft des Menschen der Ort längst verschwunden, denn der untere Kongo scheint mit jedem Jahr sein Bett zu erweitern und sich sogar neue Ausgänge nach der See zu durchbrechen; dieselben sind freilich gegenwärtig alle noch Sackgassen, aber der Kongo scheint einmal so versessen auf ein Delta, dass ich keinen

Zweifel hege, dass er einst auch noch erreichen wird, was seine älteren Kollegen in Afrika, der Nil wie der Niger und der Sambesi bereits besitzen.

Boma, einstmals und noch bis vor kurzem die Grenze der europäischen Invasion am Kongo, liegt etwa 140 km von der Mündung des Stromes und ist der Sitz einer Menge Faktoreien und Handelsniederlassungen der Engländer, Holländer, Franzosen, Portugiesen und Belgier. Auch ist eine blühende katholische Mission daselbst. Der Fluss bei und unterhalb Boma gleicht einigermassen dem Kongo bei Stanley-Pool wegen seiner grossen Breite, seiner vielen Inseln, und der zahllosen Wasservögel an seinen Ufern. Der unheilvolle Einfluss der öden felsigen Hügel und des verengten Stromlaufs, welcher die Region der Wasserfälle kennzeichnet, ist vorüber und die Natur ergeht sich in Reichthum und Ueppigkeit. Man findet keine Dörfer am Strom, ehe Vivi erreicht ist. Freilich liegt in der Nähe von Kissange ein Dorf der Eingeborenen; dasselbe wird aber fast nur zu Handelszwecken benutzt und in der Regenzeit verlassen. Boma ist vielleicht der ungesundeste Platz am Kongo. Die Hitze ist erdrückend und hinter den europäischen Wohnungen liegen grosse Sümpfe und übelriechende Marschen, welche nicht allein Fieber veranlassen, sondern auch die an Gestalt und Blutdurst fürchterlichsten Moskitos ausbrüten, welche ich jemals kennen gelernt habe. Glücklicherweise dauerten meine Besuche dort auf der Hin- wie auf der Rückreise nur kurze Zeit, und ich beeilte mich immer einen Platz zu verlassen, der mir aus einem eingebildeten oder wirklichen Grunde jederzeit höchst unangenehm war.

Beim weitern Hinauffahren des Flusses nach Underhill zu, einer Niederlassung der Mission der Wiedertäufer auf dem südlichen Ufer des Kongo, etwa 200 km vom Meere, wohin ich auf meinem Wege ins Innere zu einem mehrtägigen Aufenthalt eingeladen war, fiel mir die zunehmende Dürftigkeit der Uferlandschaft auf. Die abgerundeten Grashügel von Boma verwandelten sich in steil abstürzende zackige Berge mit grossen rothen Streifen von kahler Erde, in deren Steinklüften nur noch spärlicher Wald vorkam. Die anmuthigen Dum- oder Hyphaenepalmen mit ihren fächerartigen Wedeln nehmen allmählich an Zahl ab, bis sie endlich gänzlich verschwinden. Inzwischen wurde der Strom immer schmäler und wand sich über manche Wirbel und unter Wasser liegende Felsen zwischen den schroffen, steilen Abhängen hin, die man beinahe schon Berge nennen konnte. Ich legte zu Mussuka an, von wo man nach São Salvador abgeht, und zu Noki, einer Handelsstation auf beiden Flussufern, und kam endlich in Underhill an, welches die Eingeborenen Tundua nennen, und wo die Baptisten-Mission sich befindet. Underhill liegt einige Kilometer von Vivi entfernt am jenseitigen Ufer in einer wirklich malerischen Umgebung. Der grosse Strom macht vor der Station eine weite Biegung und wird an beiden Ufern von sich aufthürmenden Bergen eingefasst, sodass er einem schönen, in einer tiefen Schlucht liegenden Gebirgssee gleichen würde, wenn nicht die wirbelnde schäumende Strömung den Beobachter überzeugte, dass er es mit einem grossen Strome zu thun hat, welcher über die vielen Hindernisse erbost und verzweifelt ist, die sich beständig seinem eiligen Laufe zum Meere in den Weg stellen. In dieser scharfen Biegung eingefangen tobt der Fluss abwärts von Vivi, von wo er noch einen engen Durchgang zu passiren hat, indem er gegen eine ungeheuere überhängende Klippe anprallt, die einem in der Mitte durchgespaltenen Berge ähnlich sieht. Derselbe erhebt sich fast senkrecht aus dem Wasser, welches an seinem Fusse so wirbelt und kocht und siedet und rundläuft, dass dieses Loch von den Portugiesen der „Höllenkessel" genannt worden ist. Die dunkelrothe Farbe des durch den Regen von den Klippen abgewaschenen Erdreichs und der schwarzgelbe Wiederschein in den Streifen ruhigen Wassers; die dunkeln sattgrünen Bäume, die in den düstern Thälern zwischen den Hügeln gedeihen; die Hügel, welche den Platz umschliessen und erbarmungslos den Ausgang zu verschliessen scheinen; die unsteten Gewässer und die gespenstigen Geier, welche im Hochfluge sich schwarz und weiss gegen den dunkeln Hintergrund abheben, — alle diese Einzelheiten erklären den schrecklichen Namen, wenn auch die Landschaft, die ihn erhalten hat, von einer wilden Schönheit ist, welche der Furcht entgegenwirkt.

Das kleine Missionshaus war noch im Bau, als ich dorthin kam; hauptsächlich wird dazu, wie bei den meisten vorübergehenden Bauten am untern Kongo, ein Material verwandt, welches die Portugiesen Bordão, die Engländer „Bambu" nennen, das in Wirklichkeit aber nichts anderes ist, als die starken Rippen der vollausgewachsenen Wedel von *Phoenix spinosa*, einer Art Zwergpalme, die in Ueberfluss auf den marschigen Strichen und flachen Schlammufern wächst, welche den untern sich weitenden Stromlauf bis zum Meere einfassen. Das Gerippe des Hauses wird zuerst durch ein Gerüst starker Pfähle gebildet, wozu die jungen Bäume des benachbarten Waldes dienen müssen, und zwischen diese werden die Bambustäbe verflochten, welche dann eine ausgezeichnete und starke Scheidewand bilden, durch deren Ritzen die Luft frei durchstreichen kann. Underhill ist eine niedliche Station, aber von natürlichen Hindernissen so beengt, dass es in Ermangelung jedes Fusssteigs über die steinigen Hügel schwer hält, die Umgebung zu erforschen,

weil das starke bis 2 m hohe Gras keineswegs zu einem
angenehmen Spaziergang einladet.

Ich rüstete mich gerade zu einem kleinen Ausflug längs
des südlichen Ufers des Stromes, in der Hoffnung endlich
Stanley-Pool zu erreichen, als am Abend meiner Abreise der
„Belgique", ein der Internationalen Afrikanischen Gesellschaft gehörender Dampfer, in Underhill anlegte und mir
eine Botschaft von dem Chef der Station zu Vivi brachte,
dass ich herüberkommen möchte, Stanley zu besuchen, welcher
gerade von Europa zurückgekehrt sei. Ich verschob also
meine beabsichtigte Abreise um einen Tag und begleitete
den Kapitän der „Belgique" auf seinem Wege stromaufwärts
nach Vivi. Schon einigemal hatte ich dieses Schiff die Station
passiren und dann gleichsam in den Berg hinein verschwinden
sehen, weil der Eingang in den „Höllenkessel" so seltsam
verborgen lag; in den grossen Wunsch, Stanley in Afrika
zu begrüssen und mit ihm über afrikanische Angelegenheiten
zu sprechen, mischte sich daher eine unbestimmte Neugierde,
zu entdecken, was es da „um die Ecke" dieses grossen
Bergschlundes gäbe. Was ich sah, als wir eine Biegung
des eingezwängten und verengten Stromes, der hier zwischen
steilen Abhängen von etwa 1000 Fuss Höhe dahinrauscht,
hinter uns liessen, war Vivi, welches, wie es sich glänzend
und schimmernd aus der Nachmittagsbeleuchtung heraushob,
mit seinen weissen Häusern auf weitläufiger dürrer Klippe,
und in seiner Helle strahlend wie eine europäische Stadt
auf einem befestigten Berge, in der That kaum noch einer
friedlichen Niederlassung, sondern vielmehr der Festung eines
Flusspiraten und seiner Beutekammer ähnlich sah. Der
kleine Dampfer aber, der sich fürchtete, durch die stark
rauschenden Gewässer bis an den Fuss des Berges von Vivi
zu dampfen, bog in einen kleinen Seitenlauf, Belgique Creek

genannt, ein, wo wir landeten, um von da durch feuchten
Wald und dumpfe Schluchten nach Vivi zu wandern, und
zuguterletzt noch einen steilen Aufstieg auf rother lehmiger
Strasse zu machen. Als wir uns der Station näherten,
zeigten sich immer grössere Haufen Volks, bis wir, im
Mittelpunkt des grossen länglichen Raumes, auf welchem
die Häuser standen, angekommen, glaubten, wir befänden
uns auf einem grossen afrikanischen Jahrmarkte. 280 Sansibarleute waren tags zuvor angekommen, zu den schon in
der Station anwesenden, und ausser ihnen waren Krujungen,
Kabindas und noch viele Eingeborene aus der Nachbarschaft
da; denn zu den zahlreichen sonstigen Ankömmlingen waren
einige wichtige Häuptlinge mit ihrem grossen Gefolge gestossen, um eine Ehrenaudienz, eine Art Mittagsbesuch, bei
„Bula Matade"[1] nachzusuchen, und ihm das Willkommen zu
seiner Rückkehr zum Kongowerk zu entbieten. Hier fand
ich ihn auf seinem Lagerstuhl sitzend, die Pfeife im Munde
und einen Halbkreis grinsender Zaunkönige vor ihm kauernd,
von denen einige aus Pfeifen mit langen Stielen und kleinen
Köpfen in selbstgefälligem Schweigen rauchten, während
andere eine Frage nach der andern an „Bula Matade" richteten, über seine neuliche Reise nach Europa — nach Mputo,
dem Lande jenseits des Meeres, wie sie es nennen —, und
seine Antworten mit dem Ausdruck ungläubiger Verwunderung anhörten, indem sie mit der Hand auf den geöffneten
Mund klatschten. Ich machte unwillkürlich halt, um die
Gruppe zu betrachten, da Stanley mich noch nicht hatte
kommen sehen, und nicht wusste, dass ich ihn beobachtete.
Vielleicht stand er nie besser zu einem Bilde als in diesem
Augenblick, wie er da sass, herablassend schwatzend und

---

[1] Stanley's Name am Kongo, der „Felsbrecher."

rauchend mit den eingeborenen Häuptlingen, sein Gesicht leuchtend vor Behagen über ihre naiven Bemerkungen und im Tragen seines Kopfes doch die leicht stolze Haltung verrathend, welche diese afrikanischen Häuptlinge stets mit einem wirklichen Respekt vor seinen Wünschen und dem Drange, seine Freundschaft zu erhalten, erfüllt. Wer Stanley in diesem Momente beobachtete, konnte sich eine Vorstellung von dem grossen Einflusse machen, welchen er über den Geist der Eingeborenen am Kongo ausübt, und wie dieser Einfluss, wohin immer Stanley's Name drang, friedlich wirken müsse, da es kaum weniger erfolglos sein würde, einen von Stanley's Freunden als gar ihn selber anzugreifen. Stanley wandte sich plötzlich um, als der Chef der Station mich anmeldete, und bewillkommnete mich in höchst herzlicher Weise; dann entliess er die eingeborenen Häuptlinge, welche mich neugierig angafften, weil sie mich für Bula Matade's Sohn hielten, und schickte Dualla fort, Thee zu bringen. Dualla war ein hübscher Somali-Bursche, der Sohn eines Polizeichefs zu Aden und in vielen europäischen und afrikanischen Sprachen bewandert. Er war Stanley's Leibdiener am Kongo seit 1879.

Am ersten Abend meines Hierseins bildeten wir eine grössere Gesellschaft — im ganzen 27 Weisse — mehr als das Speisezimmer bequem fassen konnte; es wurde deshalb, da der Abend herrlich schön und still war, die lange Tafel im offenen Mondschein unter den zackigen Klippen aufgeschlagen, und hier sassen wir noch lange nachdem der Tisch abgedeckt war, im Genuss der balsamischen Nacht, und horchten den allezeit lebhaften Schilderungen von Stanley's frühern afrikanischen Erinnerungen, in diesem Falle erhöht durch eine solche glänzende *mise en scène* der Erzählungen, wie Vivi, die schwarzen Berge, der rauschende

Strom und das sanfte Mondlicht sie leisten konnten. Die Station Vivi liegt etwa 110 m über dem Meere und gegen 83 m über dem Strom. Die vorspringende Masse des Hügels, auf welchem die Station liegt, erhebt sich noch etwas nach dem Flusse zu und ist fast unzugänglich ausser von der Landseite, oder vermittelst eines Pfades, welcher sich vom Flussufer hinaufwindet. Zur Linken dieses steil abfallenden Hügels nährt ein kleiner Bach, der sich in dünnen Cascaden durch eine Reihe kleiner Fälle in dem blaugrauen Felsen hinabstürzt, einigen Pflanzenwuchs und sogar einige malerisch hängende Bäumchen, und befruchtet die grossen Gärten und Bananen-Anpflanzungen, welche im Thale angelegt sind. Dieser Bach hält fast das ganze Jahr hindurch Wasser, nur in der trockenen Jahreszeit versiegt er bisweilen ganz, sodass man ihn doch nicht als den Wasserversorger von Vivi ansehen darf, obgleich sein Wasser zum Trinken angenehmer ist als das des Kongo, welches, obwol durchaus gesund, doch viel sandigen Niederschlag mit sich führt und oft wie schwacher Thee schmeckt. Auf der gegenüberliegenden Seite des Berges von Vivi öffnet sich ein anderes Thal voll mannichfaltig gefärbter grüner Bäume, das sich hebt und senkt, bis es die entfernten abgerundeten Flächen erreicht, die sich über dem „Höllenkessel" erheben. Hinter Vivi thürmt sich eine ungeheuere Felsenmasse zum Himmel auf, dürftig bedeckt mit Pflanzengruppen und überragt von grossen Steinblöcken, welche wie die Reste eines Cairn oder eines Druiden-Tempels aussehen.

Eine Beschreibung von einer der Stationen Stanley's zu liefern ist keine sehr verlockende Aufgabe, weil sich, noch ehe die Beschreibung gedruckt und veröffentlicht ist, der Platz vielleicht von Grund aus verändert hat; in der That geht die Entwickelung der Dinge am Kongo einen so raschen

Gang, dass selbst der stabilste Ort am Kongo, Vivi, vermuthlich nicht mehr so aussieht, als wie ich ihn kennen lernte. Im Anfange des Jahres 1883 war jedoch die Vertheilung der Baulichkeiten recht hübsch, wie man sehen wird. Auf dem Gipfel und in der Nähe des dem Flusse zugewandten Abhanges der Klippe war eine flache ebene Plattform, als wäre sie künstlich hergestellt, die etwa 25 m im Quadrat hielt. Auf derselben standen verschiedene wichtige Gebäude. Das vornehmste hatte ein oberes Stockwerk mit dem Schlafzimmer Stanley's, und im Parterre ein grosses Arbeitszimmer mit reich gefüllten Bücherständen ringsum, das Doctorzimmer und Laboratorium, das Schlafzimmer des Zweitkommandirenden, eine Vorrathskammer, ein Dienstzimmer oder Bureau und ein Zeughaus. Dieses Haus war zum Abbruch und Neubau bestimmt und ein völlig neues Gebäude sollte an seine Stelle treten, da es heiss und dem Klima nicht angemessen war; die Doppelwände schienen es nicht gerade kühler zu machen und obendrein war es der Wohnsitz einer Colonie abscheulicher kleiner Fledermäuse geworden, deren Quieken am Morgen und Abend höchst belästigend war; vielleicht infolge der Fledermäuse fehlten jedoch die Moskitos gänzlich, zum grossen und schätzbaren Troste derer, welche von den giftigen Stichen zu leiden haben. Gegenüber „Stanley's Haus" stand eine mächtige einstöckige Baracke, welche eine Menge Schlafzimmer für die weissen Bewohner und einen grossen, nach drei Seiten offenen Speisesaal enthielt. Auch standen auf diesem obern Plateau, als dem vornehmsten Theil von Vivi, ein Observatorium, ein Douchebad, ein Taubenhaus und die gewöhnlichen Wirthschaftsgebäude. Von der längs der Schattenseite an Stanley's Haus hinlaufenden Veranda hat man einen sehr hübschen Blick auf den untern Kongo, seine waldigen

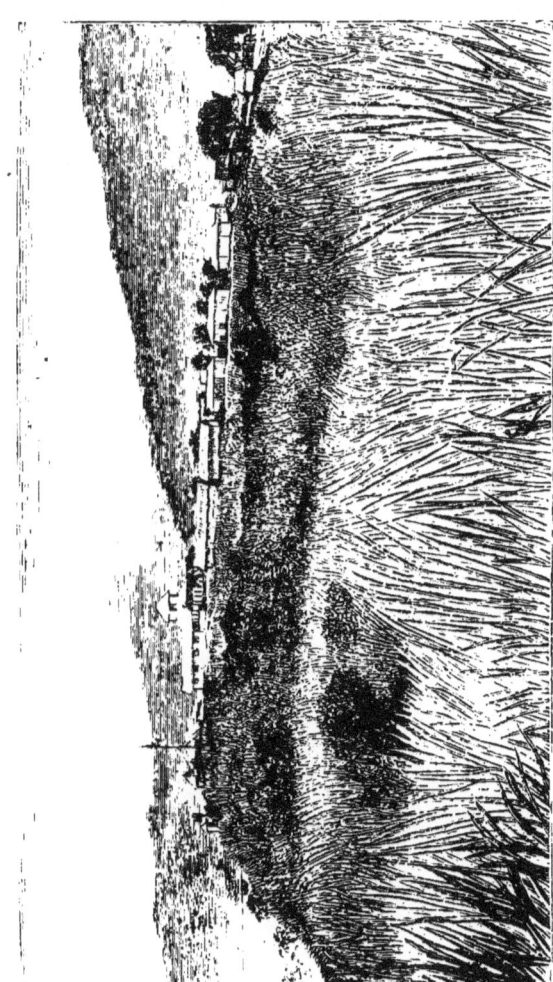

VIVI VON DER STRASSE NACH ISANGILA AUS GESEHEN.

Inseln, wirbelnden Wasserfälle und schönen Niederungen. Hier steht auch eine Menge bequemer Sitze und Stühle und am warmen Nachmittag sitzt es sich hier angenehm, halb im Traume, mit einem schönen Buch aus der wolversehenen Bibliothek, während das Auge über die vom Sonnenlicht durchtränkte Landschaft am Fusse des Hügels hinwegschweift. Von diesem obern Viereck führen zwei breite Treppenfluchten herunter zu einem länglichen Grundstück mit grossem Garten in der Mitte, um welches herum die Häuser für die weissen Leute, Küchen, Vorrathshäuser, Schweineställe, Geflügelhäuser und zuletzt, seitwärts von allen übrigen, ein Pulvermagazin stehen. Darüber hinaus und weiter unten — denn der „weisse" Theil der Bewohner Vivis haust auf dem Gipfel des Hügels — stehen alle Niederlassungen und zierlichen kleinen Hütten der Sansibarleute, der Krujungen und der Kabinda, von denen jede Rasse anscheinend ihre eigene Colonie bildet. Diese „Stadt der Eingeborenen" wird ängstlich rein gehalten und einige der kleinen Hauswesen, welche den Anführern oder denjenigen Leuten gehören, welche verheirathet sind und darum auf eine mehr abgeschlossene Art zu leben Anspruch haben, sind wirklich recht niedlich und schön mit ihren kleinen Gärten und Scharen von Hühnern und Bisamenten. Will man Vivi verlassen, nach irgendeiner Richtung, so muss man bergab gehen. Der schönste Weg führt nach dem kleinen Bach. Dahin richten um die Zeit des Sonnenauf- und -untergangs die Weiber ihren Weg mit den Wasserkrügen auf dem Kopf, um Wasser für den Haushalt zu holen. Weiter unten am Strom, fast wo die Strasse nach Isangila hinüber führt, ist der Waschplatz, wo unter dem Schutz weniger schattiger Bäume die Weiber den Nachmittag bei der Leinwand zubringen. An dieser Stelle wird aller Klatsch unter den

farbigen Damen ausgetauscht, und hier ist sicher unser
„Junge" zu finden, wenn er seinen kurzen Urlaub von
wenigen Minuten dazu benutzt, um in den Skandalgeschich-
ten der schwarzen Gesellschaft zu schwelgen.

Das Leben in Vivi litt an einer gewissen Einförmigkeit,
weil ein Tag wie der andere verlief, ausser Sonntags, an dem
keine Arbeit geschah und ein sittsamer Müssiggang überall
sichtbar wurde. Die Ursache meines Aufenthalts in Vivi war
hauptsächlich das Verlangen nach einer zeitweiligen Ausspan-
nung; deshalb führte ich ein meist eingezogenes Leben und
brachte die Zeit damit hin, die Sachen zu ordnen, welche ich
auf den verschiedenen Ausflügen bereits gesammelt hatte.
Meine Tagesordnung war folgende. Am frühen Morgen, um
6 Uhr, brachte mein Sansibar-Diener ein Speisebret mit leichtem Frühstück in mein Zimmer — Kaffee, Brot, Butter, Sardinen u.s.w. Ich vertrieb mir die Zeit mit dieser Mahlzeit und
einem der 150 Bücher der Bibliothek der Station, und schlen-
derte dann im Pyjama oder leichten Flanellcostüm zu dem
Regenbad gerade vor meinem Hause, und zog mich an, nachdem ich mich durch eine tüchtige Douche erfrischt hatte, um
dann botanisiren oder zeichnen zu gehen. Um 12 Uhr trafen
wir uns alle zum Frühstück, dem Lunch, welches auf dem
langen Tische in dem schon erwähnten nahezu offenen Speisesaal aufgetragen wurde. Diese Mahlzeit begann gewöhnlich
mit einer Suppe, und dann folgte gebratenes oder gekochtes
Rindfleisch, ferner Ziegen-, Schaf-, Schweinefleisch oder gelegentlich auch eine Antilope; auf verschiedene Weise zubereitete Hühner, Curry, und die blendenden Schaugerichte
aus den Zinnbüchsen — nicht gerade schön oder gar schmack-
haft, wie ich ausdrücklich gestehen muss; ich für meine
Person zog stets einfaches gebratenes Ziegenfleisch, wenn es
auch ein wenig zähe war, dem faden Inhalt der Zinnbüchsen

DER UNTERE KONGO VON VIVI AUS GESEHEN.

vor, so verlockend auch die aus ihnen zusammengestellte Speisekarte sein mochte.

Lissaboner- und Bordeaux-Wein fehlten nie auf dem Tische, mitunter gab es auch Bier. Nachdem Kaffee und Biscuits herumgereicht und das Frühstück beendet war, ging jeder seinen eigenen Weg, um die heissen Stunden mit einem Schläfchen oder mit Lesen unter der kühlen Veranda hinzubringen. Alles war still, nicht einmal ein Sansibar-Mann regte sich und die Europäer athmeten ruhig in ihren Pyjamas, dem leichten Hauscostüm. Um 4 Uhr nachmittags gab es Thee oder Kaffee oder Chocolade, wie es jeder wünschte. Zubereitet wurde derselbe gewöhnlich von dem eigenen „Jungen" und der Trunk entweder allein im eigenen Zimmer oder in einer Plaudergesellschaft im gemeinschaftlichen Sprechzimmer genommen. Dann begann wieder die ernste Arbeit. Die Spitzäxte der Strassenbauer, das Hämmern aus der Zimmermannswerkstätte, das Geschrei der Krujungen beim Löschen der Dampfer, das Schnattern der Eingeborenen, welche kamen, um ihre Producte gegen Zeug, Perlen, Draht und Branntwein des weissen Mannes zu verhandeln, alles erzeugte jene geschäftige Unruhe, welche das Erwachen der Station verrieth und nicht eher aufhörte, bis die Sonne untergegangen war und die Glocke zum Schluss der Arbeit geläutet hatte. Dann blinkten die Kochfeuer der Sansibarer und Krujungen durch den düstern Busch und die Hauptmahlzeit des weissen Mannes wurde aufgetragen bei dem angenehmen Schein des Lampenlichts, welches von dem weissen Tischzeug und den Messern und Gabeln wiederstrahlte, die an den Zauber der fernen Civilisation erinnerten. Bei Tisch liess sich jeder gehen. Der sorgenvolle Chef vergass seine Aengstlichkeit; wer da glaubte, er müsse am Fieber vergehen, schien wenigstens entschlossen, mit vollem Magen zu sterben; der Doctor rieb sich die Hände und schaute hoffnungsvoll drein: Leute, welche den Tag über sich „fern" voneinander gehalten hatten, wurden herzlich zueinander: und wenn das Essen vorbei war und Cigarren und Wein auf den Tisch kamen, begann eine so lebhafte Unterhaltung über die verschiedenen Vorzüge der Regierungen, der Zeitungen und Theater der einzelnen Länder, dass man sich in solcher Unterhaltung völlig nach Europa zurückversetzt glaubte. Man musste, wenn man sich schliesslich gute Nacht sagte, seinen Gedanken ordentlich Gewalt anthun, um den hell erleuchteten Speisesaal, die lachenden Gesichter und das eifrige Gespräch zu verlassen und sein Schlafzimmer durch die warm durchduftete afrikanische Nacht aufzusuchen, in welcher das südliche Kreuz sich über dem rauschenden Flusse erhob, und deren tiefes Schweigen ringsum nur zuweilen durch den Aufschrei eines Nachtvogels oder das Bellen eines entfernten Hundes unterbrochen wurde.

Orchideen.

DRITTES KAPITEL.

PALLABALLA UND JELLALA.

Dörfer der Eingeborenen. — Ackerbau. — Hausthiere. — Häuser. — Landschaftsbilder. — Livingstone's Binnenland-Mission. — Fiote, die Sprache am Kongo. — Die benachbarten Könige. — Ländlicher Aberglaube. — Gefühle der Eingeborenen für das Christenthum. — König Kongo Mpaka. — Die Kürbisarten. — Der Lufufluss. — Rückkehr nach Vivi. — Tagmarsch nach Jellala. — Nguvi Mpanda und sein liebenswürdiger Chef. — Die Landschaft längs der Strasse. — Das Gras. — Grashüpfer. — Kaï. — Drachenbäume. — Toilette von Ntete Mbongo. — Reise zu den Fällen. — Die Fälle von Jellala. — Ein Fischfrühstück. — Rückkehr nach Vivi.

Mussaenda grandiflora.

DRITTES KAPITEL.

PALLABALLA UND JELLALA.

Ich verliess Vivi für eine Weile und kehrte nach Underhill zurück, um eine Reise längs des südlichen Ufers des Flusses zu unternehmen, wozu ich verschiedene Vorbereitungen getroffen hatte, hielt jedoch den Plan fest, nach

Stanley's Station zurückzukehren, falls meine Unternehmung
nicht glücken sollte. Auf alle Fälle wünschte ich die interessante dortige Stadt Pallaballa zu besuchen, welche
etwa 10 km vom Kongo, südlich von Vivi liegt. Nach
einer Musterung meiner wenigen Träger, von denen die
meisten nichts als der Auswurf von Boma waren, verliess ich
eines Mittags Underhill und quälte mich zuerst einen steilen
klippenreichen Berg hinauf, welche Arbeit mich höchlichst
aufbrachte, weil meine Füsse bei jedem Schritte vorwärts
von den scharfkantigen Steinen zurückglitten. Als dann die
kleinen Gruppen der Missionsgebäude hinter uns verschwanden und hinter dem Kamm eines Bergzuges zurücksanken,
kam eine neue Strecke des zwischen den sich verengenden
Ufern rasch dahinfliessenden Kongo in Sicht, mit dem
hoch über seinem nördlichen Ufer sich erhebenden Vivi,
dessen weisse Häuser eine wallartige rothe Felswand über-
ragten. Die von dem Adlernest nach dem Fluss sich herab-
windende Strasse war sehr deutlich zu erkennen. Der
Kongostrom hat hier nach Stanley's Messungen eine ungeheuere Tiefe, 162 m, und in der Regenzeit eine Geschwindigkeit von 15 km in der Stunde; wer dies aber nicht weiss,
kann kaum glauben, dass dieser 450 m breite Fluss und
der grosse Lualaba derselbe Strom sind.

Beim Hinabsteigen in das Thal verschwindet der Strom
zuletzt den Blicken. Er kommt von nordwärts her und
Pallaballa liegt in fast recht östlicher Richtung. Der Pfad
dahin führt durch zwei oder drei Dörfer der Eingeborenen
von gedeihlichem und angenehmem Aeussern, welches hier
und da durch verschiedene schlaue Einrichtungen und Erfindungen verräth, dass ihre Bewohner nicht ganz ohne das
savoir vivre sind. Ueberall sieht man wohlcultivirte Stellen
Mais und Maniok, hier und da einen Citronen- und selbst

einen Orangenbaum (doch nur selten), Melonenbäume,
und die schöne Passionsblume, welche die unter den brasilianischen Namen Maracuja oder Granadilla bekannten
Früchte trägt, wird sorgfältig über einem Fachwerk von
Stecken gezogen. Kleine Beete sieht man fleissig mit der

Hühnerhaus.

Hacke bearbeiten und mit geometrischer Regelmässigkeit
mit einer von Pflock zu Pflock gespannten Schnur abstecken, in derselben Weise wie es unsere Gärtner thun, nur
dass hier die Schnur aus einer Art Bast oder Faser statt
aus Hanf geflochten ist. Gluckhennen mit kleinen Küchlein werden sorgfältig in grossen Hühnerkörben von Weiden

und Gras gehütet, um die Jungen vor ihren vielen Feinden zu schützen; ausserdem sind niedliche kleine Häuser für die Hühner zum Eierlegen und zum nächtlichen Aufsitzen auf Pfählen aufgebaut, damit sie ausser den Bereich der Schlangen kommen.

In roher gebauten, blos mit übergelegten Palmenwedeln gedeckten Ställen sehen wir Ziegen und Schafe (letztere von dem üblichen mittelafrikanischen Schlage mit kurzhaarigem Fell, der Bock geziert mit glänzend silbernem Barte vom

Kongo-Haus.

Kinn bis zur Brust) und zuweilen selbst einen schwarzen hochschulterigen Bullen an einer nicht übel gebauten Krippe von demselben Material.

Die Häuser sind schön und niedlich gebaut und gewöhnlich einen Fuss über dem Boden auf gestampfter Erde angelegt. Zuerst kommt ein Fachwerk von starken Balken, von denen ein Pfahl den First des schiefen weit gespreizten Daches bildet, welches mit getrocknetem Grase auf dünnen Latten gedeckt ist. Das Dach tritt einige Fuss über das Haus selber hinaus und wird vorn zu einer Art Veranda erweitert und dann mit zwei Extrapfählen gestützt, wodurch dieser Raum zu vielseitiger Verwendung geeignet wird, von dem knapperen schattigen Platze, unter dem die Insassen des Hauses ihre meiste Zeit zubringen, bis zu dem grossen Empfangsplatze und dem Audienzsaal der Könige. Hier sah man beim Vorbeigehen fast immer die Bewohner eines jeden Hauses versammelt. Die Weiber blickten auf von dem Stampfen der Palmenkerne und zeigten beim Anblicke des „Mundele" (des weissen Mannes) grinsend alle ihre Zähne; die Männer, in müssiger Behaglichkeit kauernd, nahmen ihre grossköpfigen Pfeifen aus dem Munde und stiessen einen Gruss aus, gewöhnlich „Mawimpi", während, unentschlossen zwischen Thür und dem Innern schwankend, dickköpfige, rundäugige Kinder stumm und mistrauisch den weissen Mann anstarrten, welcher in ihren Augen ebenso als Popanz gilt, wie bei den europäischen Kindern der „schwarze Mann".

Um jedes Dorf zieht sich ein Wäldchen von Bananen und Platanen, welche ihren Anbauern eine beständige Nahrung bieten. Zwei Arten Früchte werden hier vorzugsweise gegessen: die Platane, welche keinen süssen Geschmack hat, aber mit Butter geröstet ausgezeichnet schmeckt, und die ausnehmend süsse Banane.

Das Landschaftsbild längs des Weges nach Pallaballa ist bezeichnend für die Katarakten-Gegend des Kongo, eine Folge felsiger Hügel mit rauhem Grase bedeckt, und reiche fruchtbare Thäler mit üppigen Wäldern und im Grunde rauschenden Bächen. Auf halbem Wege nach Pallaballa muss man mit Hülfe eines heimischen Fährboots den Fluss Mposo [1], ein reissendes Wasser, übersetzen, welches in der

---

[1] Mposo bedeutet Büffel. Viele afrikanische Flüsse werden nach Thieren benannt.

Nähe von São Salvador entspringt und Vivi gerade gegenüber in den Kongo fällt. An der andern Seite geht es wieder bergauf bergab, bis wir zuletzt einen Waldsaum unterscheiden, welcher die Lage von Pallaballa auf dem Kamm eines grossen Bergzuges von über 500 m Höhe anzeigt. Als ich durch das Dorf marschirte, schrien die Leute alle „Mundele, mundele"; einige traten heran und begrüssten

Mündung des Flusses Mposo.

mich mit „G' Morgen", einer Abkürzung von „Guten Morgen", wie sie es von den Missionaren gelernt haben. Der Missionar von Livingstone's Binnenland-Mission empfing mich sehr freundlich, und bald war auf seinen Befehl ein Willkommenmahl für mich bereitet. Da gab es köstliche Bananen, gewiegte Erdnussbrühe mit gebratenen Küchlein, „Palmöl-Coteletten", und manches andere landesübliche Gericht, nebst einigen europäischen Zuthaten. Nach dem Mittags-

essen wohnte ich mit dem Missionar dem Gottesdienst im
Schulhause bei, in welchem eine englische Dame, ein Mitglied der Mission, wohnte. Hier sassen etwa 20 Leute,
meist Jungen, versammelt. Als wir uns näherten, hörte man
leises Kichern, aber sonst betrugen sie sich recht gut. Der
Missionar predigte in Fiote (der Landessprache am untern
Kongo) und auf Englisch und las auch ein Kapitel aus der
Bibel in beiden Sprachen vor. Der Gegenstand in Fiote
war nicht besonders gut gewählt und bestand aus einem
ermüdenden Bericht über Jüdische Kriege, in welchem
bekannt klingende jüdische Namen seltsam gemischt waren
mit unverständlichem Fiote. Die ganze Zeit über sass die
schwarze Versammlung (heute vermehrt um meine fünf
Träger) dumm und unbeweglich da, so viel Interesse der
Missionar auch seinem Vortrage zu geben sich bemühte.
Darauf folgte ein Moody und Sankey [1] Gesang auf Fiote, in
welchem ich mich nicht heimisch fühlte und nur mit den
Lippen that, als ob ich theilnahm. Ein kurzes Gebet beschloss endlich das Ganze, und dann begann eine Ceremonie,
welche die Eingeborenen nicht um eine Welt missen würden.
Sie kamen einer nach dem andern, um der Dame die Hand
zu geben, ebenso dem Missionar und mir, und jeder begleitete
den Händedruck mit einem „Gu' Nacht Herr", gleichviel ob
der Gruss an die Dame oder an uns gerichtet war. Auch
wir zogen uns in unsere Wohnungen zurück, und obgleich
die meinige etwas feucht war (fand ich doch ein schönes
Nest Pilze! leider nicht essbare, und wogendes Gras, welches
in meinem Schlafzimmer wuchs), so bekam ich doch ein bequemes Bett und schlief gut.

---

[1] Bekannte amerikanische Betbrüder, welche lange Zeit in dem
östlichen Theil von London sich festgesetzt hatten.

Es war sehr feucht und nass in Pallaballa. Jeden Morgen und Abend umgab ein dicker Nebel alles, machte jeden Gegenstand klammig anzufühlen und den Ort ungesund. Es gab vier Könige oder Häuptlinge in der Umgegend, Kongo-Mpaka, Nikiangila, Tantia, und einen kleinen Jungen, dessen Namen ich vergessen habe. Kongo-Mpaka ist der vornehmste von ihnen und leistet nur dem König von Kongo in São Salvador Gehorsam. Kurz vorher hatte eine der Königinnen dieses Königs von Kongo eine Art Reise durch ihre Besitzungen gemacht und war mit grosser Achtung in Pallaballa empfangen worden. Der Ortsdialekt ist eine sehr reine Art des Fiote [1] oder der Kongo-Sprache, welche von Europäern schon seit den Tagen von Brusciotto (1659), Proyart (1776) und Canecattim (1806) studirt wurde. Das Portugiesische ist in dieser Sprache stark vertreten wie das im Anhang gegebene Wörterverzeichniss lehrt, und vielleicht sind in Pallaballa mehr Wörter aus dieser Sprache in allgemeinem Gebrauch als weiter nach dem Norden zu; dies braucht freilich nicht Wunder zu nehmen, wenn wir bedenken, dass Portugal vier Jahrhunderte hindurch einen vorherrschenden Einfluss, sowol in religiöser als in politischer Beziehung, in diesen Landen ausgeübt hat.

In Pallaballa waren die Eingeborenen zur Zeit meines Besuchs geneigt unverschämt zu werden und selbst angriffsweise gegen Weisse vorzugehen, aber während der letzten Monate meines Aufenthalts am Kongo änderten sie ihren Ton infolge der commerciellen Beziehungen zu Stanley's Expedition.

Sie sind sehr abergläubisch und für jeden Gestorbenen machen sie jemand „ndokki" (oder „vom Teufel besessen"),

---

[1] Fiote bedeutet ursprünglich das „Volk", die „Masse".

und lassen ihn das „Casca"-Gift [1] essen. Dies wird gewöhnlich nur so bereitet, dass es wie ein starkes Brechmittel wirkt, weil man annimmt, auf diese Art werde das Schlachtopfer den Teufel „heraufbringen" und ihn mit der Galle auswerfen. Sie halten grosse Stücke auf ihre „Nkimba", und an der Südseite des Flusses, auf welcher Stanley's Einfluss noch nicht so fest begründet ist als in der Nähe von Vivi, ist es für den weissen Mann gefährlich diese Fanatiker zu beleidigen, weil sie ihn mit ihren langen Stöcken und Stäben zum Entgelt für eingebildete Missachtung grausam schlagen würden (wie sie schon einem jungen Mitgliede der Livingstone-Mission mitspielten). Die Nkimba machen höchst wahrscheinlich die Beschneidung und Einweihung in die Ehegebräuche durch und sind von jedem Alter, Knaben von elf und Männer von vierzig Jahren; aber gewöhnlich unterziehen sich junge Leute der „Nkimbaschaft". Eine vollständigere Beschreibung ihrer Ceremonien und Gebräuche findet sich im sechzehnten Kapitel.

Die Bevölkerung von Pallaballa mag in dem Rufe stehen, das Christenthum zu „begünstigen", sie ist aber nach ihrer geistigen Veranlagung nicht im geringsten im Stande, diese Religion zu verstehen. Wenn der Missionar eine Sonntagspredigt in dem Hause des Königs Kongo-Mpaka hält, so gaffen 20—30 Müssiggänger in heiterer Stimmung hinein, um zu sehen was vorgeht, ganz wie wir uns ihre Ceremonien anschauen. Sie betragen sich sehr gut und ahmen mit jener genauen Mimik, welche nur der Neger besitzt, alle

---

[1] Dieses „Casca"-Gift wird aus der dicken, harten Rinde eines Baumes bereitet, *Erythrophloeum Guineense*, der 12—32 m hoch wird und zum Geschlecht der *Dimorphandren*, Unterordnung *Caesalpinae*, nat. Ordnung der Leguminosen gehört. Vgl. Monteiro, Angola and River Congo, I, 61—65, und Oliver, Flora of Tropical Africa, II, 320—321.

unsere Geberden und Handlungen nach, sodass ein oberflächlicher Beobachter glauben könnte, sie seien wirklich vom Gottesdienst ergriffen. Sie knien nieder im Uebermass der Anbetung, klatschen mit den Händen und sagen „Amen" mit einer tiefen aus dem Bauche stammenden Begeisterung. Der Missionar hielt bei der Gelegenheit, als ich ihn begleitete, eine kurze Predigt in der Fiote-Sprache und drückte sich dabei ganz gut aus, wenn man erwägt, seit welch kurzer Frist er die Sprache studirte. Der König fasste das Ende einer jeden Periode auf und wiederholte es mit patronisirendem Interesse nach dem Missionar, um damit seine Aufmerksamkeit kundzugeben, warf aber zwischendurch verstohlene Blicke auf seine Weiber, welche ihre Arbeiten draussen nicht mit gehörigem Fleisse wahrnahmen. Ein kurzes Gebet bildete den Schluss der Predigt, und als der König sich von seinen Knien erhob, bat er alsbald ihm eine Handwinde zu leihen, weil er eine Aenderung an seinem neuen Kanoe vornehmen wollte.

Die Vegetation um Pallaballa ist sehr reich. In den Thälern wächst schöner Wald voll von wilden Ananas und einem Farrnkraut, welches dem Unterholz in den lichten Stellen einen europäischen Anstrich verleiht. Auffallend sind besonders auch die Kürbisarten, vor allen eine Art, welche die ungeheuerlichsten Früchte trägt, eiförmig, von der Gestalt einer Birne und mit Stacheln bedeckt. Die Aussenseite glänzt im lebhaftesten Orangegelb; von der reifen Frucht spaltet sich die Haut in vier Theile und legt das Innere bloss, wo die schwarzen Samenkerne in Hülsen von dem reichsten Carmoisin daliegen, das ich jemals in der Natur gesehen. Die gemeinsten Vögel um Pallaballa sind der graue Papagei, der Gypohierax-Geier und ein kleiner schwarzer Hornvogel.

Auf meinen Streifereien über diesen Ort hinaus kam ich

zum Flusse Lufu, aber die Erpressungen des dortigen Häuptlings, die Schwierigkeit der Beschaffung der Nahrung und die Unverlässlichkeit meiner Träger, welche unter der Hand im Einverständniss mit den Eingeborenen waren, machten jedes weitere Vordringen auf diesem ungastlichen Wege unrathsam, zumal Stanley's Route im Norden des Flusses mir offen stand, auf der ich sicher allen Quengeleien der eingeborenen Fürsten aus dem Wege ging und nur die gewöhnlichen physischen Schwierigkeiten einer afrikanischen Reise zu bekämpfen hatte. Am Ende des Jahres 1882 bot die südliche Strasse längs des Kongo noch manche Hindernisse, welche freilich seitdem aus dem Wege geräumt sind. Der Neger kann nur mit sanfter Gewalt regiert werden und darum sind die alles über sich ergehen lassenden Missionare die letzten, die mit ihm fertig werden. Ein „Gebot der Liebe" hält er für ein Geständniss der Schwäche und misbraucht es demgemäss. Nachdem ich einmal nach Pallaballa gekommen war, wo die Livingstone-Missionen nun seit drei Jahren geduldig gewirkt hatten, konnte ich es nicht wieder verlassen, weder vorwärts noch rückwärts, bevor ich dem schuftigen alten Könige, Kongo-Mpaka, in Gegenwart des Missionars Branntwein im Werthe von 25 Mark geschenkt hatte. Der Missionar fühlte sich dadurch gedemüthigt, dass er des Königs Gebot zu übersetzen hatte, aber es war eine Frage der *force majeure* und mein gütiger Wirth, der zu oft schon selber solchen Zwangsanleihen ausgesetzt gewesen war, ohnmächtig in dieser Sache. Das alles ist aber jetzt anders geworden. Stanley's Agenten haben Verträge mit den Königen von Pallaballa und der Umgegend abgeschlossen und das Resultat ihrer Bemühungen ist, dass jetzt die südliche Strasse selbst dem einzelnen Reisenden nicht die geringsten Schwierigkeiten bietet. Ich kehrte nach Vivi am ersten Tage des neuen Jahres 1883 zurück und kam zeitig genug an, um an einem sehr heitern Neujahrsessen theilzunehmen. Die darauffolgende Woche verging unter verschiedenen Ausflügen und den Zurüstungen zu meiner grossen Reise flussaufwärts, welche mit Hülfe und unter den Auspicien von Stanley's Expedition vor sich gehen sollte. Zu den mancherlei kurzen Ausflügen, welche ich zu verschiedenen Zeiten nach Plätzen in der Nähe von Vivi unternahm, gehört ein Besuch der berühmten Wasserfälle von Jellala, der grössten und zuerst bekannten Schnellen des Kongo, welche ich wegen ihres natürlichen Zusammenhangs mit dem eben beschriebenen Lande hier schildern will, obgleich ich sie in Wirklichkeit erst nach meiner Rückkehr vom obern Flussgebiet gesehen habe.

Die Fälle von Jellala liegen in der Luftlinie etwa 15 km von Vivi, die Windungen des Weges aber steigern die Entfernung auf 22—23 km. Ich brach auf im Morgennebel, welcher die Nähe der trockenen Jahreszeit verkündet. Das sich wölbende Gras, üppig und hochgewachsen in der verflossenen Regenzeit, war sehr ermüdend und schwierig zu passiren, und bevor ich bei dem lieblichen kleinen Dorf Nguvi Mpanda halt machte, war ich zerschnitten, zerkratzt und zerschrammt in solch verzweifelter Weise, dass ich ganz ausser mir war, um so mehr als Myriaden kleiner zackiger Samenkörner mir vom Halse am Rücken herunter gekrochen waren und mich bei jeder Bewegung des Körpers prickelten. Ein Aufenthalt von einigen Minuten in Nguvi Mpanda unter der Veranda des Hauses des Häuptlings und lange reichliche Züge hochsüssen, schäumenden Palmweins, welcher soeben vom Baume [1] abgezapft war, gaben mir meinen Gleichmuth

---

[1] In diesem Fall *Elaïs Guineensis*, die Oelpalme; aber auch der

zurück, sodass ich im Stande war, die Versicherungen der
Brüderschaft von Seiten des liebenswürdigen Häuptlings mit
gleicher Beflissenheit zu erwidern. Er war der Signalpfeife
noch nicht überdrüssig geworden, welche ich ihm bei einem
frühern Besuch geschenkt hatte, und gebrauchte sie unab-
lässig, um seinen Befehlen Nachdruck zu geben. Nebenbei
will ich aber doch bemerken, dass der Palmwein in einem
silbervergoldeten Kruge gebracht und aus einem silberver-

Der Häuptling von Nguvi Mpanda.

goldeten Becher getrunken wurde. Dies mag eine Vorstellung
davon geben, wie die Civilisation nach Nguvi Mpanda vorgedrungen ist.

Der nach Jellala führende Pfad zweigte von dem Wege
von Isangila kurz hinter diesem Dorfe ab. Ein Kilometer
weit wanderten wir durch Felder mit süssen Kartoffeln und
Erdnüssen, tauchten dann aus der Tiefe des Pflanzenwuchses

Saft anderer Palmenbäume wird, wie wir weiter sehen werden, als
Getränk benutzt.

wieder auf, als wir uns auf dem Grat eines grossen Berges befanden, von welchem wir eine überwältigende Aussicht genossen. Wir sahen geradeaus über weit gedehnte Thäler mit auf und nieder wogendem Grase hinweg auf eine kolossale Masse ansteigenden Landes, welches von einem Saum von schwarzen Bäumen überragt wurde, unter denen das Dorf Jellala in noch weiter Entfernung lag. Rechts erhoben sich kühne Bergketten auf dem andern Ufer des unsichtbaren Kongo, links andere Hügel, auf denen der kleine Fluss Loa entspringt. Das höckerige Thal zu meinen Füssen sah aus wie ein langes schüsselartiges Bassin, welches von dieser Menge von Bergen eingeschlossen war. Ich nenne es ein höckeriges Thal, weil sein Boden so uneben war. Kleine Anhöhen oder Hügel unterbrachen seine Gleichförmigkeit und es war bestreut und besäet mit weissen Quarzblöcken, welche den Anschein erweckten, als seien sie erst kürzlich von den abbröckelnden Berghängen durch die schweren Regengüsse abgespült. Nach Raum und Luftwirkung war es ein grosser Fernblick und obendrein charakteristisch für diesen Theil des Kongo, aber hässlich, auch ungastlich und öde zugleich. Berge und Thäler waren alle gleichmässig bedeckt mit dem wogenden gelbgrünen Gras, dessen Einförmigkeit nur durch die eingestreuten Quarzblöcke unterbrochen wurde. Ausser in ein oder zwei geschützten Thälern, wo einige wenige erbärmliche Oelpalmen zusammenstanden, war kein Baum zu sehen, und die kleinen knorrigen Gebüsche, welche man hier und da antraf, waren fast bedeckt von dem schlanken federigen Grase, welches das ganze Land im eigentlichen Sinne beherrschte. Die einzigen Repräsentanten thierischen Lebens waren sehr grosse Grashüpfer mit grünen Leibern und scharlachrothen Flügeln, welche über den Pfad eilten in einem Licht von Scharlach, dann sich auf einen Grashalm setzten und in dem einförmigen Grün verschwanden. Die Gegend litt glücklicherweise keinen Mangel an Wasser, sodass wir unsern unmenschlichen Durst nach dem Herunterklettern von dem felsigen Abhange reichlich löschen konnten in dem kühlen klaren Wasser, welches durch jede Thalschlucht floss.

Herzlich gern schieden wir von jenem Lande des Grases und der Felsen und betraten das Dorf Kaï, welches in reichem Pflanzenwuchs eingebettet vor uns lag. Hier blieben wir, um wieder Palmwein zu trinken, denn der von dem Klettern über lose Steine und durch das raschelnde Gras erzeugte Durst war überwältigend, und wir waren glücklich darüber, dass wir ihn in frisch abgezapftem „Malafu" (dem Saft des Palmbaums) löschen konnten, der, soviel ich weiss, nirgends schmackhafter als in der Umgegend von Vivi bereitet wird. Guter Palmwein ähnelt starkem süssem Apfelwein und steigt ebenso zu Kopf.

Kaï ist wenig mehr als ein Vorort des Dorfes Jellala; die kurze Entfernung zwischen beiden füllen Gärten und Bananenhaine aus. Das reiche und schlanke Pflanzenleben, welches die niedlich gebauten Häuser umgibt, ist fast erstaunlich im Vergleich mit der Unfruchtbarkeit ringsum. Ich sah einige bemerkenswerthe hübsche Gruppen von Euphorbien [1] als ich in das Dorf Jellala eintrat, und weiterhin mehrere Drachenbäume und Dracaenen [2] in voller Blüte, deren kleine milchfarbige Blätter in graziösen Bündeln aus den spitzigen Baumblättern herunterhingen und so im allgemeinen an die Juccapflanzen erinnerten, mit welchen sie entfernt verwandt sind. Es ist das erste und einzige mal, dass ich mich erinnere, diese *Dracaena* am Kongo gesehen

---

[1] *Euphorbia hermentiana.*   [2] *Dracaena Sapochinowki.*

zu haben, und es scheint sonderbar, dass sie sich so in diesem Dorf erhalten hat. Es ist überhaupt eine interessante Thatsache, dass so viele Pflanzen in den Dörfern dieses Theils von Afrika vorkommen, welche im freien Felde nie zu finden sind. So habe ich z. B. die Euphorbien nie wildwachsend gefunden und doch kommen sie in allen Dörfern an und beim Kongo vor, von Jellala bis Bolobo. Die Eingeborenen am Kongo nennen sie „Ndiza", aber obwol sie so bekannt und benannt sind, so konnte ich mich nie vergewissern, dass ihnen irgendein abergläubischer Werth von Wichtigkeit beigelegt wurde, welcher geeignet wäre, ihr beständiges Vorkommen in den dortigen Dörfern zu erklären. Vielleicht liegt die wirkliche Lösung dieser Frage sowie der Anwesenheit grosser Bäume

Dracaena Sapuchinowki.

und üppigen Pflanzenwuchses in nächster Nähe der Dörfer darin, dass das ganze unbewohnte Land von Zeit zu Zeit durch die Eingeborenen in Brand gesteckt wird, und nur an den von dem Grasfeuer nicht erreichten Stellen eine reiche Vegetation und Waldbäume fortkommen können. Es ist klar, und diese Thatsache haben Stanley, Schweinfurth und die meisten beobachtenden Reisenden in Afrika bestätigt, dass die Grasbrände auf die Pflanzengeographie Afrikas von grösstem Einfluss sein müssen.

Der Zufall wollte es, dass ich den Häuptling von Jellala bei einer mir zu Ehren vorgenommenen sehr hastigen Veränderung seiner Toilette überraschte. Er schlug ein Stück Sammt um seine Lenden zum Ersatz des schmutzigen Lappens, der seinen Alltagsanzug bildete; dazu fügte er einen langen Livreerock, welcher sehr glänzend ausgesehen haben muss in den Tagen, als er noch alle seine Knöpfe zählte. Aus seiner verpallisadirten Wohnung tretend begrüsste er mich dann in äusserst höflicher Weise. Er hiess, wie er mir sagte, Ntette Mbongo und sei König von Jellala, von Kaï und noch drei andern Dörfern mit sehr langen Namen, welche ich vergessen habe. Ein langer, konisch geformter Kopf wie der eines Azteken, ein Paar schöner ausdrucksvoller Augen mit stark hervortretenden Augenbrauen darüber, eine wohlgeformte Nase und dünne Lippen machten seine Physiognomie zu einer originellen und distinguirten, und obgleich vorübergehende Gesichtsausdrücke Grausamkeit und Habsucht verriethen, so wurden sie über dem bei einem afrikanischen Häuptlinge gänzlich ungewohnten gefälligen Lächeln leicht vergessen. Nach dem üblichen Austausch von „Mbote, Mbote" (dem gewöhnlichen Gruss am Kongo) und der Besichtigung meines Zeltes und Bettes, rief der Häuptling nach seinem kleinen Sohn, welcher eilig mit einem kostbaren, auf ein Bananenblatt gelegten Fisch herankam; derselbe war soeben gefangen und der Duft des Lebens schwebte noch um seine blinkenden Schuppen. Dieser Fisch nebst einem Korb mit Eiern war des Häuptlings Geschenk; und da ich sehr hungrig war und seit langer Zeit keinen Fisch genossen hatte, so war die Gabe sehr willkommen. Der

Fisch war in der That köstlich, sah aus und schmeckte fast wie Lachs und hatte so viel Fleisch, dass ich zuerst Fischsuppe davon hatte, dann gekochten Fisch mit Eiersauce und darauf in Butter gebratene Fischschnitte, und nach diesem vollkommenen Mittagessen blieb noch genug übrig, um meine Sansibarer zufrieden zu stellen. Am nächsten Morgen brachen wir in der Frühe unter Führung des alten Häuptlings auf, um die grossen Fälle von Jellala zu sehen — und zwar nicht, wie meine Vorgänger sich meistens die Mühe geschenkt hatten, von dem Gipfel eines hohen und entfernten Berges aus, sondern aus solcher Nähe, dass der Sprühregen des wundervollen Wasserfalls in feinen Schauern über den glücklicherweise von mir mitgenommenen wasserdichten Ueberzieher niederrauschte. Die Reise dahin war aber beschwerlich. Zuerst führte der Weg durch Gärten und liebliche Waldlichtungen, verliess aber bald deren angenehmes Grün und schattiges Laub und zog einen steinigen steilen Berg hinan, wo die Felsen fast in treppenartigen Absätzen, beinahe wie bei den Pyramiden, anstiegen, von denen jede Stufe für Riesenbeine bestimmt war, da sie fast 1 m hoch war. Faradschi, einer meiner Sansibarleute, hob mich mühsam auf jeden nächsthöhern Block, während der gewandte alte Häuptling, nachdem er wohlweislich seinen blauen Sammt abgelegt hatte, den steilen Aufstieg wie eine Ziege bewältigte. Zuletzt erreichten wir dann den höchsten Punkt und darauf — man stelle sich meine Enttäuschung vor, — anstatt auf den Fluss geradewegs hinunter zu sehen, wie ich gehofft hatte, lag ein anderes Thal mit wogendem Grase und noch eine andere Hügelkette vor uns. Der Abstieg war fast noch ermüdender als der Aufstieg gewesen war, denn die Beine wurden lahm und steif von den beständigen dreifüssigen Sprüngen von Stufe zu Stufe. Darnach quälte und kratzte uns das Gras des nachfolgenden Thales, und als ich den nächsten und, wie mir däuchte, letzten Berg erstiegen hatte, war ich überzeugt, dass die Fälle von Jellala mich nimmermehr für solche Quälerei belohnen würden.

Jedoch hörte das Steigen allmählich auf und als der Weg sich um einen Berg zu winden begann, sahen wir auf ein imposantes Schauspiel herab, als nach einer plötzlichen Wendung des Pfades unsere Ohren von dem betäubenden Brausen des Wasserfalls erfüllt wurden.

Es war ein grosser Anblick, und allein schon die Stelle, von welcher wir ihn genossen, genügte, um ihn mehr als aussergewöhnlich frappant zu machen. Der Pfad hing noch soeben am Abhange eines kegelförmigen Berges, und wo wir gerade anhielten, trat eine grosse Basaltplatte über einen fürchterlichen Abhang frei hinaus. Von diesem Vorsprunge aus sahen wir etwa 100 m tief auf den Kongo hinunter, der da über die Felsriffe sprang und zornig gegen die ihn gefangen haltenden Bergwände brandete. Einige Inseln lagen im Strom, eine hervorragend durch eine dichte Masse sammtweichen Gebüsches. Sie hiess die Pelikaninsel, weil diese grossen Vögel in zahlloser Menge die unzugängliche Stelle als Brüteplatz benutzten.

Bevor der erste Fall kam, floss der Strom so schlicht daher, mit so glasiger Oberfläche, als ob er keine Ahnung von dem nächstbevorstehenden Kampfe hatte, und als er die Felsen und den Abhang zuerst erreichte, strömte er fast widerwillig über sie hinweg, bis er, ergrimmt über die wiederholten Widerstände, in dem letzten grossen Wasserfall von Jellala sich selbst in so weisse brausende Wuth hinein peitschte, dass das zornige Getöse die Ohren betäubte und der Anblick des Schaumes die Augen blendete. Ich hätte gewünscht, länger auf dieser Stelle zu verweilen und sie als den Endpunkt des Ausfluges zu betrachten, aber der alte Häuptling, der unternehmungslustig genug war, persönlich eine Schar von Cook's Touristen zu führen (wer weiss ob es nicht noch einmal geschieht!), bestand darauf, den Berg ganz hinabzuklettern und die Fälle vom Flussufer aus anzusehen. Ich hatte wirklich Bedenken, ob ich das Wagniss ausführen könne, ohne mich ernstlich in Gefahr zu bringen und möglicherweise kopfüber in den Fluss zu stürzen; jedoch mit Hülfe eines Taus und eines starken Alpenstocks gelang es mir, einen Felsgrat zu erreichen, wohin schon der Sprühregen der Wogen drang, und zuletzt fand ich meinen Weg zu einer Reihe kleiner Höhlungen in den Felswänden, von denen aus ich die Fälle von Jellala in aller Bequemlichkeit betrachten konnte.

Allem Anschein nach stürzt der Kongo hier nirgends tiefer als etwa 4 m auf einmal hinab, aber die beständige Aufeinanderfolge der Fälle und wegversperrenden Klippen peitscht die Gewässer in eine unbeschreibliche Wuth hinein. Es ist ein prächtiges Wettrennen, welches die einzelnen Fälle aufführen. Die einen scheinen die andern zu übertreffen, und dann und wann begegnet das von einem Absturz zurückspringende Wasser der nächstfolgenden Masse und ihre Berührung erzeugt eine Wolke von Rauch und Schaum, welche Schüsse von Sprühregen in die Lüfte entsendet. Die Felsen in der Nähe des Wassers sind mit langem bandartigem Kraut von tiefem Grün bedeckt, das Massen langen grünen Haares gleicht. Weisser Bleiwurz und viele leuchtende Blumen wachsen in den Klüften der grauen Felsen, über welche grosse blaue und rothe Eidechsen den Fliegen nachsetzen, welche zu unvorsichtig im Sonnenlichte sich wärmen. Eine grosse überhängende Felsmasse ist da, welche der Schatten nie verlässt und wo die Fischerleute ihren frisch

DIE JELLALA-WASSERFÄLLE.

gefangenen Fisch für ihre Mittagsmahlzeit braten. Die weidenartig geflochtenen Fischkörbe und Fallen liegen hier herum, ihres Inhalts beraubt, und die nicht zum Räuchern oder Braten bestimmten Fische werden zu drei oder vier zusammengebunden und in den Schatten zurückgelegt, bis ihre Besitzer zum Aufbruch bereit sind. Mitunter ist ein beflosstes Ungeheuer, so gross wie ein Lachs, beiseite gelegt, mit seinen armen sich ausdehnenden und zusammenziehenden Kiefern noch athmend, wie er im Todeskampf in der trockenen heissen Luft daliegt. Bald werden seine rothen Kiemen und seine Eingeweide herausgerissen und zu andern Haufen von Fischabfällen geworfen — als Mittelpunkt der Anziehung für summende Fliegen und fliegenjagende Eidechsen und als ein alle Gedanken absorbirender Gegenstand der Betrachtung für die hungrigen schwarzen und weissen Geier, welche unentschlossen auf den benachbarten Felsen hocken.

Der Häuptling und fast alle meine Begleiter hatten sich ausgezogen und badeten sich lustig und wohlgemuth in den kleinen Pfuhlen und Nebengewässern des Stromes. Nach dem Bade ging der Häuptling von dannen und setzte sich auf einen kühlen Felsengrat unter der überhängenden Grotte. Er lud mich ein, auch dahin zu kommen und an einer improvisirten Mahlzeit von geröstetem Fisch theilzunehmen. Dazu war ich durchaus nicht abgeneigt; und so zogen wir einige eingemachte und einige frische grüne Maiskolben hervor, welche meine vorsorglichen Sansibarer mitgebracht hatten, und hielten ein sehr appetitliches Frühstück von gebratenem Mais und geröstetem Fisch — Fisch, der vor wenigen Minuten noch in den Fischkörben zappelte und uns jetzt mit dem Schwanz im Maul servirt wurde, gerade wie die Weisslinge zu Hause.

Als meine Zeichnungen der Fälle fertig waren, wünschte ich zurückzukehren und begann trotz der Mittagssonne die Felsen hinanzuklettern und den Bergpfad nach unserm Dorf wieder aufzusuchen. Der alte Häuptling, weiser als ich, gab sich alle Mühe mich zu bereden, bis zum Abend am kühlen Flussufer zu bleiben, aber ein sonderbarer Anfall von Hartnäckigkeit ergriff mich und ich wäre darüber beinahe einem Sonnenstich zum Opfer gefallen. Die gewaltige von den Felsen zurückgeworfene Hitze — die Felsen wurden so heiss, dass man sie nicht mit der Hand berühren durfte — und die erschöpfende Quälerei, diese Stufen von Felsblöcken aufwärts, waren zu viel für mich, sodass, als die ersten Gärten rings um das Dorf erreicht waren, ich mich in den dankbar acceptirten Schatten hinwarf, zum Tode krank und schwach. Ich erwähne dieses sonst unwichtige Ereigniss nur um zu zeigen, welcher rücksichtsvollen Gutherzigkeit einige Afrikaner wirklich zugänglich sind; denn kaum hatte in diesem Fall der alte Häuptling mich so erschöpft und krank gesehen, als er erschrocken einen seiner Jungen zum Dorfe schickte, um mir etwas von seinem kostbaren Rum, und einen andern Jungen zum nächsten Bach sandte, um eine Kalabasse mit kühlem Wasser zu holen. Während diese Sendboten fort waren, schnitt er ein breites Bananenblatt ab und fächelte mich sanft damit, wobei er stets sehr mitleidig dreinschaute. Ich erwachte lange bevor der Rum gebracht wurde, doch musste ich durchaus etwas von dem widrigen Mischtrank zu mir nehmen. Auf dem letzten Wege ins Dorf führte er mich sorgsam am Arm, und obgleich mein leichtes Unwohlsein alle diese Aufmerksamkeit von seiner Seite nicht werth war, so machte der Häuptling von Jellala doch auf mich den Eindruck eines gutherzigen alten Mannes. Ich habe auch überall so viele Beweise von Zartgefühl und wirklichen Mitleidens bei den Eingeborenen am Kongo angetroffen, dass ich sie mit Recht für Menschen von zarterer Gesinnung ansehe als die entarteten Negerstämme der Küste. Nachdem die Anstrengungen von Jellala bald überwunden waren, reiste ich ab und wanderte die 20 km nach Vivi zurück; aber dieser Marsch ermüdete mich nicht, weil die Sonne untergegangen war; dafür war der glänzende Vollmond in der milden grauen Luft emporgestiegen und beleuchtete die Berge und die Klippen, die Palmen und die Dörfer; dabei lag ein absoluter Frieden über der ganzen Natur und kein Geräusch liess sich vernehmen ausser dem Aufschrei der Ziegenmelker und dem heimlichen Rascheln unserer Fusstapfen im Grase.

VIERTES KAPITEL.

VON VIVI NACH ISANGILA.

Meine Sansibarer. — Das Gras. — Nguvi Mpanda. — Betragen der Kinder. — Das Thal von Loa. — Badevergnügen. — Die Camoensia. — Sadika Bausa. — Ein Lieblingshuhn. — Die afrikanische Flora. — Der Busi. — Der Bundi. — Regen. — Schreckliche Reise. — Der Lulu. — Nach dem Sturm. — Hornvögel und Enten. — Die Wasserfälle von Ngoma. — Stanley's Name Bula Matade. — Die Zukunft von Ngoma. — Isangila.

VIERTES KAPITEL.

VON VIVI NACH ISANGILA.

Kongo-Gräser.

Am 7. Januar 1883 reiste ich von Vivi nach Isangila und Stanley-Pool (Pfuhl). Herr Stanley lag am Tage meiner Abreise schwer erkrankt am Fieber; aber obwol er bald schwitzte bald fröstelte, so wollte er mich doch nicht ziehen lassen, ohne sich selbst zu vergewissern, dass alles zur Reise Dienliche mir zur Verfügung gestellt sei; vielleicht war der werthvollste Dienst, welchen er mir leistete, die Ueberlassung dreier seiner Lieblingsdiener von Sansibar, Faradschi, Mafta ju Hali und Imbono, zu meiner persönlichen Bedienung — und ich werde sie lange nicht vergessen noch aufhören, mich nach ihren höchst liebenswürdigen Dienstleistungen zurückzusehnen.

Bevor ich mich noch einmal in Gedanken Kongo-aufwärts in Bewegung setze, verdienen diese drei treuen Diener einige Worte zu ihrer persönlichen Einführung.

Mafta würde jeder sogleich für eine ganz achtungswerthe Person erklären, und sein überlegenes Auftreten machte auf mich einen solchen Eindruck, dass ich ihn zum Hauptmann der Karavane ernannte. Er näherte sich vielleicht den mittlern Jahren und seine wohlgebaute Gestalt von mässiger Höhe war stets sauber in weisses Zeug gekleidet. Obgleich seine Gesichtsfarbe nahezu schwarz war, so sahen seine Züge doch wohlgeformt und den Arabern sehr ähnlich aus. Seine Augen blickten sehr gutmüthig drein und obwol er selten lachte, so konnte er doch viel verhaltene Fröhlichkeit zeigen, wenn er mit den Augen zwinkerte und zugleich seine weissen Zähne zeigte. Nach ihm kam Faradschi, ein junger Mann in aller Fülle körperlicher Entwickelung, ein gutmüthiger Riese von einer Muskelkraft, von welcher sein langsames Begriffsvermögen schwerlich eine Ahnung hatte. Daran schloss sich einer jener würdigen Charaktere, Imbono, welcher das Sprichwort wahr macht, „schön ist, was schön thut"; denn man vergass seine Ungeschlachtheit, wenn man erkannte, was für ein unermüdlicher, niemals murrender

Arbeiter er war. Mafta war ein sehr frommer Mohammedaner, welcher nie gebrannte Getränke anrührte und mit Schmerzen zusah, wenn seine lockern Kameraden ihnen zusprachen. Faradschi sowol als Imbono, obwol dem Namen nach mohammedanischen Glaubens, wurden am Kongo elende Abtrünnige. Sie tranken gegohrenen Palmwein wo sie ihn nur bekommen konnten, und vergassen gar oft die Stunden des Gebets. Lässigkeit war Faradschi's Hauptsünde und er war gross in der Erfindung plausibler Entschuldigungen. An Imbono war als Diener nichts auszusetzen ausser dass er so hässlich war.

Nachdem ich meine 16 Träger versammelt und nach dem ersten Lagerplatz vorangeschickt hatte, nahm ich Abschied von den weissen Häusern und weissen Gesichtern, stieg rasch den rothen Berg hinab, setzte über den kleinen Bach, erstieg einen folgenden Berg, marschirte eilig durch ein Dorf, wo Hunde und Menschen zu unserer Begrüssung vor die Thüren stürzten, und kam dann schmachtend vor Hitze und erschöpft von einem steinigen Aufstieg oben auf einem kleinen Berge an, um dort auszuruhen und wieder zu Athem zu kommen. Von da trotteten wir weiter durch hohes Gras, welches jede Aussicht benahm. Es ist schrecklich ermüdend dieses alles verbergende Gras, eine der ersten und hauptsächlichsten von Afrikas kleinen Unannehmlichkeiten. Einige der monströsesten Halme bedachten uns mit bärtigen Samenkörnchen, welche an dem einen Ende mit einer scharfen Nadelspitze bewaffnet und von kurzen rückwärts ständigen Haaren umgeben waren, sodass das Korn, wenn es einmal beim Nacken oder Arm hereingeschlüpft war, sich nur vorwärts nicht rückwärts arbeiten konnte. In kurzer Zeit war unsere Körperhaut geprickelt und zerkratzt und wund von diesen scharf zugespitzten Grannen, welche durch die unterste Kleidung bis zur Haut durchdrangen.

Nguvi Mpanda, das nächste Dorf an dem Wege, ist wie die meisten Kongo-Weiler von herrlichen Waldbäumen und wohlgepflegten Anpflanzungen umgeben. Bevor wir es betraten, wand sich der Pfad durch manche Felder von Maniok (welches die in diesen Gegenden so viel gegessene essbare Wurzel liefert), und auf diesen Feldern räumten Weiber mit starken selbstgefertigten Hacken das Unkraut weg, sahen auf und verschwanden, sich gegenseitig „Mundele, Mundele", zurufend, unter Ausbrüchen schreckhaften Gelächters. Die kleinen verwunderten Kinder vergessen in ihrem Staunen den Müttern zu folgen und bleiben mich angaffend stehen, mit offenem Munde voller Ehrerbietung, so lange ich vorbeigehe; wenn ich aber stehen bleibe, um unter freundlichem Zuruf ihre langgezogenen gedrückten Hirnschalen zu befühlen, findet ihr Schrecken Laute und unter unaufhörlichen Ausbrüchen der Todesangst mit den kleinen Patschfüssen über die frisch bestellten Beete wegtrampelnd, wagen sie niemals nach dem weissen Mann, dem „Popanz", umzublicken noch stehen zu bleiben, bis sie in den schützenden Armen der Mütter sich wissen, welche sie mit sympathischem Lachen auffangen. Der Häuptling von Nguvi Mpanda hält uns auf, als wir vor seiner Veranda vorbeiziehen, unter welcher er mit den Dorfältesten rauchend sitzt, und bietet Palmwein mit gastfreundschaftlichem Drängen an: da ich den Trunk nicht ablehnen will, so stürze ich hastig den frisch abgezapften „Malafu" aus einem enghalsigen Kürbis herunter, und trabe dann weiter hinter meinen Leuten her, immer durch Felder mit Maniok, Erdnüssen und Mais, bis wir zu einem andern Dorf kommen mit einem andern gastfreundlichen Oberhaupte, welches diesmal einen sehr buschigen Knebel- und Schnurbart trägt. Wenn wir indessen an diesem Abend noch den Loa-Fluss erreichen wollen, wo das erste Nachtquartier genommen werden soll, so dürfen wir unterwegs nicht die Zeit vertändeln, deshalb eilen wir vorwärts und lehnen mit entschuldigendem Dank jedes Anerbieten von Palmwein ab, welcher als Getränk bei häufiger Wiederholung widersteht. Dann wird der gewundene Pfad — krumm anscheinend aus keinem andern Grunde, als weil den Menschen eine Neigung angeboren ist, in krummen Linien zu marschiren — unangenehm steinig, scharfe Steine und plötzliche Abstürze überall; dann kommt noch ein kleines Stück Sumpfland, doch endlich sind wir im Thale, oder vielmehr in den Thälern des Loa, denn Schluchten und Thäler durchsetzen die Hügel nach allen Richtungen.

Die Landschaft hier herum ist nicht schön. Auf den Hängen sieht sie gelb und versengt aus und ist besäet mit hässlichen, ruppigen, kleinen Gebüschen, die keinen Schatten geben und unansehnliche ungeniessbare Früchte tragen. Längs des kleinen Wassers, in welchem ich ein Bad nehme, und durch das hohe schlanke, den Flusslauf umsäumende Gras sind Büffel einige Stunden vorher auf die Weide gegangen und haben ihre Spuren und einen gewissen Stallgeruch zurückgelassen. Ich zog mich aus und legte meine Kleider auf die Steine. Oh, über diese jammervolle Unerfahrenheit! Auf dem ganzen Wege hatte ich gesehen, wie meine Leute sich mit buschigen Zweigen schlugen, um die Fliegen abzuhalten, nur ich, bekleidet wie ich war, fühlte keine Unbequemlichkeit und gab deshalb nicht Acht auf ihre Handlungen. Jetzt, nun ich nackend dastehe, fallen Myriaden kleiner schwarzer Fliegen über mich her und überall entstehen kleine blutige Stellen, wo immer ihre nadelartigen Rüssel die Haut durchbohren. Mein Bad ist nur ein kurzes und besteht, so lange es dauert, aus beständigem Tauchen, worauf ich eilends mich anziehe, um

meine schmerzhaft juckende Haut zu verbergen. Schwarze
blutsaugende Fliegen, kleine Geschöpfe, noch winziger fast
als eine Mücke, gehören zu den schlimmsten Quälgeistern in
einigen Theilen dieser Katarakten-Gegend. Sie sind weder
so störend am untern Fluss unterhalb der Fälle, noch in
dem offenen Waldlande oberhalb Stanley-Pool. Die erste
Nacht lagerten wir nach einem Marsche von 13 km von
Vivi an dem kleinen Flusse Loa in einer Gegend, die etwas
rauh und steinig war, obgleich in den tiefen Schluchten
dichter Waldbestand vorherrschte. Hier wuchsen im Ueberfluss grosse dichte Gebüsche von *Camoensia*, einer Pflanze
mit schönen, pendelartig herabhängenden, milchweissen Blüten
mit goldgelbem Mittelpunkt und mit höchst zarten, unver-
gleichlich schön gestalteten Kelchblättern, die von einem
schmalen dunkelbraunen Strich umsäumt sind. Die Camoensia [1] ist ein Glied der grossen Familie der Leguminosen
oder Hülsengewächse, sie hat aber keine Verwandten in Afrika
oder sonstwo. Sie wurde zuerst von Welwitsch entdeckt
(dem grossen deutschen Naturforscher, der so reichlich zu
unserer Kenntniss der südwestafrikanischen Flora beigetragen
hat) und zwar in Angola, und dieser benannte die ebenso
liebliche als zarte Pflanze in ganz angemessener Weise nach
dem grossen Dichter seines Adoptiv-Vaterlandes Portugal,
in dessen Diensten Welwitsch stand. In stiller warmer
Nacht wird der an die Gewürznelken erinnernde Geruch
ihrer Blumen fast überwältigend, indessen ist nichts Narko-
tisches oder Krankmachendes in ihrem Duft.

Am nächsten Tage machten wir den Frühstückshalt in
einem grossen Dorfe, Sadika Bansa, der letzten Ansamm-
lung von Wohnungen, welche wir auf unserm Wege antreffen

---

[1] *Camoensia maxima*, s. Abbild. zu Anfang des XII. Kap.

würden. Es war eine grossartige Stadt, welche durch Hecken von Euphorbien in verschiedene grosse Vierecke zertheilt war. Obwol der Häuptling etwas grausam gegen seine Unterthanen sein soll — man sagt ihm sogar das Abhalten von Menschenopfern nach —, so ist er doch gegen die Europäer unendlich höflich und gleicht darin gewissen östlichen Potentaten, welche vornehme Fremde mit so ausgesuchter Gastfreundschaft empfangen, dass sie sich verpflichtet fühlen, die Leiden der Völker derselben zu übersehen.

Das Oberhaupt von Sadika Banza sandte mir gleich nach der Ankunft Eier, Bananen und Geflügel. Das Geflügel, einen etwas bejahrten Hahn, gebrauchten wir nicht sogleich und banden ihn deshalb mit dem Bein an einen Zeltpfahl. Während er sich so gefesselt befand, nahmen alle andern Dorfhähne den gemeinen Vortheil wahr und rückten zum Kampfe an. Es würde von diesem Hauptgeschenk wenig übrig geblieben sein — halb zerpflückt war der Hahn schon —, wenn ich nicht eingeschritten wäre und ihn mit ins Zelt genommen hätte. Zwischen diesem Thier und mir entstand nun eine zunehmende Zärtlichkeit. Zunächst war es mir zuwider, den Hahn aufzuessen, weil er so mager und zähe war; dann wurde der Hahn allmählich ein anerkannter Liebling, der die Erlaubniss hatte, jede Nacht in meinem Zelt zuzubringen. Tagsüber, während des Marsches, sass er, an die Kochtöpfe festgebunden, auf dem Kopf eines Sansibarers; aber sobald die Karavane halt machte, wurde dieser *Gallus africanus* losgebunden und er lief dann um das Lager herum, wo er alle Arten unaussprechlicher Delikatessen in dem dichten Grase fand, auf welche er freudig die Aufmerksamkeit eines Harems von nur in der Phantasie vorhandenen Hennen zu lenken suchte. In jedem Dorfe, in welchem wir ausruhten, gab er kühne Gefechte mit den dortigen Kämpen zum besten und er identificirte sich derartig mit der Ehre der Expedition, dass jeder von uns den Verlust eines tapfern Gefährten bedauerte, als er eines Tages von einer Tigerkatze getödtet und halb aufgefressen wurde.

Sadika Banza gleicht so ziemlich jedem andern Kongo-Dorf; es liegt oben auf hohem Hügel und der dahin führende Pfad ist überwölbt und verdeckt von unendlich dichtem Grase, welches 3—4 m hoch wächst. Die Geduldproben, welche uns aus diesem Kraut erwuchsen, waren wirklich gross, und sicherlich ist das Gras mehr als alles andere in Afrika schuld an dem Verlust guter Laune und an der Entstehung nervöser Fieber. Jeden Augenblick die verschlungenen Halme auseinander zu schieben ermüdet die Arme in hohem Grade, während das Gesicht von Samen und Grannen gekitzelt und gekratzt und die Schienbeine wund geschlagen werden durch die beständige Berührung mit den steifen, unbiegsamen untern Stielen. Das Gras verhindert jeden Ausblick in die nächste Umgebung und verdeckt und verbirgt Schlangen, Büffel sowie feindliche Eingeborene. Ich kenne keinen trostlosern Fernblick, als wenn man oben auf einem Berg in Afrika anlangt und hinunter sieht auf einen Landstrich mit wallendem Grase. Wäre es ein See, so könnte man im Boot hinüber oder am Ufer entlangfahren; oder sähe man hinaus auf eine unfruchtbare Wüste, so könnte man über ihre Einöde hinwegeilen und sähe zuletzt seinen Weg wieder vor sich. Aber Gras! Was wisst ihr von den Gefahren, welche es euch verhüllt? Moorgründe, Fallgruben, menschliche Feinde oder schädliche Thiere? Glücklicherweise besteht dieser Theil des Kongo-Landes nicht ganz aus Gras; die Thäler sind voll schöner Waldungen, in welchen man Mittags im kühlen, angenehm süssen Schatten lustwandeln kann, unter den grandiosen Bogenwölbungen der Bäume.

Und hier ist die afrikanische Flora am besten vertreten.
An jeder Seite des Weges stehen schöne Canna in dicken
Stauden und stechen mit ihren karmoisinrothen Blumen-
kelchen und gelbgrünen Blättern kräftig ab gegen das
dunkelgrüne Laubwerk hinter ihnen. Im Innern des Waldes
unterscheidet man farbige Stellen, wo gelbe Blüten einer
Art *Jatropha* [1] und die röthlich-lilafarbenen Blumen der
Cardamom-Pflanze hervorleuchten. Da sieht man ferner
seltsame Aronswurzeln und Flaschenbäume und manche
Schösslinge einer scharlachrothen *Musa*, welche wie ein
schlanker Baum wächst, und einer grossen weissen *Musa*,
welche wie wilder Wein über die Büsche und das Unterholz wegklettert. Myriaden kleiner blauer Commelinen bedecken den Grund, nebst blauen und weissen Bohnenblumen,
purpurrothen *Emilien* und *Gynuren*, lila und weissen Pillen-
bäumen und grossen gelben Malven, während in absoluter
Pracht nichts sich gleichstellen kann mit den verschiedenen
Kürbisarten und den Samengefässen der verschiedenen Gattungen der Cucurbitaceen, welche in der Reife sich spalten,
um ihr karmoisinrothes Innere zu zeigen, wo die schwarzen
Samenkörner in verführerischen Reihen daliegen, um die
Vögel einzuladen, zu ihrer Verbreitung beizutragen. In der
That, diese ganze Farbenpracht der Blüten scheint wie auf
eine schrankenlose Wettbewerbung unter den unzähligen Ge-
wächsen um die günstigste Meinung der Vögel und Insekten
auszugehen, als ob die Blumen ihre Vorzüge anpriesen und
den Bienen sagten: „Um Ihr Wohlwollen wird freundlichst
gebeten". Ohne Frage ist jedem Geschmack gehuldigt und
jeder Imbiss angeboten, sei es als flimmernde Farbe oder
als anziehender Geruch, und alles nur, um sich den Besitz

---

[1] *Jatropha multifida.*

grosser Familien von Kindern zu sichern und ihre Ausbreitung durch die Welt sicher zu stellen.

Im tropischen Afrika trifft eben die Behauptung gewisser Naturforscher nicht zu, dass die äquatorialen Gegenden nicht gleiche Blumenausstellungen wie die gemässigte Zone liefern können.

Wenn man sich dem kleinen Flusse Busi nähert, hört der Wald auf und am jenseitigen Ufer des Flusses wird das Land rauh und steinig. Wir schlugen unser Lager oben auf einer kleinen Anhöhe auf, wurden aber sehr gestört durch fürchterliche kleine schwarze Fliegen, welche sich in Wolken auf unsere Hände und Gesichter niederliessen und so lange Blut saugten, bis sie besinnungslos herunter fielen.

Am nächsten Tag erreichten wir den Bundi. Dieser Fluss kommt aus dem Grunde einer sehr tiefen Schlucht, und obwol er über 10 m breit ist, bleibt er vollständig unter dem prächtigen Walde verborgen, welcher seinen stürmischen Lauf überschattet. Der Abstieg und Aufstieg dieser Schlucht ist ausserordentlich steil, und da der Pfad durch sumpfigen Wald führt und noch dazu über lehmigen Boden, so erfordert der Gang besondere Vorsicht, damit man nicht ausgleitet und Hals über Kopf in das Wasser stürzt. Einige der Träger kommen schliesslich in sitzender Stellung herunter, aber da es Ehrensache ist, die Frachtstücke nicht loszulassen, so wird das Gepäck ohne Schaden hinüber befördert. Da der Fluss angeschwollen und sehr reissend war, so setzte ich über auf den Schultern von Faradschi, welcher hinten und vorn von den beiden Sansibarern geleitet wurde, und kam so, abgesehen von nassen Füssen, glücklich nach der andern Seite.

Zwischen dem Fluss Bundi und dem Lulu lag eine trostlose Gegend. Mit einiger Phantasie könnte man sagen, es sei unter der Berückung einer übelgelaunten Hexe ein Zauber über alles und jedes geworfen; vielleicht habe der böse Geist Afrikas alle Mittel versucht, den weissen Mann vom fernern Eindringen in seine Geheimnisse abzuhalten. Das Gras ist hoch, zuweilen bis zu 3 m; wenn es trocken ist, schneidet es euch wie ein Rasirmesser; es fuchtelt euch über das Gesicht und die Rückseite der Hände. Die Halme verschlingen sich und kreuzen sich über euerm Weg wie feindliche Säbel; sie schlagen euch unverschämter Weise den Hut vom Kopf; sie fesseln eure Beine und verschlingen sich um eure Knöchel; aber wie die meisten afrikanischen Schwierigkeiten verlieren sie viel von ihrer Widerstandskraft, wenn man ihnen kühn entgegentritt. Drückt euren Hut fest an, beugt den Kopf vorn über, steckt die Hände in die Taschen und geht darauf los, so wird das Gras nachgeben. Aber augenscheinlich wird der Zaubergeist, der dies sieht, nicht abgeschreckt, sondern ruft einen andern Feind zu Hülfe. Um Mittag bemerke ich bei sonst völlig klarem Himmel in der Nähe des Horizonts kleine Anhäufungen blaugrauer Wolken, welche ich jedoch nicht weiter beachte, da sie von uns wegzuziehen scheinen, bis meine Leute, die sich besser als ich auf die afrikanischen Wetteranzeichen verstehen, sie erblicken und „Regen" rufen. Ich hoffe nun freilich, dass sie unrecht haben, aber nach und nach verbreiten sich diese kleinen Haufen von Wolken rund um den Horizont, steigen immer weiter in die Höhe und bald ist der ganze Himmel mit einer Schleierwolke von schreckenerregender Schwärze verdeckt. Wir sind zu einem kleinen, etwas schattigen Lagerplatz gelangt, und hier rathen meine Führer anzuhalten, trotz meiner Vorstellungen über die Verbindung zwischen Blitzen und Bäumen. Der Regen hat schon begonnen niederzurieseln, indessen wurde mein Zelt glücklicherweise rasch aufgeschlagen und mein Gepäck unter

Dach gebracht. Der Boden war jedoch sehr feucht, und überwältigt von dem düstern Himmel fühlte ich mich nahe daran unwohl zu werden, besonders weil Wolken von schrecklichen Moskitos mich beständig quälten und meine Hände durch ihre Stiche traurig mitnahmen. Inzwischen hatten jedoch meine Leute mit jener Findigkeit der uncultivirten Rassen rasch ein helles und belebendes Feuer aus den ringsum zerstreut umherliegenden Stücken feuchten Holzes angemacht, im Augenblick war das Wasser zum Kochen gebracht und ich bekam eine Tasse dampfend heissen Kaffee. Darauf wurde ein rundes Loch in der Mitte des Zeltes ausgegraben und mit glühender Holzasche ausgefüllt, wodurch sich ein angenehmes Gefühl von Wärme und Trockenheit verbreitete und gleichzeitig die Scharen der Insekten vertrieben wurden. Da obendrein mein Zelt sich völlig wasserdicht erwies und ich mich hinsetzen konnte, um meinen Kaffee zu trinken und einige alte Zeitungen zu lesen, so verschwand mein unbehagliches Gefühl bald vollständig, und ich verbrachte einen nicht unangenehmen Abend mit Schreiben und Lesen. Wenn man sich auf solche Weise einige Mühe gibt, es sich bequem zu machen, selbst unter widerwärtigen Umständen, so kann man viele afrikanische Unannehmlichkeiten ausgleichen und Erkrankungen vorbeugen.

Am nächsten Morgen wartete unser jedoch eine viel härtere Probe. Jeder breite Grashalm war mit schweren Regentropfen beladen, und als wir durch ihre verschlungenen Stengel hindurch drängten, beschenkten sie uns mit wahren Schauern von Wassertropfen. Binnen fünf Minuten war ich durch und durch nass und musste mit den schweren anklebenden Kleidern durch die nasse Pflanzenwelt hindurch marschiren, während stets das Wasser von den Blättern

niederrieselte. Dann kam es noch schlimmer. Der lehmige
Fussweg wurde unterbrochen durch schlammige Pfützen
und war bald nur noch eine Reihe schwarzer Moräste,
welche hier und da durch einen Isthmus zusammenhingen.
Zuletzt legte der Pfad die Henchelei, ein Pfad überhaupt zu
sein, gänzlich beiseite und offenbarte sich 7 km weit als ein
einziger weiter Sumpf. Diesen musste ich auf den Schultern Faradschi's passiren, welcher, wenn er jemals in den
Kaffeehäusern von Sansibar die Reisen des Matrosen Sinbad
hatte erzählen hören, denken musste, ich sei „der alte Mann
von der See", weil ich mich so fest an seine Schultern an-
klammerte. Er machte sich jedoch wenig aus seiner Bürde
und trottete und plätscherte vorwärts durch Wasser und
Schlamm und scharfes Rohr, bis nach dem mühsamen
Marsche zuletzt ein kleiner sandiger Strich, darauf klares
Wasser kam und endlich das feste Erdreich sein Recht be-
behauptete. Der böse Geist muss dies offenbar für die
schwerste Prüfung gehalten haben, denn das Wasser reichte
dem hochgewachsenen Sansibarer bisweilen bis an die Brust
und der Tritt war glitscherig und verrätherisch. Vielleicht
verfolgte er unsere Schwierigkeiten unter der Gestalt eines
jener verhexten unheimlichen Sumpfvögel, welche hier und
da aus dem stehenden Schlamm aufsteigen und unter Unglück bedeutendem Geschrei ihren schwerfälligen Flug durch
die miasmatische Luft nehmen. Es regnete nicht mehr, aber
die Luft war voll klammiger Feuchtigkeit und düster ziehende
Wolken verhinderten jede Helligkeit und jeden Sonnenschein.
Als wir zuletzt das feste Land erreichten, fanden wir statt
schlüpfrigen Lehmbodens harten Fels und spitzig scharfe
Steine. Hässliche widerwärtig aussehende Gebüsche, knorrig
und krumm vor Verdruss, mit lederfarbigen ungeniessbaren
Früchten, standen hier und da auf dem harten rothen Boden.

Kein Zeichen thierischen Lebens — keine Vögel, keine
Schmetterlinge; alles erschien verlassen und öde. Aber die
Stunde der Erlösung schlug bald darauf; von einer rasch
erklommenen steinigen Höhe sah ich herab auf den Lulu-
fluss, der seine braunen Fluten durch eine schöne dicht bewaldete Schlucht herunter wälzte. Wir eilten auf ihn zu
und standen bald an seinen Ufern, aber des Zauberers Macht
war noch nicht gebrochen. Der Fluss war hoch angeschwollen
und hatte die rohe Hängebrücke von Schlingpflanzen weg-
gerissen, welche gelegentlich benutzt wurde, wenn die Sprung-
steine unter Wasser geriethen. So musste ich halt machen
und warten, bis meine Sansibarer nachkamen — denn ich
marschirte stets so rasch, dass ich unabänderlich an der
Spitze der Karavane mich befand — und zwei von ihnen
mich über den blutrothen Strom trugen, welcher mit dem
rothen Erdreich der Hügel beladen war, welches die heftigen
Regengüsse der vergangenen Nacht durch unzählige zeit-
weilige Rinnsale in den hoch geschwollenen Strom herab-
gespült hatten. Am andern Ufer des Luluflusses schien
jedermann überzeugt zu sein, dass uns nach dieser Strapaze
eine Ruhepause nöthig sei. Die Lasten wurden um den
Lagerplatz vertheilt, das Zelt ausgepflöckt und das Frühstück zugerichtet. Inzwischen ging die Mehrzahl der Männer
hinunter zum Bade. Ich zog meine durchnässten Kleider
aus und legte sie auf grosse Steinhaufen zum Trocknen und
ging auch, um mich im Flusse abzuwaschen. Das Wasser war
erfrischend kühl, aber unglücklicherweise waren die kleinen
schwarzen Fliegen auch da und machten jede entblösste
Stelle zum Mittelpunkt ihrer Quälereien, setzten sich scharenweise auf die nackte Haut und bedeckten sie mit unzähligen
kleinen blutigen Punkten. Nach einer erquickenden Ruhepause und einem fröhlichen Mahl ging ich wieder meinen

Sansibarern voraus. Der Einfluss des bösen Geistes war nun entschieden vorbei, der gute hatte die Oberhand bekommen. Eine andere Luft herrschte hier. Die niedrigen Wolken hatten sich gehoben und fröhlicher Sonnenschein zerstreute die allgemeine Feuchtigkeit. Im Walde, durch welchen der schmale Pfad oder fussbreite Weg sich schlängelt, erfüllt mich die Universalität der Schönheit mit stiller Freude. Köstliche durchdringende Düfte von den vielen Blumen verbreiten balsamischen Geruch; das Zirpen der Insekten und der zarte leise Ruf der Vögel zittert kaum vernehmbar durch die Luft, und das Auge wird beständig entzückt durch die Pracht der Farben und die unaufhörliche Entfaltung neuer zierlicher Formen. Den Blick nach oben werfend sehen wir die Himmelsbläue gesprenkelt durch ein phantastisches Litzengewirr von Blättern, kleine Tüpfeln und scheckige Fleckchen Sonnenlichts, das leicht über die äussern Gruppen des Laubes geworfen ist, sich aber scheut, in die dunklen feierlichen Tiefen des Waldinnern einzudringen. Hier ist viel thierisches Leben zu finden. Bei fast jeder Wendung führt uns der Weg plötzlich zu einer glücklichen Affenfamilie, welche aus den Baumwipfeln herunter gestiegen ist, um von den kleinen am Boden wachsenden Beeren zu naschen, oder ihre gierigen Greifer in das karmoisinrothe Mark der rankenden Kürbisse zu tauchen. Sie fliegen an den Bäumen in die Höhe, sobald wir herantreten, und flüchten sich, doch innerhalb Schussweite, auf breite Nester und Gerüste von Zweigen, welche sie sich auf dem obern Geäste gebaut zu haben scheinen. Es wäre absolute Grausamkeit, wollte man ihr Zutrauen misbrauchen und sie mit einer Kugel aus dem Winchester-Gewehr herunterholen, zumal wir Vorrath an Lebensmitteln in unsern Körben haben und augenblicklich keines Affenbratens bedürfen. Ist man obendrein nur rück-

sichtsvoll und beträgt sich wie anständige Gäste der Mutter
Natur, so zeigt diese gütige Gastgeberin manche ihrer
schmucksten und hübschesten Kinder. Die grünen Fruchttauben erschrecken euch von den Bäumen mit ihrem seltsamen Ruf, der mit einem schwirrenden Geräusch beginnt,
dem zwei oder drei Kluckse folgen und mit einem sanften
langgezogenen Kuu endigt. Die Bienenspechte schiessen in
excentrischen Kreisen auf die vielen fliegenden Insekten zu,
und kleine Hornvögel sitzen in gelassener Unbeweglichkeit
auf kahlen freistehenden Zweigen, die Bienenfresser über-
wachend, als ob sie sie nachahmen wollten aber fühlten,
dass so grosse Anstrengungen nicht wohl bekommen. Diese
Hornvögel, die grossen wie die kleinen, kommen zur Erde,
ohne Zweifel um dort ihrer Nahrung nachzugehen, weil dort
der grösste Theil ihres Futters, z. B. Grashüpfer und Ueberreste von Thieren sich gewöhnlich findet. Dabei bleiben sie
immerhin ein merkwürdiges Beispiel eines richtigen Baum-
vogels, der allmählich wieder zum Grundvogel wird.

Der grosse Boden-Hornvogel, welcher wol über ganz
Afrika verstreut angetroffen wird ausser in der eigentlichen
Waldregion, bildet eine ganz ausschliessliche Kaste, weil er
durchaus die Bäume meidet. Gewisse Kukuks, Papageien
und Spechte werden auch den Erdboden liebende Vögel
trotz ihrer paarweise geordneten Füsse. Ich kann mir
denken, dass Mutter Natur fast ihre Gemüthsruhe verliert
z. B. über solch ein Wesen wie eine Baumente. „Wie zum
Himmel", muss sie sagen, „stellt ihr euch an, dass ihr auf
Bäumen lebt, wenn ich eure Füsse und euren Körper gebaut und geschaffen habe lediglich für das Wasser? Warum
verkennt ihr so eure eigene Natur?" Aber die Baumente
und die Boden-Hornvögel und Papageien stehen unter dem
Einfluss derselben Ursachen, welche einen zum Feldmesser

erzogenen Menschen zum Postillion machen — dem Kampf ums Dasein, der Nothwendigkeit, sich irgendwie zu seinem Unterhalt eine Stelle zu verschaffen.

Gedanken wie diese täuschen mich über manche Meile meines Weges durch Wald und Hügelland hinweg, bis wir zuletzt das Ufer des Kongo bei Ngoma erreichen und meine Aufmerksamkeit vollauf zu dem imposanten Schauspiel der Ngoma-Fälle abgelenkt wird. Den besten Ausblick auf dieselben gewährt eine kleine Terrasse oder Damm, der von einem Wellenbrecher geschützt sich etwas in den Strom hinein erstreckt. Hier erhob sich noch kürzlich eine ungeheure Masse schroff abschüssigen Gesteins; aber Stanley sprengte, um eine Strasse längs der Wasserfälle nach Isangila durchzulegen, die eine Seite der Klippe weg und baute über die Trümmer einen gangbaren Weg. Davon erhielt er von den erstaunten Eingeborenen den Ehrentitel „Bula Matade", der „Steinbrecher". Ziemlich gerade gegenüber vereinigen sich rauschend zwei durch eine langgestreckte Insel getrennte Arme des Kongo, wie zwei Brüder, welche ein vorübergehendes Hinderniss getrennt hatte, oder wie zwei politische Parteien, welche angesichts der ferner bevorstehenden Schwierigkeiten ein Bündniss verabreden und sich in die Führung theilen, welche bisher ein schwacher zaudernder Gegenstrom gehabt hatte. Am Ende der Insel, quer über dem Fluss sind verborgene Felsen verstreut, aber die nun verbundenen Gewässer hüpfen triumphirend über sie hinweg und die Wellen wetteifern mit fröhlichem Geplätscher, ihre brüderliche Vereinigung herzustellen. Etwas unterhalb dieser Vereinigung sind Toben und Schäumen vorbei, aber nun ist es eine grosse unwiderstehliche Masse, welche ihren Weg verfolgt und sich von keinem Hinderniss in ihrem siegreichen Laufe hemmen lässt. Auf der Insel zittern und nicken die am Wasser stehenden Bäume wie gelähmt, wenn die schwere Strömung sie trifft, aber weiter hinauf wird das Laubwerk fest, reich und majestätisch und steht vornehm unbewegt, trotz der tobenden Flut da unten, wie eine ungebeugte Aristokratie trotzig auf die tollen Sprünge einer demokratischen Strömung herniederschauend, welche so weit unter ihr tollt. Indessen fliesst der Strom, so sehr er auch rast, doch seinem Ziele, dem Meere, zu; und dann lässt er die stolzen Bäume entweder weit, weit hinter sich, oder er wäscht sie mit grausamer überwältigender Kraft aus ihren Grundvesten heraus und führt die armen Schlachtopfer mit sich, damit sie in den Wasserfällen zu Stücken zerschmettert werden oder mit ihren zerrissenen Fragmenten die entfernten Ufer bedecken, wohin die Wellen des Stromes oder der See sie treiben.

Die Ansichten von Fluss, Wald und Klippen sind so schön hier auf diesem kleinen Dammvorsprung, dass ich in meiner Phantasie schon den Tag zu sehen glaube, wann die Civilisation den Kongo erreicht und Plätze wie diese zum Wallfahrtsort der Reisenden und Naturfreunde gemacht hat; wenn eine Eisenbahn vom Meere aus angelegt ist mit einer „Station der Ngoma-Wasserfälle", mit Omnibussen und ihren sich überschreienden Führern. „Hierher, meine Herren, zum «Hotel zum schönen Ufer»"; „Zum Wirthshaus «zum Wasserfall», mein Herr, sehr bequem, lieber Herr, mit prächtiger Aussicht" u. s. w. Dann gibt es Prospekte und Anzeigen in dem „Morgenblatt von Isangila" oder dem „Abendblatt vom Kongo". In welche Verlegenheit mag dann natürlich der arme Reisende gerathen, wenn er zwischen dem Wirthshaus „zum Wasserfall" mit „20 Morgen tropischen Urwalds daneben" und dem „Hotel du Beau Rivage" zu wählen hat mit seinen Billards und Tanzsälen!

Als ich die Stelle verliess, wo ich über diese Möglichkeiten geträumt hatte und nun die „20 Morgen tropischen Urwalds daneben" betrat, konnte ich dem Bedauern und dem Kummer nicht entgehen, wenn ich an die Entwürdigung und Gemeinheit dachte, welche dieser heanrückenden Cultur nachfolgen würde. Wie lieblich sah die Waldung jetzt aus in ihrem jungfräulichen Zustande! Die Menschen hatten sich nur so weit mit ihr abgegeben, um einen bescheidenen Fusspfad, nichts weiter, durchzulegen. Man konnte hineinsehen, weit, weit durch das Labyrinth dunkeln Laubes und grauen Gezweigs hinunter auf das blinkende Wasser, welches unter den kräftigen Bäumen in stillen ruhigen Seitengewässern dahinfloss. Ein schöner, halb durchsichtiger Vorhang stand zwischen mir und der brennenden Sonne, welche durch die grossen, sich weit ausbreitenden Blätter Schachte voll Licht hinuntersandte, und ganze Massen Laubwerks mit einer goldig-grünen Strahlenkrone übergoss. Ganz hinten in der dunkelrothen Einsamkeit des Waldes, gab es geheimnissvolle Möglichkeiten, ein endloses Feld für Vermuthungen und flüchtige Gedanken. Welche seltsamen Geschöpfe möchten wol in seinen Tiefen hausen? Welche Waldtragödien spielten da wol des Nachts, wenn der Leopard auf eine Familie schlafender Affen zustürzte und der Wald zu plötzlichem Klageschrei erwachte. Vielleicht konnte man hier während der Nacht die grossen Elefanten junge Pflänzlinge niedertreten hören und sich von den saftigen Blättern und jungen Schösslingen nähren sehen. Jedenfalls ist man überzeugt, dass die weite grüne Dunkelheit sich weit, weit in jeder Richtung erstreckt, und dass man sich nicht plötzlich vor einer Reihe Villen am andern Ende wiederfindet. Und wenn man gesättigt und erfüllt von Schönheit den Wald verlässt, so ist es geradezu erquickend, dass der Weg nun längs einer kahlen Hügellehne hinführt, welche keinen Anspruch darauf macht bewundert zu werden. Schöne Landschaften wirken mitunter so überwältigend wie die Gesellschaft ausgezeichneter Personen — die beständige Bewunderung, zu welcher sie hinreissen, macht müde. Wir setzten über einen schönen kleinen Fluss und kampirten diese Nacht auf dem darüber ansteigenden Ufer. Jedermann schien vergnügt und zufrieden. Ich bekam ein wohlbereitetes Mittagessen und schaute lange Zeit hernach in die südlichen Sternbilder und den zunehmenden Mond. Die Leute plauderten und sangen um ihre Feuer in dem glücklichen Gefühl der Sättigung, und ich ging endlich schlafen, überzeugt, dass alle Unannehmlichkeiten der Reise vorüber seien und der kommende Morgen mich hübsch eingerichtet in Isangila treffen würde. Aber der Morgen, o weh! Der Himmel senkte sich nieder und bald nach dem Abmarsch begann der Regen. Alle Fusspfade verwandelten sich in rauschende Giesbäche rothen Wassers; der Abstieg zum Kongo wurde zu einer gefährlichen Rutschpartie, und bald war ich hoffnungslos durch und durch nass, wie ich durch die sumpfigen Pfade halb rannte halb watete, während ein beständiger Regenguss wie ein Douchebad auf mich niederströmte. Zuletzt, als wir um die Ecke eines Bergabhanges kamen, den wir hinunterstiegen, sahen wir auf schwellendem Erdhügel die Station Isangila vor uns liegen. Der Fusspfad erweiterte sich zu einer breiten Kunststrasse, die ich hinanging, nicht ohne eine gewisse Verlegenheit über mein wenig reputirliches Aussehen, da ich ja nun nicht mehr in der Wildniss mich befand. Ich musste jedoch zu allererst meine Kleidung wechseln, um einem rheumatischen Anfall vorzubeugen, und darum beeilte ich mich, dem Chef der Station mich vorzustellen, welcher glücklicherweise keine weitere Erklärung

abwartete, sondern mich eilends in ein Zimmer führte, und
sich selber so wirksam bemühte, mir frische Kleidung zu
reichen und ein warmes Bad vorzubereiten, dass nach Ablauf weniger Minuten ich meine triefenden Kleider ausgezogen, mich gewaschen, und trockne, wenn auch ziemlich
weite Kleider wieder angezogen hatte. Dann sass ich
beim reichlichen Mahl und trank schon eine Tasse heissen
Kaffee um die andere, als meine mit den schrecklich durchweichten Gepäckstücken beladenen Leute einzeln nacheinander ankamen. Den Rest des Tages brachte ich damit hin,
mich auf das Schlimmste gefasst zu machen, aber glücklicherweise hatte meine Bagage, so schutzlos sie auch dem Wetter
ausgesetzt gewesen war, sehr wenig davon gelitten. Der
Regen, welcher um 6 Uhr morgens begonnen hatte, dauerte
12 Stunden ohne Unterbrechung fort; ein durchaus hoffnungsloser, alles erweichender, wüthiger, beharrlicher Landregen
und durchaus nicht jener heftige aber vorübergehende Gewitterschauer, welchen man sich gewöhnlich als charakteristisch für die Tropen denkt.

FÜNFTES KAPITEL.

VON ISANGILA NACH MANJANGA.

Die Isangila-Fälle. — Lage des Dorfes. — Ein Markt der Eingeborenen. — Der Maniok. — Das Kochen für Entdeckungsreisende. — Erdnussöl. — Bonbons. — Forschungsreise von Kapitän Tuckey. — Reise nach Manjanga. — Flusslandschaft. — Inseln. — Ein Strudel. — Brachschwalben. — Mbote. — Lieutenant Nilis. — Unruhen in Manjanga. — Verschiedene Mittel zur Verständigung. — Eingeborenen-Kost. — Das Weib in Afrika. — Mlongo Mlako. — Ntombo Mataka-Fälle.

Baphia nitida.

FÜNFTES KAPITEL.

VON ISANGILA NACH MANJANGA.

Isangila ist eine hübsch gelegene Station auf beherrschendem, fast über den Fluss hinaushängendem Steilufer. Von der Terrasse des Wohnhauses hat man eine der grössten Aussichten, welche der Kongo bietet. Gerade gegenüber an der andern Seite des Stromes liegt eine grosse Klippe auf-

gethürmt wie die über dem „Höllenkessel", welchen ich
bereits beschrieben habe, ein anscheinend entzwei gespaltener
Berg, dessen schroffe Spaltfläche die nackte dunkelrothe
Erde zeigt; aber dieser düstere Anblick wird heiterer durch
das glänzend grüne Gras, welches die kleinen Knollen
und Unebenheiten bedeckt, die den schroffen Abstieg nach
dem Kongoufer unterbrechen, sowie durch die liebliche

Erster Wasserfall von Isangila.

Waldkrönung, die dem etwas magern Obertheil des Berges
einen niedlichen Abschluss gibt. An seinem Fusse verwandelt sich der Strom, welcher bis hierher mit trüge-
rischer Schlichtheit und spiegelblanker Oberfläche daher-
glitt, plötzlich in eine Masse weissen Schaums und spritzen-
der Wellen, jedoch nur in seiner einen Hälfte unter der
Klippe; die andere Hälfte des Stromes fliesst eben und un-
gekräuselt weiter und spiegelt noch die Wolken und die
Berge wieder, bis zuletzt der ganze Strom einen grossen

Satz über eine verborgene Reihe von Felsen macht, und
nun die ganze Masse des mächtigen Stromes in einen
schrecklichen Kampf der Wogen hinein gepeitscht und ge-
schüttelt wird. Quer über seiner vollen Breite siedet da eine
Zone blendend weissen Schaums und aus dem beständigen
Ab- und Rückfluss der Wassermassen erheben sich hohe
Säulen von Spritzwasser in die Lüfte, um in glitschernden

Zweiter Wasserfall von Isangila.

Tropfen auf die baumbedeckten Inseln niederzusinken und
unter dem Spiel der Sonnenstrahlen seltsam schimmernde
Regenbogenfarben zu erzeugen, welche anfangs dem Auge
wie Blendwerk erscheinen. Unter diesem grossen Wasserfall (Stromschnelle wäre das richtigere Wort) von Isangila
theilt sich der erzürnte Fluss in viele kleine Seitengewässer
mit ruhiger Strömung, wo er zu zaudern und zwischen den
baumreichen Inseln auszuruhen scheint, als ob er sich sammelte

zu einem zweiten Absturz zum Ocean. An dieser günstigen
Stelle wagt es der Luftfluss, der aus grosser Entfernung
von Süden her kommt, schüchtern sich mit dem grossen
Kongostrom zu vereinigen, und findet ihn glücklicherweise
in guter Laune, wie er zum Himmel empor lächelt und
die Ufer seines grünen Archipels sanft beleckt.

Die Lage von Isangila ist gesund und mit Bedacht ausgewählt, und die schönen Aussichten ringsum machen es sogar
zu einem angenehmen Aufenthaltsort; bisjetzt litt es jedoch
unter dem einen Uebelstande, dass es weitab liegt von den
Negerdörfern und Märkten, die sich erst in einiger Entfernung vom Strom längs des Weges zum Innern befinden.
Vom Stanley-Pool bis zur Küste verfolgen die Handels-,
d. h. die Elfenbein-Handelsstrassen der Eingeborenen nicht
mehr die Gestade des Kongo, sondern wenden sich links
von ihm ab weiter dem Innern zu. Die südliche Route führt
von dem Stanley-Bassin nach São Salvador und erreicht das
Meer in Ambris oder in Ambrisette; die Strasse längs des
nördlichen Ufers des Kongo läuft auch mehrere Kilometer
seitwärts vom Kongo und theilt sich nach zwei Richtungen,
die eine von Manjanga nach dem Niari-Kwilu-Fluss und
dem Meer, und die andere, die sich in Boma wieder an
den Kongo heranzieht. Infolge davon liegt das eigentliche
„Dorf" Isangila an der wichtigen Handelsstrasse selber und
somit 10—12 km vom Flusse. Dadurch wird es etwas
schwierig, den nöthigen frischen Mundvorrath von den
Märkten zu beschaffen; indessen verlegen die Eingeborenen,
die gewöhnlich recht bald zu erkennen verstehen, wo ihre
besten Interessen liegen, ihren grossen Wochenmarkt allmählich in grössere Nähe der neugegründeten Station.

Ein solcher Negermarkt gewährt einen seltsamen, interessanten Anblick. Gewöhnlich werden sie alle vier oder

alle acht Tage abgehalten, denn die Negerwoche zählt blos vier Tage. Einer der Wochentage hat meistens den Namen des „Verkaufs-" oder „Markt"-Tags. Die Eingeborenen kommen oft 150 km weit her, um diesen grossen Märkten beizuwohnen, und versammeln sich in Scharen von mehr als Tausend. Sie bringen Schafe, Ziegen, Schweine, Bisamenten und Geflügel zum Verkauf oder zum Tausch, das Geflügel ganz sorgfältig verpackt in Weidenkörben, welche an beiden Enden zwischen zwei starken Stöcken aufgehängt sind. Eier werden gewöhnlich in fein geflochtenen Körben transportirt: das Flechtwerk dieser Leute ist oft so dicht, dass es Wasser hält. Auf den Märkten zwischen Isangila und Manjanga kann man wol 500 Stück Eier auf einmal kaufen. Die Eingeborenen verkaufen auch frische Gemüse, Kürbisse, süsse Kartoffeln und selbst einen wilden Kohl, Bananen, Pisang, Ananas, Erdnüsse, Zuckerrohr, Mais, Colanuss-Taback und „Kikwanga". „Kikwanga" bedarf näherer Beschreibung, weil es einen wichtigen Consumgegenstand im Haushalt am Kongo abgibt. Die Wurzel der Maniokstaude *(Manihot utilissima)* oder Cassada der Portugiesen, welche sie von alters her von Brasilien aus eingeführt haben, wird zu einer schön weissen breiartigen Masse gestampft und etwa 24 Stunden lang mit fliessendem Wasser ausgewässert (vermuthlich um sie von einem scharfen, der Wurzel anhaftenden Gift zu befreien) und darauf der Gährung überlassen. Wenn der Brei dann die Consistenz eines zähen Teigs angenommen hat, wird derselbe in Stücke zerschnitten und jedes Stück in ein grosses grünes Blatt geschlagen, bis es in die Küche wandern soll. Kikwanga schmeckt und sieht aus wie Sauerteig, ist aber sehr nahrhaft. Am besten isst man ihn zerschnitten in sehr dünne Scheiben und dann in Butter gebacken oder, wenn Butter nicht zu haben ist, in Erdnussöl, welches man leicht aus

Arachis hypogaea gewinnt. Vielleicht wird ein einfaches Recept zu dessen Bereitung künftige Afrikareisende interessiren. Man nehme einen Scheffel reifer und vorab an der Sonne getrockneter Erdnüsse, stampfe sie zu Mus und werfe dies in einen Kessel mit siedendem Wasser. Dann steigt das Oel nach oben und kann leicht abgeschäumt und in einem Gefäss beiseitegestellt werden. Der Rückstand ist ein ausgezeichnetes Futter für Hühner, und das Oel selber von dem besten Olivenöl im Geschmack fast nicht zu unterscheiden. In der That ist der grösste Theil des in Europa verbrauchten Olivenöls nichts anderes, als das Oel der Erdnüsse, welche massenhaft vom westlichen Afrika nach Marseille ausgeführt werden, um dort zubereitet und, mit wohlriechenden Oelen versetzt, unter dem Namen von Olivenöl vertrieben zu werden. Dieses Erdnussöl ist ein ausgezeichnetes Fett für die Küche und für die Lampe. Ich will noch eine andere vortheilhafte Verwendung dieser Substanz bekanntgeben. Man nehme eine Anzahl Zuckerrohre, etwa 9—10 Stangen, häute sie ab, schneide sie in kleine Würfel und stampfe dieselben zu einem Brei; dann lasse man die überschüssige Feuchtigkeit abfliessen in einen grossen Topf, stelle diesen übers Feuer zum Kochen und nach anderthalb Stunden wird man die Freude haben zu sehen, wie die syrupsüsse Flüssigkeit zu einer ansehnlichen Masse zähen Gerstenzuckers umgewandelt ist. Hat man erst wie ich einige Monate lang ohne jede andere Form von Zuckersubstanz zugebracht, so wird dies eine angenehme Beigabe zur täglichen Kost bilden, und wenn man den Gerstenzucker nun im richtigen Verhältniss mit Erdnussöl mischt und aufkocht, so erhält man höchst schmackhafte Bonbons. Kleine Hausmittel und Abwechselungen wie diese tragen erheblich dazu bei, das Los des Forschungsreisenden zu erleichtern, und manche Arten der Speisen der Eingeborenen für uns geniessbar zu machen.

Ein afrikanischer Markt mit so vielen Gelegenheiten zum Kaufen und so vielen eifrigen Verkäufern und Faulenzern bietet ein sehr belebtes Schauspiel. Der Lärm der Stimmen ist weithin hörbar, und wenn man den grossen offenen Platz betritt, wo unter dem Schatten grüner Bäume vielleicht tausend Menschen in kleinen schachernden Gruppen um ihre Waarenhaufen vertheilt sind, so geht es lauter her als im Papageienhause des zoologischen Gartens. Die Weiber sind die hitzigsten Händler, sie feilschen und kreischen und überfordern und kichern beiseite über ihren Handel, während die schwerfälligen Männer in gutmüthiger Unthätigkeit herumlungern oder einfältig, reihenweise, rauchend herumhocken. Aber trotz des heftigen Zungenkampfes kommen wirkliche Streitigkeiten selten vor. In den meisten Fällen schlichtet ein Marktoberhaupt, vielleicht ein alter Zauberer, alle Zwistigkeiten und bestraft dann beide Parteien so schwer, dass sie sich hüten seinen Schiedsspruch anzurufen. Dieses Babel dauert nur einen Tag, nachher ist für die weitere ein oder zwei „Wochen" der Marktplatz leer und verlassen; nur die alten Weidenkörbe, Bananenschalen, Reishülsen, Maiskolben, Federn und Eierschalen bleiben zurück als Zeugen der grossen Versammlung, welche hier stattfand. So sieht der grosse Markt von Isangila aus und ähnliche Märkte werden zu Manjanga, Lutete und in der Nähe von fast allen Stanley'schen Stationen abgehalten.

Bevor ich Isangila verlasse, um in meiner Beschreibung fortzufahren, möchte ich erwähnen, dass dies der äusserste von Kapitän Tuckey's Expedition [1] erreichte Punkt war.

---

[1] Vom Jahre 1816. (D. Uebers.)

und von ihm „Sangalla" genannt wurde. Einige seiner
Leute sind freilich noch viel weiter, ungefähr bis da wo
die Baptisten-Mission Baynesville liegt, gekommen, aber die
allgemeinen Ergebnisse der Expedition schliessen so ziemlich
mit Isangila ab. Der arme Kapitän Tuckey glaubte hier die
meisten Schwierigkeiten überstanden zu haben und dass der
verhältnissmässig ruhig fliessende Strom keine fernern Wasserfälle von Belang dem Vordringen entgegensetzen würde.
Wäre er nicht zusammengebrochen und hier gestorben, wäre
er dann vielleicht auch noch der grössern Hindernisse weiter
aufwärts und des Widerstands einer stolzern Bevölkerung
Herr geworden? Ich glaube nicht, denn seine Expedition
scheint vom ersten Anfang an allen denen, welche seinen
Bericht mit den erweiterten Kenntnissen unserer Zeit lesen,
hoffnungslos und im voraus verurtheilt gewesen zu sein.

Die Reise [1] bis zur nächsten Station Manjanga kann zu
Wasser gemacht werden, da die Stromschnellen auf dieser
Strecke des Kongo leicht in starkem Boot zu überwinden
sind, oder zu Lande am nördlichen Ufer des Flusses entlang;
aber diese Reise ist sehr ermüdend und beansprucht mindestens 8 Tage, während die Tour zu Wasser nur 4—5 Tage
dauert. Ich verliess Isangila mit meinen drei Sansibarern
am 16. Januar, um diesen Theil des Kongo in einem kleinen
Dampfer zurückzulegen, dem „Royal", welcher jetzt nach
dem obern Theil des Flusses verlegt ist, wo er einen Theil
von Stanley's Flotille bildet. Die Scenerie an diesem Ab-
schnitt des Kongo ist anfangs recht hübsch. Ein schöner
Schmetterlingsblütler, *Baphia sp.*, war zahlreich vertreten
und verbreitete mit seinen Blüten einen köstlichen Geruch.
Die Ufer waren gewöhnlich mit reichem Wald bestanden,

---

[1] Eine Entfernung von etwa 140 km.

und Massen von Schlingpflanzen überdeckten die Uferbäume. Bisweilen glichen sie einer grünen, leicht über das Laubwerk geworfenen Decke, dessen Massen und Formen sich deutlich unter ihr abzeichneten. Dann wieder bildeten sie ein duftiges grünes Spinngewebe oder einen grossen Wall von Pflanzengewirr, welcher sorgfältig zu einer glatten Oberfläche wie beschnitten, dabei öfters aber nur einen Fuss dick war. Es lässt sich kaum eine deutliche Vorstellung von diesen schönen Proben vegetabilischer Architektur geben. Oft schienen diese Schlinggewächse eine frische Reihe von Bauten aller Art bilden zu wollen, bei welchen die langen geraden Lianen als Pfähle des Baugerüstes dienten. Daneben bildeten die horizontalen, sich verschlingenden Ranken ein riesenhaftes Gitterwerk, und auf diesem Grunde bricht dann das schöne und gleichmässige Laub hervor, bis bald grosse Mauern und Umzäumungen entstehen, deren bevorzugter Mittelpunkt irgendein Riesenbaum ist. Wie sanft schienen diese Bäume darin gebettet zu sein! Welch ein idyllisches Leben könnte jemand inmitten dieses feenhaften, zart verhüllten Theatercoulissen ähnelnden Labyrinthes führen, über welches der glänzend strahlende Himmel und seine mattweissen Wolken von den Zweigen und Ranken der Lianen so verdeckt durchscheinen, dass der helle Glanz des Tageslichtes nur mit Mühe die Maschen unsers Zauberreichs zu durchdringen vermag, und die Sonnenstrahlen durch die Laubmassen in wechselnder Stärke ihr grünlich goldenes Licht durchfiltriren lassen. Geradezu schön wird es, wo die Einförmigkeit des Grüns durch lilafarbige Winden mit karmoisinrothen Mittelpunkten und durch die blassgelben Blüten der kriechenden Kürbisse belebt wird, deren orangerothe Früchte wie kleine Lampen aus dem durchblümten Laube hervorglänzen. Der grossgefleckte Königsfischer und sein kleiner behender schwarzer und weisser Bruder bewohnen die abgelegenen Sümpfe, um welche jene Mauern stolzen Pflanzenwachsthums herumstehen, und auf den dürren kahlen Zweigen, die sich durch die zarten verschlungenen Lianen ihren Weg bahnen gleich wild protestirenden Armen, die sich der umklammernden hinterlistigen Umfassung erwehren wollen, auf diesen knorrigen weissen Zweigen hockt der Fischadler und begrüsst unsere Annäherung mit fröhlichem, prahlerischem Gekreisch. Ein riesenhafter „Held" sass auf

Der Riesen-Königsfischer (*Ceryle maxima*).

einem Zweige im tiefen Schatten, wo er völlig unerkennbar in den grünen Aesten und Baumstämmen ringsum hätte sitzen bleiben können, wenn ihn nicht ein Anfall verspäteter Furcht aus seinem Schlupfwinkel aufgeschreckt und fast gegen den Schornstein des Dampfers getrieben hätte, als er seine ungeheuren Schwingen rührte, um vor Angst und Schrecken das Weite zu suchen.

Hier und da zeigte sich der Kongo mit Inselchen bestreut, welche nur spärlich mit Bäumen bestanden waren; und zwischen ihnen und weiterhin wirbelte und sprudelte der Strom über die verborgenen Klippen. Bei einer dieser

Inseln hielten wir an, um den Leichter, welchen wir bisher im Schlepptau gehabt hatten, längsseite unsers Dampfers festzumachen, damit wir so besser eine furchtbare Wirbelströmung überwinden konnten. Als wir um die Insel herumkamen, sahen wir die Mitte des Wirbels mit grossen Schaumflocken wie mit Baumwollenkugeln einen tollen Rundtanz aufführen. Volldampf wurde befohlen und hinein gings mit Hurrah! und hinaus, fast im rechten Winkel, sodass einige dieser Schaumkugeln, als wären sie irregeleitete Gefangene des Zauberkreises eines Magiers gewesen, durch unsern plötzlichen Durchbruch durch die Maschen des Netzes befreit wurden und jetzt lustig den Strom hinabtrieben.

Oft sieht man lange Strecken niedriger Felsen im Strome, welche aussehen wie die Reihen von Schieferplatten im Hofe eines Baumeisters; und auf dem Strande des Flusses und längs der Ufer der Inseln erscheinen Sandbänke von blendend weissem Aussehen, die offenbar oberhalb der Hochwassermarke liegen, weil Scharen von Uferschwalben dort ihre Nester angelegt haben. Diese niedlichen kleinen Vögel, deren wissenschaftlicher Name *Glareola* [1] ist, sind in Wirklichkeit kleine Sumpfvögel wie die Regenpfeifer und vielleicht entfernt verwandt mit Tauben und Sandhühnchen; einem oberflächlichen Beobachter jedoch erscheinen sie blos als grosse starke Schwalben und gleichen diesen Vögeln jedenfalls durch die Art, wie sie die Insekten über der Oberfläche des Wassers verfolgen, über welches sie niedrig hinstreichen und ihre Beute im vollen Fluge ergreifen. Auf dem Kongo, zwischen Isangila und Manjanga, sieht man sie in Scharen von über 1000 Stück beisammen, welche buch-

---

[1] Wahrscheinlich *Glareola Nordmanni*, die Brachschwalbe bei Brehm IV, 577.

stäblich die einzeln stehenden Felsen bedecken, auf denen sie hocken.[1] Vielleicht finden sich infolge ihrer Anwesenheit auf dieser Stromstrecke glücklicherweise keine Moskitos.

In den breitern Stellen des Kongo stehen gerade mitten im Strome Gruppen von Bäumen, welche seiner reissenden Strömung Trotz bieten. Sie müssen die Stellen der Felsen und Sandbänke verrathen, welche in der trockenen Jahreszeit nicht vom Wasser bedeckt bleiben, vielleicht auch sind sie nichts als erst kürzlich versunkene Inseln, denn sonst hätte der junge Pflänzling zwischen zwei Hochwasserzeiten schwerlich die nöthige Festigkeit erlangen können, um der Strömung des Flusses zu widerstehen. Eine Strecke oberhalb der Wasserfälle von Itunzima, welche nicht gerade sehr bedeutend sind, wird der Kongo ansehnlich breiter; in der Nähe von Manjanga indessen wird die Umgebung des Stromes im höchsten Grade einfach. Niedrige rothe Hügel mit mattgelbem Grün gestrichelt und gefleckt und von duftigem Wald unten umsäumt, fassen den grossen Wasserlauf ein, welcher selber auf alle hochfliegenden Pläne verzichtet und eine nichtssagende Gemeinheit der Physiognomie angenommen zu haben scheint.

Haufen von Eingeborenen stehen schwatzend auf dem südlichen Ufer und hängen ihre Fischernetze zum Trocknen auf. Ihre Hunde haben spitze Ohren und ein gelb und weiss geflecktes Fell, gerade wie die in einer „Arche Noah". Sie begrüssen uns mit lautem Zuruf „Mbote", einem gebräuchlichen

---

[1] In dem „Last Journal of W. A. Forbes", der eins der letzten und traurigsten Opfer wissenschaftlichen Forschertriebes war, finde ich nachstehenden Auszug aus seiner Reise den Niger hinauf (S. 511, Ibis, Oct. 1883): „Auf einer der Sandbänke fand ich *Glareola cinerea* zu Tausenden, mit einigen schwarzen Exemplaren dazwischen (?*Nordmanni*), von denen ich eine schoss..."

höflichen Grusse, welcher „gut", „wohl", „freundlich", kurz irgendetwas Verbindliches bedeutet, und am Kongo, zwischen der Küste und dem Aequator ganz gewöhnlich ist. „Mbote" ist ein sehr nützliches Wort, das man sich merken muss, wenn auch längere Erfahrung dazu gehört, den verschiedenen Sinn desselben aus den mannichfachen Modulationen der Stimme hervorklingen zu lassen. Wenn ich am obern Kongo, jenseits des Pfuhls, ein fremdes Dorf betrat und die argwöhnischen Blicke sah, welche auf mein unheimliches weisses Gesicht gerichtet wurden, pflegte ich im fragenden Tone „Mbote, Mbote"? zu rufen, und dann pflegten die Gesichter der Eingeborenen entweder sich aufzuheitern, bis sie grinsend das Wort mit geläufiger Stimme wiederholten, oder die Leute sahen mich verdrossen an und schrien in entschiedenem Tone „Mbote ve, Mbote ve" („ve" bedeutet „nein"). Es kann zu einem sehr freundlichen Worte werden, denn wenn ein Neger lächelnd zu mir „Mbote, Mbote, Mbote" rasch wiederholend sagt, möchte er mich gern auf den Rücken klopfen und nicht selten führt er wirklich diese Liebkosung aus.

Am Morgen des fünften Tages, nachdem wir Isangila verlassen hatten, kamen wir in Manjanga an. Diese Station ist entschieden „eine auf einen Berg gestellte Stadt", und Leute mit schwachen Lungen und klopfendem Herzen mögen wol erblassen vor dem ihrer harrenden Aufstieg, jene gewundene Strasse hinauf, und sogar zaudern, ob sie nicht lieber gastfreie Aufnahme in der netten kleinen Baptisten-Mission nachsuchen wollen, welche im dichten Waldesschutz zunächst der Wasserkante liegt. Aber gewöhnlich steigt der gastfreie Häuptling von Manjanga von seinem Horst herunter, um seine Gäste zu begrüssen, und unterstützt von dem kräftigen, freundlichst angebotenen Alpenstock, und die steile Kletterpartie mit einem artigen Austausch von Fragen und Antworten verkürzend, vergisst man über den steilen Weg zu murren und befindet sich unerwartet schnell vor der Veranda des vornehmsten Wohnhauses.

Ich verlebte einige angenehme Tage in Manjanga. Der Chef der Station, Lieutenant Nilis, war ein reizender intelligenter Herr, welcher es verstand, seinen Gästen das Leben in der Station so angenehm als möglich zu machen.

Seiner Anregung entsprang die ganze gegenwärtige Einrichtung und Vertheilung der Gebäude. Es befinden sich hier drei Häuser für die Europäer, mehrere geräumige, aus Ziegelsteinen gebaute Vorrathshäuser und ausserdem eine ganze grosse „farbige" Stadt für die Sansibarer und Kabinda, sowie eine Menge Negerhütten. Die Anfertigung von in der Sonne getrockneten Ziegelsteinen aus dem Lehmboden der Nachbarschaft hat sich als sehr vortheilhaft erwiesen, denn die auf diese Art angefertigten Bausteine geben ein besseres und dauerhafteres Baumaterial ab als Holz, welches den Angriffen der weissen Ameisen ausgesetzt ist, oder als Bruchsteine, welche kostspielig und zugleich feucht sind.

Manjanga war der Schauplatz der bislang einzigen ernsten Differenz, welche zwischen Stanley's Expedition und den Eingeborenen sich erhoben hat. Während ersterer abwesend war am Stanley-Pool und seine Fahrzeuge den obern Fluss hinaufschleppte, fingen die zahlreichen Neger dieses gut bevölkerten Districts einen Streit an mit der kleinen Besatzung der Station, welche sie für eine leichte Beute ansahen. Der Streit soll zuerst ausgebrochen sein über eine „Schweinefrage". Die Eingeborenen beklagten sich nämlich darüber, dass die Schweine der Station ihre Maniok- und Maisfelder verwüsteten; das war vielleicht wahr, aber der Chef der Station (der Vorgänger von Nilis) wäre vollständig

DER KONGO VOM HOCHLAND VON MANJANGA AUS GESEHEN.

bereit gewesen, die Eingeborenen für jeden Schaden, den seine Schweine ihren Früchten zufügten, zu entschädigen, hätten nicht die Eingeborenen das Gesetz in die eigene Hand genommen und ihm die Schweine entführt. Sie verdeckten damit nur ihr eigentliches Ziel, die lange geplante allgemeine Plünderung; denn wir sind hier nicht mehr in dem Gebiete des eigentlichen Kongovolks, d. h. der gutmüthigen trägen Rasse von Isangila und Vivi, sondern im Lande der viel stolzern energischern Ba-sundi, dem Lande der „Sundi", von denen Tuckey hörte, eines Stammes, der sich lange Jahre zwischen den Rassen des innern Kongobeckens und den Händlern der Küste zu behaupten verstand. In diesem Fall hatten sie sich jedoch getäuscht. Die belagerte Garnison machte einen kühnen Ausfall, trieb die Scharen der angreifenden Neger in die Flucht und vergalt den Raub durch Niederbrennen ihres Dorfes. Darauf nahmen die Eingeborenen wie immer, wenn sie sich überlegener Gewalt gegenüber wissen, Vernunft an und bezahlten mit einem Stück Land die ihnen auferlegte Kriegsentschädigung. Drei Monate später waren sie die besten Freunde des weissen Mannes und die ersten unter den Kongostämmen, welche freiwillig gemiethete Träger stellten zum Transport der Waaren der Expedition. Zur Zeit ist Manjanga so mit Wall und Graben befestigt, dass wahrscheinlich nur eine europäische Armee es einnehmen könnte; auch sind seine Verbindungen mit dem Kongo wunderbar gut geordnet, sodass der Strom als beständige Communicationsbasis dient, auf welchem stets durch Dampfer Verstärkungen von Isangila herangeholt werden können.

Manjanga liegt auf einer kleinen Hochfläche, über welche ein steiler Berg von vielleicht 120 m Höhe hervorragt. Am Fusse der Hochfläche befindet sich eine kleine Bai oder

Einbuchtung des Kongo, sodass Boote in dem kleinen Nebengewässer sicher verankert werden können. An jeder Seite fallen Schluchten mit fast senkrechten Wänden ab, durch welche es von drei Seiten fast uneinnehmbar wird und blos der schmale Rücken der Hochfläche, welcher zu den Bergen im Innern führt, vertheidigt zu werden braucht. Durch die Schlucht zur rechten Seite der Station stürzt ein kleiner Bach mit klarem Wasser herunter, welcher in seinem untern Laufe viel von Krokodilen besucht wird. An der andern Seite des Baches in viel geringerer Höhe als die Station liegt die Baptisten-Mission, äusserlich sehr schön und niedlich anzuschauen, eingebettet in schönen Gebüschen und in unmittelbarer Nähe eines kleinen Nebenlaufs des Stromes, aber bei alledem wie ich glaube ungesund. Es ist einer der wenigen Plätze am Kongo, wo ich von Durchfalls-Krankheiten hörte. Einer der Missionare starb neuerdings an diesem Uebel, welches er sich auf dieser Missionsstation geholt hatte. Andererseits sind die Gesundheitsverhältnisse der Hochfläche ohne alle Frage gute, die Luft ist frisch und bewegt, wie man das unten am Flussufer entschieden vermisst. Ich bin überzeugt, dass Stanley weise handelte, als er, abgesehen von strategischen Gründen, alle seine Stationen sämmtlich so hoch als möglich anlegte.

Manjanga ist ein grosser Mittelpunkt für den Verkehr mit Nahrungsmitteln. Ich habe schon auf seine reichlich versehenen Märkte aufmerksam gemacht, auf denen man an einem Markttage 80—90 Hühner, 50 Ziegen, Heerden von Schafen und Hunderte von Eiern kaufen kann. Das beliebteste Tauschmittel bilden hier blaue Glasperlen, während Tücher und Zeuge kaum zu irgendeinem Werthe angenommen werden. Man muss nur ja die falsche Vorstellung fallen lassen, dass man an jedem Orte Afrikas mit jeder Sorte von Perlen und jeder Art von Tuchen willkommen ist. Jeder District hat seinen besondern Geschmack und seine eigene Mode, die man zu Rathe halten muss, wenn man nicht an dem einen Orte Hunger leiden will, trotz des Besitzes von Güterballen, für welche man anderswo Königreiche kaufen könnte. In dem einen Theile des Kongobeckens ist roth die beliebte Farbe, in dem andern blau, im dritten grün, und ich bin auch zu einigen Stämmen gekommen, bei welchen weisse Tücher alle gefärbten oder gemusterten Stoffe ausstechen. Zwischen Vivi und Isangila erweisen sich als vortheilhaft rothe Taschentücher, gestreiftes Tuch, messingene Haken, Branntwein und Draht. In Manjanga beherrschen blaue Perlen den Markt: am Stanley-Pool messingene Stäbe. Auf dem obern Strom werden ausser den erwähnten Artikeln Kauris gern genommen und als Scheidemünze überall benutzt.

In Manjanga bekamen wir infolge der überreichlich vorhandenen Landesproducte und des Mangels an europäischen Lebensmitteln Gelegenheit, lediglich von den erstern zu leben und damit Zustände zu erproben, welche bei der Kostspieligkeit und Schwierigkeit des Transports leicht eintreten können und unter Umständen grossen Einfluss auf die Colonisationsbedingungen gewinnen. Im ganzen hatten wir uns wenig darüber zu beklagen. Wir hatten freilich keinen Thee, keinen Kaffee oder Cacao, Wein, Zucker, Butter oder Brot, aber mit geringer Findigkeit wurde bald Ersatz für diese Beiträge zu europäischer Lebensweise geschafft. Die Ziegen gaben reichliche Milch und wir tranken sie heiss, und bildeten uns ein es sei Thee. Palmwein war unser einziges „starkes Getränk", und „Kikwanga" vertrat in vielen Fällen das Brot. Palmöl diente zum Braten des Fleisches, zum Fett am Geschmorten und als Speise für

unsere Lampen, welche unsere Abendmahlzeiten erhellten.
Wir hatten prächtigen Nachtisch von ganzen Ananas; Bananen
lieferten reichlich süsse Puddings, und Pisang bot Ersatz für
Kartoffeln. Ich ass nie mit besserm Appetit und lebte selten
glücklicher. Die tägliche Ankunft von Eingeborenen in der
Station wurde stets mit Freuden begrüsst. Zuweilen kamen
sie um eine blökende und protestirende Ziege oder ein Schaf
zu verkaufen. Eines Tages brachte eine Anzahl Männer
eine sehr starke Dame ihres Stammes, für welche sie den
Werth in blauen Perlen zu erhalten wünschten. Sie sei für
mich wie geschaffen, meinten sie, und würde eine ausgezeichnete weibliche Hülfe auf meiner nächsten Reise sein.
Sie wussten kein Ende zu finden mit ihren Anpreisungen
und ihren Vorzügen. Obendrein trug sie einen hübschen
Nasenring, welcher umsonst mitgegeben werden sollte beim
Abschluss des Verkaufs. Unglücklicherweise überstieg der
geforderte Preis meine Mittel, auch war Nilis nicht im
Stande oder willens, ihre Dienste zu erwerben, und so wurde
sie nebst einigen Ziegen und Hühnern, deren Ankauf wir
ebenfalls ablehnten, trotz allen Sträubens ihren Verwandten
zurückgegeben. Wenn die eingeborenen Träger veranlasst
werden können, wie das nicht selten geschieht, ihre Weiber
mit auf die Reise zu nehmen, so bilden dieselben ohne Frage
eine werthvolle Zugabe zu der Expedition. Sie tragen fast
eben so schwere Lasten als ihre Männer und Brüder und
behüten sie viel sorgfältiger. Sie waschen und kochen
besser als die Männer und verstehen Maniok zur Speise
zuzubereiten in einer Weise, welche alle Kenntniss und Geschicklichkeit der Männer weit hinter sich lässt. In stetiger
harter Arbeit und Ertragung von Anstrengungen übertreffen
sie sicher das andere Geschlecht; sie verlangen weniger
Lohn, bedürfen weniger Nahrung, kurz ich würde ernstlich

zu grösserer Benutzung weiblicher Arbeit bei der Bildung aller afrikanischen Expeditionen rathen. Viele Frauen aus Sansibar begleiteten ihre Ehemänner quer durch Afrika auf Stanley's grosser Reise, und er rühmt in rührender Weise in seinem Werke „Durch den dunkeln Welttheil" ihr geduldiges Ausharren und ihre unerschütterliche Treue.

Das Weib ist in Afrika noch nicht aus seiner eigentlichen Sphäre — der afrikanischen Sphäre natürlich — herausgetreten. Wenn dieser grosse Erdtheil erst einmal hübsch civilisirt, von Eisenbahnen durchschnitten, von Kanälen durchzogen ist, wenn alle rauhen, harten, groben Kämpfe mit den natürlichen Hindernissen vorbei sind, dann mag der Mann — der afrikanische Mann — sich eine zartere, feiner angelegte Gattin gestatten und sie für würdig erklären, die Vorrechte zu geniessen, welche die Ritterlichkeit der künstlich erzeugten Schwäche des Geschlechts bewilligt. Gegenwärtig führen die Weiber ein härteres Leben als die Männer und stehen folglich den besser genährten Männern in geistiger Entwickelung und körperlicher Schönheit nach. Ihres niedrigen Standes in der Gesellschaft bewusst, sind sie stets ängstlich darauf bedacht, durch beharrlich gute Aufführung sich die Billigung des vornehmern Geschlechts zu verdienen. —

Es gibt verschiedene eingeborene „Könige" um Manjanga herum. Einer von ihnen war ein beständiger Besucher der Station und ein fürchterlicher Bettler, immer auf dem Ausguck nach Tüchern und Perlen. Er hiess Mlongo Mlako und war der Fürst einer Stadt oder eines Districts Namens Dandanga. Kurz nach unserer Ankunft machte er uns einen Besuch, eingestandenermassen um den neuen weissen Mann zu sehen und wahrscheinlich in dem Gedanken, dass ein wenig „Tuch" dabei abfallen würde. Seine Majestät von Dandanga wäre übrigens kurz vorher beinahe ein Opfer des

Aberglaubens seiner getreuen Unterthanen geworden. Die Frau eines seiner untergebenen Häuptlinge erkrankte und starb, und wie das immer hier Sitte ist, es wurde der Medicinmann herbeigerufen um zu erklären, wer sie behext habe. Derselbe veranstaltete eine Art Leichenschau, welche zu dem einstimmigen Beschluss führte, dass König Mlongo durch seine Zauberkünste die Frau getödtet habe. Der un-

Mlongo Mlako, König von Dandanga.

glückliche Monarch hätte nun „Giftwasser" trinken müssen, wäre nicht glücklicherweise ein englischer Missionar zur rechten Zeit ins Dorf gekommen, der das Volk ob seines thörichten Aberglaubens ausgelacht hätte. Dem weissen Fremden zu Gefallen wurde der König von dem Fetischmann begnadigt, wenn auch mit Widerstreben, denn sein eigentliches Verbrechen war nicht gewesen, ein Weib behext zu haben, sondern ein arger Filz zu sein. Geiz wird bei diesem Volk für die ärgste Sünde gehalten, und hätte König

Mlongo die Gewohnheit gehabt, freigebig seinen Unterthanen von seinem Branntwein und seinen Tüchern zu spenden, so hätte sein anhängliches Volk ihn nicht zu einem Zauberer gestempelt, noch wäre sein muthmasslicher Thronfolger so eifrig auf seine Verfolgung erpicht gewesen. Er war freilich gegen seinen Wohlthäter sehr wenig dankbar, sondern stellte sich gleich nachher auf der Mission vor, nicht um dessen

Der arme Witwer.

Vorstand für die Rettung seines Lebens zu danken, sondern ein Stück Tuch zu erbetteln, weil sein Leben gerettet sei. Bei Gelegenheit dieses besondern Besuches wurde er von dem verwitweten Häuptling begleitet, dessen Frau er behext haben sollte. Sie standen jetzt auf höchst freundschaftlichem Fuss und der „arme Witwer", der sein hässliches Gesicht zum Zeichen der Trauer mit Holzkohle beschmiert hatte, gab sich schrankenloser Lustigkeit hin und dachte, wie er mir anvertraute, schon daran sich von neuem zu verheirathen.

Oberhalb Manjanga hört alle fernere Schiffahrt auf dem Flusse auf, da schon gleich bei der Station die grossen Fälle von Ntomba Mataka liegen, deren wiederholte Abstürze mehr als anderswo wie wirkliche Wasserfälle aussehen. Von der Höhe aus angeschaut sahen diese Fälle wie zwei grosse „Absätze" von Wasser aus, und der Fluss stürzt sich hier im ganzen etwa 10 m herab. Das Getöse des Wasserfalls ist meilenweit zu hören und die von ihm erzeugte Rückströmung so mächtig, dass längs der Ufer das Wasser beständig in starker Strömung in entgegengesetzter Richtung der Strommitte zufliesst. Es bedarf einiger Vorsicht, wenn man in der Nähe der Station über den Fluss setzt, dass das Boot nicht von der Rückströmung überwältigt und mit Gewalt dem Wasserfall zugeführt, herumgewirbelt und in tausend Stücke zerschmettert wird.

Um demnach von Manjanga nach Stanley-Pool zu gelangen, muss man den Kongo verlassen und den Negerstrassen im Norden oder Süden des Flusses folgen. Der südliche Weg ist bei weitem leichter und sicherer, weil die Berge weniger steil und die Eingeborenen ein viel gefälligeres und freundlicheres Volk sind als die zänkischen Ba-bwende im Norden. In jedem Fall beträgt die zu durchwandernde Strecke etwa 160 km.

Einige wenige Kilometer hinter Manjanga läuft ein sehr betretener Negerpfad von Stanley-Pool nach den obern Gewässern des Niari und seinem Nebenfluss Ludima und von da nach der Seeküste. Diese nützliche zweite Strasse ist von Stanley's Agenten ihrer ganzen Länge nach aufgenommen und kartirt, und es liegt eine ununterbrochene Reihe von Stationen an derselben.

SECHSTES KAPITEL.

VON MANJANGA NACH LEOPOLDVILLE (STANLEY-POOL).

Strasse nach Lutete. — Der Häuptling Lutete. — Schluchten auf der Strasse nach Stanley-Pool. — Der Edwin Arnold-Fluss. — Ein plötzlicher Sturm. — Herzensgüte der Sansibarer. — Eine Ananas-Orgie. — Fang von Fledermäusen. — Eines Sansibarers Haus. — Ueberfahrt über den Inkissi. — Fussspuren eines Leoparden. — Geschnitzte Baumstämme. — Die Wa-mbuno. — Ngoma. — Leopoldville. — Die Missionen. — Die Nahrungsmittel-Frage. — Die Zukunft von Leopoldville.

SECHSTES KAPITEL.
VON MANJANGA NACH LEOPOLDVILLE.

Eine wilde Ananas.

Wie es gewöhnlich in diesem Lande geht, — wenn man alles zur Abreise vorbereitet hat, — am Morgen als ich von Manjanga mit einer eilends gebildeten Karavane von Sansibarern nach Stanley-Pool abreisen wollte, kam der Regen hernieder gerauscht und liess uns vergebens auf sein Ende warten. Zuletzt nahm ich Abends, da ich noch aufbrechen wollte, das gütige Anerbieten des Baptistenmissionars an, welcher damals in der kleinen Mission unterhalb des Berges hauste, und verpackte die Männer, meine Güter und mich in das grosse und geräumige Missionsboot, welches der Missionar selber über die schwierige Ueberfahrtsstelle steuerte. Ich lagerte für diese Nacht gegenüber Manjanga mit der Absicht, früh morgens auf der südlichen Strasse über Lutete nach Stanley-Pool zu marschiren. Das Wetter war erbärmlich feucht und der Boden, auf welchem das Zelt aufgeschlagen wurde, eine Art Morast, in welchen die eisernen Beine meines Bettes allmählich unter meinem Gewicht versanken, sodass ich mich endlich mit meinen Betttüchern in einem und demselben Niveau mit dem schlammigen Grase wiederfand. Indessen stand ich am andern Morgen nur mit einer starken Heiserkeit auf, welche durch die beständige Anstrengung auf dem langen Tagesmarsche rasch gehoben wurde.

Der allgemeine Charakter der Landschaft längs der Strasse nach Lutete ist interessant und bietet manche schöne Landschaftsbilder, welche jedoch alle in ihrer Art verwandt sind und etwas einförmig in ihren Zügen werden. Ein langgestrecktes mit reichem Waldbestand erfülltes Thal, durch welches ein Bach heruntertobt, den man gelegentlich zwischen den Bäumen durchblitzen sieht, wird von kühn geformten Bergen eingefasst, zwischen welchen jedesmal kleinere Thäler liegen, welche dem einen grossen tributpflichtig zu sein scheinen; einige dieser Thäler sehen wie blosse Spalten in den Bergen aus, haben aber jedes einen winzigen Wasserlauf und ihre Wasserfälle dazu zwischen den sammtweichen Wäldern. Zuweilen sieht man, besonders in der Nähe von Lutete, Pfade in den Thälern ausgehauen und den weichen, von dem Regen stets von den Bergen heruntergewaschenen Erdboden mit Maniok, Taback, Erdnüssen und Bananen

LANDSCHAFT IN DER NÄHE VON LUTETE.

bepflanzt. Dies gibt dem Lande mitunter ein seltsam cultivirtes Ansehen und lässt ahnen, dass in Zukunft, wenn die Colonistenscharen die Kongogegenden in Besitz nehmen werden, diese niedrigen Lande in wahre Goldgruben sich verwandeln, die alle Producte der Tropen hervorbringen, während die Berghänge, terrassirt und mit Wein bepflanzt, von zahlreichen schön gebauten Wohnhäusern überragt werden, von welchen der Neu-Afrikaner selbstzufrieden auf seine Reisfelder und Gärten oder seine Pflanzungen und Zuckerdickichte herunterschauen mag, welche, unter dem wärmenden Strahl der äquatorialen Sonne daliegend, von dem nie versiegenden Bach bewässert werden. Und was für ein künftiges Studiengebiet für Männer der Wissenschaft! Wenn die Menschen erst ihre unbegründete Furcht vor dem Kongo-Klima abgelegt und einige Mediciner es der Mühe werth erachtet haben, die hygienischen Verhältnisse dieser Gegenden zu studieren und uns darüber zu belehren, was wir essen und trinken und wie wir leben sollen, damit wir uns bestens ans Klima gewöhnen, wenn der Transport erleichtert und die Verbindung mit der Aussenwelt bequem und sicher gemacht ist, dann möge der wissenschaftliche Forscher kommen und er wird seinen botanischen Garten in dem einen und sein Vivarium in dem andern Thal finden, während er in seinem bequemen Backsteinhause, dessen Bausteine an Ort und Stelle gebacken und von der trockenen und gesunden Luft getrocknet sind, welche um die Berggipfel weht, seine Species zubereiten und seine gesammelten Funde mit ebenso grosser Bequemlichkeit ordnen kann, als sässe er in Kew oder im Britischen Museum.

Die abgerundeten Hügel, welche diese üppigen Thäler einfassen, sind mit starken dürren Gräsern verschiedener Arten übersäet, deren Blumenstengel oft die Höhe von 6 m erreichen, ferner mit knorrigen verstümmelten Bäumen bedeckt, welche bleifarbige fast ungeniessbare Früchte tragen. Ich würde das Wörtchen „fast" weggelassen haben, wenn ich nicht die Sansibarer gelegentlich an ihnen hätte nagen sehen. Diese Bäume finden sich dünn verstreut über den Berghängen und verleihen denselben aus der Entfernung ein buntes Aussehen. Der Unterschied in dem Reichthum des Pflanzenwuchses, welcher sich zwischen den Bergen und Thälern in diesem Theil von Afrika zeigt, entspringt nicht so sehr aus dem verhältnissmässigen Ueberfluss an Feuchtigkeit, als vielmehr aus den häufigen Grasbränden in der trockenen Jahreszeit. Wenn diese zu gewissen Zeiten über die Berge daherfegen, zerstören sie alle zartern Bäume, sodass nur diese Krüppelbüsche und schlanken Gräser wieder aus ihren Wurzeln ausschlagen und für einen Sommer blühen. Daher kommt es, dass rund um die Dörfer, deren Gärten vor der Wuth der Flammen geschützt werden soweit es eben angeht, sich beständig reicher Waldbestand findet, und deren Lage in diesem Lande ganz sicher durch die Gruppen schöner Bäume und Particen dunkeln Waldes verrathen wird, welche einsam die vielen Berggipfel bedecken. In allen eingeschlossenen Thälern und Wasserläufen aber, wo die Feuer erstickt werden, da schiesst ein Pflanzenreichthum der wundervollsten Art in all der wilden Ueppigkeit eines unbehinderten Wachsthums empor. Ich habe diesen Gegenstand schon in meiner Beschreibung der Dörfer bei Jellala berührt, und werde in meinen Bemerkungen über die Waldregion hinter Stanley-Pool darauf zurückkommen.

Lutete ist eine niedliche kleine Station, ungefähr 13 km vom Kongo auf einer Hochfläche gelegen, welche die grosse Elfenbeinstrasse von Stanley-Pool nach São Salvador und Ambrisette beherrscht. Diese wichtige Negerstrasse entfernt sich allmählich in südwestlicher Richtung vom Kongo. Schon in Lutete liegt sie über 13 km in gerader Linie vom Flussufer. Das Stück Verbindungsstrasse zwischen Lutete und dem Landungsplatz gegenüber Manjanga ist ganz oder theilweise von Stanley's Gehülfen gebaut. Dies und das kurze Strassenende zwischen Vivi und Isangila, zur Umgehung der Ngoma-Fälle, ist alles was seine Expedition bisjetzt unternommen hat, obgleich mit Hülfe von Zeit und Menschen Stanley hofft, einen Fahrweg von Vivi nach Stanley-Pool anlegen zu können, dem vielleicht eine Eisenbahn nachfolgen würde.

Die Station Lutete führt ihren Namen von einem mächtigen jungen Häuptling in der Nachbarschaft, welcher ein grosses Dorf gebaut und dortiger Sitte gemäss nach sich benannt hat. Seine Stadt besitzt schöner gebaute Häuser als irgendeine Negeransiedelung in meilenweiter Runde, und Lutete selbst ist ein höchst unternehmender Kamerad, welcher oft seine Elfenbein-Karavane nach Ambrisette bis zur Küste herunter begleitet, von wo er mit allerlei Trophäen der Civilisation, z. B. buntfarbigen Bildern aus einer illustrirten Zeitung und Flaschen mit Sodawasser zurückkehrt. Vor dem letztern ist er halbwegs selbst bange und er nennt es „Teufelswasser"; gewöhnlich macht er dem Vorstand der Station damit ein Geschenk, welcher selbstverständlich höchst artig die Gabe weit über ihren Werth hinaus mit Tuch erwidert. Die farbigen Bilder aus unsern weitverbreiteten illustrirten Zeitungen werden in prahlerischer Weise mit der eigenen Wohnung des Häuptlings aufgehängt. Wenn dann Lutete irgendeinem ungehobelten Häuptling aus dem Innern zu imponiren wünscht, so nimmt er ihn mit in seine verpallisadirte Hütte und zeigt ihm „Aschenbrödel" oder die „Galoschen des Glücks", wobei er ihm natürlich mit entsprechender Aufschneiderei erzählt, dass sie specielle Geschenke von Mputo [1] (überm grossen Wasser) sind, und der verwunderte Häuptling geht weg unter dem vollen Eindruck von Lutete's Macht und Grösse. Kurz nach meiner Ankunft sandte Lutete, welcher krank war, sein Weib, um mich statt seiner zu begrüssen, und sie brachte mir einen grossen Krug mit Palmwein als Geschenk. Diese Dame war ausserordentlich einfach, aber sie war Lutete's Lieblingsweib, da sie ihm mehrere Kinder geschenkt hatte.

Nachdem ich einen Tag in dieser Station gerastet hatte, brach ich mit meiner Karavane von 30 Mann auf, die Reise nach Stanley-Pool fortzusetzen. Das Land, welches wir kurz vor und hinter Lutete durchzogen, hatte ein etwas eigenartiges Aussehen. Hier und da gab es tiefe Schluchten, Spalten, Klamms, die Cañons der Californier — ich weiss nicht wie ich sie nennen soll — mächtige Risse im Erdreich, die von dem sich in den weichen rothen Boden einfressenden Wasser entweder gemacht oder verändert waren. Sie ähneln den seltsamen Thälern und Schluchten rund um Loanda, im

---

[1] Mputo bedeutet wörtlich „bewegtes Wasser" und wird in diesem Sinne zunächst auf die Stromschnellen des Kongo angewandt, wo es „wallet und siedet". Weiter wird es gebraucht, um die See mit ihren unruhigen Wellen zu beschreiben, und in noch weiterm Sinne bedeutet es alles was vom Meere kommt. Die Eingeborenen vom untern Kongo glaubten oder pflegten zu glauben, dass alle weissen Männer aus der See selber kämen, und dass unsere Kleidung aus den Häuten der Seethiere gemacht sei. Infolge davon bedeutet „Muene Mputo" den „Fürsten der See" oder den „Häuptling aller weissen Männer", und nicht, wie die Portugiesen uns glauben machen wollten, den „König von Puto" oder „Portugal". Wenn die Eingeborenen „Portugal" zu sagen wünschten, so pflegten sie es „Poltogale" und nicht „Mputo" zu nennen. Weiter den Kongo hinauf, jenseits des Pool, wussten die Eingeborenen wenig oder nichts von der See und nennen uns „Söhne der Luft" oder „Söhne des Himmels".

Portugiesischen Afrika. Ihre Tiefen sind hier jedoch erfüllt von den reichsten und phantastischsten Gebilden des Pflanzenreichs, und nach dem Geschrei und Lärm zu urtheilen, welcher aus dem grünen Meer sich erhebt, müssen diese herrlichen Wälder von zahlreichen Vögeln und Affen bewohnt sein. Jede dieser Schluchten würde einen selten schönen Jagdgrund für einen Naturforscher abgeben.

Wenn man in einiger Entfernung von Lutete ein hohes Plateau erreicht, über welches der Negerweg hinüberführt, kann man eine schöne Aussicht auf den Edwin Arnold-Fluss geniessen, der in furchtbaren Wasserfällen zum Kongo hinabstürzt. Die Gewässer dieses unruhigen Stromes sehen genau aus wie ein weisses Tuch, welches stellenweise über die dunkelgrünen Hügel gelegt ist, weil man den Anblick aus solcher Entfernung geniesst, dass man die Bewegung des Wassers selber nicht wahrnimmt, und die Decke von weissem Gischt so ruhig und einem Bilde ähnlich ist als wäre sie photographirt.

In der zweiten Nacht meiner Reise passirte mir ein Unglück, aber eins von den so gewöhnlichen afrikanischen Reiseabenteuern, dass ich es hier ausführlich zu erzählen wage, damit der Leser das Gute und das Schlechte erkenne und nicht glaube, es beständen die Erfahrungen eines Kongo-Reisenden aus lauter Sonnenschein und Himmelsbläue. Wir waren wie gewöhnlich in einem Dorfe einquartiert und mein Zelt war allem Anschein nach sorgfältig und umsichtig ausgepflöckt. Ich hatte ein gutzubereitetes Essen mit scharfem Appetit verzehrt und dann mir den ungewöhnlichen Luxus eines Romans mit einer Tasse Kaffee gestattet. Als ich zuletzt vom Lesen müde wurde, ging ich zu Bett und liess mein Buch offen und fast alle meine Sachen ausgepackt und unordentlich liegen. Ich dachte es gäbe am Morgen ja Zeit

genug, dieselben wieder einzupacken. Als ich in meinem
bequemen Bette dalag, eingewiegt in ein süsses behagliches
Gefühl der Ruhe, hörte ich den Regen in grossen Tropfen
auf mein Zelt niederfallen und den Wind unheimlich durch
die nahen Bäume pfeifen; aber dieses schlechte Wetter
draussen vermehrte nur das Gefühl der Behaglichkeit und
Sicherheit in meinem niedlichen Zelte und ich fiel mit völlig
selbstzufriedenen Gedanken gerade in Schlaf, als plötzlich
der Wind sich wie der leibhaftige Teufel erhob und Paff!
das Zelt mir über meinem Kopf weg entführte und einige
Meter weiter platt auf die Erde niederwarf. Binnen einer
Sekunde hatte sich alles verändert; ich war plötzlich aus
meinem Traume aufgeweckt und ward von dem strömenden
Regen, der erbarmungslos über alle meine Schätze nieder-
prasselte, halb ertränkt. Meine Betttücher waren durchweicht, mein Buch — ich glaube es war Alphonse Daudet's
„Könige im Exil" — war in einem Augenblick zu gelbem Brei
verwandelt und alles zerstört und verwüstet — der Regen
erweichte den Boden zu dickem Schlamm, in welchem die
meisten der kleinen Gegenstände verschwanden. Im ersten
Augenblick war ich von dem plötzlichen Ueberfall und dem
kalten Regenbade zu sehr gelähmt, um Hülfe herbeizurufen;
schliesslich fand ich aber doch meine Stimme wieder und
brauchte sie kräftiglich nebst meiner kleinen Pfeife, die ich
um den Hals trug. Binnen einer Minute stürzten die Sansibarer aus einer benachbarten Hütte hervor, hoben mich
mit ihren Armen empor und brachten mich rasch unter
schützendes Obdach. Hier trocknete ich an einem hellen
Feuer mich selbst und meine Betttücher und fand einen
gesunden Schlaf auf einem Mattenbett. Wirklich wunderbar war es, wie viele Sachen aus dem Zeltwrack gerettet
und nun am Feuer getrocknet wurden, sodass sich meine

Verluste auf den schon erwähnten Roman und einige im Schmutz vertretene und unkenntlich gewordene Kleinigkeiten beschränkten. Für die Zukunft bemühte ich mich jedoch immer, wenn ich in einem Negerdorfe übernachten musste, ein Haus zu miethen um darin zu schlafen. Dies ist viel bequemer als das Schlafen in einem Zelt, da man mehr Raum und freiere Lüftung hat; ein Zelt ist und bleibt abscheulich heiss und erstickend, während die Ritzen zwischen den Matten an den Wänden der Hütten immer der Luft eine vollständige Circulation gestatten. Endlich ist das Dach regendicht und wird nur in seltensten Fällen vom Sturme entführt, und der Flur der Hütte ist vollkommen trocken und hart.

Mehr als je lernte ich nach dieser Katastrophe die bewundernswerthen Eigenschaften der Sansibarer schätzen, welche nie verlegen werden und vielleicht die uneigennützigsten Diener der Welt sind. Es war förmlich rührend zu sehen, als ich in die Hütte stolperte wo sie schliefen, wie der eine sein Bett opferte, der andere sein Moskitonetz, der dritte seine Betttücher, damit der „Kleine Herr" sich nicht erkälte, während seine Sachen getrocknet würden; und so zuvorkommend erwiesen sich nicht blos meine Leute, zwischen denen und mir eine wirkliche Anhänglichkeit herrschte, sondern selbst Sansibarer, welche mich erst seit drei Tagen gesehen und kennen gelernt hatten. Die arabische Beimischung hat dem Sansibarer nicht blos feinere Züge und höflichere Sitten beigebracht, sondern ihm auch eine Selbstlosigkeit eingeflösst, welche an einem richtigen Neger nie zu entdecken ist.

Am folgenden Tage trocknete eine glänzende Sonne die übriggebliebene Feuchtigkeit am Boden und in der Atmosphäre hinweg und wir trotteten lustig durch eine schöne

9*

Landschaft. Wir folgen hier dem grossen Handelswege von
Stanley-Pool zur Küste und die Ränder des Weges sind
bestreut mit den obern Ananasblättern, welche nach dem
Genuss der Frucht weggeworfen werden und dann in dem
fetten Boden neben dem Wege Wurzel schlagen. So hat
sich diese Pflanze am ganzen Wege entlang von Lutete nach
Stanley-Pool verbreitet und bildet stellenweise, besonders
in den sumpfigen feuchten Bergschluchten, eine fast undurchdringliche Hecke an jeder Seite des schmalen Fusspfades.
Die Einwohner gehen zu diesen engen Thälern und füllen
ihre langen Weidenkörbe mit der schönen goldigen Frucht,
welche jetzt einen so grossen Theil ihrer Nahrung bildet.
In einem Dorfe, welches wir passirten, fand gerade eine
grossartige Ananasschmauserei statt. Die Leute waren zu
träge und sorglos, als dass sie die Früchte verkauft hätten;
und eine Dame, mit welcher ich in gewohnter Weise um den
Preis eines Korbes voll handeln wollte, sagte in lässigem
Tone zu Faradschi: „Hier nimm sie; da er es nicht für gut
findet sie zu bezahlen, so mag er sie umsonst haben". Die
Hunde, die Katzen, die Schweine, die Ziegen, die Hühner
und die Kinder, alles lebte von Ananas. Selbst die Erwachsenen hatten einen goldigen Anstrich von der Ver-
zehrung solcher Mengen der reifen Frucht, und die hier gekauften Hühner besassen einen Wohlgeschmack, der völlig
unerklärlich gewesen wäre, wenn man ihn nicht dieser aus-
schliesslichen Ernährung durch Ananas zuschreiben wollte.[1]
Hier konnte man nicht widerstehen, halt zu machen; wir
kamen hierher um 8 Uhr morgens und sassen hier zwei
volle Stunden und schwelgten in Ananas. Mit einigen

---

[1] Also wie die Pater und Hühner von Patras, die fast nur von
Korinthen leben.   (D. Uebers.)

Messingstangen war das ganze Festmahl bezahlt, und die dankbaren Neger brachten uns noch einen gehäuften Korb voll zum Verzehr auf der Reise. So bepackt die Leute auch waren, eine solche Beiladung schlugen sie nie ab.

Ueberall hier standen am Wege entlang rohe Nachahmungen unserer Telegraphenpfähle, hohe gerade Stangen, mit dünnen von Pfahl zu Pfahl reichenden Fäden, von denen zahlreiche Ringe oder Schlingen mit einer Schleife herunterhingen. Ich hielt sie für Vogelschlingen wie die Schlingen zum Fang der Krammetsvögel und anderer Beerenesser in unsern Wäldern: aber auf Nachfrage erfuhr ich, dass man mit ihnen Fledermäuse zur Nachtzeit fängt, welche eine beliebte Speise der Neger abgeben. Ob eine Fledermaus gerade ein leckerer Bissen ist möchte ich bezweifeln; die Insektenfresser geben keine Veranlassung es anzunehmen, und die Pflanzenfresser haben einen abscheulichen Moschusgeruch an sich; aber die Leute hier herum scheinen sie zu schätzen. In dieser Gegend werden Adlerfarrn häufig und bedecken grosse weite Landstriche. Wo das Land wie längs des Kongostromes sumpfig wird, rivalisiren mit ihnen schöne Bärlapp oder Lycopodium von ausgesuchter farrnartiger Gestalt und einem blauen Farbenton um das Laubwerk. Seltsam genug erkennen die Eingeborenen, welche recht schöne elementare Begriffe von den natürlichen Pflanzenordnungen haben, die Adlerfarrn nicht als Farrn an, schliessen aber andererseits die Lycopodium in diese Ordnung ein und geben ihnen in ihrer Sprache den Familiennamen „Manselele" (Plural von Nselele).

Mitten in einem Walde kamen wir zu einem kleinen Fetischhause. Es war von Fachwerk gebaut und das Dach mit Stroh gedeckt. Auf die vorspringenden Dachsparren waren Teller und Schüsseln europäischer Arbeit genagelt,

d. h. von irgendeinem erfinderischen Kopf war ein Loch
durch deren Mitte roh durchgearbeitet und die Teller nun
über die aus dem Dach hervorragenden spitzen Enden der
Dachsparren gesteckt. In der Hütte befand sich ein runder
Erdhügel von festgetretenem Lehm, auf welchem viele verschiedene Muster von Zeichnungen vermittelst buntfarbiger
Kiesel, weisser Steine und selbst Perlen gemalt waren. Zu
beiden Seiten dieses Erdhügels standen zwei Statuen von
ungefähr vier Fuss Höhe, welche in denkbar freiester Weise
das männliche und weibliche Princip darstellten. Das Geschlecht jeder Figur trat so sehr *en évidence* hervor, dass
unsern Anschauungen gemäss das Ganze recht unanständig
war, obgleich dies ganz gewiss nicht in der Absicht des
Künstlers gelegen hatte, und die Figuren lediglich dem
Vorstellungsvermögen des Negers in allerdings derber Weise
das Geheimniss der Zeugung oder Schöpfung erklären sollten.
Die grosse Aehnlichkeit dieser Figuren mit den eingeborenen
Männern und Frauen und die saubere Bildhauer- und Maler-
arbeit legte Zeugniss ab von der wunderbaren künstlerischen
Geschicklichkeit dieses sogenannten wilden Volks. Zu Füssen
dieser Statuen lagen Krüge, Schüsseln und andere Proben
heimischer Töpferkunst. Alle diese Gegenstände waren leicht
zerbrochen, sei es um sie für sonstigen Gebrauch ungeeignet
zu machen und so Raub am Heiligthum zu verhüten, sei es,
und das ist wahrscheinlicher, weil man glaubt, dass eine
zerbrochene Schüssel oder Gefäss „stirbt", und so auf an-
gemessene Art in das Reich der „Geister" gelangt. [1]

Um Mittag des dritten Tages unserer Reise kamen wir
zu den Ufern des Inkissi, und hatten über diesen raschen,
rollenden, unruhigen Strom in Neger-Kanoes zu setzen.

---

[1] Vgl. Kap. XVI.

Man landet hier immer viel weiter flussabwärts, als wo man sich einschifft, denn die Strömung ist so rasch, dass man unmöglich ihr widerstehen kann. Der Fluss ist hier ungefähr so breit als die Mosel bei Coblenz und entspringt wahrscheinlich in den Bergen ostwärts von São Salvador. Für die Schifffahrt ist er durchaus nicht zu benutzen wegen seiner wüthenden Strömung und seiner vielen Fälle. Am andern Ufer des Inkissi sind die Wälder schön, der Weg windet sich durch eine zauberisch schöne Landschaft über kleine Bäche, in denen grüne moosige Steine den ungeduldigen, schäumenden, kleinen Wasserrinnen sich vorlegen, und unter hochgewölbten Bäumen hin, die durch Guirlanden von labyrinthischen Schlingpflanzen verbunden sind, unter deren Schatten der feuchte Boden sich mit einem Teppich von Farrn bedeckt hat. An dem schmalen sandigen Ufer eines Bächleins, wo das eingeengte Wasser seine sammtgrüne Steineinfassung, deren Härte durch die zarteste Moosdecke gemildert war, übertrat und sich stolz zu zwei- bis dreifacher Breite ausdehnte, fanden wir tief eingedrückt in dem mürben weissen Sande die Fussspuren eines Leopard. Vielleicht war er nur wenige Minuten vorher an diese Stelle gekommen, seinen Durst zu löschen, und hatte sich von seinem Lager im dichten Gebüsch nach dieser stillen Biegung des Baches geschlichen, wo er im milden graugrünen Schatten das Wasser des Baches aufleckte, wie es in weissen Streifen über die moosbedeckten Steine dahin rieselte; lange Büschel von Frauenhaar kitzelten seine Stirn, grosse verschlungene Lianen schlugen gegen ihn an, wenn die leichte Brise diese Pflanzentaue vorwärts und rückwärts bewegte; winzige kleinköpfige Papageien neckten ihn und gelbbäuchige Fliegenfänger riefen seine Unthaten aus; gierig löscht er seinen wüthenden Durst, sich freuend über den

leise flüsternden Schatten der Bäume und Farrn, in dem er
steht, und den Hintergrund von hellem, lebhaftem, sonnen-
durchhelltem Grün, dort wo der Wald das Himmelslicht
durchstrahlen lässt. Aber das entfernte Geräusch menschlicher Stimmen hat ihn gestört, und während sie geschäftig
ihres Weges durch den Waldpfad ziehen, die todten Zweige
unter ihren Füssen zerknitternd und die überhängenden
Zweige zurückbiegend, schleicht er sich leise fort in die
pfadlose Einsamkeit des stillen düstern Grüns, nur die
Spuren seiner Schritte auf dem sandigen Ufer des kleinen
Baches zurücklassend zum Zeichen, dass er noch vor kurzem
hier war.

Wiederum liegt der Wald hinter uns und wir quälen
uns den Bergweg hinan, als die Sonne untergeht und wir zu
einem Dorf kommen, welches etwa 5 Wegstunden jenseits des
Inkissi-Flusses liegt. Hier erhält man eine gute Vorstellung
von afrikanischem Leben. Alles hat das Ansehen gedeihlichen
Wohlstandes und die Bevölkerung ist ungewöhnlich auf-
gelegt zu Spiel und Scherz. Ich war sogar — und das sieht
man selten unter diesen Stämmen — Zeuge verliebten Tändelns
und kosender Zärtlichkeit zwischen einem schönen kräftigen
Manne und seinem kleinen plumpen Weibe. Kinder, niedliche
kleine Kinder, spielten miteinander und machten Schmutz-
pasteten, während ein Kind zusah, welches einen kleinen
Säugling trug, der so dick als es selbst war. Ein Kind
hatte den Keuchhusten und ein anderes spielte mit einer
hübsch gemachten Schnarre. Eine Henne mit ihren Küchlein wollte mit jener standhaften Hartnäckigkeit, die man
so häufig bei Hühnern sieht, durchaus zur Nacht sich in
das Haus zurückziehen, welches mir zur Wohnung an-
gewiesen war; darum fingen zwei geschickte kleine Jungen
die zehn Küchlein ganz vorsichtig ein und brachten sie nach

einem Platze in Sicherheit, wohin die alte Henne ihnen glucksend und protestirend nachfolgte. Eine ungeheure Masse Kürbisse, mit reifer Frucht und grossen gelben Blüten auf einer und derselben Pflanze, und die wogenden Maniokfelder, die strahlend im hellen Morgenlicht dalagen, gaben der niedlichen Häusergruppe das Aussehen von Gedeihen und Ueberfluss. In diesem Dorfe lagen vor vielen Wohnungen mächtige Holzklötze, roh bearbeitete Baumstümpfe. An dem einen Ende verriethen sie kaum die Hand des Zimmermanns, aber am andern führten sie einen roh geschnitzten und bemalten Kopf, von allerdings wenig vollendeter Arbeit immerhin verriethen die wenigen Axthiebe, welche ein menschenähnliches Gesicht hatten herstellen sollen, eine gewisse Geschicklichkeit und Entschiedenheit. Es lag wirklich Charakter und Ausdruck in dieser Gesichtsskizze und dieselbe hatte obendrein viel Aehnlichkeit mit dem vorherrschenden Aussehen der Männer in dieser Gegend. Ob diese Klötze, von denen viele vorwärts geneigt vor den Thüren der Hütten lagen, in Ungnade gefallene „Hausgötzen" waren, oder blosse Sitze zum Hausschmuck, konnte ich nicht feststellen; als ich jedoch das Wort für „Götzenbild" aussprach und auf sie zeigte, versammelten sich die Weiber und Männer herum und lachten verächtlich. Ich möchte noch erwähnen, dass die Eingeborenen sich hier „Wa-mbuno" nennen. Die Mehrheitsvorsilbe „wa" ersetzt wiederum das mehr classische „ba".

Hinter diesem Dorfe war alles majestätischer grandioser Wald. Der Pfad führt tief, tief hinein und die Baumwipfel verhüllen den Himmel. Die langen geraden Lianen, gleich Lothleinen und Pendeln von den Zweigen herabhängend, bilden eine Art phantastischer Architektur. Grosse weisse Jasminblüten erglänzen wie Sterne in den düstern Gründen des Laubes, und tief unten im Grunde einer steilen Schlucht wirft ein braunes, dahineilendes Bergwasser einige Strahlen grünen Lichts zurück.

Am Abend des vierten Tages nach unserer Abreise von Lutete machten wir in einem Dorfe Ngoma[1] halt. Hier führten ein alter Fetischmann und einige junge Schüler eine Art Tanz auf, in welchem sie wie Frösche herumhüpften, mit ihren Fersen aneinander klappten und ihre Hände vom Himmel niederwärts bewegten. Man sagte mir, sie riefen den Regen herunter, — sicherlich ein sehr überflüssiger Appell an den Regenspender, der Sorge trug uns jeden Tag zu durchweichen. Andere Einwohner, die entweder träger waren oder wussten, dass es unnütz sei, die Vorsehung zu bitten, lehnten in verschiedenen Stellungen in müssiger Ruhe sich zurück und liessen sich von ihren Frauen das Haar frisiren.

Von Ngoma hatten wir noch einen ermüdenden Marsch von 24 km bis Leopoldville, und der Weg schien mir noch doppelt so lang, da ich erbärmlich an einer Knöchelgeschwulst litt; als ich endlich in die Station hineinhinkte, that mir die freundliche Aufnahme, welche ich fand, doppelt wohl. Ein verspätetes Frühstück war bald fertig gestellt, zu dem eine prächtige, im Garten der Station gewachsene Gurke eine angenehme Zugabe bildete.

Man sieht nichts vom Stanley-Pool, bis man ganz nahe an Leopoldville heran ist, und nach der Wendung um einen Berghang plötzlich den grossartigen Anblick geniessen kann.

Leopoldville liegt, wie die meisten Stationen Stanley's, auf ansteigendem Boden, jedoch nimmt es nicht gerade den

---

[1] Ngoma bedeutet „Trommel". Das Wort wird oft von dem Toben eines Wasserfalls gebraucht.

Kamm des Hügels ein, sondern ist auf dem halbkreisförmigen
Absatz rund um den Abhang herum erbaut, welcher dem
sich ausbreitenden Pfuhl gegenüber liegt.

Das Hauptgebäude der Station ist ein grosses zwei-
stöckiges Haus von Holz, Ziegelsteinen und einer Art
Lehmmörtel. Das Dach ist von Stroh, das kühl hält, und
das ganze Fachwerk des Hauses besteht aus schweren hölzernen Balken, anscheinend von grosser Stärke und doch in
Wirklichkeit eine Quelle der Schwäche, weil das Holz beständig von den weissen Ameisen und anderm Ungeziefer
der Insektenwelt zerfressen wird, sodass oft ein Balken
nachgibt und bei Zeiten durch einen neuen ersetzt werden
muss, damit der Bau selber erhalten bleibe. Dieses Haus
enthält einen grossen Speisesaal, ein Waarenmagazin und
drei Schlafzimmer im Erdgeschoss, und im ersten Stock eine
lange Kammer mit niedriger Decke, welche gewöhnlich als
Stanley's Privatzimmer dient, wenn er nach Leopoldville
kommt. In seiner Abwesenheit wird es vom Chef der
Station bewohnt. Hinter dem Hause und getrennt davon
liegen die Küchen und übrigen Räume des Hauswesens,
und davor eine schöne offene Halle, wie ich es nennen
möchte in Ermangelung eines bessern Wortes, eigentlich ein
grosses offenes Zimmer und Anhängsel des Speisesaals,
welches sich nach dem Grasplatz hin erstreckt und während
des Tages einen köstlich luftigen Sitz bietet. In einer
Flucht mit diesem Hause stehen zwei andere Gebäude. Das
eine enthält eine Anzahl Zimmer für die Weissen und das
andere eine grosse Reserve-Vorrathskammer. Oberhalb und
unterhalb dieser europäischen Wohnungen liegen viele kleine
Häuser für die Sansibarer und die von der Station angestellten Eingeborenen. Unter dem Grasplatz der „Esplanade", welcher längs der Front des „weissen" Theils von

Leopoldville herläuft und nach dem Hafen hinabführt, bilden
die Häuser der Sansibarer eine nett und ordentlich aussehende Stadt, in der jede Hütte ihren Garten nebst Umzäunung hat. Die schon genannte Esplanade ist in Wirklichkeit eine ebene Terrasse, welche künstlich in den Abhang des Hügels eingeschnitten ist und die Fortsetzung der
vom Innern herkommenden Strasse bildet. Von dieser Pro-
menade geniesst man Ausblicke von grosser Schönheit über
den fernen Pfuhl und die benachbarten Wälder und am
kühlen Abend bildet dies einen angenehmen Spazierweg, um
die Hauptmahlzeit abzuwarten. Auch hält hier am frühen
Morgen der Chef der Station eine Musterung aller Sansibarer ab.

Einen halben Kilometer entfernt liegt auf dem Kamm
des Hügels die kleine Baptisten-Mission, welche vielleicht
die schönste Lage in Leopoldville hat, da die Aussicht von
ihrer Veranda fast die ganze Ausdehnung des Stanley-Pool
umfasst. Die Baptisten-Missionare haben ausserdem einen
grossen Garten bis fast zum Ufer des Kongo herunter und
im ganzen von der Expedition einen Hektar Land gepachtet,
wofür sie die lediglich nominelle Summe von 200 Mark
jährlich bezahlen.

In dem waldigen Thale unterhalb Leopoldville hat
Livingstone's Binnenland-Mission gerade angefangen sich
anzusiedeln [1] und Dr. Sims und einen dänischen Missionar
als Vertreter der Expedition angestellt.

Oberhalb, unterhalb und rund um die Station liegen aus-
gedehnte Gärten, Bananenwäldchen und Maniokpflanzungen.
Sie beginnen bereits den schwarzen und weissen Bewohnern
von Leopoldville einen nicht unbeträchtlichen Zuschuss an

---

[1] Die Häuser sind seitdem, wie ich gehört, fertig gestellt.

Lebensmitteln zu liefern und müssen natürlich in Zukunft in Verbindung mit den sich selbst vermehrenden Vorräthen an Ziegen, Geflügel, Schafen, Schweinen, Enten und Tauben die Station und ihre normale Zahl von Einwohnern ernähren, sodass blos noch die „Luxusartikel" von Europa eingeführt zu werden brauchen. Es liegt gar kein Grund vor, warum nicht selbst manche von ihnen dort gezogen und zubereitet werden sollten. Das Zuckerrohr wird z. B. in ausgedehnter Weise von den Eingeborenen angebaut und sein Saft in der einfachsten elementarsten Weise eingekocht und zu einem dicken melasseartigen Zucker durchgeseiht, welcher vollständig ohne weitere Raffinade zu allen gewöhnlichen Zwecken ausreicht. Ferner ist bekanntlich der Kaffee in den meisten Gegenden des tropischen Afrika ein einheimischer Baum, und wenn er auch jetzt nicht wild am Kongo vorkommt, so würde er doch sicherlich auf diesen fruchtbaren Hängen um den Pfuhl gedeihen und bei richtigem Anbau die schönsten Resultate ergeben.

Die Nahrungsmittelfrage ist die wirkliche Schwierigkeit bei der Erforschung des Kongo. Obgleich der Boden äusserst fruchtbar ist, so bauen die Eingeborenen doch nur gerade so viel an, dass sie selber reichlich zu leben haben, ohne einem plötzlichen Angriff auf ihre Vorräthe gewachsen zu sein. Stanley hat seit langem die Nothwendigkeit begriffen, seine Expedition unabhängig zu machen, und zwar sowol von den Kosten und der Schwierigkeit, eingemachte Provisionen von Europa zu beschaffen, als auch von dem Unvermögen der Eingeborenen, den täglichen Bedarf an Lebensmitteln für jede seiner Stationen zu liefern. Darum legte er, fast noch vor dem Bau von Häusern, Gärten an, pflanzte Bananen und begann den Anbau von Maniok, und so oft er eine neuangelegte Station besichtigte oder eine ältere wieder besuchte, war seine erste Frage die nach dem Hauswesen der Station.

Leopoldville rühmt sich eines bequemen kleinen Hafens gegenüber der Station, der von einem waldigen Vorsprunge geschützt wird. Hier hören alle Wasserfälle auf, oder vielmehr sie beginnen, wenn man stromabwärts sieht, gleich

Der Hafen von Leopoldville.

unterhalb Leopoldville, sodass die Schiffahrt von diesem Hafen eine Strecke von 1600 km in östlicher Richtung den Kongo aufwärts ungehindert betrieben werden kann. Leopoldville, am westlichen Eingange zum Stanley-Pool gelegen, ist dazu bestimmt, das grosse Emporium von Centralafrika zu werden. Von seinen Gestaden hat man nach Stanley's Rechnung nach Norden, Süden und Osten ins Herz von

Afrika hinein 7200 km weit freie Schiffahrt. Eines Tages wird es der Endpunkt der Eisenbahn von der Küste und der Ausgangspunkt einer Flussreise durch halb Afrika sein. Elfenbein, Kupfer und Eisen, Gewürze, Wachs und Gummi aus dem Innern werden auf seinen Messen sich begegnen mit den neuesten Moden und den Fabrikaten der Alten Welt. Oder mit andern Worten, es wird das Rohmaterial, welches aus dem Innern nach Leopoldville zusammenströmt, aus dieser Stadt vom Auslande wieder nach dem Innern in anderer Gestalt zurückfliessen. Sein Zucker wird zurückkehren in der zierlichen Form von Bonbons, sein Gummi wird zurückgebracht werden als hoch nothwendige Ueberschuhe und Regenmäntel. Die Kongo-Gewürze werden unter die gesuchten und sinnreich benannten amerikanischen Saucen gemischt, und auf den Ladentischen seiner Toilettengeschäfte wird der im Elfenbeinhandel reich gewordene Kaufmann Bürsten mit Elfenbeingriffen kaufen, welche in England aus den von seiner Firma ausgeführten Fangzähnen gefertigt sind. Wer weiss, ob nicht einst das von der modischen Welt von Leopoldville gebrauchte Briefpapier aus der ächten Papyruspflanze hergestellt werden wird, welche in so dichten Beständen rund um die holzreichen Inseln und schilfreichen Ufer des Stanley-Bassins vorkommt.

SIEBENTES KAPITEL.

STANLEY-POOL.

Die Landschaft am Pfuhl. — Die Dover-Klippen. — Brazzaville. — Cap Kallina. — Tod des Lieutenants Kallina. — Die Häuptlinge um Stanley-Pool. — Ngaliemma. — Bootfahrt nach Bolobo. — Ein Kinschascha-Dorf. — Eine Unterhaltung. — Hyphaene-Palmen. — Geräucherter Fisch. — Ein afrikanischer Regensturm. — Wichtigkeit der Diät. — Flusspferde. — Graue Papageien. — Kimpoko. — Eine Kletterpalme.

Die Rotang-Palme *(Calamus)* in verschiedenen Stadien des Wachsthums, nebst Früchten.

SIEBENTES KAPITEL.
STANLEY-POOL.

Stanley-Pool heisst eine grosse Ausbuchtung des Kongo, die ungefähr 40 km lang und 26 breit ist: 17 Inseln von einiger Bedeutung liegen in ihr, von denen die grösste 20 km Länge hat. Ausserdem sind viele Sandbänke in den Gewässern des Pfuhls verstreut, bald unter bald über Wasser, je nach der Jahreszeit, und dazu noch schwimmende Schilf- und Papyrus-Inseln, aus Massen von Wasserpflanzen bestehend, deren Fasern und Wurzeln so innig durcheinander verflochten sind, dass ein Mensch auf ihnen stehen kann. Diese schwimmenden Inseln haben zuweilen eine gewisse Ausdehnung und können für wirkliche Inseln gehalten werden, bis ihre Bewegung mit der Strömung beobachtet wird.

Schwimmende Schilfinsel im Stanley-Pool.

Weisse Reiher und viele Wasservögel hausen auf ihnen und die Flusspferde spielen um ihre schilfreichen Ufer. Die grossen Inseln [1] werden von Elefanten und Büffeln besucht, welche mit Leichtigkeit vom Festland nach und von ihnen schwimmen. Unzählige Wasservögel, Störche, Pelikane, Kormorane, Reiher, Rohrdommeln, heilige Ibis, Sporengänse

---

[1] Diese sind veränderlich in Gestalt und Grösse je nach der Jahreszeit. In der Regenzeit zertheilen sie sich in 2—3 Stücke, welche durch seichte Kanäle voneinander getrennt sind. In der trockenen Jahreszeit verringert sich ihre Zahl, weil die Gewässer zurücktreten.

und ägyptische Gänse, Meerschwalben und Regenpfeifer besuchen die dichten Verschlingungen des hohen Grases und die vielen freien Sandbänke, wo sie seltsame Gruppen mit den Krokodilen bilden, welche gewohnt sind, sich in der Sonne in halbbewusster Glückseligkeit zu wärmen.

Der Pfuhl bildet ein grosses gleichsam schalenartiges Becken, mit einer unvollständigen Einfassung von Reihen spitzer und malerischer Berge, welche an den Südufern sich von 3—900 m Höhe erheben. Die Ufer dieser grossen Wasserfläche zeigen einen sehr verschiedenen Charakter. Am nördlichen oder nordöstlichen Ende, wo der obere Kongo durch eine etwas enge Oeffnung eintritt, ist die Landschaft geradezu schön. Der Hochwald erhebt sich steil über dem Wasser, sodass, wenn man unter seinem Schatten dahinsegelt, er sich ins Unendliche, bis zum Himmel auszudehnen scheint. Er ist wie eine Mauer von Wald. Fast gegenüber, am nördlichen Ufer, liegen die Dover-Klippen [1], ebenso schroffe, weisse, blinkende Abstürze, deren Oberrand mit weichem grünen Grase bedeckt ist. Sie gleichen jedoch mehr der Gegend um Lyme Regis, in Dorset und Devon, als den steilen und mehr zerrissenen Klippen von Dover. Darauf senken sich zu beiden Seiten des Pfuhls die Ufer zu flachem Waldland, indem der einschliessende Berggürtel nach dem Innern sich verläuft, und wenn man nach Mfwa oder „Brazzaville" kommt, ist die Küste niedrig und nahezu in gleicher Höhe mit dem Wasser. Hier ist nach de Brazza's Behauptung ein Strich Landes von 14 km Länge an die französische Republik abgetreten worden. Wie man aus der Skizze ersehen kann, besteht Brazzaville aus einigen wenigen

---

[1] Geologisch bestehen sie aus weisser, sandiger, etwas krümeliger Erde, nicht aus Kalk.

Negerhütten, die halb begraben in Bananen sich mit ihrem
Rücken an den dichten Wald lehnen. Wenn man nach dem
Pfuhl hinübersieht, so erblickt man links davon einen kleinen
Bach, der sich zu einem winzigen Hafen erweitert, und eine
schöne fruchtbare Insel, die bisjetzt, ausser gelegentlich
von Fischerleuten, nicht bewohnt wird, aber einer höhern
Bestimmung von den Franzosen entgegen geführt werden
könnte; abgesehen jedoch von diesen beiden Vortheilen, die
überall am Stanley-Pool hätten entdeckt werden können,
bleibt es schwer, dieser Lage eine günstige Seite ab-

Brazzaville.

zugewinnen oder gar den Schluss zu vermeiden, dass die
Wahl des Platzes eine herzlich schlechte ist. An diesem
niedrigen Theil des Pfuhls herrschen stets die Fieber und
in der Regenzeit muss Mfwa zu einem rheumatischen Sumpf
werden. Hätte de Brazza seine beabsichtigte Station irgendwo auf den hohen und luftigen Dover-Klippen angelegt,
so hätte er wohl daran gethan, und man darf nicht vergessen,
dass das ganze Becken des Pfuhls ihm zur Verfügung stand,
als er zuerst ankam. Denn er erreichte es lange Zeit, bevor
Stanley im Stande war, seine Güter und Leute hierher zu
schaffen um eine Station anzulegen, sodass die Franco-

Italiener sozusagen die erste Wahl des Platzes hatten. Ich kann nur annehmen, dass trotz der Zuneigung, welche die Eingeborenen ihm entgegen brachten, ihm nicht viel Grund und Boden zur Verfügung gestellt wurde, und dass de Brazza mit Mfwa vorlieb nahm, weil er nichts Besseres bekommen konnte. Er mag auch nach Cap Kallina hinüber geschaut haben, um sich eines Tages dieser Landspitze zu versichern und dann im Stande zu sein, die Mündung des Pfuhls im Nothfall zu sperren. Dieses Vorgebirge wird von einer rothen Klippe gebildet, welche sich steil 18 m aus dem Wasser fast gegenüber von Mfwa am südlichen Ufer des sich erweiternden Flusses erhebt. Wegen seiner beherrschenden Lage könnte Cap Kallina das Gibraltar des Pfuhls genannt werden, weil von seiner leicht zu befestigenden Höhe Geschützfeuer den sich verengenden Ausläufer des Sees beherrschen und die fernere Thalfahrt für einen Feind unmöglich machen könnte. In Verbindung mit Brazzaville könnte ein Feind in seinem Besitze vollständig den Wasserverkehr zwischen Leopoldville und dem obern Strome sperren.

Um diesen Vorsprung rast eine furchtbare Strömung, die selbst ein Dampfer nur mit Mühe überwindet, welche für stromaufwärts bestimmte Kanoes der Eingeborenen aber wirklich gefährlich ist. Hier ertrank im December 1882 der Lieutenant Kallina, ein österreichisches Mitglied der Expedition. Er bestand darauf, den Kongo in einem kleinen Negerkanoe hinaufzufahren, da er vor Ungeduld, die Geheimnisse des Unbekannten zu erforschen, nicht auf die Abfahrt des monatlichen Bootes warten wollte, welches die Stationen des obern Stromes mit Lebensmitteln versorgt. Da er ein sehr grosser Mann war und aus irgendeinem Grunde gern auf einer grossen Kiste im Hintertheil des Kanoes sass, so machte er dadurch dessen Gleichgewichts-

lage sehr zweifelhaft. Das kleine Fahrzeug wurde schlecht
gesteuert, kam quer vor die Strömung, als es um jenen
Vorsprung herumfuhr und kenterte im nächsten Augenblick.
Lieutenant Kallina ertrank, sein Name verblieb aber jenem
gefürchteten Vorgebirge, welches übrigens noch jetzt im
Besitz der ursprünglichen Inhaber, der Häuptlinge von
Kinschascha, sich befindet, die bis zum heutigen Tage weder
an Stanley noch an de Brazza ihre Ansprüche haben ab-
treten wollen. [1]

Die Umwohner des Stanley-Pool gehören zur Rasse der
Bateke, scheinen aber erst neuere Ankömmlinge zu sein,
welche die ältern Bewohner beraubt und ins Innere vertrieben
oder zu Sklaven gemacht haben. Wo die Bateke sich niedergelassen haben, am südlichen wie am östlichen Ufer des
Kongo, überall bilden sie lediglich Uferkolonien, ohne ihre
Ansiedelungen viele Meilen weit von seinen Ufern auszudehnen.

Die hauptsächlichsten Negerfürsten um den Pfuhl sind:
Bab Ndschali, der Landherr de Brazza's, welcher über Mfwa
und den untern Lauf des ungestümen Gordon Bennett, oder
Dschuë-Flusses herrscht; Ngaliemma, der Fürst von Ntamo
und vom Landstrich um Leopoldville; drei mächtigere Fürsten
in und bei Kinschascha, von welchen der eine, Bankwa, den
Europäern sehr abgeneigt ist; und dann lebt noch ein grosser
Häuptling, der glücklicherweise freundlichere Gesinnungen
gegen uns hegt, zu Kimpoko, wo die Expedition eine
blühende Station besitzt. Mit dem Fürsten Ngaliemma kommt
Stanley am meisten in Berührung, weil Leopoldville auf dem
von ihm gekauften Lande liegt, und er der nächste und
nicht gerade angenehmste Nachbar der Station ist. Zuerst

---

[1] Eben verlautet, dass man Stanley erlaubte, dort eine Station anzulegen.

versuchte er es, den Renommisten herauszukehren, bis er
einsah, wie wenig seine Streitmacht von 150 Gewehren
einem Angriff auf Leopoldville gewachsen war. Jetzt spielt
er abwechselnd den weinerlichen Bittsteller, den trotzigen
Nachbar oder den verschmitzten Intriguanten. Er ist ein
Mensch von ziemlich festem Charakter und entschlossenem
Willen, da er sich vom Stande eines blossen Sklaven zu dem
eines mächtigen Häuptlings von Sklaven emporgeschwungen
hat. Die Stadt Ntamo oder Kintamo (die Vorsatzsilbe
„Ki" bedeutet District) wurde von ihm gegründet und angelegt, und seitdem hat er sich ungeheure Schätze durch
den Elfenbeinhandel gesammelt. Fast das gesammte Elfenbein, welches durch die Bajansi-Händler vom Aequator
heruntergebracht wird (diese empfangen es von den Bangala
und letztere wiederum von entfernten Stämmen im tiefen
Innern) kommt auf seinen Markt und geht durch seine
Hände weiter nach Lutete und São Salvador.

Ich verliess Leopoldville gegen Ende Februar, d. h. um
die Mitte der Regenzeit, in einem grossen Leichter oder
Walfischboot, welches von einer handfesten Mannschaft von
Sansibarern gerudert wurde, um den Kongo bis Bolobo
hinaufzufahren, einem grossen Negerdorf ungefähr 350 km
oberhalb Stanley-Pool, wo kürzlich die äusserste Station
der Expedition angelegt ist.

Unsere Abreise wurde wie üblich durch einen Regenguss
eingeleitet, welcher nach seiner Gewalt und Dauer freilich
fast ungewöhnlich zu nennen war, mir aber rasch zeigte,
wie wenig wir für die Bedürfnisse einer tropischen Regenzeit vorbereitet waren. In einem grossen offenen Boot, ohne
irgendwelchen andern Schutz als ein hastig übergeworfenes
Segel, welches die Regenwasserströme in seinem Bauche
nur auffing, um sie auf unsere Schultern zu ergiessen, wenn

der heftige Wind darunter griff; ohne eine Stelle zum
trocknen Verstauen des Gepäcks, das vielmehr auf dem Boden
des Bootes umherlag oder, wenn es schwimmfähig war, hier
und da im Regenwasser umherschwamm, welches trotz des
steten Ausschöpfens oft sechs Zoll über dem Kiel des Leichters
stand; unter solchen Umständen hatten wir keine andere
Wahl als mit dem Rudern aufzuhören sobald es regnete,
das Boot auf Grund zu setzen und uns nach zeitweiligem
Schutz umzusehen, wo wir und die Theile der Ladung,
welche von Durchnässung am ehesten Schaden nehmen
konnten, die Rückkehr bessern Wetters in Sicherheit ab-
warten mussten. So hatten wir kaum das Kallina-Vorgebirge
umfahren, als ein Regenstrom uns zwang, das südliche Ufer
des Pfuhls aufzusuchen, wo die Dörfer von Kinschascha liegen.
Die Sansibarer, welche sich auf die Anzeichen des Wetters
verstanden und einen ganzen Regentag vorhersahen, wünschten,
dass ich aussteigen und in einer Negerhütte Zuflucht suchen
sollte; aber elend wie ich mich fühlte bei dem fortwährend
strömenden Regen und mit den Füssen zolltief im Wasser
stehend, zauderte ich ihnen zu willfahren, denn erst eine
Woche zuvor war der Chef von Leopoldville in friedlicher
Absicht hierher gekommen und im Dorfe einquartiert, als
er mitten in der Nacht von feindlichen Eingeborenen heraus-
getrieben wurde, welche die Ankunft eines weissen Mannes
in ihrem District mit leicht erregtem Verdacht betrachteten.
Würden sie mich irgendwie besser empfangen oder mir eine
sichere Zuflucht vor dem Regen gewähren? Ich fragte mich
ob wir, im Falle sie uns nicht allein die Gastfreundschaft
versagten, sondern uns sogar angreifen und berauben würden,
in der Lage seien, ihnen zu widerstehen. Meine Zweifel
wurden indessen bald beendet. Die Aussicht, langsam den
ganzen Tag durchweicht zu werden und rheumatisches Fieber

zu bekommen, oder sonst in gedrückter Stimmung nach Leopoldville zurückzukehren, war noch unangenehmer, als sich unter die launischen Neger zu wagen, welche vielleicht selber vom Wetter herab- und weicher gestimmt waren. So verliess ich das Boot, nahm einige nothwendige Gepäckstücke mit mir, und schritt durch das lange nasse Gras dem Dorfe zu, wo zu meiner angenehmen Ueberraschung die Einwohner mich gastfreundlich empfingen und mich sofort in eine bewohnte Hütte luden, wo ich bleiben und mich trocknen konnte, bis eine unbewohnte Hütte aufgefunden und zu meiner Verfügung gestellt wurde. Die übrigen Insassen der Wohnung bestanden ausser den vielen beständigen Besuchern aus einem Mann in mittlern Jahren, der sein Haar *en chignon* aufgebunden hatte, einer Frau mit einem Säugling an der Brust, deren Stirn mit einem scharlachrothen Streifen geziert war, und einem alten Mann, vielleicht einem heruntergekommenen Onkel der Familie.

Nach dem durchdringenden Regen und der dichten Feuchtigkeit draussen bildete die trockene Wärme des Innern einen wohlthuenden Gegensatz und ich legte mich auf einem hohen Mattenbett in behaglicher, gesammelter Stimmung nieder. Ein Holzfeuer brannte in der Mitte der Hausflur, welches dazu diente meine Kleider zu trocknen, doch that der Rauch von dem brennenden Holze meinen Augen bös weh. Als die Frau dies bemerkte, nahm sie die brennenden Scheite aus dem Feuer und liess nur die reine helle Asche auf dem Herd zurück. Das Haus war rein und nett und verschiedene niedliche Gegenstände hingen an den Wänden herum. Lange Pfeifen mit kleinen Köpfen, ein Klarionett, eine weisse Matrosenmuck [1] (Geschenke von

---

[1] Gerade aufstehende Tassen mit Henkel, wie sie auf den Seeschiffen üblich sind. (D. Uebers.)

Mputo), ein musikalisches Instrument wie eine Guitarre
aber mit fünf Saiten, eine Sammlung geschickt gemachter
Beutelchen mit ich weiss nicht was allem. Flusspferdhar-
punen, Fischnetzen, Hörnern und einer Menge von allerlei
Sachen, die man in classischer Rede mit *et cetera* zu bezeichnen versteht.

Ich öffnete die Tasche mit meinen Vorräthen, legte das
Zeug auf das Bett und setzte mich mit ansehnlichem Appetit
nieder zu einem frugalen Mahl. Der Anblick der Zuthaten
aus den Zinnbüchsen erregte beträchtliches, halb furchtsames
Interesse bei den meine Hantierung überwachenden Einwohnern. Sie schlugen mit den Fingern auf den Mund —
eine beliebte Weise sein Erstaunen zu äussern — als sie
Faradschi mit einem „Dosenöffner" in einen wie sie glaubten
massiven Block Stahl hineinschneiden und kleine Fische
(Sardinen in Oel) herausnehmen sahen. Als ich ihnen aber
einige zum Kosten anbot, weigerten sie sich erschreckt.
Es war „Nkissi", Zauberei, weissen Mannes Nahrung —
Gift, und einige erschraken so sehr über mein Anerbieten,
das Frühstück mit mir zu theilen, dass sie eilends aus der
Hütte wegliefen. Die Neugierde führte sie freilich bald
zurück, und Besucher strömten scharenweise aus und ein.
Viele Kinder, darunter kleine allerliebste Dinger, thaten
ganz zutraulich und waren entzückt über meine Tickuhr,
die sie für ein in einen Käfig eingeschlossenes kleines Thier
hielten. In dieses Paradies der Ruhe drang denn der Ver-
sucher in Gestalt eines gottlosen alten Gesellen mit seiner
Frau und zwei heirathsfähigen Töchtern. Er wollte durchaus, ich sollte sein Schwiegersohn werden, „vermittelst"
einiger Streifen Tuch. Mein Zaudern bemerkend nahm er
dies für Missachtung und beeilte sich, die mannichfachen
Reize seiner Töchter zu erörtern, während diese Dämchen

über meine Kälte höchlich erbost wurden. Darauf kam dem Vater ein anderer Gedanke — vielleicht sei ich Verehrer reiferer Schönheit, und so zog er seine Frau, die gar keine unebene Person war, heran und erklärte mit den ausdrucksvollsten Geberden, indem er seine Hand vor die Augen hielt und anderswohin zu blicken schien, dass wiederum um die Vermittelung eines kleinen Stückes Tuch er sich durchaus nicht darum kümmern würde, was für verliebte Dinge zwischen uns vorgehen möchten. Ich wich jedoch diesen verlockenden Vorschlägen so zart wie möglich aus und deutete unter vielem Lächeln und „Mbotes" darauf hin, dass unter andern Umständen eine Verbindung mit einer der ersten Familien von Kinschascha ganz und gar meinen Wünschen entsprochen hätte. Sowie die Dinge lagen erschien mir die Ehre zu theuer erkauft. Wir schieden jedoch als ausgezeichnete Freunde, und die ältere Dame beschenkte mich in praktischer Bewährung reiferer Zuneigung mit einem schönen grossen Fisch, der für das Mittagessen wie gerufen kam, während die jüngern Gefährtinnen Kindergaben wie Eier, Maiskolben und Bananen brachten. Ich beschenkte sie dafür mit bunten Taschentüchern und so entstand allgemeine Befriedigung.

Da ich einsah, dass der hoffnungslose Regenguss nicht aufhören würde, so traf ich Vorbereitungen, ein Haus zum Nachtquartier zu miethen, und bald war eins gefunden — trocken, rein und geräumig, in welchem ich mit meinem Gepäck bald untergebracht war. Dann wurde vorgeschlagen — augenscheinlich von den Notabeln des Dorfes — dass eine abendliche „Conversazione" in meiner Wohnung abgehalten werden solle und der Vorschlag einstimmig angenommen. Infolge dessen drängte sich zu meinem stillen Verdruss eine stets zunehmende Zahl von wohlbeleibten

Personen in mein kleines Zimmer, die Männer mit ernsten
Gesichtern sich auf den Hausflur niedersetzend, jeder mit
seiner langen Pfeife völlig darauf eingerichtet, einen angenehmen Abend zu verbringen, und die Weiber, wie eingedenk ihrer niedrigern Stellung in der Gesellschaft, draussen
am Eingang stehend und dadurch alle Ventilation hemmend.
Ein Beschluss wurde sofort durchgesetzt und mir von dem
anscheinenden Vorsitzenden der Gesellschaft mitgetheilt, dass
meine Uhr wiederum den versammelten Damen und Herren
vorgezeigt werden möchte. In meiner Bekümmerniss, diese
harmlosen Seelen zu enttäuschen, kostete es mir einen Entschluss, um mir ein wenig Stille und Ruhe zu suchen, um
so mehr als meine Abendmahlzeit fast fertig war; aber
allmählich brachte ich ihnen die Idee bei, dass der weisse
Mann müde und hungrig sei und allein zu sein wünsche.
Die Männer standen darauf ganz artig und ruhig auf,
schüttelten mir die Hand, jeder nach der Reihe, und verliessen mit vielen „Mbotes" das Haus, die protestirenden
Weiber vor sich hertreibend, und so war ich einmal so
allein wie ich es liebte. Ich zog meine nassen Stiefeln aus,
machte es mir bequem und setzte mich vergnügt zum Essen
und zum Roman; Faradschi servirte beides auf einer Kiste,
die mir als Tisch diente. Die Moskitos waren hier jedoch
sehr zahlreich, summten aber verzweiflungsvoll um meinen
Moskitovorhang. Als das Dorf sich zur Ruhe begab, trat
das unheimliche Geräusch vom Flusse nebst dem Grunzen
der Flusspferde und dem Gekreisch der Nachtvögel mehr
hervor.

Am nächsten Morgen verliess ich meine Kinschascha-
Freunde und setzte meine Reise fort durch die weiten Gewässer des Pfuhls, welcher jetzt in seiner ganzen prächtigen Breite sich zu öffnen begann. Auf vielen Inseln

wuchsen die Hyphaene-Palmen [1], anscheinend eine verschiedene Species von *Hyphaene Guineensis* der Küste und der untern Strecken des Kongo. Diese Hyphaene war eine sehr schöne und majestätische Palme, von 10—20 m Höhe, mit breiten fächerartigen Wedeln von graugrüner Farbe und Trauben von glänzend gelben Früchten. Gerade unter der Blätterkrone befindet sich eine seltsame Anschwellung oder

Hyphaene-Palmen.

Verdickung des Stammes, wie es charakteristischerweise häufig die Borassus- oder Hyphaenoid-Palmen zeigen, und was zur Anmuth des sonst säulengleichen Baumstammes seltsam beiträgt.

Die Vegetation, welche die Ränder dieser Insel bedeckt, ist reich und von gefälliger Farbe. Massen gelber kürbisartiger Blüten hellen sie auf, auch lilafarbene Schmetterlingsblütler und hellfarbige Winden. Schöne scharlachrothe

[1] *Hyphaene ventricosa* (Kirk)?

Fruchtgehäuse einer *Cnestis* bilden leuchtende Trauben von
grossartiger Wirkung zwischen dem zarten grünen Laube.
Unendliche Scharen grauer Papageien, die sich in kleinen
Trupps zusammenhalten, flattern und spielen um die Wipfel
der schlanken Bäume, fortwährend lustig pfeifend und kreischend, während an den vielen Baumstümpfen, welche ihre
verdorrten Aeste über das Wasser herausstrecken, zahlreiche
kleine Vögel aus Gründen der Sicherheit ihre hängenden
Grasnester befestigt haben und mit ihren zierlichen Gestalten
ein beständiges Zwitschern und Flattern rund um die ästigen
alten Knorren und verwelkten Zweige unterhalten.

 An einem der vielen Eilande machten wir halt zum
Frühstück. Der Rest von dem Fisch, den uns die Dame von
Kinschascha geschenkt hatte, wurde wieder aufgewärmt mit
einigen süssen Kartoffeln und Maniokwurzeln und erwies
sich als delicat. Während dies von Mafta beschafft wurde,
versuchte ich eine Runde um die Insel zu machen, was
aber nicht ausführbar ward, da die Insel zur Hälfte aus
Sumpf bestand. Ueberall waren Fussspuren von Flusspferden in den weichen Boden eingedrückt, und diese Thiere
mit ihrem mittäglichen Bade beschäftigt. Ihr lautes Grunzen
war deutlich zu hören, und als wir im Boot unser Frühstück
verzehrten, hob sich mancher Kopf mit Schnauben und
einem Strahl Sprühwasser empor, um sich unser Gebahren
anzuschauen. Auf der kleinen Insel war sonst wenig Bemerkenswerthes zu sehen. Den Flusspferden und den um uns
kreisenden Geiern behagte es augenscheinlich dort sehr gut.
Auch fanden sich einige schöne Gruppen des grossen und
schönen Schmetterlingbaumes, einer Art Baphia (welche schon
im 5. Kap. erwähnt und beschrieben wurde), nach dessen
starkem wohlriechendem Geruch das ganze Eiland duftete,
zugleich von den weissen Blüten strahlend. Uns gegenüber

räucherten auf einer Sandbank einige Eingeborene ihre frisch gefangenen Fische über einem Holzfeuer, und bereiteten sie so zum Verkauf auf den Märkten der Bateke vor. Aller Wahrscheinlichkeit nach waren diese Leute vom Stamm der Bajansi, weil derselbe einen grossartigen Handel mit geräucherten Fischen zwischen dem Aequator und Stanley-Pool betreibt. Während sie mit Elfenbein und andern Handelsartikeln den Fluss hinabfahren, verlegen sie sich unterwegs auf den Fischfang und machen gelegentlich an einer Sandbank oder Insel halt, um ihren Fang zu räuchern. Der also behandelte Fisch hält sich geraume Zeit und wird von allen Uferstämmen als Nahrungsmittel gern gekauft.

Ich habe sie zuweilen ausgezeichnet, fast möchte ich sagen delicat gefunden, mit weissem, leicht sich ablösendem Fleisch, wenig Gräten und einem von dem Räucherverfahren zurückbehaltenen schwachen aber angenehmen Geruch. Zu andern Zeiten haben die Eingeborenen mir offenbar alte verdorbene Exemplare aufgehängt, die sich beim Aufbrechen als eine Masse sich windender Würmer erwiesen.

Bis hierher war den ganzen Morgen hindurch der Tag glänzend gewesen, der Himmel war die Zeit über, wo ich beim Frühstück sass und Flusspferde und Fischer beobachtete, von strahlender Bläue, wie er sie nur in der Regenzeit im tropischen Afrika zeigt, während er in der trockenen Jahreszeit von einem weisslichen Hauch bedeckt ist; jetzt aber liess sich das entfernte Rollen des Donners von Zeit zu Zeit hören und drohende Wolken begannen ihre breiten Schatten über den stillen Pfuhl zu werfen, welcher bis dahin nur das reinste Azur reflectirt hatte. Darauf erhob sich plötzlich eine dicke schwarze, Schrecken erregende Masse, noch unheimlicher durch zwei Flecken von blassweissem Gewölk, welche wie die Augen des Sturmfeindes aussahen. Lebhafte

Zickzacks röthlicher Blitze spielten über dem stillen Wasser, und der Donner rollte und polterte, als würde schweres Hausgeräth im Himmel bewegt. Doch brach der Sturm noch nicht unmittelbar darauf über uns los, sondern kroch am Horizont herum, als spiele er mit seinen Opfern. Eine Zeit lang hatte ich alle Furcht vor ihm verloren, da ich glaubte er sei entschlossen westwärts abzuziehen, als plötzlich in entgegengesetzter Richtung gegen die vorherrschende Briese ein Windstoss aufsprang und in 2—3 Minuten die grausamen Wolken über uns hineilten und einen sündflutartigen Regen niedersandten. Ein Segel zum Schutz überzunehmen, half nichts, der Wind fegte es verächtlich weg, und es blieb uns nichts übrig, als ruhig sitzen zu bleiben und uns durchweichen zu lassen.

Das ist die traurige Seite eines afrikanischen Regensturms. Der erste Anfang des Unwetters macht einen Ehrfurcht gebietenden Eindruck. Man ist halb geneigt zu glauben, dass sich eine grosse Katastrophe in der Natur, ein erschreckender Widerstreit physischer Kräfte vorbereite. Die tiefschwarzen Wolken, welche in phantastischen Massen aufsteigen und von einem phantasiereichen Auge für überirdische Wesen angesehen werden könnten, welche die Erde und ihre erschreckten Kinder beschatten; das blendende Schneeweiss ihrer mächtigen Häupter, welches sich zum blauen Himmel emporhebt und die Tintenschwärze am Horizont ringsum noch mehr hervortreten lässt; die zackigen Blitze, der erste Angriff des scharmützelnden Sturms, und die plötzlichen betäubend rollenden Donnerschläge — alles dies ist gross und eindrucksvoll und blendet die Einbildung solange es andauert. Dies ist der theatralische Theil eines tropischen Sturms, den auch fast jedes Buch über die Tropen zu beschreiben pflegt. Was aber, nachdem die wunderbaren

Wirkungen des Donners und Blitzes gebührend geschildert sind, gewöhnlich nicht ebenmässig gewürdigt wird, ist der nachfolgende traurige durchdringende Regen, wenn der Himmel eine gleichmässige Schmutzfarbe annimmt und der Regen stundenlang niederströmt, nicht „eimerweise" oder „in Schauern", noch in sonst einer interessanten oder ungewohnten Weise, sondern als stetig niederrieselnder Bindfadenregen, der keine Hoffnung auf Unterbrechung gestattet. Wie oft habe ich es im tropischen Afrika an mir selber erfahren, dass der Regen 12 Stunden andauerte, und diesmal regnete es sogar noch länger in einem fort.

Wir flüchteten endlich zu einer Sandinsel, landeten und schlugen das Zelt auf. Niemals hatte ich mich in Afrika elender gefühlt. Es dauerte eine ganze Stunde, bis das nasse Holz zur Flamme entfacht werden konnte; und als die Abenddämmerung kam mit ihren dunkeln Nebeln und ihrer unglückseligen Finsterniss, umschwärmten uns Banden von Moskitos, höllische, des Beelzebub, des Fliegenkönigs würdige Wesen, die es jedermann unmöglich machten, sich ruhig zu verhalten. Die armen Sansibarer liefen stampfend auf dem Sande umher und fluchten leise vor sich hin. Ich selber schluckte hastig etwas Suppe und einen kleinen Schluck Cognac hinunter und suchte Schutz in meinem Bett hinter den Moskito-Vorhängen. Hier brachte ich zwischen feuchten Lappen und klebenden Betttüchern eine trostlose Nacht zu, die feindseligen Moskitos bekämpfend, welche irgendwie in meine mousselinene Moskitowehr eingedrungen waren.

Am nächsten Morgen stand ich krank und fieberhaft auf. Nach etwas warmer Suppe und heissem Kaffee fühlte ich mich etwas besser und begann die unheilvollen Eindrücke von gestern zu vergessen. Und diese Gelegenheit möchte ich dazu benutzen, allen künftigen Afrikareisenden zu empfehlen, womöglich gleich morgens nach dem Aufstehen Nahrung zu sich zu nehmen. Dazu hilft ausgezeichnet, wenn man abends sich etwas Suppe oder Bouillon aufhebt, und diesen Rest früh morgens aufwärmt und geniesst, bevor man das Zelt verlässt. Es kommen in Afrika sehr viele Erkrankungen vor, lediglich infolge unzeitigen Essens und Trinkens, und noch viel unkluger ist es und gar nicht eines Märtyrers würdig, sich lange Fastenperioden aufzulegen und dem Umstande überhaupt keine Rechnung zu tragen, wie viel und wie oft man isst und trinkt. Im Gegentheil, die ganze Frage eines Erfolgs in Afrika hängt davon ab, wie regelmässig und reichlich man seinen Körper ernährt und zwar mit Speisen so gut als sie nur erreichbar sind. Wenn es von euch abhängt, so lasst euch durch nichts in eurer Mahlzeit stören; esst wenn ihr hungrig seid und hungert wenn ihr nichts mögt. Vergesst obendrein nicht, dass in Afrika eine trauliche Tasse Thee oder Kaffee und eine leichte Erfrischung günstig und mildernd in Zeiten des Kleinmuths und der Unruhe wirkt, und dass sie „ihren Mann aufrecht hält", gerade wie von dem sprichwörtlichen Kuchen und Wein bei Begräbnissen geglaubt wird.

Als wir unser Lager auf der Sandbank verliessen, schien die Sonne nur halbwarm herunter und der Regen fiel noch immer, ich drängte indessen nach der neu gegründeten Station von Kimpoko am Nordwestende des Stanley-Pool, wo wir wenigstens für 1—2 Stunden Schutz und Ruhe zu finden hofften. Wir sahen diesen Morgen viele Gesellschaften von Flusspferden, gewöhnlich 9—10 Thiere zusammen. Sie näherten sich dem Boote mit einer Kühnheit und Zuversicht, welche bewiesen, dass vom weissen Mann noch selten auf sie geschossen war. Die Neger jagen sie indessen fleissig mit der Harpune. So sahen wir in einem Flussarm, in welchem die Flusspferde sich ihren ungeschlachten Spielen hingaben, eine Anzahl Leute nur 20 m von ihrer Beute entfernt sich eifrig zur Jagd rüsten. Die Furchtlosigkeit dieser grossen Thiere ist zu bewundern; man könnte glauben man sei innerhalb eines etwas grössern zoologischen Gartens, und wenn sie von Zeit zu Zeit ihre ungeheueren Mäuler öffneten, ihre blendend weissen Fangzähne zu zeigen, suchte ich unwillkürlich nach den „Wecken" meiner Jugendzeit, um sie schnell in den rothen Schlund zu werfen, welcher vor mir gähnte.

Scharen grauer Papageien [1] flogen vorüber, bald kreischend bald melodiös pfeifend. Es wird irrthümlicher Weise behauptet, dass der graue Papagei im wilden Zustande nicht pfeife; im Gegentheil, er pfeift sogar sehr zart und mit mannichfaltig wechselndem Tone.

Der neu angestellte Agent zu Kimpoko hatte uns von weitem nahen sehen und für ein Frühstück zum Willkommen gesorgt. Unter einem roh gearbeiteten Dach, in der Mitte einer Gruppe von Hyphaene-Palmen, mit einem Kreise von Eingeborenen ringsum, welche unser seltsames Gebahren aufmerksam beobachteten, setzten wir uns zu einer Mahlzeit nieder, welche die Hülfsquellen des Kimpoko-Commissariats in glänzendem Lichte zeigte. Zu allererst, als „menschenfreundliche" Anregung, ein gutes Glas Malafu, aus Zucker-

---

[1] Diese Vögel werden in unglaublichen Massen am Stanley-Pool angetroffen. Wohnten Jamrach oder Hagenbeck hier, so würde man graue Papageien bald zu drei Mark das Stück angekündigt sehen. Freilich hoffe ich sehr, dass sie nicht hierher kommen, und dass die Expedition, welche die Controle über diese Gebiete erhalten wird, ihren Schutz auch auf diese Thiere ebenso gut wie auf die eingeborenen Einwohner ausdehnen möge.

rohr gemacht; dann gebackener Fisch, nicht unähnlich der grauen Barbe, ein prächtiger Aal mit milchweissem Fleisch und von sehr delicatem Geschmack; darauf verschiedene geschickt mit Saucen der Eingeborenen zubereitete Gerichte und zum Schluss ein Bananen-Pudding und Ananas. Ueber ein derartiges Mahl konnte man sich durchaus nicht beklagen, und man kann sich wol öfter in Afrika an einem solchen erfreuen, wenn der Reisende es versteht, nach dessen einzelnen Bestandtheilen zu fouragiren. Wieviel Leute aber, die am Kongo wohnen, geben sich die Mühe für sich zu fischen? Und was haben sie sonst für Vergnügungen dort? Keine, sie vergeuden vielmehr träge die Zeit unter ihren Verandas und überlassen es dem Unternehmungsgeist ihrer Leute, gelegentlich für einen Gang Fische zu ihrer Mittagsmahlzeit zu sorgen. Und wenn keine Eingeborenen kommen, begnügen sie sich mit ihren Vorräthen

Ein Einwohner von Kimpoko.

von Conserven, die sehr viel Geld kosten, zumal in solchen öden Plätzen wie Kinsembo, wo keine heimische Nahrung zu bekommen ist, obgleich dieselbe keine Transportkosten bis ins Binnenland bereitet. Die Leute von Kimpoko, welche uns während unserer Mahlzeit umstanden, waren gutmüthig und von guter Aufführung. Sie zeigten eine grosse Mannichfaltigkeit in ihrer Haarfrisur; ihr Haar ist viel länger und reicher entwickelt als bei den Küstenstämmen. Der Fürst von Kimpoko machte uns nach dem Frühstück einen Besuch. Er schien eine sehr finstere hochmüthige

Persönlichkeit zu sein, und war vielleicht, wie ich glaube, etwas beleidigt über die vielen Fragen, welche ich ihm durch meinen Dolmetscher stellte, und über meine stete Gewohnheit die ihn begleitenden Frauen abzuzeichnen. Wie es scheint wird es für Majestätsbeleidigung gehalten, den König trinken zu sehen, denn bevor er seinen Durst löscht, verbirgt er sein Gesicht in seinem Mantel, nimmt einige leise Schlucke zu sich und gibt das Glas leer zurück, als ob er eine Beschwörung vorgenommen habe. Der Fürst schien zu glauben, dass diese Ceremonie einen Eindruck auf mich machen würde und schielte herüber, ob ich auf ihn achte, aber in der wenig ehrerbietigen Stimmung, in welcher ich mich befand, liess ich ihm sagen, dass ich schon häufig Könige dieselben Vorsichtsmassregeln gegen Zauberei oder Vergiftung hätte nehmen sehen, wenn sie im Begriff gewesen seien zu trinken. Es sind wirklich die besondern Gebräuche

Eine Königin von Kimpoko.

und Gewohnheiten, welche den Act des Trinkens bei den Fürsten gewisser afrikanischer Stämme begleiten, sehr verwickelt und sonderbar, wie wir das weiter in einem folgenden Kapitel sehen werden; der Ursprung derselben ist jedoch, wie ich gestehen muss, etwas dunkel und die von den Eingeborenen gegebenen Erläuterungen sind unwahrscheinlich und nicht recht zutreffend.

Wenn man sich dem jenseitigen — nördlichen — Ende des Stanley-Pool nähert, wird die Landschaft wirklich recht hübsch. Zur linken Hand streckt sich eine Reihe kühner und malerischer Höhen, deren Abhänge mit dunklem Wald bedeckt sind. In der Mitte breiten sich Gruppen schöner Bäume aus, welche gut gegen die blauen Berge abstechen in all ihrem lebhaften sommerlichen Grün; und bald hier bald da scheint sich die stets graziöse Fächerpalme auf ihrem schlanken Stamm über dem Wasser zu wiegen, in ihrem so symmetrischen Bau den Glauben erweckend, als sei sie für künstlerische Zwecke dahin gepflanzt. Zur rechten Hand wird der sich verengende Strom von herrlichen überhängenden Wäldern begrenzt, die sich über den Ufern des Flusses zu grosser Höhe erheben und ihren düstern Widerschein auf seine stille Oberfläche werfen, auf welcher eine leichte Kräuselung schon zu einer wirklichen Erfrischung für das Auge wird. Und als Erholung in diesem Studium von Roth und Grün, was kann es da Schöneres geben als eine Schar Reiher, welche in unregelmässiger phantastischer Flucht über den Fluss setzen! Ihr Gefieder vom glänzendsten Weiss, nach welchem sie den wissenschaftlichen Zunamen *candidissima* [1] erhalten haben, ihre gelben Schnäbel und ihre lieblichen Formen stechen so kräftig gegen den düstern Wald ab, dass sie mit ihm zugleich ein wirkliches Gemälde abgeben.

Die Ufer werden von hier ab in höchst auffälliger Weise decorirt durch Guirlanden oder ein Gitterwerk von einer merkwürdigen *Calamus* oder Kletterpalme, deren Blattstiele sich zu einem kahlen kriechenden Stengel verlängern, der mit seltsamen krummen Haken versehen ist, sodass, wenn das Blatt einmal gegen einen Zweig schlägt, der Stengel sich mit diesen gekrümmten Dornen sofort fest anhängt, auf diese Art höher und höher klimmt, und die

---

[1] Ich finde, dass dies der Name der amerikanischen Species ist; er ist jedoch auch auf die afrikanischen Reiher anwendbar.

Wipfel der Waldbäume mit den graziösen Köpfen hin und
her schwebender Wedel krönt, deren peitschenartige Fortsetzungen himmelwärts weisen, als wollten sie zu noch
grösserer Höhe hinanklimmen. Der Name dieser Palme sollte
eigentlich „Excelsior" heissen, und sie kann wol als vegetabilisches Zeichen des Ehrgeizes gelten. In der bescheidensten Form wachsend — die junge Palme sieht aus wie
ein breitblätteriger Bambus mit getheilten Blättern — und
stark an ihre ärmern und einfachern Verwandten erinnernd,

Das nördliche Ende des Stanley-Pool.

beginnt sie bald höher zu streben, und nachdem sie erst
ein niedriger Strauch gewesen, schiesst sie in einem
langen biegsamen Stamm weit über die ersten bescheidenen
Wedelpaare hinaus und schafft sich mit ihren scharfen
Haken jede Art von Vortheil, um höher und höher zu
klettern. Bald werden auch die Blätter oder Wedel eleganter in ihrem Aeussern. Ihre anfänglich zweispaltige
Fläche zersplittert in eine Menge Fächer und zuletzt schaut
das niedrige schwache Blatt, indem es jede sich bietende
Gelegenheit zum Aufklettern benutzt, stolz vom Gipfel
eines riesenhaften Baumes herunter, und eine Weile zufrieden damit, dass es das Ziel seines Ehrgeizes erreicht

hat, nimmt es sich Zeit zu einer Pause und setzt Blüten an, aus denen Bündel scharlachrother Datteln hervorgehen. Ihre Frucht enthält ein dünnes süssliches Mark, welches, für Menschen wenigstens, ganz harmlos erscheint, obwol ich nie ein Thier oder einen Vogel davon habe essen sehen. Die Blätter haben eine gelbgrüne Farbe, welche die Uferlandschaften wesentlich verschönern hilft. Seltsam ist es nur, dass man sie nirgends zwischen Stanley-Pool und der Küste am Kongo findet. Bei den Stromschnellen hört sie auf, und weil sie so eine der ersten Zuthaten zur Flora des Kongo bildet, die man am Stanley-Pool antrifft, habe ich sie zum Titelbild dieses Kapitels gewählt.

Nachdem wir Kimpoko verlassen hatten, schlugen wir unser Lager an einer schönen Stelle am Ende des Pfuhls in einer Waldlichtung auf. Unglücklicherweise schwärmten die Moskitos in so fürchterlichen Massen umher, dass alle Bequemlichkeit ausser Frage stand und ich mein Mahl so schnell als möglich einnehmen musste, inzwischen bei jedem einzelnen Bissen stampfend und fluchend und das aus ganz besonderm Grunde; denn entweder waren diese Moskitos wirklich giftig oder mein ausgemergeltes Blut war zur Vergiftung besonders geneigt: genug aus einem dieser beiden Gründe wurde aus jedem Bisse eine Geschwulst, sodass Knöchel und Hals nach wenig Tagen mit unangenehmen kleinen Geschwüren bedeckt waren, die freilich verhältnissmässig wenig Schmerzen verursachten, dafür aber auch nicht heilen wollten als bis ich Afrika verlassen hatte. Es war auch von geringem Nutzen, bei dieser Gelegenheit Schutz innerhalb meiner Moskitonetze zu suchen, denn dem einen oder andern dieser Blutsauger gelang es doch hineinzugelangen, und so verbrachte ich eine elende Nacht. Die Myriaden getäuschter Moskitos, welche draussen blieben, unterhielten ein beständiges lautes Summen, welches durch seinen beharrlich gleichen Ton so aufregt, dass das gelegentliche Schnauben und Grunzen der Flusspferde auf den benachbarten Grasflächen sich als ganz angenehme Unterbrechung erwies.

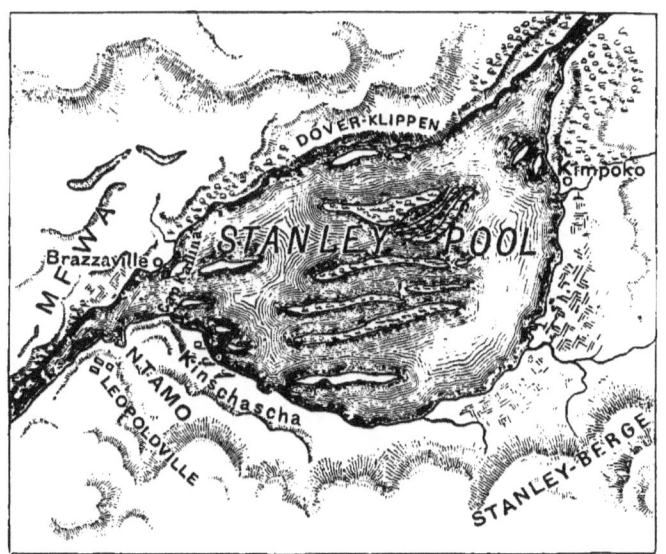

ACHTES KAPITEL.

VOM STANLEY-POOL ZU DEN WABUMA.

Kanoes der Eingeborenen. — Schmetterlinge. — Flora und Fauna der Flussufer. — Bananen zu kochen. — Ngui. — Knappe Rettung vor einem Flusspferd. — Die Vögel. — Die einheimischen Hunde. — Lieutenant Janssen. — Msuata. — Ein Dorf der Bajansi. — Haarkünste der Eingeborenen. — Persönlicher Schmuck. — Ein geheiligter Baum. — Mysteriöse Sklaven.

Hyphaene ventricosa.

ACHTES KAPITEL.

VOM STANLEY-POOL ZU DEN WABUMA.

Einige Auszüge aus meinem Tagebuche, welches ich während meiner 14tägigen Reise den Fluss hinauf jenseits des Stanley-Pool führte, werden vielleicht den Eindruck genauer wiedergeben, welchen der Anblick des am obern Kongo Geschenen auf mich machte.

23. Februar 1883. — Ich stand früh auf, sobald das erste Tageslicht sich anmeldete, und verliess eilends Bett und Zelt. Die Moskitos machten das Anziehen zu einer schrecklichen Folter und ich war froh als ich im Boote sass und bei der

Steilufer am Kongo mit Hochwald.

Lecture eines angenehmen Buches einige gebackene Bananen essen konnte. Als wir die grosse Ausbuchtung des Pfuhls verliessen und in den engern Kongo einfuhren, wurde die Waldlandschaft ausnehmend reich und viele Wunder der Pflanzenwelt thaten sich vor unsern Augen auf. Das Aussehen dieser wilden afrikanischen Natur ändert sich übrigens weiter aufwärts. Auf dem nördlichen oder eigentlich westlichen Ufer setzen sich die Berge mit Hochwald fort, aber gegenüber streckt sich flaches sandiges Waldland, hier und da mit schmalen Rinnsalen köstlichen Wassers, welches zum Trinken dem des Kongo weit vorzuziehen ist. Eine kurze Weile vor Sonnenuntergang sehen wir plötzlich einige schwerbeladene Kanoes mit Eingeborenen auf uns zukommen. Das gibt Hoffnung auf frische Lebensmittel, welche das gefürchtete „Regime" der Conservenvorräthe noch eine Zeit lang fern halten dürften. Nachdem das Boot eine kleine Landspitze umfahren hat, finden wir uns inmitten einer beträchtlichen Schar von Leuten, welche uns sehr freundlich bewillkommnen, unter vielem Händeklatschen und „Mbote"-Rufen. Unglücklicherweise ist von Lebensmitteln wenig zu haben. Ich kaufe etwas getrockneten Fisch und einen grossen Krug mit Malafu, werde aber bei beiden Käufen gröblich betrogen, denn der Fisch ist verfault und der Malafukrug ist mit Schmutz und dem Abguss von Zuckerrohr aufgefüllt. Dies wird jedoch erst nachträglich entdeckt und so scheiden wir auf bestem Fusse. Diese Leute kommen alle von Bolobo und bringen nach Ngaliemma am Stanley-Pool Elfenbein zum Verkauf. Diesen Abend kamen wir erst spät ins Quartier, trafen aber glücklicherweise eine sehr angenehme Stelle, wo wir die Nacht zubringen konnten — eine kleine Lichtung, umgeben von Wald, mit einem durchsichtigen Bach, dessen Wasser längs einer Seite des Waldes zum Kongo floss. Kein Moskito zu sehen! Gott sei Dank! Ich ass in aller Bequemlichkeit und machte nachher einen kleinen Spaziergang im Mondschein dem Flussufer entlang. Die Flusspferde, obwol nicht sichtbar, schnaubten laut; die Fischadler kreischten über etwas, das ihnen nicht genehm war; Ziegenmelker und andere Nachtvögel liessen ihre Klagerufe erschallen, und dann und wann hörte man das Plätschern und einen Schlag ins Wasser, wenn ein dickes Krokodil, erschreckt über das Knirschen meiner Schritte auf dem sandigen Ufer, ins Wasser plumpste.

24. Februar. — Eine köstliche, traumlose Nacht. Warum waren nur hier keine Moskitos, und einige Meilen weiter abwärts so unglaubliche Myriaden? Die Umgebungen sind anscheinend dieselben. Der Morgen bricht lieblich an, und der Tag verspricht ein regenloser zu werden. Wir machten etwa um elf Uhr halt, weil es zu kochen und zu waschen gab. Die ausgewählte Stelle war eine langgestreckte Sandbank mit dichtem Wald im Hintergrund. Ueber dem feuchten weichen Sande flatterten Hunderte von Schmetterlingen, viele von den schönsten Farben, azurblau und glänzend blattgrün. Sie sammelten sich scharenweise über kleinen Stellen kalkhaltiger Erde, wo sie in Gemeinschaft mit zahlreichen Bienen, Wespen und Wasserjungfern etwas so Anziehendes zu finden schienen, dass sie bei unserer Annäherung nicht fortflogen und man sie bei der Brust fassen und todt drücken konnte, bevor sie sich ihrer Gewandtheit im Fliegen erinnerten. Der über der Sandbank sich erhebende Wald war von vielen Wegen durchschnitten, auf denen die Büffel zur Tränke kamen, und weiter im Innern fand sich eine von ihren Fusstritten zertrampelte Stelle, welche ungefähr das Ansehen und den Geruch eines Stalles hatte. Im Walde gab es viele Cnestis-Gebüsche mit glänzend scharlachrothen Samengefässen, und andere mit orangegelben Schoten, sodass die Massen grünen Laubes von diesen farbigen Stellen reich belebt wurden. Wir begegneten an diesem Nachmittag verschiedenen Kanoes, welche nach dem Stanley-Pool hinabfuhren und mit Elfenbein angefüllt waren; sonst aber zeigten sich keine Spuren von Menschen eine

ganze Strecke Weges hinter Kimpoko. Die Gegend scheint besonders am westlichen Ufer völlig unbewohnt zu sein [1] und bildet eine schöne uncultivirte Wüste mit grünen Abhängen von natürlichen Wiesen, Haufen schattiger Wälder und zahllosen Wasserrillen. Der Pflanzenwuchs ist reich, von endloser Mannichfaltigkeit und zauberischer Wirkung, wie er nach dem Wasser zu überhängt, vor allem wenn er sich in einer stillen Bucht abspiegelt, wo das tiefe Grün des Laubes von einem glänzenden Ufersaum gelben und weissen Sandes gehoben wird, während die zarte Anmuth und die phantastischen Formen vieler Schmarotzerpflanzen abstechen von den weissen Stümpfen und umgefallenen Bäumen, welche ihre knorrigen Aeste aus dem ruhigem Wasser emporstrecken. Auf diesen Baumknorren wohnen viele Wasservögel. Kleine wie Diamanten funkelnde Königsfischer, schmalzblau und erdgrün mit scharlachrothen Schnäbeln; wunderliche kleine Rohrdommeln, in ihrem grauen Gewande und ihrer eckigen Stellung kaum zu unterscheiden von den Zweigen, auf denen sie sitzen, und gelegentlich ein schwarz-weisser Geier oder ein heiliger Ibis. Diese Stellen bieten eine beständige Aufeinanderfolge von kleinen Gemälden mit einem nie endenden natürlichen Reiz in ihrer Abwechselung der Zusammenstellung und Färbung. Die Sonne ist untergegangen und die Nacht gekommen, bevor wir bei einem Dorfe landen, welches bisjetzt keinen Namen trägt, der den weissen Männern bekannt ist. Es steht etwas zurück vom Flusse, aber glücklicherweise kommen einige Eingeborene herunter und verkaufen uns Hühner und Bananen. Ich ass erst um 10 Uhr abends; als Mafta endlich ankündigte, dass der Tisch gedeckt

---

[1] Infolge kürzlich zwischen den Eingeborenen geführter mörderischer Kriege.

sei, fand ich dies sehr erwünscht, weil ich grossen Hunger bekommen hatte und das Essen glücklicherweise gut ausgefallen war, sowol das zur Suppe gekochte als das gebratene Huhn. Obendrein hat Mafta es endlich gelernt, leckeres „Bananen-Compot" zu bereiten. Er nimmt ein halbes Dutzend kleine süsse Bananen, solche, welche die Franzosen Silber-Bananen nennen, kocht sie in wenig Wasser zu einem Brei, gibt einen Löffel voll Butter, den Saft einer Citrone und zwei oder drei Tropfen Cognac dazu (an Stelle von Sherry), rührt das Ganze kräftig um, und fertig ist damit eine nach meiner Ansicht untadelhafte Zugabe zu unserer afrikanischen Küche. Diese kleinen fleischigen Bananen sind so durchweg süss, dass man nie Zucker gebraucht, wenn man sie kocht. Sie ersetzen mir in der That den Mangel an jeder Zuckersubstanz, unter dem ich jetzt leide. Ich muss meinen Kaffee ohne Zucker trinken, aber die geröstete Banane leistet vollständigen Ersatz dafür.

Während meiner Mahlzeit genoss ich das ästhetische Vergnügen, dass sich der helle Mondschein in abgeschwächtem Glanze durch den über mir sich wölbenden Wald ergoss, während zahllose Leuchtkäfer gleich kleinen Pünktchen elektrischen Lichts um die dichten Büsche schwirrten. Es gab hier keine Moskitos und in dem stillen Frieden, der über unserm kleinen Lager ruhte, und bei der vollkommenen Gesundheit, deren ich mich erfreue, fühle ich, dass es auf Kongo-Reisen Augenblicke gibt, in welchen man nach dem Leben in der Civilisation nur wenig Sehnsucht empfindet.

25. Februar. — Diesen Morgen schwärmte eine zahlreiche Menge, Männer, Weiber und Kinder, zu uns herunter, um Hühner und andere Nahrungsmittel zu verkaufen. Der Häuptling, ein junger Mann von etwa 30 Jahren und entschieden gutmüthigem Aussehen, kam auch mit, begleitet

von seinen Weibern, von denen eine ein Leopardfell für ihn zum Sitz ausbreitete. Er hatte zwei kleine Glocken um den Hals hängen nebst vielen Zähnen und Kügelchen; die Zähne waren Affen- und Leopardenzähne und zu phantastischen Halsbändern verbunden. Er war gefällig und zuthunlich, aber er und seine Weiber brüllten vor Lachen, als ich, um den Namen des Leopard in ihrer Sprache zu erfahren, lief und knurrte, um das Thier nachzuahmen. Sie nennen ihn hier Ngui, ein Ausdruck, der mit leicht veränderten Formen vielen Bantu-Dialekten gemein ist. In Kisuahili sagt man Tschui. Merkwürdigerweise wechselt in allen Bantu-Dialekten der Name für Löwe fortwährend und stark, während der für Leopard und vor allem der für Hund sich verhältnissmässig wenig ändert. Die Leute aus diesem Dorfe hatten Erdnüsse *(Arachis hypogaea)* zum Verkauf, die ich seit einiger Zeit nicht mehr am Kongo gesehen habe. Im Strome sind hier die Flusspferde so zahlreich und unverschämt wie gewöhnlich. Kurz nachdem wir diesen Morgen weggerudert waren, wurde ich sehr erschreckt, sodass mein Frühstück mir aus dem Schose wegflog, durch den plötzlichen und unerwarteten Stoss, mit welchem ein dickes Flusspferd den Boden des Fahrzeugs traf. Wären wir in einem Kanoe gewesen, so hätten wir ohne Zweifel Schiffbruch gelitten; wie es jetzt war litt es freilich keinen grossen Schaden, doch hatte der Kiel eine starke Beule erhalten, wo er von dem Stoss getroffen war, wie sich bei näherer Untersuchung herausstellte. Ich war so verdriesslich darüber, dass mein schönes Frühstück über das Gepäck herumgeschleudert war, dass ich meinen Winchester ergriff und der Creatur in den Kopf schoss, als sie ihn einige Meter weiter aus dem Wasser hob, um zu sehen, welchen Schaden sie angerichtet hatte. Ich glaube nicht, dass ich das Thier tödtete, aber sein

Zappeln im Wasser und der Blutstreifen von der Schussstelle verriethen, dass es scharf verwarnt worden war, Reisenden nicht wieder lästig zu fallen.

Auf der Sandbank, an welcher ich anlegte, um mit einigen Eingeborenen zu handeln, war eine selbst noch grössere Menge Schmetterlinge versammelt als gestern. Sie schienen mit grösstem Behagen auf dem feuchten Ufer zu trinken, und ich fing in kürzester Zeit zehn von ihnen, indem ich sie einfach am Bauch fasste.

Die Eingeborenen dieser Insel sassen alle auf Bäumen, vielleicht des Schattens halber, aber sie hatten eine erschreckende Aehnlichkeit mit Gorillas. Die gewöhnlichsten Vögel auf dieser Strecke des Flusses, wo er durchgängig 700 m breit ist, waren ägyptische Gänse, Gypohierax-Geier, graue Papageien, Stelzvögel [1], Schlangenhalsvögel [2] und chocoladenbraune Schattenvögel. [3] Auch sah ich (fehlte ihn aber im Schuss) den Lophotibis, eine seltsame dunkelbraune Art Ibis, mit grünlichen Flügeln und einem verhältnissmässig kurzen Schnabel, der sehr tief in seiner Wurzel sass: das allgemeine Aussehen dieses Vogels erinnerte an den ebengenannten Schattenvogel.

26. Februar. — Die Landschaft wird wirklich malerisch. Für gewöhnlich ist der Kongo schön im Einzelnen, ohne imposant im Ganzen zu sein. Ein Strom von seiner Grösse verlangt Alpen, um passende Felsen für seine breiten Gewässer herzugeben. In diesem Theil machen jedoch einige allgemeine Wirkungen einen schlagenden Eindruck. Eine glänzende Ausweitung des Stromes reflectirt auf ihrer stillen Oberfläche den blauen Himmel und die milchweissen Wolken

---

[1] *Jacana, Jassana*, oder *Parra africana*. s. Brehm, IV, 753.
[2] *Plotus Levaillanti*. s. Brehm, IV, 918.
[3] *Scopus umbretta*. s. Brehm, IV, 668.   (D. Uebers.)

über ihr; an einer Seite erheben sich grüne Hügel und purpurne Wälder und auf der andern die unnachahmlich graziösen Hyphaene-Palmen, bald reihen-, bald gruppenweise auf ihren schlanken Stämmen hoch über die niedrigen grünen Gebüsche wegragend und die langen weissen Sandspitzen majestätisch krönend, welche sich kühn in den glänzenden, alles reflectirenden Strom hinausstrecken.

Die Sansibarer haben einen schönen Fisch gefunden, der gerade in den korbartigen Fallen der Eingeborenen gefangen ist, und bitten um die Erlaubniss, an einer Sandbank anhalten und abkochen zu dürfen. Sie wird gegeben und bald sind wir an einem langen Strande, auf dessen Sand schon einige Bajansi sitzen. Natürlich finden wir eine herzliche Aufnahme, und während die Sansibarer ihre Kochkünste probiren, gehe ich zu dem naheliegenden Dorfe, Mbila genannt. Es ist ein niedlicher, stiller, Frieden athmender Fleck Erde, eingebettet in grosse Bananengruppen und von Maniokgärten umgeben. Zur Zeit meines Eintritts ist ausser einigen Weibern, welche ihren häuslichen Arbeiten obliegen, alles abwesend am Strande, um mit den Sansibarern zu schachern, und ich bin deshalb mit mir selber hübsch allein; meine Ankunft veranlasst jedoch grosse Aufregung unter den Hühnern und Hunden, welche sich vor meinem weissen Gesicht fürchten und nach allen Richtungen entfliehen. Die Hühner gackern und kreischen, aber die Hunde haben zu viel Ehrfurcht, um Spektakel zu machen; in diesem Lande scheinen die Hunde wirklich die Kunst des Bellens nie erlernt zu haben. Vor einigen Häusern werden häusliche Arbeiten, wie alle Anzeichen lehren, eifrig gefördert. Grosse Krüge und andere Thongefässe sind in die Sonne gestellt zum Trocknen, und Korbarbeit liegt überall umher in allen Abstufungen der Vollendung. Die Häuser sind gut gebaut

und wohl gehalten, und die Leute, welche jetzt zum Dorf
zurückschwärmen, sehen wohlgenährt und gedeihlich aus.
Unwillkürlich kommt mir der Gedanke, „was für ein zu-
friedenes ruhiges Leben ist das!" Wenig Bedürfnisse, und
diese leicht befriedigt; kein Ueberfluss und kein Mangel;
kein Trachten nach dem Unbekannten, keine unbestimmten
unbefriedigten Gelüste und kein Herzbrechen; alles durchaus bestimmt, wohlgeordnet, materiell. Wie wird es dem
Andringen der herannahenden Civilisation begegnen, der
nahen Berührung der weissen und schwarzen Männer? Die
Eingeborenen sagen mir, ich sei der erste Weisse, der seinen
Fuss in dieses Dorf gesetzt, und sie scheinen stolz und erfreut zu sein über meinen Besuch. Mögen sie nie an ihn mit
Sorgen zurückdenken, als den Markstein des Eintritts einer
neuen und störenden Aenderung in ihren bislang friedlichen
Annalen! Der Häuptling von Mbila beschenkte mich vor
dem Abschied mit einer vergänglichen Erinnerung an sein
Dorf in Gestalt der dicksten Platane, die ich je gesehen.
Sie mass $1/_2$ m in Länge und schmeckte recht gut.

Jetzt begann der Himmel bedrohlich auszusehen. Fürchterliche Donnerschläge hallten von den entfernten Bergen wider,
und Blitzstrahle zuckten um die dunklen grauen Wolken.
Doch entkamen wir lange Zeit dem drohenden Regenguss,
während das Gewitter sich rund um den halben Horizont
zog, aber zuletzt mussten wir die Hoffnung aufgeben, un-
gestraft davonzukommen und ich strengte ängstlich meine
Augen an, um die Station Msuata zu entdecken, welche die
Sansibarer mit ihren geübten Sehorganen bereits beschreiben
konnten. Grosse Tropfen begannen zu fallen, und als wir
zuletzt an dem lehmigen Ufer landeten, sauste ein fürchterlicher Regenguss herunter, der das noch zögernde Zwielicht
rasch in schwarze Dunkelheit verwandelte.

Der Chef der Station war zur Zeit meiner Ankunft abwesend, aber seine Leute erwiesen mir prompteste Aufmerksamkeit und bald war ich in einem bequemen Schlafzimmer eingerichtet, wo ich mich waschen, umziehen und den Schaden an meinem Gepäck feststellen konnte — womit ich mich fast täglich zu beschäftigen hatte.

27. Februar. — Als ich diesen Morgen aufgestanden war, hörte ich, dass Lieutenant Janssen (der Chef der Station Msuata) am vorigen Abend von einem Besuch bei einem grossen Häuptling von der „andern Seite", Mpumo Ntaba (dem „Ziegen"-Fürsten), Makoko's Nachfolger, zurückgekehrt war. Er war jedoch schon auf und bewillkommnete mich sehr freundlich, als ich ihn in dem „Speisesaal" aufsuchte, wo ein appetitliches Frühstück angerichtet war. Es bestand — wenn dem gütigen Leser die beständige Aufzählung afrikanischer Menus noch nicht langweilig geworden ist — aus einer Tasse Ziegenmilch, der ein wenig Thee zum Aroma beigefügt war, gerösteten Hühnern und „Kikwanga", das in Erdnussöl gebacken war. Kikwanga ist, wie ich bereits erzählt habe, die gewiegte Maniok- oder Cassava-Wurzel, die eingeweicht und in Gärung versetzt leicht säuerlich oder „leimig" schmeckt. Man unterscheidet das gemeine, von den Eingeborenen Bingolo genannte Kikwanga, und eine höhere sorgfältig zubereitete Sorte, die kleine Luftlöcher wie ein Gruyère-Käse enthält und Luku genannt, wird; diese schmeckt beinahe wie heisse, mit Butter gestrichene Semmeln.

Herr Janssen ist eins der praktischsten und fähigsten Mitglieder der Expedition.[1] Sein Talent, sich bestens mit

---

[1] Er ist seitdem leider umgekommen. Er ertrank beim Aufrichten eines Kanoes im Kongo im Juli 1883.

beschränkten Hülfsmitteln zu behelfen, ist wunderbar, und
Msuata ist rein durch seine energischen und unternehmenden
Arbeiten eine der besteingerichteten Stationen der Strasse
geworden. Er hat durch Aufdämmung eines kleinen Flusses
ein Schwimmbad hergestellt, er hat einen grossen und einen
kleinen Bratrost aus den Läufen schadhafter Flinten, einen
Tisch und Bänke aus den Planken alter Kanoes, und einen
Ofen aus verschiedenen Ziegelsteinen gebaut. Er hat einen
Küchengarten angelegt zum Anbau aller Arten von Gemüse; einen wohlversehenen Hühnerhof organisirt, der über
80 Hühner enthält, nebst einem Hause, in welchem die zahlreichen Eier gelegt werden; vier oder fünf von seinen Ziegen
sind immer bei Milch, und ausser andern Entdeckungen hat
er gelernt, aus Landesproducten Salate und Saucen zu bereiten und aus Erdnüssen ein ausgezeichnetes Oel zu pressen,
welches gleichzeitig für die Küche wie für die Lampen geeignet ist und gebraucht wird, wenn die Kerzen ausgehen.

In der Umgegend der Station Msuata sind die gewöhnlichsten Vögel die kleinen Bischoffinken oder besser Webervögel mit scharlachrothem und schwarzem Gefieder, die
grossen Pisangfresser [1] von blaugrüner Farbe mit violettem
Kamm, grosse Spechte, Weihen, Reiher und Kukuks. Am
Nordufer des Flusses soll der Löwe bekannt sein, und
de Brazza wurde vom Fürsten Makoko auf einem Löwen-
fell empfangen. Wenn *Felis Leo* wirklich in dieser Gegend
am Kongo gefunden wird, so ist das zufällig, weil der Löwe
den Wald nicht liebt und obendrein in diesen Ländern nicht
das grosse Wild finden würde, welches für diese grosse
Katze die *raison d'être* war und ist.

---

[1] *Schizorhis gigantea*, s. Brehm, III. 387.   (D. Uebers.)

Die Eingeborenen am nördlichen Ufer gegenüber Msuata behaupten, den Gorilla zu kennen und beschreiben ihn ganz genau, meinen aber, er hause im Binnenlande und komme nicht an die Ufer des Kongo. Eine merkwürdige Rolle, *Eurystomus* [1], wird hier angetroffen und neckt und jagt in kleinen Scharen kühn die Habichte und Fischadler des Flusses.

Das Land in der Nachbarschaft von Msuata ist stark bevölkert; wir nähern uns thatsächlich dem dicht bevölkerten Becken des obern Kongo.

Die Dörfer hier herum gehören meistens dem Bateke-Stamm; die hier und da angetroffenen Bajansi sind Händler und bisjetzt noch nicht in festen Colonien angesiedelt. Weiter den Kongo hinauf wohnen diese Stämme in merkwürdiger Vermischung, da die Dörfer oft abwechselnd dem einen oder andern Stamme angehören. Während die Bateke ihre wirkliche Heimat und Stammwohnung im Nordwesten und näher dem Ogowe zu haben scheinen, stammen die Bajansi von obern Gegenden des Stromes und grenzen an die sogenannten wilden Bangala des Aequators.

28. Februar. — Diesen Morgen brachen wir auf nach der Mündung des Wabuma-Flusses, 24 km von Msuata, wo ich in einem grossen Dorfe übernachten wollte. Unterwegs passirten wir das merkwürdige Vorgebirge Gantschu — eine lange in den Fluss sich erstreckende Landspitze, bald Insel, bald Halbinsel. Hier liegt das Dorf Gantschu, beherrscht von einem wichtigen und mächtigen Fürsten dieses Namens, der wie Lutete und andere kleine Potentaten des Kongo seiner Residenzstadt seinen Namen gegeben hat. Die Häuser dieses Dorfes ruhen zumeist auf Säulen, augenscheinlich weil der Boden niedrig ist, und um die Gefahren und Unbequem-

---

[1] Brehm, IV, 150. (D. Uebers.)

lichkeiten der Hochwasser zu verringern. Dieses Dorf glaubte Stanley auf seiner ersten und berühmten Thalfahrt des Kongo von Flusspiraten bewohnt, indem er die friedlichen Absichten der Einwohner misverstand, und infolge davon ist es als „Piratendorf" in deutschen Karten eingetragen.[1]

An der Mündung des Wabuma-Flusses, welcher, beiläufig gesagt, aus dem See Leopold II. entspringt, den von Angola kommenden grossen Kwango aufnimmt und in etwa 3° 20′ s. B.[2]

---

[1] Es ist nicht sicher, ob nicht Stanley gute Gründe für seine erste Bezeichnung von Gautschu's Dorf hatte. Nachdem mir in den letzten Tagen die Ehre einer genauen persönlichen Bekanntschaft mit Gautschu geworden ist, kann ich wohl begreifen, dass er zu einer kleinen stillen Seeräuberei an einem vorbeifahrenden schwachen Reisenden fähig war. Es ist ja ganz hübsch von ihm, sich jetzt im Jahre 1883 zu unverlöschlicher brüderlicher Liebe zu dem grossen und mächtigen „Bula Matadi" zu bekennen, aber ich bin nicht sicher, ob nicht im Jahre 1877, als der vielgeplagte, halbverhungerte Stanley den unbekannten Strom hinunterglitt, Gautschu geneigt gewesen ist, ein wenig Raub zu versuchen. Indessen dem mag sein wie ihm wolle, er ist jetzt ein höchst tugendhafter, achtungswerther, gesetzliebender Mann, ganz geeignet zu einem Kirchenältesten, vielleicht mit einer kleinen Neigung zu überflüssigem Ceremoniell — aber ängstlich darauf bedacht, jedem „Mwana Bula Matadi", jedem „Kind von Stanley", einen gastfreien und freundlichen Empfang zu bereiten.

[2] Der Wabuma-Kwango-Fluss ist bei seinem Einfluss in den Kongo ungefähr so breit als der Main bei Mainz. Die Landschaften und Flussbilder längs der Ufer dieses Nebenflusses sind hübsch, schattiges Wasser und reichen Wald bietend, im übrigen aber, zumal in Betracht der Wassermenge des mächtigen Flusses, nicht sehr imposant. Die Mündung des Wabuma-Kwango ist für die Schiffahrt wenig günstig, da längs des einen Ufers eine lange Sandbank, längs des andern ein Felsenriff sich erstreckt und der Fluss mit grosser Geschwindigkeit durch den zwischenliegenden gewundenen engen Kanal hindurchströmt. Der obere Lauf des Wabuma hat grosse Aehnlichkeit mit dem des Kongo. Hervorkommend aus dem See Leopold II., einer ausgedehnten Wasserfläche von ungefähr 110 km Länge, weitet er sich mächtig aus über eine flache Gegend dichten Waldgrundes und ist erfüllt von vielen Inseln. Er verengt sich wieder, wo er den grossen Kwango aufnimmt,

sich in den Kongo ergiesst, liegt ein grosses volkreiches
Dorf der Bajansi, die erste feste Niederlassung dieses unternehmenden Stammes, welche man auf der Reise den Kongo
hinauf antrifft. Gerade am Zusammenfluss des Wabuma und
Kongo führt, vom Wasser aus sehr malerisch anzusehen, eine
breite Allee zu einem Hain von Oelpalmen und Bananen,
zwischen denen massive, behäbig aussehende Häuser verstreut
liegen; aber der günstige Eindruck geht beim Landen sofort
verloren, da man einen schrecklichen schwarzen, stinkenden,
mit verwesendem Abfall erfüllten Schlammgrund zu passiren
hat. Die Leute sind natürlich zu unserer Begrüssung versammelt, auch der Fürst ist da, angethan mit rostig rothem
Gewande, aber nicht halb so gut aussehend, wie mancher
seiner Unterthanen. Die Rasse hier ist von besserm Aussehen, als ich bisher am Kongo gefunden habe. Einige
dieser Männer sind vollkommene griechische Statuen, was
die vortreffliche Entwickelung und Haltung der Gestalten
anbelangt. Sie haben einen gefälligen Gesichtsausdruck,
weil eine gute Laune ihre Züge belebt. Eine andere bemerkenswerthe Eigenthümlichkeit bildet ihr vergleichsweise
stark entwickelter Haarwuchs, besonders auf dem Kopf, aber
in frühern Lebensjahren auch über den ganzen Körper, wenn
auch diese Leute zur Zeit der Geschlechtsreife vollkommen
haarlos sind, weil sie wie die meisten Neger das Wachsen
der Haare am Leibe aufs äusserste hassen, jeden sich zeigen-
den Haarstrang ausreissen und kaum dem Bart das Wachsen
gestatten. Dagegen wird als „Revanche" das Kopfhaar stark
gepflegt und dasselbe erreicht wirklich eine erstaunliche Länge

die Mündung aber dieser beiden grossen vereinigten Flüsse ist für
ihre Grösse nicht sehr bezeichnend. Ihre Gewässer fliessen auch wie
Main und Mosel längere Zeit neben dem Kongowasser her, ohne sich
mit ihm zu vermischen.

und wird nun, so kraus und lockig es sein mag, von seinem
Besitzer zu jeder Art phantastischen Haarputzes gedreht
und gewunden. Die Männer tragen es gewöhnlich wie
Hörner, entweder oben auf dem Kopf oder als Schweine-
schwanz, oder zu beiden Seiten an den Backen herabhängend, und auch als eine Art von Chignon. Die Weiber
frisiren es zuweilen in die Höhe rings um den Kopf, oder
kämmen es weich aus und legen es in einem Wulst hinten-
über ganz in der abscheulichen Weise, welche vor 15 Jahren
in England Mode war; oder sie flechten eine Unzahl Ratten-
schwänze daraus, die steif und borstenartig nach allen Seiten
um den Kopf in die Höhe stehen.

Eine rothe Farbe, welche aus der Rinde eines gewissen
Baumes, wahrscheinlich dem Camwood[1] der Geschäftssprache,
gewonnen wird, dient in ausgedehntem Masse zum Färben
der Nägel und oft auch, um Leibern und Kleidern eine
warme rothe Färbung zu geben. Die Menschen schmücken
sich ausserdem mit weissen, gelben und schwarzen Figuren,
die sie aus kalkhaltiger Erde, Ockergelb und Holzkohle dar-
stellen. Die Zeichnungen sind sehr mannichfaltiger Art.
Zuweilen ziehen sie einen weissen Strich um ihre Augenlider und auf dem Nasenbein herunter, oder einen gelben
Strich von der Kehle bis zum Nabel, und schwarze Flecke auf
den Backenknochen; jedoch sind der Zeichnungen und Muster
zu viele, als dass man sie aufzählen könnte. Auch lieben
sie in ausgedehnter Weise eine seltsame Art des Schmucks,
nämlich die Tätowirung, indem sie parallele Striche über die
Backen einkerben und ungewöhnliche Zeichnungen machen
mit hohen Hautstriemen oder Wülsten über den ganzen
Körper. Das Tuch, welches sie tragen, ist fast durchweg

---

[1] *Baphia nitida.*

heimisches Fabrikat (von gewebtem Grase gemacht) und wird ausgiebig gefärbt mit dem beliebten Kastanienbraun. Wenn sie es nur wissen wollten, ihre Hausstoffe sind von viel geschmackvollerer Arbeit als die verblüffenden Baumwollenstoffe von Manchester, nach denen sie jetzt Gelüste bekommen. Die Weiber sind von der Zeit an, wo sie heirathsfähig werden, immer mehr bekleidet als die Männer, aber als Kinder und Mädchen bleiben sie gewöhnlich frei von jedem Fetzen von Kleidungsstück, während die kleinen Knaben selten ohne eine allerdings winzige Schürze gesehen werden. Die Weiber versuchen es nicht, wie bei einigen Stämmen, ihre Brüste zu verhüllen: vielleicht aus dem Grunde, weil ihre Büsten in einem weit höhern künstlerischen Grade modellirt und entwickelt sind, als dies unter afrikanischen Rassen vorzukommen pflegt.

Einige der jungen Mädchen sind reizende kleine Geschöpfe mit ihrem zierlich geflochtenen Haar, den kleinen Händen und Füssen und den schwellenden jungfräulichen Formen. Bis sie ein heirathsfähiges Alter erreichen, laufen sie lustig umher in aller Schönheit und Unschuld vollständiger Nacktheit, da den einzigen Versuch, wie soll ich sagen, sich zu bekleiden oder ihre Person zu schmücken, ein breites messingenes Halsband um den Nacken und kupferne Knöchelringe bilden. Eines Kindes aus diesem Dorfe an der Mündung der Wabuma werde ich nicht aufhören in Liebe zu gedenken. Wir fassten eine gegenseitige Zuneigung zueinander, und sie machte sich selbst zu meinem kleinen Führer, nahm mit grösstem Zutrauen mich bei der Hand und führte mich durch das Dorf, um mir die Aussichtspunkte zu zeigen. Da sie sah, dass ich Blumen sammelte um sie aufzubewahren, brachte sie mir nachher einen Arm voll, die sie selber mühsam gepflückt hatte, und später drückte sie mir drei frische

Eier in die Hand, warm aus dem Nest, aus welchem sie sie wahrscheinlich geraubert hatte.

Nur ein Wort von den Säuglingen: sie schreien entsetzlich und tragen eine Menge Büschel Haare, welches aber der Art nach feiner und weniger gekräuselt ist als das ihrer ältern Geschwister.

Das Volk hier äussert regelmässig Verlangen nach Salz, und der Fürst war entzückt, als ich ihm eine Handvoll zum Geschenk machte; ein Herr brachte seine Frau oder eines seiner Weiber und wünschte dafür ein mässiges Quantum des kostbaren Gewürzes einzutauschen.

In der Mitte eines grossen Vierecks stand hier ein schöner hübscher Baum, bedeckt mit grossen gelben Blüten von zierlicher Form und köstlichem, vanilleartigem Geruch. Er wurde von den Eingeborenen augenscheinlich mit einiger Verehrung bedacht, denn ich konnte bemerken, dass sie es ungern sahen, dass ich die Blüten sammelte, und nachdem ich einige Zweige abgebrochen hatte, ersuchten sie mich damit aufzuhören, indem sie mir gelbe Kürbisblüten als Ersatz anboten.

Ich schlief diese Nacht in einem bequemen reinlichen Hause, welches drei Räume enthielt, die ich als Küche, Sprechzimmer und Schlafzimmer bezeichnen möchte. Je mehr wir am Kongo entlang ins Innere vorrücken, desto höher scheinen die Eingeborenen in socialer Beziehung zu stehen; Häuser, Hausgeräth, Zierathen und gewöhnliche Mobilien, die Geräthe aus Thon und aus Metall — alles scheint materiell besser und entwickelter zu sein, je weiter wir die Küste hinter uns lassen.

1. März. — Wir nahmen heute Morgen Abschied von unsern Freunden unter vielen Betheuerungen gegenseitiger Achtung, und sie kamen herunter zum schlammigen Ufer

und schrieen „Mbote"! bis wir aus Sicht kamen. Ich war gar nicht recht im Stande, ihre stürmischen Freundschaftsbezeugungen zu erwiedern, denn ein tückischer Fieberanfall hatte mich beschlichen. Er begann wie gewöhnlich mit einer grossen Zunahme geistiger Thätigkeit. Man ist zu aufgeregt anzuhalten und seine Gedanken niederzuschreiben, wenn man auch fühlt, dass mancher herrliche Einfall gerettet würde, wenn man sich dazu verstände. Aber einem Opfer des Fiebers ist jede Anstrengung unangenehm und es fühlt sich zufrieden, wenn es nur neue Romankapitel oder Untersuchungen über naturgeschichtliche Fragen in seinem wirbelnden Hirn zusammenstellen kann, ohne den Versuch zu wagen, die fliehenden kaleidoskopischen Gestalten dem Papier zu übergeben. Dieses erste Stadium des Fiebers ist durchaus nicht unangenehm. Man erfreut sich derselben Empfindungen wie nach dem Genuss eines genügenden Quantums guten Champagners; leider steht die Phase der äussersten Zerschlagenheit und Melancholie, welche nachfolgt im bittern Gegensatz zu der vorangehenden getragenen und aufgeregten Stimmung, und die glänzenden Bilder von zuvor scheinen jetzt abgedroschene Dummheiten zu sein. [1]

Heute kamen wir nur eine kurze Strecke über den Wabuma hinaus, denn weil ich mich fortgesetzt elend fühlte, so liess ich das Boot Mittags anhalten und mein Zelt auf dem östlichen Ufer aufschlagen, um mich zu Bett zu legen und das Fieber loszuwerden. Wir waren hier beinahe der Mündung eines grossen Flusses gegenüber, der von Westen

---

[1] Ich war jedoch besonders glücklich in Afrika. Denn in diesen fliegenden Fieberanfällen, die selten länger als einige Stunden dauerten, und kaum der Erwähnung werth sind, bestand das einzige Unwohlsein, welches mich während der 16 Monate, die ich im dunkeln Welttheil zubrachte, packte.

her in den Kongo fällt.¹ Das Land ist hier herum so bevölkert, dass man nirgends sein Lager aufschlagen kann, ohne einem Dorfe nahe zu kommen, und wir waren infolge dessen auch bald von Haufen geschäftiger aber gutmüthiger Eingeborener umgeben. Ich bemerkte unter den Besuchern heute einen merkwürdigen Typus, der sich von den übrigen durchaus unterschied, nämlich einen kleinen Knaben (oder Jüngling?) mit etwas langem gekräuselten und gelblichen Haar, auf seinem Skalp in gesonderten Quasten oder Büscheln (*flocons*, wie die Franzosen sagen würden) zusammengebunden, von obendrein wildem Gesichtsausdruck und einer allgemeinen Körperhaltung, welche mich an die Buschmänner erinnerte, die ich im südlichen Afrika gesehen hatte. Seltsam genug befand sich auch ein altes Weib mit ebenfalls gelblichem Haar und im Wachsthum etwas zurückgeblieben, in dem zuletzt passirten Dorfe. „Gelblich" ist vielleicht noch nicht bezeichnend genug. Ich möchte eher es schmutzig-pökelfarben nennen. Ich liess durch die Sansibarer Nachforschungen anstellen, was sie in diesem Dorfe bedeuteten, hörte aber nur, sie seien Sklaven und von Osten gekommen, konnte auch nicht feststellen, ob sie zu einem Zwergvolke gehörten oder nicht. Der kleine Knabe mit Bogen und Pfeilen und seinem wilden Gesicht und Betragen war ein fremder und auffälliger Typus, höchst verschieden von den grinsenden gutmüthigen Kindern um ihn herum, welche im Gegensatz zu ihm, dessen Haut ganz blass erschien, wie richtige Schwarze aussahen.

[1] De Brazza's *Alima*. Der „Lawson"-Fluss Stanley's.

NEUNTES KAPITEL.

NACH BOLOBO.

Mbongo. — Französische Flaggen in Mbamo. — Embe. — Werth des Salzes. — Fussspuren von Flusspferden. — Sandbänke und Inseln. — Bolobo. — Der grosse König Ibaka. — Die Moskitos. — Ein königlicher Besuch. — Eine Trinkceremonie. — Ibaka's merkwürdiger Hut. — Häuser in Bolobo. — Abenteuer beim Zeichnen. — Der Fetischmann. — Seine Pflichten und Beschäftigungen. — Elefanten- und Büffelheerden. — Thiere dieser Gegend. — Metalle. — Monkoli-Topas.

NEUNTES KAPITEL.

NACH BOLOBO.

2. März. — Die Wald-
landschaft wird reicher und
bekommt ein tropischeres
Ansehen, je mehr wir uns
dem Aequator nähern, d. h.
ich will sagen, dass der
Pflanzenwuchs denselben
üppigen Charakter annimmt,
oder jene wilde übergewöhn-
liche Grösse, welche wir ge-
wöhnlich mit Ansichten der Natur unter einer äquatorialen

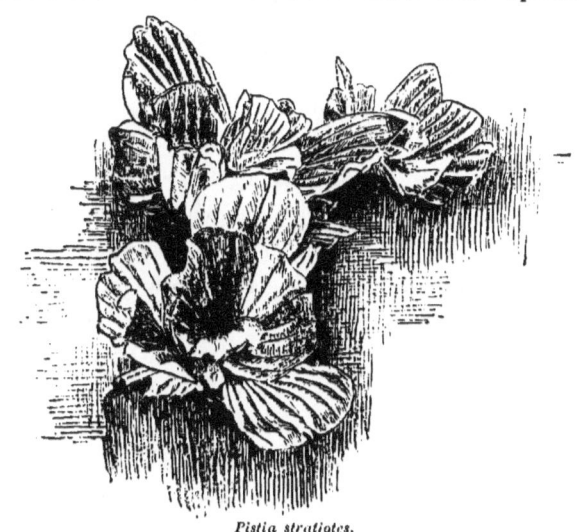

Pistia stratiotes.

Sonne und in einer Zone beständigen Regens zu verbinden
pflegen. Der Kongo ist in gegenwärtiger Zeit mit Massen
von glänzend grünen Wasserpflanzen, der *Pistia stratiotes*,
welche in den meisten tropischen Flüssen vorkommt, bedeckt. Die neulichen Hochfluten haben sie aus den kleinen Nebenflüssen und stillen Seitengewässern losgelöst, wo
sie gewöhnlich wächst und haben sie in grossen Massen zum
Strome hinuntergetrieben, wie sie auch die Ursache der
vielen schwimmenden Baumstämme und ausgerissenen Bäume
sind, welche so oft die Schiffahrt hindern.

Man sieht hier viele Felsen längs der Ufer des Flusses,
auch eine Strecke weit in den Strom hinein sich erstrecken,
sodass man glauben sollte, sie wären die Ueberbleibsel alter
Wasserfälle. Darum ist es kaum correct gesprochen, wenn
jemand behauptet, dass die Wasserfälle des Kongo erst
unterhalb Stanley-Pool beginnen. Der einzige Unterschied
zwischen dem obern und untern Strome besteht darin, dass
oberhalb Stanley-Pool die Stromschnellen nicht mehr so
stark sind, dass sie die Schiffahrt hindern.

Um 4 Uhr wollten die Leute anhalten und bei einem
grossen volkreichen Dorfe landen, dessen Einwohner, beinahe hundert an Zahl auf dem sandigen Strande versammelt,
uns baten die Nacht in ihrem Dorfe zuzubringen. Sie rühm-
ten ihren Reichthum an Geflügel, Kikwanga, und andern
Lebensmitteln, aber ich wollte nicht nachgeben, weil wir
noch zwei Stunden Tag hatten, die wir nicht verschwenden
durften; auch war ich sicher, dass wir leicht ein anderes
Dorf weiter oberhalb finden würden, weil diese ganze östliche Seite des Flusses dicht bevölkert ist. Darum ruderten wir noch anderthalb Stunden weiter, hatten aber eine
wüthende Stromschnelle zu überwinden, bevor wir ein Dorf erreichten, und dies gelang auch erst nach zweimal wiederholtem

Versuch über die Felsen zu kommen. Unglücklicherweise
zerbrachen die Leute dabei zwei Riemen, und wir werden
deshalb für den Rest der Reise zwei Ruderer weniger haben.
Als wir endlich landeten, freute ich mich, dass ich den
Wünschen der Sansibarer widerstanden hatte, weil ich zwei
Stunden Tageszeit gewonnen, die bösen Stromschnellen überwunden und für unser Nachtquartier das niedlichste kleine
Dorf ausgesucht hatte, welches ich bis dahin am Kongo angetroffen. Es heisst Mbongo. Die Bevölkerung war sehr
artig und höflich. Sie breiteten Grasmatten zum Sitzen für
mich aus, brachten frischen Malafu zu trinken, und liessen
mich, da sie sahen, dass ich einen Fieberanfall bekam, ruhig
in meinem Zelte, unter vielen Bezeugungen von Mitgefühl.
Später am Abend kam der Häuptling mit einem Geschenk
von vier Hühnern, einer Calabasse Malafu, und einigen
uns höchst willkommenen frischen Eiern. Der Malafu wird
hier ausschliesslich aus Zuckerrohrsaft gemacht. Das ge-
gorene Getränk, welches aus der Weinpalme *(Raphia vini-
fera)* oder der Oelpalme *(Elaïs guineensis)* bereitet wird, ist
hier unbekannt, wenn auch in jedem Dorfe viele dieser Bäume
wachsen. Sonderbarerweise hat sich das Zuckerrohr, eine
der vielen Gaben des reichen Amerika an das bedürftige
Afrika, so rasch und so weit landeinwärts ausgebreitet, dass
es sich in die Gewohnheiten und Gebräuche der neuen An-
bauer völlig eingebürgert hat. Obgleich dieses Rohr ursprünglich in Ostasien zu Hause war, von den Arabern nach Europa,
und von den Europäern nach Amerika gebracht wurde, so erhielt das westliche Afrika es doch erst von dem letztgenannten
Continent und zwar im 17. Jahrhundert durch die Vermittelung der Portugiesen.[1]

---

[1] Seitdem dies geschrieben wurde, entdeckte ich beim Studium der

3. März. — Heute Morgen empfing ich von einem Knaben einen Fischkorb aus Weidengeflecht mit einigen seltenen Fischen. Die meisten waren leider zu sehr beschädigt, als dass sie von Nutzen hätten sein können, aber einer war glücklicherweise ganz frisch gefangen, noch lebend und so ausgezeichnet erhalten, dass ich mich gleich ans Werk machte und ihn abzeichnete, während wir im Boot weiterfuhren. Ich hatte gerade meine Zeichnung beendet, als wir uns einem Dorfe, Namens Mbamo, näherten, über welchem zwei bis drei zerfetzte französische Flaggen wehten. Anfangs beantworteten die Einwohner unsere Fragen höflich und erzählten, dass Malamine (ein Sergeant de Brazza's vom Senegal) ihnen diese dreifarbigen Banner Frankreichs geschenkt habe; als wir aber nachher landen wollten, um unser Frühstück zu kochen, wurden sie sehr unverschämt und drohend, heulten und schrien uns an mit immer steigender Wuth, und während Weiber und Kinder ins Dorf flohen, holten die Männer ihre Flinten und luden Steine in die Läufe. Sie waren nahe daran zu feuern, als die Sansibarer zu gelegener Zeit ihre Snidergewehre zeigten; so ruderten wir rasch in den Strom hinaus und kamen an dem Ort vorbei, ohne den Frieden zu brechen. Seltsam genug fanden wir, als ein kleiner Felsvorsprung umrudert und ein anderes Dorf erreicht war, die Leute hier ganz friedlich und gefällig. Sie wateten zum Boot hinaus, schüttelten uns die Hände und blickten in mein Skizzenbuch mit lauten Ausbrüchen des Entzückens. Der Häuptling von diesem Dorfe Embe

Werke von Cameron und Stanley und noch anderer Autoritäten, dass das Zuckerrohr sich von Ost nach West durch Afrika verbreitet hat. Möglicherweise verdanken es deshalb die Afrikaner des Westens den Arabern, welche es vor tausend Jahren an die Ostküste brachten, von welcher es sich dann über den Continent verbreitete.

hatte einen sehr ungewöhnlichen Haarwuchs. Diese Bajansi haben in der That ein wunderbar reiches und glänzendes Haar. Im nächsten Dorfe (das östliche Flussufer besteht aus einer ununterbrochenen Reihe von Niederlassungen) sah ich ein Weib mit einem noch prächtigern Haarwuchs auf dem Kopfe. Ihre Locken waren zu einer Art Heiligenkrone um ihren wohlgestalteten Kopf herum aufgekämmt. Diese Bajansi-Rasse und auch alle andern hochentwickelten Typen der Bantu-Stämme erinnern mich mit ihren hohen Nasenbrücken und ihrem buschigen Haar so recht an die Papuas, wie man sie aus den Beschreibungen und Photographien von Wallace und andern Reisenden kennt. Die Ufer des Kongo sind hier und eine Strecke weiter zurück mit grossen Mengen von Felsstücken bestreut, welche vulkanischen Ursprungs zu sein scheinen. Mit diesen rauhen Blöcken sind Streifen silberfarbenen Landes vermischt und die Eingeborenen laufen am Ufer entlang, indem sie von Block zu Block springen und mit dem Boot um die Wette forteilen. Einige von ihnen, gewöhnlich Weiber mit Kindern auf dem Rücken, laufen weit voraus und stellen sich an einem kleinen Ufervorsprung auf, von wo sie unsere Annäherung mit betäubendem Gelächter und Gekreisch begrüssen. Die Dörfer liegen sehr hübsch zwischen majestätischen Oelpalmen und glänzend

Der Häuptling von Embe.

grünen Bananen, zu denen der tief dunkle Wald den Hintergrund bildet.

Die niedlich gebauten Häuser, oft ganz gelb aussehend von dem von der Sonne gebleichten Grase, mit welchem sie gedeckt sind, scheinen vom Rande einer niedrigen Hochebene über den Fluss hinauszuhängen, und bilden einen hübschen Gegensatz zu der dunkelgrünen Vegetation. Scharen grüner Papageien befinden sich hier und scheinen die Gesellschaft des Menschen eher zu suchen als zu meiden, denn in jedem Dorfe versammeln sie sich auf den Oelpalmen, auf denen sie den ganzen Tag hindurch schreien und pfeifen.

Jetzt beginnt der Kongo sich zu wahrhaft imposanter Breite zu erweitern. Recht voraus streckt sich ein klarer Horizont von Himmel und Wasser, lediglich unterbrochen von einer waldigen Insel, die gerade in der Mitte des Stromes liegt. Der Fluss ist hier so breit oder gar breiter als am Stanley-Pool. Ein Reisender, der den Kongo aus dieser Richtung sieht und nicht weiss was vor ihm liegt, könnte zu dem Glauben veranlasst sein, er führe in einen grossen See oder ein Binnenmeer hinein.

Der Tag ist strahlend schön, und wenn gegen das Ende des ruhigen Nachmittags der Himmel einen schwach goldigen Ton annimmt, erstreckt sich die grosse schlichte Wasserfläche in gleich reicher Färbung bis zum Horizont und geht dort ununterscheidbar in den warmen Himmel über. Ausser ein oder zwei Kränselungen, welche wie blaue Schrammen auf der Oberfläche aussehen, stört nichts ihre glühende Ruhe, und selbst die Flusspferde, welche kurz vorher noch in so lärmender Weise spielten, plätscherten und schnaubten, scheinen zur Ruhe eingeschüchtert zu sein durch den vollkommenen Hauch des Friedens, der über allem ruht. Das Laub der grossen Waldbäume, welche über dem Ufer in die Höhe ragen, während die winzigsten Wellen am Strande sich überschlagen, ist unbewegt von dem leichten Winde, und die wenigen lachsfarbigen Wolken, die über den Horizont heraufkommen, werden in ihrer Flucht aufgehalten und hängen bewegungslos am weichen Himmel. Für diese Harmonie zwischen dem blassesten Blau und dem schwächsten Gold sind meine Sansibarleute völlig unempfindlich, denn sie unterbrechen mein Sinnen mit der Frage, ob sie bei einem grossen und bevölkerten Dorfe, welches wir gerade erreichten, halten dürfen, und lassen ihre Bitte durch die Eingeborenen am Ufer unterstützen, welche uns die lautesten Begrüssungen und Einladungen zusenden, ihr Dorf mit unserer Gegenwart zu beehren. Es ist indessen erst 4 Uhr, darum will ich nicht nachgeben, und die Sansibarer müssen mit schlecht verhehltem Widerwillen ihre Riemen wieder ins Wasser tauchen. Sie ruderten etwa eine Stunde lang ohne gerade viel vorwärts zu kommen, denn es gab verschiedene Stromschnellen zu überwinden und die Leute waren müde oder behaupteten es zu sein, klopften jammernd auf ihre Bäuche und meinten, im nächsten Dorfe gäbe es nichts zu handeln und ganz schlechte Leute. Sie hatten diesmal ganz recht, denn als wir unsern Kurs auf einige unter Palmbäumen am Ende eines hübschen kleinen Nebengewässers versteckte Hütten richten, strömen die Einwohner zum Strande herunter und bitten uns in afrikanischer Sprechweise, nur eben so lange zu warten, bis sie ihre Flinten geholt hätten, um uns dann einen warmen Empfang zu bereiten. Selbst die kleinen Jungen ahmen das Schultern der Gewehre mit ihren dünnen Wurfspiessen nach, und die Weiber schreien und lachen und ergehen sich in jeder Art von Lächerlichkeit. Ich vermuthe, das meiste war einfach „Bangemachen", weil, wenn Aussicht auf ernsten Zusammen-

stoss gewesen wäre, die Weiber und Kinder zuerst in den
Wald geschickt wären. Da es indessen erst 5 Uhr und
sicherlich ein anderes Dorf hinter den Felsvorsprüngen zu
finden war (wir konnten schon die Bananen und Palmbäume
erkennen), so wurde beschlossen, die ungastlichen Wilden
sich selber zu überlassen. Bald befanden wir uns einem
andern Dorfe gegenüber, von dem wir freundlich über das
Wasser gegrüsst wurden: leider zog sich zwischen ihm und
uns ein schrecklicher Strich von Felsen und Wirbeln hin,
die zu kreuzen uns eine volle Stunde Zeit kostete, da die
Männer ins Wasser springen und das Boot mit der Hand
schleppen mussten. Unsere Landung wurde für einen Augenblick durch die Ankunft einer Gesandtschaft aus dem vorigen
Dorfe hintangehalten, welche uns am Ufer entlang rasch gefolgt war. Sie traten an die freundlich gesinnten Einwohner
heran und baten sie, uns nicht landen zu lassen, aber das
rechtzeitige Winken mit einigen buntgefärbten Taschentüchern und das Klingeln mit Messingstäben entschied alle
Bedenken über unsere Aufnahme, die feindlichen Neger
mussten sich rasch und mit Schimpf und Schande zurückziehen und bekamen noch viele Sticheleien von den Nachbarn zu hören. Wir landeten in der Dämmerung und wurden mit wirklich betäubendem Willkommenrufen empfangen.

Hühner und Eier wurden zum Verkauf gebracht, und
obwol theuer kaufte ich sie doch, um unsere gegenseitige
Freundschaft zu befestigen, denn nichts flösst besser Zutrauen ein und verscheucht schneller den Verdacht als der
Handel. Als ich einem Mann eine Hand voll Salz gab,
welches sie „Mpongwe" nennen, wurden seine Freudenaus-
brüche geradezu peinlich anzuhören, während alle seine Kameraden mit einer hysterischen Falsettstimme wiederholten
„Mpongwe, Mpongwe!" Darum bat ich sie nun, als wir

auf so cordialen Umgangsfuss gekommen waren, wegzugehen und mich in Ruhe essen und schlafen zu lassen, worauf sie zu meiner Beruhigung sofort eingingen, nicht ohne vorher den Sansibarern bekannt zu haben, dass ich in der That ein grosser König sein müsse, weil ich zwei ganze Flaschen voll Salz besässe.

Das freundschaftliche Dorf.

4. März. — Welch ein jämmerlicher Morgen! Man kann kaum glauben, dass man noch in derselben Welt wie gestern sei — der Himmel voll fürchterlicher Sturmwolken und dichter Regen überall. Es kostete einen Entschluss aufzubrechen; die Sansibarer meinten, es sei besser bis Mittag

am Ort zu bleiben, aber verkehrt oder recht gleichviel, ich bestand darauf vorwärts zu gehen. Ich glaube freilich nicht, dass ich an diesem Morgen bei meinen Leuten gut angeschrieben stand. Gestern mussten sie zwei Stunden länger arbeiten als sie wünschten, und heute liess ich sie im Regen aufbrechen. Zwei oder drei kräftige Regengüsse kamen hinter dem Sturme her, dann folgte eine wüthende Böe, welche förmliche Wellen auf dem Kongo hervorpeitschte, und unser Boot schaukelte, als wenn wir in See wären; dann Todtenstille und zuletzt verhüllte sich unser treuloser Freund, die Sonne, in weisse Wolken und nahm ein verzagtes verschämtes Wesen an. Als sie um die Mittagszeit wieder hell durchschien, machten wir an einer jener vielen über den weiten Strom verstreuten Inseln halt, damit die Leute Zeit gewönnen ihre Bananen zu kochen. Sie bot nichts Bemerkenswerthes ausser Fussspuren auf der Erde. Ich zeichnete einige dieser Abdrücke in mein Skizzenbuch, weil sie eine ausgezeichnete Vorstellung von dem „paarhufigen" Fuss in dem Anfangsstadium seiner Entwickelung geben. Hier und auf einigen benachbarten Inseln wuchs auch eine mir neue Art Schmetterlingsblütler, welche Blätter um einen dornigen Stamm wie die Mimosen und prächtig orangenfarbige Blüten hatten.

Gegen Sonnenuntergang machten wir halt an einer Sandbank oder sandigen Insel mitten im Kongo, die 3 km breit und vielleicht 7 km lang war. Bei unserer Ankunft waren sie belebt durch eine Menge Wasservögel, die aber vor uns nach neuen Schlupfwinkeln wegflogen. Zurück blieben nur grosse Scharen rothschnäbeliger Schwalben, welche um unsere Köpfe herumflogen und schrien, als ob sie Ersatz dafür forderten, dass wir sie aus ihrem Besitzthum verjagten.

Hier auf diesem Eiland schienen wir im Lande der Märchen

zu sein. Ein grossartiger Sonnenuntergang mit seinen glühenden Massen rothgoldener Wolken strahlte vom Westen her und verbreitete seine Glorie mit fast unvermindertem Glanze über die weite Fläche ruhigen Wassers. Auf einer Seite von uns flutete das reflectirte Gold über phantastisch bewaldete Inseln mit ihren Palmenkronen, von denen jeder Zweig, jeder Wedel ihrer Baumgipfel dem glänzenden Himmel sich entgegenstreckte. Lange Züge von Nachtvögeln flogen über die Gewässer, mit schwachem Zuruf sich grüssend, wenn sie sich ihrem Zufluchtsort für die Nacht näherten. Auf der andern Seite von uns, so nahe, dass sie uns fast überschatteten, erhoben sich grosse Massen von wasserliebenden Waldbäumen, gefärbt von dem warmen gelben Licht der gegenüber untergehenden Sonne und mit ihren langen und klaren Reflexen die Wasserstrasse erfüllend, welche zwischen ihnen und unserm sandigen Ufer lag.

Die grünen Papageien waren an diesem Abend sehr lästig, wie sie über den Fluss heimwärts zogen. Sie schienen einander lauter angenehme Dinge zu erzählen, als sie in kleinen Trupps über unsere Köpfe dahinflogen, denn ihr lautes Geschrei und kosendes Pfeifen war voll wilder Lustigkeit. Wenn der grüne Papagei gut bei Laune ist, während er nach Hause fliegt, so ist das nach meiner Beobachtung ein Zeichen, dass der kommende Morgen einen schönen Tag bringen wird, und ebenso verhält es sich, wenn er früh am Morgen mit seiner Arbeit aufhört.

Zuletzt verschwand das Glühen des Sonnenuntergangs, und ich musste mich halb widerstrebend von meinem Traumlande, in welches sich unbemerkt einige Gedanken an die Heimat mit den Wolken, Vögeln und dem schwimmenden Wasser vermischt hatten, ab- und den Bedürfnissen des Augenblicks zuwenden. Ohne meine persönliche Ueberwachung hat das Mittagessen stets einen unsichern Verlauf: das Beste ist, wenn ich selber die Vorrathskiste auspacke und ihren Inhalt vertheile; und während Mafta, der sansibarer Koch, mein Zögling in der Kochkunst, ein mageres Huhn schlachtete, indem er beim Durchschneiden der Kehle mit Ehrerbietung ausrief: „im Namen Allah's", theilte ich, auf einem Lagerstuhl sitzend, das Conservengemüse, Citronensaft, Mehl, Butter, Reis, Bananen, Salz und Pfeffer aus, die mit dem gekochten Huhn eine vollkommene Suppe abgeben sollten. Das Fleisch wird von den Knochen gelöst und mit denselben in den Topf geworfen, um langsam zu schmoren. Dann werden Leber und Magen feingehackt und in die heftig brodelnde Brühe gethan; das Resultat ist eine appetitliche wohlschmeckende Suppe, mit welcher ein grosser Betrag nährender Bestandtheile bequem hinuntergeschluckt wird. Die Zubereitung einer solchen Mahlzeit dauert freilich ziemlich lange und bevor sie mir auf meinem improvisirten Tische von Kisten und Kasten aufgetragen wird, hat die dunkle schläfrige Nacht alle Schönheiten des Zwielichts verschlungen. Wie empfindlich ist das Gefühl der Einsamkeit hier! Freilich gibt es nichts, was jemand betrüben oder traurig machen könnte, im Gegentheil, der Gürtel von Finsterniss um unsere Insel gibt ihr ein trauliches Gefühl der Sicherheit und des Friedens, aber wir scheinen hier von allen andern Dingen noch weiter als von den Sternen entfernt zu sein.

5. März. — Wir brachen mit der ersten Morgendämmerung auf, um wenn möglich Bolobo gegen Abend zu erreichen. Auf diesem Theil seines Laufs scheint der Strom, unstreitig infolge seiner grossen Breite, ziemlich seicht zu sein und das Boot läuft beständig auf Grund gegen die Sandbänke; nicht einmal die Kanoes der Eingeborenen, welche

um uns herum sich bewegen, entgehen dieser Widerwärtigkeit, so gering ihr Tiefgang auch sein mag. Es ist von ausserordentlicher Wirkung, die Leute halbwegs über einen breiten Flussarm gehen zu sehen, in der Absicht, den Verlauf einer verborgenen Sandbank zu erspähen, während ihnen das Wasser blos bis an die Knöchel reicht.

Die Berge und Thäler, welche bislang den Kongo einfassten, ziehen sich von jetzt an vom Flusse zurück und verschwinden zuletzt in dem blauen Dunkel. Eine letzte Reihe kommt zu Gesicht und endet plötzlich in einer einsamen Spitze, die etwas malerisch gezackt ist, und damit beginnt das grosse Becken Innerafrikas, von den Flussufern nehmen prächtige Wälder Besitz, Bäume von einem so erhabenen Wuchs, dass ich die Vegetation Afrikas nirgends glaube grösser und reicher gesehen zu haben.

Es liegen hier so viele Inseln, dass man das feste Land kaum sehen kann, ausser in seltenen Zwischenräumen. Eine der Inseln ist nahezu 16 km lang.

Ein starkes Zusammenlaufen des Volks und eine fast ununterbrochene Reihe von Dörfern auf dem östlichen Ufer zeigen uns, dass wir in dem sehr volkreichen District von Bolobo angelangt sind. An dem bedeutendsten Sammelplatz von Häusern, in einem malerischen und baumreichen Winkel, hören die Sansibarer auf zu rudern, weil sie den grossen Häuptling dieser ganzen Gegend, Ibaka „König von Bolobo", von vielen seiner Weiber begleitet zum Strande herunterkommen sehen, um den weissen Mann zu begrüssen, der sein Gebiet betreten hat. Er trägt einen Hut, ebenso wunderbar wie der von Tschumbiri im „dunklen Welttheil" Stanley's. Ibaka kommt herunter an die Wasserkante, lehnt sich über das Boot und schüttelt mir herzlich die Hand, worauf wir unter häufigem „Mbote" — das reine Zauberwort! —

unsere Reise bis zur Station fortsetzen, während Ibaka etwas wie unser „auf Wiedersehen" in die Lüfte hinausschreit. Wir können jetzt unsern Bestimmungsort auf einem entfernten Vorgebirge unterscheiden, aber trotz der äussersten Anstrengungen meiner Sansibarer kommen wir nicht vor dem Abend dort an, weil wir beständig auf Sandbänken stranden oder auf versunkenen Bäumen auflaufen.

Die Station Bolobo[1] liegt auf der Höhe eines direct vom Flussufer aufsteigenden Steilufers. Der Ort besteht aus einem grossen mehrstöckigen Gebäude, welches zugleich als Wohnung für die Weissen und als ihre Festung im Falle eines Angriffs dient, und aus einer Anzahl kleinerer um das Centrum gruppirter Wohnungen, wo die Sansibarer und Kruleute wohnen. (Kruleute, Krumanos der Portugiesen, oder Krujungen werden in der Sprache des obern Kongo die eingeborenen Träger und gemietheten Diener genannt; am untern Kongo bedeutet das Wort soviel als Sklaven.) Diese kleine Station und ihre winzige Garnison waren kurz vor meiner Ankunft beinahe genöthigt worden um ihre Existenz zu kämpfen. Einige Verwandte des Königs Ibaka hatten diesem eine kleine Zerstreuung bereiten wollen, die ihm zugleich zum Ruhme gereichen sollte, und demgemäss ihren Anhängern vorgeschlagen, in die Station einzudringen und die Weissen zu massakriren. Glücklicherweise warf sich König Ibaka dazwischen, als alle Welt sich zum Kampfe rüstete; die Dinge sahen deshalb jetzt ganz friedlich aus, obwol die Befestigungen stehen blieben zur Erinnerung, welche Zeit der Aengsten für die Colonie vorübergegangen war.[2]

---

[1] Diese Niederlassung war die entfernteste der von den Weissen angelegten Stationen, als ich dort war; seitdem sind aber bereits drei Stationen noch weiter aufwärts gegründet.

[2] Nach meiner Abreise von Bolobo ist es doch zum Kriege ge-

Es wohnen hier drei Europäer: Lieutenant Orban, der Commandant der Station, und zwei kaufmännische Agenten, ein Franzose und ein Belgier.

Bolobo ist in einer Beziehung ein widerwärtiger Platz: Moskitos sind in so unglaublichem Grade häufig, dass es nach Beginn der Dunkelheit zur wahren Plage wird, sich zur Mahlzeit hinzusetzen, weil sie durch die Hosen und Strümpfe hindurchbeissen und die Hände obendrein durch Vergiftung zum Anschwellen bringen. Darum ist jede angenehme Unterhaltung in Bolobo unmöglich, nachdem der Tisch abgedeckt ist; vielmehr eilt jeder zu Bette, um einen Moskitovorhang baldmöglichst zwischen sich und seine Feinde zu bringen. Einen grossen und ungewohnten Leckerbissen habe ich in Bolobo vorgefunden, welcher nach der langen Entbehrung mich für alle sonstigen fehlenden Dinge entschädigte — nämlich einen Ueberfluss von Kaffee und guter Ziegenmilch. Nahrungsmittel sind verhältnissmässig selten, und was da ist besteht aus den immer gleichen unvermeidlichen Hühnern, Ziegen und Kikwanga.

6. März. — Heute früh kam König Ibaka mit einem zahlreichen vornehmen Gefolge zum Besuch zu uns. Nachdem die Förmlichkeiten überstanden waren, bat ich um die Erlaubniss ihn porträtiren zu dürfen, was auch bewilligt wurde, ohne dass er jedoch die geringste Absicht zeigte, deshalb stillzusitzen, denn er bewegte sich nach Gutdünken umher. Zuletzt verfiel Orban auf ein ausgezeichnetes Mittel, den König zu veranlassen, mir Gelegenheit zu geben, mit Erfolg seine Züge zeichnen und mir gleichzeitig einen fremdartigen

---

kommen, und die belagerte Garnison ist lediglich durch die rechtzeitige Ankunft Stanley's gerettet worden; Stanley dämpfte den Streit, ohne einen Schuss dabei abzufeuern.

nationalen Gebrauch zu zeigen. Er schlug nämlich vor, ein feierliches Trinkgelage in Malafu zu veranstalten. „Le Roi de Bolobo" ging bereitwillig darauf ein, und einige Diener wurden abgesandt, verschiedene grosse Krüge mit frisch gezapftem Palmwein zu holen.

Vor langer, langer Zeit trank einstmals, wie in den Legenden der Bajansi[1] erzählt wird, ein König von Bolobo nach Herzenslust von seinem Malafu, als ein Leopard sich unversehens heranschlich, von hinten ihm auf den Nacken sprang und ihn erwürgte, bevor der König um Hülfe rufen konnte. Damit eine solche Katastrophe in Zukunft nicht wieder vorkäme, wurde nachstehende Förmlichkeit von seinem Nachfolger eingeführt. Bevor der König anfängt zu trinken, legt er dem versammelten Volke Stillschweigen auf, indem er mit den Fingern schnippt und ausruft „Ma" („Ma" ist ein Ausruf, welcher dazu dient die Aufmerksamkeit zu erregen, und wird z. B. Hunden zugerufen). Ein Weib kriecht hinter ihn, ein kleiner Junge setzt sich ihm zur Linken. Das Weib ruft dann auch „Ma", und legt sachte ihre Hände um die Magengegend ihres Gebieters. Dann steckt sich der König den Zeigefinger der linken Hand in die Kehle, erhebt mit der rechten Hand sein Glas und trinkt. Nachdem er seinen Durst gelöscht, hält er die Hand quer vor den Mund und weist mit dem Zeigefinger nach der Richtung, wo er nächstens Krieg beginnen will. Wenn er augenblicklich keinen Streit in Aussicht hat, zeigt er einfach mit seinem Finger nach oben, schnippt darauf mit dem Finger, sagt wiederum „Ma" und die Ceremonie ist zu Ende und das

---

[1] Dies ist eine der vielen localen Erklärungen dieser seltsamen Trinkgebräuche, aber sie reicht nicht hin sie alle zu erklären, noch die Gründe für ihr weit verbreitetes Vorkommen im westlichen Afrika zu erschöpfen.

Geplauder beginnt von neuem. Alle Einzelheiten dieser langweiligen Feierlichkeit wurden sorgfältig durchgegangen, während Ibaka seinen Malafu in unserer Gegenwart trank; nach meiner Ansicht dürfte indessen die beständige Wiederholung dieses Gebrauchs bei jedem Trunk, den er nimmt, mehr als langweilig und ermüdend sein. Orban sagte mir jedoch, dass bei grosser Eile oder einem unerwarteten Ereigniss es eine Art kürzern Dienstes gibt, wobei es genügt, dass der König in absoluter Finsterniss wie ein empfindliches Negativbild gehalten werde, damit er seinen Durst lösche, ohne die verwickelten, bei andern Gelegenheiten zu beobachtenden Förmlichkeiten durchzumachen. Ibaka's Hut ist sehr merkwürdig, wie sein Porträt zeigt. Es ist buchstäblich mehr daran als man gerade sehen kann, denn in diesem geräumigen Behälter sind viele „Tücher" und alle seine bemerkenswerthesten und werthvollsten Schätze untergebracht. Dieser ausserordentliche Bau[1], der aus geflochtenem Grase hergestellt ist, verlässt Ibaka's Haupt nie mehr als einmal im Jahre „zur jährlichen Reinigung", und wird Tag und Nacht getragen. „Unbequem ruht das Haupt, das eine Krone trägt." Die Verzierungen von Ibaka's Hut sind exotischen Ursprungs. Die Eidechsen sind aus Zinnfolie geschnitzt und vielleicht in Birmingham gemacht, und das merkwürdige Schild in der Mitte ist die Etikette der ersten und einzigen Champagnerflasche, welche jemals Bolobo erreichte und zur Feier des Geburtstags des Königs von Belgien getrunken wurde. Ibaka war bei dem Festmahl zugegen, lehnte jedoch den Champagner ab und bat nur um die glitzernde Etikette.

Solch sonderbare Flechtarbeiten oder von Gras geflech-

---
[1] Siehe das Titelbild.

tene Hüte besitzen alle grossen Fürsten in diesem Theile des obern Kongo.

Der Bildungszustand der Einwohner von Bolobo, welche zu dem Volke der Bajansi gehören, steht auf einer höhern Stufe als gewöhnlich im wilden Afrika angetroffen wird und ist sicherlich rein aus sich selber hervorgegangen. Die Wohnungen, Waffen und Hausgeräthe sind mit Kunst und Geschmack gearbeitet, und die Leute zeigen durchweg viel „savoir faire et vivre". Sie sind grosse Händler und reisen viele hundert Meilen den Fluss hinauf und hinab, um mit Elfenbein, Sklaven und geräuchertem Fisch zu handeln.

Am heutigen Nachmittage ging ich nach einer der benachbarten 3 km entfernten Städte, wo ich ein Haus zu zeichnen wünschte, weil die hiesigen Wohnungen in Zeichnung und Bauart beträchtlich von denen weiter flussabwärts sich unterscheiden, und weil ich zugleich die Lebensweise der Einwohner studiren wollte. Die Leute empfingen mich ganz freundlich und nahmen grosses Interesse an meiner Arbeit; eigentlich sogar zu viel Interesse, indem einzelne dienstfertige Freunde, ängstlich besorgt die Aussicht auf das Haus freizuhalten, eine nicht wohlüberlegte Strenge gegen die harmlosen Personen ausübten, welche sich zwischen mich und mein Object stellten. Sie schlugen ein Weib, welches einen Knaben schlug, der einen andern mit einem Steine geworfen hatte, und mit einem male erhob sich grosser Lärm um mich, in welchem ich es für gerathen hielt mich zu entfernen, im Fall die noch immer wachsende Aufregung sich gegen den weissen Mann wenden sollte, welcher unwissentlich Zwietracht in ihr friedliches Dorf gebracht hatte mit seiner verwünschten Praktik, „Bilder vermittelst eines Stabes auf weisses Tuch zu kritzeln". Hätte ich noch einigen Zweifel über das Zeitgemässe meines Entschlusses gehabt, mich nach frischen Feldern und neuen Weiden zurückzuziehen, so würde mein Bedenken nicht lange vorgehalten haben, da ein freundlicher junger Mann, welcher sich gewissermassen zu meinem Führer gemacht hatte, mein Skizzenbuch mit einem entschuldigenden „Mbote" an sich nahm, es vorsichtig zumachte, und mich bei der Hand fasste, um mich aus dem Haufen zu geleiten. Glücklicherweise war meine Skizze des Hauses selber fertig und wurde ich nur genöthigt eine Menschengruppe im Vordergrunde unvollendet zu lassen.

Haus in Bolobo.

Ich versuchte meinen Rückzug als solchen möglichst zu verdecken und blieb häufig stehen, mit den Kindern zu spielen und die Waffen und Speere der Eingeborenen zu bewundern, welche sich nahe hinter mir anschlossen. Indessen ich fühlte mich gleichviel doch so höflich als möglich aus dem Dorfe hinausgeworfen, und die Einwohner bestanden lachend darauf, mich zu begleiten bis ich vollständig aus dem Bereich ihres Dorfes und auf dem Wege zu meiner Station war. Bei alledem kann ich noch von Glück sagen, dass sie so gut waren mich nicht anzugreifen. Ich war allein, unbewaffnet und vollständig in ihrer Gewalt. Es war das erste mal, dass je ein Weisser diesen Ort betreten, und dann muss er nicht seinen Besuch dadurch auffällig machen, dass er solche unbeikömmliche Dinge vollführt wie zeichnen und Pflanzen sammeln, denn für jede dieser schlechten Manieren dürfte ein empfindlicher Neger ihn mit Recht der Zauberei anklagen und sich entschuldigt halten, dass er den Zauber zu brechen wünscht, indem er das Blut des Fremden vergiesst.

Kurz nach meiner Rückkehr zur Station kam jedoch König Ibaka zu mir, um die eingehendsten Entschuldigungen vorzutragen, dass seine Unterthanen mich herausgeworfen hätten; er fühlte in der That die einem seiner Freunde zugefügte Beleidigung so bitterlich, dass er sich von der Wiederherstellung unseres frühern guten Verhältnisses nur dadurch versichert halten könne, dass ich ihm lediglich der Form halber etwas blaues Tuch zum Geschenk mache. Der Freundschaft leistete ich diesen Tribut, aber der König wich darum doch dilatorisch meiner Bitte, ihn in seinem Hause besuchen zu dürfen, beharrlich aus, obschon ich später eine Art Rundgang um sein kleines Dorf machte, wobei der König mich stets begleitete, mir aber nicht gestattete, irgendwo stehen zu bleiben und zu zeichnen.

Einige Ananas findet man allerdings in Bolobo zwischen der Station und den benachbarten Dörfern, indessen scheint diese Frucht überall in der Gegend selten zu sein, sodass wir augenscheinlich an die Grenzen des Gebiets gekommen zu sein scheinen, über welches sich „Ananassa sativa" mit solcher wunderbaren Energie und Raschheit ausgebreitet hat. Ein anderer amerikanischer Einfuhrartikel spätern Datums und entschieden anderer Bedeutung für die Menschheit — der schreckliche kleine „Springer" oder Erdfloh — hat

gerade Bolobo von der Küste aus erreicht, freilich erst in
so allerneuester Zeit, dass die Eingeborenen erst anfangen,
sich seiner Anwesenheit bewusst zu werden und ihm noch
keinen Namen gegeben haben.

Dieser Abend wurde hingebracht wie die meisten andern
zu Bolobo. Wir hielten gegen die Moskitos stand bis unsere
Abendmahlzeit knapp vorbei war, und eilten dann ins Bett, in
welchem allein man Schutz gegen diese Qualen finden kann.

NACHTRÄGLICHE BEMERKUNGEN ÜBER BOLOBO.

Das Volk, welches die Ufer des Kongo in dieser Gegend
bewohnt, gehört, wie bereits bemerkt, zum Stamme der Bajansi. indessen scheint dasselbe auf wenig mehr als einen
Streifen Landes längs des Ufers beschränkt zu sein, und
seine Niederlassungen nicht weit vom Flusse ausgedehnt zu
haben. Auf der Ostseite des Kongo wohnt im Innern der
Stamm der Banunu, welche auf friedlichem Fuss mit den
Bajansi leben. Zu Bolobo lebt kein angesessener Fetischmann oder Doctor, und im Fall der Noth müssen die Banunu mit einem solchen aushelfen. Diese Persönlichkeit wird
zu vielen Zwecken verlangt — sie soll gewisse Gebräuche
und Ceremonien ausführen, wie die Beschneidung, Krankheiten heilen, Rechtsstreitigkeiten schlichten und Verbrecher
aburtheilen. Unter den Bajansi spricht man häufig von den
Entscheidungen des Fetischmannes über alle verwickelten
Rechtsfragen und seine allbewährte Schlauheit in gericht-
lichen Untersuchungen. Wenn der Mu-nunu berufen wird,
irgendeinen Diebstahl oder ein Verbrechen zu untersuchen,
so unterwirft er die betreffenden Personen einem sehr strengen Verhör, bevor er eine Entscheidung trifft. Die von

diesem Herrn geforderten „Gebühren" sind erschrecklich gross, sodass sie als höchst wirksames Vorbeugungsmittel gegen ungerechtfertigte Streitsucht unter den Negern dienen.

Ibaka, der oberste König von Bolobo, ist einer der wenigen Potentaten des westlichen Kongo, den man mit einigem Recht einen Gesetzgeber oder Zaunkönig von Bedeutung nennen darf. Seine Herrschaft ist erblich und seine Familie wird auch in ihren Seitenlinien als königlich angesehen. Er herrscht über einen dicht bewohnten Uferstreifen von ungefähr 120 km Länge und unbestimmter Breite, welcher von 40—50,000 Menschen bewohnt wird. Ausser über die eigenen Unterthanen reicht sein Einfluss jedoch noch weiter über alle Bajansi-Stämme und er nimmt fast dieselbe Stellung zu seinem Volke ein, wie sie Mpumo Ntaba, der Nachfolger von Makoko, bei den Bateke besitzt.

Das Land in der Nähe von Bolobo ist ein niedriges, dicht bewaldetes Tafelland. Wir sind hier in dem Centralbecken von Afrika, durch welches der obere Kongo fliesst, und die Wälder verdanken einen grossen Theil ihrer Ueppigkeit der reichlichen Regenmenge und der kurzen Dauer der trockenen Jahreszeit.

Infolge der dichten Bevölkerung und des überwiegend vorherrschenden Ackerbaues selbst inmitten des Waldes scheinen viele wilde Thiere dieses Land zu meiden; doch gibt es noch grosse Heerden Elefanten und Büffel[1], welche von den Eingeborenen selten gestört werden, weil ihre Jagdliebhaberei nicht sehr stark ist und sie ihr Elfenbein immer von den weiter aufwärts wohnenden Stämmen beziehen, und nicht aus den Heerden der Wiederkäuer in ihren eigenen Wäldern.

---

[1] In Ki-jansi heisst der Büffel ng'ombu, welches das klassische Wort für „Ochs" in den meisten Bantu-Dialekten ist. Die Bajansi haben kein Hausvieh.

Ebenso hörte ich, obgleich die Schädel und Hörner der rothen Büffel überall in den Dörfern zu sehen sind, nie davon, dass die Einwohner sich die Mühe geben, sie zu jagen; sie scheinen sich vielmehr damit zu begnügen, diese Ueberreste zu sammeln, wo immer sie sie antreffen, ohne Zweifel nachdem ein Löwe oder Leopard sich an ihnen ein Festmahl bereitet hat, um sie dann unter die halbwegs heiligen Curiositäten ihrer Dörfer aufzunehmen.

Der Löwe, der Leopard, die gestreifte Hyäne, der schwarzrückige Schakal und die Zibethkatze sind hier bekannt; ebenfalls wird der Gorilla oder ein verwandter menschenähnlicher Affe von den Eingeborenen als auf dem nördlichen oder westlichen Ufer des Kongo wohnhaft beschrieben. Das röthliche Buschschwein[1], welches die Eingeborenen mit demselben Namen wie ihr Hausschwein — Ngulu — belegen, ist sehr häufig und scheint die Dörfer der Neger nicht zu meiden, so oft es auch von ihnen gejagt und aufgegessen wird. Ich habe selbst Grund zu glauben, dass es stellenweise in ebenso gezähmtem Zustande vorkommt, wie es von Schweinfurth bei den Niam-Niams bemerkt ist.

Eisen scheint im Innern viel verarbeitet zu werden und die Bajansi zu Bolobo machen viele hübsche Messer, Aexte und Speerspitzen daraus. Kupfer besitzen sie ebenfalls reichlich, ich kann indessen nicht sagen, ob es an gewissen Orten gefunden und geschmolzen wird.

Die Eingeborenen sprechen von einer Art Topas, welche sie „Monkoli" nennen. Man sagt er sei entweder blassblau oder gelb von Farbe; er wird massenhaft im Innern des Landes gefunden.

---

[1] Potamochaerus, s. Brehm, II, 734. (D. Uebers.)

ZEHNTES KAPITEL.

MSUATA.

Rückkehr von Bolobo. — Itimba. — Leichenbegängniss. — Ein mit Schädeln geschmücktes Dorf. — Euphorbien. — Wiederum Mbongo. — Mukemo. — Die Mündung des Lawson. — Zusammentreffen mit Lieutenant Janssen. — Leben in Msuata. — Elefantenjagd. — Der blaue Pisangfresser. — Vögel und Krokodile. — Die Wolken. — Der Sturm. — Ein Besuch in Gobila. — Makoleh unter ärztlicher Behandlung. — Eine Leopardenfalle. — Tod des Leopard.

Euphorbia Hermentiana.

ZEHNTES KAPITEL.

MSUATA.

Nach einem Aufenthalt von wenigen Tagen verliess ich Bolobo, um nach Msuata, der Station in der Nähe der Vereinigung der beiden Flüsse Wabuma und Kwango, zurückzukehren. Ich hätte gern meine Reise weiter den Kongo hinauf fortgesetzt, aber bei der geringen Zahl der mir zur Verfügung stehenden Leute und dem etwas unruhigen Charakter der Eingeborenen hielt ich es für besser, gerade jetzt nicht auf meinem Wunsche zu bestehen, um nicht Herrn Stanley Schwierigkeiten in den Weg zu legen und mich mit den Eingeborenen in irgendeinen Streit einzulassen zu einer Zeit, wo er glaubte, mit Zeit, Geduld und einem nachsichtigen Betragen gegen diese angriffslustigen Kongostämme alles in Güte abmachen zu können.

Ich hatte freilich die Absicht gehabt, etwa zwei Monate in Bolobo zu verweilen und es als den Mittelpunkt meiner anthropologischen Beobachtungen und Sammlungen zu betrachten; indessen veranlassten mich verschiedene Gründe, Msuata zu diesem Zweck vorzuziehen, zumal da dieser Ort durch seine Lage das Stelldichein dreier interessanter Rassen, der Bajansi, der Bateke und der Wabuma ist, während man zu Bolobo nur Bajansi antrifft. Obendrein war in Bolobo die Zufuhr von Lebensmitteln veränderlich und dürftig, während in Msuata das Commissariat geschickter verwaltet wurde; und schliesslich — und dieser Grund mag vielleicht meinen Entschluss am meisten bestimmt haben — machten die Moskitos das Leben in Bolobo unerträglich, während Msuata, dieser glückliche Platz, von dieser Landplage frei war. So entschloss ich mich endlich, in dem Boot, welches mich hergebracht hatte und nach Stanley-Pool zurückkehren musste, den Rückweg anzutreten. Lieutenant Orban, der frühere Chef der Station Bolobo, war auf dem ganzen Wege mein Reisegefährte, und unsere kurze Reise von drei Tagen bis Msuata — wir brauchten zur Thalfahrt gerade die Hälfte der Zeit wie zur Bergfahrt — erwies sich als höchst angenehm und unterhaltend.

Am ersten Abend nach unserer Abreise von Bolobo machten wir bei einem Dorfe Itimba halt, welches etwas unterhalb der Stadt Tschumbiri's in der Nähe des Punktes liegt, wo der Kongo sich von einer Breite von 14—16 km auf wenige hundert Meter zu verengen beginnt. Hier zu Itimba fanden wir die Einwohner gerade im Begriff, die Begräbniss-

feierlichkeiten eines verstorbenen Mitbürgers, eines alten
Mannes, anscheinend höhern Standes, zu begehen. Der
Häuptling und seine Unterthanen waren aber in grosser
Verlegenheit. Seit vielen Jahren war es „de rigueur" gewesen, seitdem Gewehre bis in die Gegenden des obern
Kongo vorgedrungen waren, über der Leiche eines Verstorbenen eine Salve abzufeuern, besonders wenn der Todte
von besonderer Distinction war; und die Einwohner dieses
Dorfes, die nur eine erbärmliche alte, der Reparatur sehr
bedürftige Flinte besassen, waren bei unserer Ankunft
zweifelhaft, welches Verfahren sie einschlagen sollten — ob
sie dieses eine verfallene Gewehr laden, abfeuern und dabei
Gefahr laufen sollten dass es zerspringe, oder ob sie den
Verstorbenen ohne Gruss und Salut seinen Weg ins Land
der Geister suchen lassen sollten. Da Lieutenant Orban
ihre Verlegenheit bemerkte, erbot er sich freiwillig eine Salve
von 20 Schüssen aus seinem Winchestergewehr abzufeuern.
Fürst und Volk waren hochentzückt. Konnte dem Verstorbenen eine grössere Ehre erwiesen werden, als indem
ein weisser Mann ihm den Abschiedsgruss nachsandte mit
seiner wundervollen Flinte von Mputo — der geheimnissvollen Gegend jenseits des Meeres — dem Unbekannten —
vielleicht dem Himmel selber? („Denn sind nicht diese
weissen Männer Söhne des Himmels?") So dachte der alte
Häuptling, als er uns die Leiche sehen liess und uns mit
dem ernsten Tone eines Anwalts, indem er uns bei der
Hand fasste, zurief: „O ihr, die ihr nach Hause geht" —
und dabei wies er nach dem bleichen ruhigen Abendhimmel —
„Ihr werdet ihn uns zurücksenden, nicht wahr? Ihr werdet
ihm sagen, seine Hütte warte auf ihn, seine Weiber werden
ihm sein Maniok weiss wie Linnen bereiten, und es wird
eine Fülle von Malafu und eine geschlachtete Ziege geben.

Ihr werdet ihn zurückschicken, nicht wahr?" Dieser Gefühlsausdruck verblüffte uns förmlich. Gewöhnlich ist ein afrikanischer Häuptling so einfältig und durchaus materiell, dass man von ihm nie etwas wie Gefühl oder poetische Gedanken erwartet. Wir bemühten uns so zart als möglich — denn er redete in seiner Verlegenheit uns beide an — ihm sowol unser völliges Unvermögen, diesem hässlichen Cadaver den Hauch des Lebens wiederzugeben, verständlich zu machen, wie auch ihn zu ermuthigen und die leere Hoffnung einzuflössen, dass nicht alles vergeblich sein werde, aber er schüttelte traurig seinen grauen Kopf über das Bekenntniss unserer Ohnmacht angesichts des Todes.

Der Körper des Todten war vorher über einem leichten Feuer getrocknet und geräuchert, sodass das Fleisch ausser an den Händen zusammengeschrumpft und zu einer lederartigen Decke um die hagern Knochen verwandelt war. Das Gesicht hatte einen heitern Anstrich von scharlachroth, gelb und weiss bekommen, und der ganze Körper war mit der rothen Farbe des Camwood-Holzes bemalt. Um Nase und Mund war ein Streifen Tuch geschlungen und der ganze Körper in buntgemusterten Kattun eingewickelt. Aus irgendeinem Grunde waren die Hände vollbedeckt mit Fleisch und so plump wie im Leben. Der Todte war in sitzender Stellung zu Grabe gebracht, auf vielen Schichten heimischen Tuchstoffes liegend; am Kopfende waren Haufen von baumwollenen durch Handel von der fernen Küste erworbenen Stoffen zu seiner Eindeckung aufgehäuft, welche für diese Eingeborenen einen grossen Werth vorstellen. In den vagen, nur halb bestimmten Vorstellungen dieser Leute über das zukünftige Leben gilt jedes Ding in der Geisterwelt für eine blasse Copie der Dinge auf der Erde, weshalb sie Kleider, Töpferwaaren und, wenn ein Häuptling stirbt, todte Sklaven in die Gräber legen, damit der Verstorbene bei seiner Ankunft im Lande der Schatten dort nicht erscheine, ohne die nothwendigen Mittel für ein neues Leben mitzubringen.

Das Grab, in welchem dieser Mann beerdigt wurde, war in einer Hütte ausgeworfen, und der Kopf des Leichnams lag nicht mehr als zwei Fuss unter der Oberfläche. Wir konnten nicht erfahren, ob die Hütte oder das Haus — denn es war ein massives Haus aus Balken und Strohdach — verlassen wurde oder nicht. Ich vermuthe nicht, denn es wird so nur bei Fürsten verfahren; und der Verstorbene, wenn er auch noch so vermögend und einflussreich gewesen sein mag, war immerhin doch nur ein Lieblingssklave seines Fürsten gewesen.

In diesem Dorfe waren viele Schädel auf den Firsten der Häuser aufgesteckt. Es waren die Schädel von Uebelthätern, wie uns gesagt wurde, welche wegen ihrer Verbrechen vom Fetischmann erschlagen waren, und diese Schädel würden nun zur Warnung der übrigen ausgestellt. Wenn dies die einzige Erklärung für diese Epidemie einer Schädelverzierung war, welche in diesem Dorfe und in jedem Hause desselben ausgebrochen war, so muss eine entsprechende Epidemie der Verbrechen unter den Einwohnern stattgefunden haben; ich denke aber, dass noch andere Ursachen, z. B. jüngst geführte Kriege, ihre Beiträge zu diesem grimmen Zubehör zum Häuserschmuck geliefert haben. Ein Mann gab in der That zu, dass die beiden Schädel, die er besass, von zwei Sklaven herstammten, denen er wegen schwerer von ihnen erfahrener Beleidigung die Kehlen abgeschnitten hatte.

Aus purem Jux fragten wir sie, ob sie uns einige dieser Schädel verkaufen wollten, da uns bekannt war, welchen

Abscheu sie davor haben, sich von irgendwelchen menschlichen Resten zu trennen, weshalb wir auch eine entschiedene Weigerung erwarteten. Zu unserer Ueberraschung forderten sie indess sofort einen bestimmten Preis, welcher nachher bis auf drei Messingstäbe für einen Schädel ermässigt wurde; zu diesem Preise wurden wirklich zwei gekauft und hätten wahrscheinlich noch mehr erworben werden können, wenn wir uns hätten aufhalten und handeln wollen; denn als das Völkchen sah, dass seine osteologischen Sammlungen von Werth seien, beeilte es sich sie zu verkaufen, und man brachte uns ausser Schädeln alle Arten von Knochen, von denen jedoch die meisten werthlos waren. Mancher könnte sich zu dem Schlusse versteigen, als wären wir in einem Kannibalenneste gewesen, blos weil wir so viele menschliche Ueberreste in diesem Dorfe sahen, aber ich glaube, dass nicht der geringste Grund für eine solche Anklage vorlag. In vielen Dörfern — in der That in fast allen Dörfern dieser Gegend — stecken die Einwohner die Knochen von Menschen und Thieren unter Bäume oder auf die Fetischhütten aus verschiedenen verwickelten religiösen Gründen oder aus Grossthuerei und vielleicht auch aus Furcht, — aus Furcht vor den rächenden Manen der Dahingeschiedenen, welche an ihren Mördern Rache nehmen könnten, wenn sie nicht ihre Gebeine als Gewähr für gutes Betragen besässen. Als wir mit den Einwohnern von Itimba auf vertrauten Fuss zu stehen kamen — es dauert nur kurze Zeit, bis man das Vertrauen dieser einfachen Leute gewinnt, — fragte ich einige von ihnen vertraulich, ob sie wol Menschenfleisch ässen, indem ich zugleich Sorge trug bei der Frage eine möglichst arglose Miene anzunehmen, damit, wenn sie sich schämen sollten, diese Beigabe zu ihrer Kost zuzugestehen, sie durch meine Vorurtheilsfreiheit sich gestärkt fühlen und es eingestehen sollten. Zuerst jedoch verstanden sie mich nicht völlig, aber als ich durch kräftigere Pantomime und besser gewählte Ausdrücke ihnen meine Meinung deutlicher ausgedrückt hatte, wiesen sie die Unterstellung mit dem äussersten Abscheu zurück, indem sie meine Frage mit einem emphatischen „Ve, ve, ve" (Nein, nein, nein) beantworteten und dann die schüchterne Frage folgen liessen „Na baïo" (Und ihr? Und ihr?)

Bevor die Aufregung wegen der Schädel vorüber war, kamen frische Gegenstände des Interesses in Gestalt einiger prächtiger soeben gefangener Fische an. Wir kauften den Fang und ich setzte mich beim Kerzenlicht hin, den grössten derselben zu zeichnen. Er mass 140 cm in Länge: im XIII. Kapitel gebe ich eine vollständigere Beschreibung.

Um dieses Dorf Itimba wuchsen viele schöne Gruppen Euphorbien, vielleicht *Euphorbia Hermentiana*, welche von den Einwohnern offenbar gehegt und gepflegt wurden, da sie einiges abergläubisches oder vielleicht praktisches Interesse an diesen seltsamen stacheligen Pflanzen nehmen. Obgleich diese Euphorbien in fast allen Dörfern des westlichen Afrika vorkommen, so fehlen sie seltsamerweise doch, soweit meine Beobachtungen reichen, in dem wilden noch unbekannten Lande. Sollten sie eine nur noch halbwilde Art sein, die von Dorf zu Dorf verbreitet wird, entweder aus abergläubischer Vorliebe, oder um schützende Hecken abzugeben, oder weil sie ein nützliches Produkt liefert, z. B. einen giftigen Saft oder eine verwendbare Faser?

Am nächsten Morgen machten wir halt bei jenem lieblichen kleinen Dorfe Mbongo, in welchem ich zuvor so gut aufgenommen worden war. Die Leute begrüssten mich mit wahrem Enthusiasmus, und obgleich es keinen Malafu gab, so brachten sie doch Zuckerrohr in Menge. Ich erwarb hier eine merkwürdige kleine Flussschildkröte, eine Art Weichschildkröte [1] mit einer weichen und biegsamen Schale und einem schmucken kleinen Rüssel.

Für die Nacht lagerten wir bei einem Dorfe der Bajansi, „Mukemo" oder „das kleine" genannt, obgleich es sich seit seiner Gründung augenscheinlich verändert haben muss, denn es war gross, geräumig und bevölkert. Die Häuser waren gut gebaut und die freien Plätze reinlich und sauber

Das Ufer bei Mukemo.

gefegt und mit hübschen Bäumen bestanden. Die Leute waren in bester Stimmung, denn ein Trinkgelage in Malafu hatte gerade stattgefunden, und obgleich der Fürst beinahe sinnlos betrunken war, so hatten seine Unterthanen nur so viel zu sich genommen, dass ihre Geister gehoben und ihre Zungen in Bewegung gesetzt waren. Sie geleiteten uns zu der Stelle, wo der Fürst und seine vornehmsten Mannen auf Matten sassen, mitten zwischen Krügen von Palmwein und Sklaven, welche ihn aus einem grossen geborstenen mit vielen

---

[1] *Trionyx*, vgl. Brehm, V, 47.

Beulen versehenen zinnernen Stürzebecher darboten. Wir wurden genöthigt jeder zwei Gläser zu trinken, um damit unsere Freundschaft zu erkennen zu geben. Ich sage „genöthigt", obgleich die Nöthigung durchaus nicht unangenehmer Natur war, denn der aus dem Safte der Hyphaene-Palme gemachte Malafu war höchst delicat und erfrischend, und obendrein so stark wie gutes Bier. Der Häuptling besass eine Katze, welche von den Einwohnern als eine Merkwürdigkeit betrachtet wurde. Sie war die erste, welche ich bisher in einem Bajansi-Dorfe gesehen hatte, doch glaube ich, dass diese locale Seltenheit rein zufällig war, weil die Hauskatze im westlichen Afrika zahlreich vorhanden ist.

Viele Kinder litten am Keuchhusten und störten uns sehr während der Nacht durch ihr lautes Husten und fürchterliches Schreien.

Am nächsten Tage passirten wir die gewundene, häufig durch Sandbänke verschlossene Ausflussmündung des Lawson- oder Alima-Flusses [1] auf der westlichen Seite des Kongo, und kamen dann in Sicht des grossen Wabuma, indem wir schliesslich Cap Gantschu und seine gefährliche Strömung passirten und in Msuata gegen Mittag ankamen. Janssen bot uns hier sein gewohntes herzliches Willkommen und ich begab mich daran, mir mit meinen drei Sansibarern ein bequemes Quartier herzurichten, da ich mich nach diesen aufreibenden Tagemärschen nach einer langen Ruhe sehnte. Orban nahm von uns in Msuata Abschied. Er fuhr mit dem Boote weiter nach dem Stanley-Pool, mit der Absicht, zur Wiederherstellung seiner Gesundheit wieder an die Küste zu gehen. Msuata bietet viele Vortheile als Mittelpunkt für Studien

---

[1] Diesen Fluss kam de Brazza herunter, als er vom obern Ogowe zum Kongo reiste.

und besonders als ein Platz, an welchem man sich mehrere Monate mit naturhistorischen Forschungen beschäftigen möchte. Es ist sehr gesund und wohl versehen mit den Erfordernissen zu guter Hausmannskost — 80 Hühner lassen sich, wenn es noththut, an einem Tage in den nahen Dörfern aufkaufen. Die Umgebung ist landschaftlich schön und leicht zugänglich, während die gutmüthigen Einwohner in freundschaftlichem oder artigem Benehmen nichts zu wünschen übrig lassen.

Das Leben war angenehm einförmig, aber wenn auch das Programm meines Tages in seiner Anordnung fast unveränderlich war, so boten doch die Einzelheiten jedes Studienzweiges beständige Abwechselung und stets etwas Neues. Darum blicke ich, eingedenk des Spruches „dass glücklich die Völker sind, welche keine Geschichte haben", obschon keine wunderbaren Abenteuer oder seltsamen Begegnisse sich ereigneten, doch auf meinen sechswöchentlichen Aufenthalt in Msuata als auf die glücklichste in Afrika je verlebte Zeit zurück.

„*Les jours s'écoulent et se ressemblent*" und die detaillirte Schilderung eines auf dieser Station zugebrachten Tages wird als die Geschichte der übrigen 41 dienen können, wenn man nur die wenigen selteneren Ereignisse oder Ausnahmsfälle einschaltet.

Mein tägliches Leben beginnt um $1/_2 6$ Uhr, wenn ich eine unbestimmte Vorstellung davon bekomme, dass der den Eingang meines Zimmers verdeckende Vorhang nicht länger nächtlich dunkel ist, sondern ein kaltes helles Licht durchlässt. Was mir zunächst auffällt, ist die ungewohnte Stille: die Heimchen lassen plötzlich mit ihrem verzweifelten „Krick, Krick, Krick" nach, welches die ganze Nacht hindurch ertönt hatte, und es stellt sich eine leichte Pause ein zwischen den Tönen der Finsterniss und des Lichts

in der Natur. Das Schweigen dauert nicht lange, denn die
Turteltauben beginnen in dem nahen Walde zu „kruhen"
und ein Flug grauer Papageien kommt mit lautem Pfeifen
und lustig fröhlichem Kichern über mein Dach gezogen.
Ein schriller Chor zwitschernder Webervögel und Wachsschnäbel erhebt sich von den Grasfeldern, die Kukuks lachen
von Baum zu Baum, und aufwärts vom Flusse her ertönt
der metallische Klang der Stimme des schnellfliegenden
Regenpfeifers. Es ist Tag; ein dünner Sonnenstrahl stiehlt
sich durch den Spalt zwischen Vorhang und Thürpfosten
herein und zerschneidet mein Moskitonetz wie mit goldenem
Schwerte. Ich zaudere nicht länger; die träge Ruhe der
Nacht ist vorüber, und ich sehne mich ungeduldig nach
frischer Luft und emsiger Thätigkeit. Den Mousselin lüftend,
welcher mir Sicherheit gegen alle Moskitobisse während der
Nacht verbürgte, werfe ich ihn etwas undankbar in eine
Ecke, schiebe den Vorhang, welcher den thürlosen Eingang
verhüllte, beiseite, trete in die freie, etwas kühle Morgenluft
und rufe laut „Heda! Faradschi"! Faradschi, welcher gerade
den Turban um seinen Kopf windet und seinen leichten An-
zug nach dem Flussbade, welches seine Haut erglänzen liess,
ordnete, kommt mit gelehrigem Eifer nach meinem Zimmer
und hilft mir meine hastige Toilette vollenden. Dann wird
der Vorhang über dem weiten Eingang ganz gelüftet, das
gelbe Sonnenlicht durchleuchtet das Zimmer und lässt alle
Arten seltsamer Creaturen erkennen, welche über Nacht
meine nächsten Schlafgenossen gewesen sind. Grosse blau-
schwarze Sammtspinnen verbergen sich an der Lehmwand,
eine hübsche Eidechse schlüpft unter das Bett, während
ringsum auf der Mattendiele, an den Wänden, auf den
Kisten jene abscheulichen Grillen sitzen, diese Heimchen,
deren Zirpen mich in den wachen Stunden der Nacht so

ermüdet und gelangweilt hat. Jedoch ich überlasse es Faradschi, diese Geschöpfe zu verjagen und zu erschlagen — immer mit Ausnahme der Eidechse, der man durchaus keinen Vorwurf machen kann, und der Spinnen, welche so manche Fliegen wegschnappen, und dann gehe ich hinüber an den Frühstückstisch im anstossenden Zimmer — unserm Speisesaal — dort die Ankunft unsers Wirths Janssen abzuwarten. Plötzlich tritt er ein, nicht aus seinem Schlafzimmer, sondern aus der äussern Säulenlaube. Es liegt Wuth auf seinem Gesicht, gemischt mit kühnem Verlangen nach Rache. Ich errathe die Sachlage — ein zweiter Leopard ist da gewesen während wir schliefen, und eine zweite Milchziege ist aus unserer Heerde verschwunden. — Nein, es ist schlimmer, drei von unsern vier Milchversorgern sind erwürgt worden und die vierte ist am Halse verwundet und geht jämmerlich meckernd einher. Das ist wirklich ein Unglück, aber bei alledem ist es ja schon mehrmals vorgekommen, und so setzen wir uns zum Imbiss nieder und erörtern voller Fassung die beste Weise, wie dem Sünder eine Falle zu stellen sei. Nachdem die Mahlzeit vorüber ist, geht Janssen, um die Leute Revue passiren zu lassen und die täglichen Arbeiten anzuordnen, während ich mit Faradschi, Mafta und Imbono zu einer Morgenstreiferei nach dem Walde am Flusse ausrücke. Vielleicht setze ich zu dem Zweck nach dem andern Ufer über, denn das Nordufer des Kongo ist eine fast unbewohnte Wildniss, theilweise der Natur völlig überlassen. In solchem Fall gehen wir an das lehmige Ufer unterhalb der Station, machen ein Negerkanoe los, einen „Aussenriemer", vielleicht 5 m lang und allerhöchstens 1 m breit. Vor der Einschiffung wird der Himmel sorgfältig gemustert, um den wahrscheinlichen Gang der Witterung für die wenigen nächsten Stunden festzustellen, weil, wenn ein Sturm drohen sollte, es Tollheit wäre uns auf den Fluss hinauszuwagen. Lautet der Spruch „beständig, schön", so besteigen wir das Kanoe, die Leute ergreifen die Riemen und das schwankende Gefährte mit seiner unangenehmen schaukelnden Bewegung von Seite zu Seite, welche nacheinander jeden Bootsrand ans Wasser bringt, arbeitet sich mühsam stromaufwärts durch. Wir passiren den Landungsplatz von Msuata oder Gobila, wie es zuweilen nach dem Fürsten genannt wird, wo alle Kanoes auf den Strand geholt oder an aus dem Wasser ragenden Pfählen befestigt sind und wo eine Schar kleiner Kinder sich an den allen Kindern gemeinsamen unschuldigen harmlosen Spielen ergötzt, während einige ältere fischen oder sich für eine Tour rüsten; wir fahren an den Bananengebüschen vorbei, welche an die Gruppen der gelb bedachten Häuser stossen, darauf an dem grossen, mauerartig den Fluss säumenden Wald vorüber, in welchem die sich spreizenden unschönen Rotang-Palmen über die stolzen Wollbaumstämme [1] emporklettern, unzart und ungleich in ihrem Aufsteigen, aber von dem unersättlichen Verlangen erfüllt, sich über alle Gegenstände zu erheben. Dann erreichen wir einen gewissen abgestorbenen Baum, welcher vornüber auf den Strand gefallen ist und der seine blattlosen, mit kleinen Wasservögeln besetzten Zweige schwermüthig in die Lüfte streckt; bei dieser Landmarke wenden wir und kreuzen den Kongo nach einer kleinen Bucht oder Hafenstelle fast gegenüber Msuata. Wegen der Stärke der Strömung müssen wir beinahe $2^{1}/_{2}$ km stromaufwärts rudern, damit wir am gewünschten Ort landen und die unvermeidliche Abtrift des Kanoes gut machen. Wenn wir vom Ufer abstossen, um den breiten Kongo so schnell als möglich zu überfahren, so gibt es immer gewisse

---

[1] *Eriodendron.*

Aengsten. Bevor wir das seichte Wasser verlassen, kann
ein Flusspferd kommen und uns in Havarie bringen, oder
einmal mitten in der gewaltigen Strömung, wo die Wellen
die eine über die andere stürzen, kann ein Windstoss unser
„Fall-um" plötzlich über Kopf werfen. Jedoch das entgegen-
gesetzte Ufer kommt näher und näher, endlich fahren wir
in eine kleine stille Bucht hinein, auf welche wir zugesteuert
haben, und wo ein ruhiger Nebenlauf des Stromes von einer
Waldspitze geschützt wird. Hier wird das Kanoe an einem
umgefallenen Baum angebunden, das Zelt zur Beschützung
der schwerern Bagage und der „*batterie de cuisine*" vor der
Sonne aufgeschlagen; während wir Mafta zurücklassen, damit
er mit den Zurüstungen zum Mittagsmahl beginne, wird
meinerseits in eifriger Hast der offene Strich weissen Sandes
verlassen, um einem Elefantenpfade folgend uns in den
kühlen Wald zu vertiefen.

In der Heimat bin ich ein Feueranbeter, in den Tropen
verehre ich die Bäume. Mein Herz ist mit den wandernden
Juden von ehemals, welche „sich hohe Häuser und Bilder
und Lauben machten, auf jedem hohen Berge und unter
jedem grünen Baume", und die trotz gelegentlicher bilder-
stürmender oder „baumstürmender" Gesetzgeber, welche auf-
standen und die Wälder niederschlugen, wiederholt von
ihrem strengen ernsten Wüstenglauben — dem Glauben
des Hiob und des jetzigen Beduinen — in den mildern
Cultus des hohen Schatten spendenden Baumes zurückfielen.
Der Wald wird am besten im Lande der Sonne gewürdigt,
wo seine kühle grüne Dunkelheit so versöhnend gegen
die starke weisse Hitze im Freien absticht. Vorsichtigen
Schrittes und langsam folgen wir deshalb der Elefantenspur
und vermeiden das Knacken der Zweige, die dornigen Aeste
und die Ameisennester der Gebüsche. Je weniger Geräusch

wir in diesem Heiligthum der Wildniss machen, desto mehr
werden wir von seinem vornehmen Leben sehen. Pst! —
Horch, was war das? Andauerndes Krachen im Walde begleitet meine Frage, dann ein Rauschen des Laubes. Faradschi zupft mich am Aermel und flüstert: „Tembo, Buana,
tembo." Darauf sehe ich in der von ihm angedeuteten
Richtung durch die Stämme und das niedere Gebüsch eine
graue Masse. Es ist ein Elefant der, gleichviel ob er uns
hört oder nicht, ruhig seiner Aesung nachgeht. Wir folgen
etwas zagend unserm Wege unter dem Geräusch der knacken-
den, brechenden Zweige und nachgebenden Blätter, durchaus
entschlossen, den Elefanten unbehelligt zu lassen; denn von
welchem Nutzen würde meine kleine Vogelflinte gegen seine
Haut oder seinen knochigen Schädel sein? Jetzt zeigen sich
grosse runde Wasserlöcher auf unserm Wege, da wo die Ele-
fantenfüsse in den weichen Boden eingedrungen sind und der
Regen die Vertiefungen ausgefüllt hat. Die Eintagspfuhle
wimmeln trotzdem schon von Leben. Kleine gestreifte
Frösche quaken auf den Rändern, Myriaden glänzender
Wasserjungfern und Wasserspinnen huschen leicht über die
Oberfläche hin, und in den schlammigen Tiefen scheinen sich
viele undefinirbare Geschöpfe hin und her zu bewegen.
Wieder ein Warnungsruf von Faradschi. Ich sehe nach
oben und erkenne über meinem Kopf einen schwarzen
Flecken in dem dichten Gezweig. Es ist irgendein grosser
Vogel, ich feuere meine kleine Kammerflinte ab und her-
unter kommt er mit vielem Flügelklatschen und gelegentlich
in den Gabelungen der Zweige hängen bleibend, bis er als
lebloser Klumpen ins Gras zu meinen Füssen niederstürzt.
Es ist ein grosser Preis — der schöne blaue Pisangfresser [1],

---

[1] *Schizorhis gigantea;* Kopf und Kamm erkennt man aus der Abbildung Kap. XIV.

ein wegen seines lieblichen Gefieders und schätzbaren Fleisches angesehener Vogel. Nach dem Knall der Flinte herrscht augenblicklicher Schrecken unter den freien Bürgern des Waldes. Wir hören, wie der Elefant sich durch die Waldblössen zurückzieht, viele Vögel laut und zornig von ihren ungesehenen Lauerposten rufen, die Fischadler sich Luft machen in fast hysterischem Kreischen und die Kukuks cynisch lachen; — für eine Weile ist der Zauber des Friedens mit rauher Hand durchbrochen. Aber Verbrechen sind im Walde bald begraben und vergessen, und nach einer kurzen Pause der Ueberraschung geht alles wieder der Nahrung, dem Gefecht und der Liebeständelei nach.

Langsam durchschreiten wir diesen Waldstreifen, bis wir die kleine Halbinsel durchquert haben, welche uns von unserm Landungsplatze trennt. Wir treten jetzt sachte hinüber nach einer winzigen Bai, oder dem kleinen Sunde zwischen zwei Vorgebirgen, welche in ein grünes grasiges Hinterland verlaufen. Hier ist eine Malerstudie zu entwerfen, welche sich in jeder Kongo-Landschaft wiederholt. Ein Waldsaum mit seinem Spiegelbilde im stillen Wasser und ein alter knorriger und verwitterter Baumstumpf im Vordergrunde, halb im Schlamm, halb hoch und trocken darüber auf dem weissen Sande. Wer nicht zu nahe herantritt, kann die Krokodile unter den Zweigen des gefallenen Baumes liegen sehen, die Rachen offen aus schierer Schläfrigkeit und die Leiber bewegungslos in dem warmen seichten Wasser oder sie wärmend und backend im hellen Sonnenlicht, die ganze Bestie schwelgend im Gefühl des *dolce far niente*. Auf, unter und um sie die Fülle lieblicher Geschöpfe, Wasser- und Sumpfvögel sich furchtlos das Gefieder ordnend zwischen den Krokodilen, mit denen sie ein festes gegenseitiges Bündniss geschlossen zu haben scheinen. Die Krokodile haben sich verpflichtet,

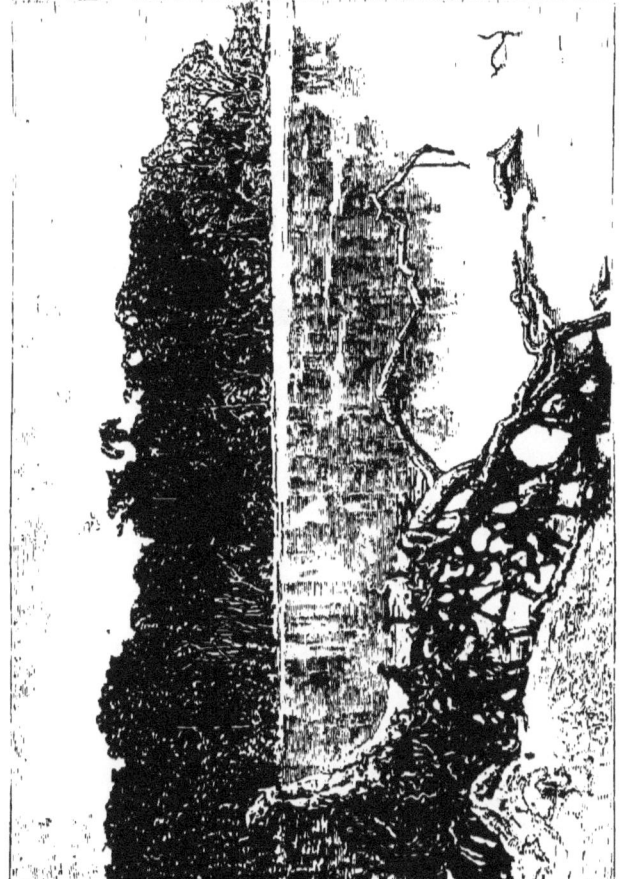

LANDSCHAFT AM OBERN KONGO

die Vögel nicht zu fressen, und dafür halten die Vögel scharfen Ausguck, die Krokodile mit lautem Geschrei vor dem einzigen Feinde, dem Menschen, zu warnen. Ich habe diese seltsame Vertraulichkeit zwischen diesen so sehr verschiedenen Geschöpfen auf allen afrikanischen Flüssen beobachtet. Wie muss das Hinzutreten des weissen Mannes auf die Beziehungen zwischen vielen der höhern Arten der Wirbelthiere eingewirkt haben, wenn es sie zwang, alle ihre früher vorhandenen Befürchtungen, Streitigkeiten und räuberischen Gelüste der gemeinsamen Furcht vor dem gemeinschaftlichen Feinde unterzuordnen! Wen konnten die Krokodile gefürchtet haben, bevor dieser aussergewöhnliche Affe sich unterfing zu erschlagen statt erschlagen zu werden? Von dem Tage an, als der erste Urmensch mit einem Steine nach dem Auge eines Krokodils warf oder ihm mit einem scharfen Pfeil ins Auge schoss, muss dieses seltsame trauliche Bündniss zu gegenseitiger Vertheidigung zwischen dem Krokodil und den die Ufer besuchenden Vögeln geschlossen sein. Auf dem verwitterten Baumstumpf und den vielen verschlungenen Knorren, die aus dem Wasser hervorragen, sitzen nun die Störche, die Rohrdommeln, die Reiher und die Schlangenhalsvögel. Fette Pelikane lungern längs des schlammigen Randes der kleinen Flusswellen, Sporen- und ägyptische Gänse stehen in kleinen Gruppen auf dem Lande umher, und die Zickzack-Regenpfeifer mit den gelben Bärten und Sporen an den Flügeln hüpfen auf den Köpfen der Krokodile herum, und wenn sie nicht, wie einige annehmen, ihnen zwischen den Zähnen herumpicken, so sitzen sie doch auffallender und man kann gleich hinzufügen tollkühner Weise furchtlos zwischen den Kinnbacken der grimmen Saurier.

Ah! Faradschi, du hast den Zauber zerstört! Aufgeschreckt durch einen plötzlichen Ueberfall schwarzer Ameisen über

seine unbeschützte Haut, hat er einen lauten Klapps gegen
sein Bein ausgeführt, das von den grossen Kinnbacken dieser
hartköpfigen Insekten jämmerlich zerbissen worden war.
Der Reiz ist verschwunden, das Bild zerstört. Störche und
Reiher fliegen weg nach weit entfernten Küsten, die Pelikane platschen ins Wasser und eilen halb fliegend halb
schwimmend fort, bis sie aus Sicht sind, und die erbosten
Regenpfeifer wecken mit ihrem lauten menschenähnlichen Ruf
die Krokodile und richten, nachdem sie ihre Freunde sachte
haben in die Tiefe gleiten sehen, einige andere Schimpf-
wörter gegen uns, um dann mit ihren schwarz-weissen
Flügeln übers Wasser nach einem andern entfernten Punkt
des Ufers zu eilen, wo sie ihre reizenden Schwingen unter
bescheidene graue Flügeldecken verbergen, und am Ufer in
der selbstzufriedenen Vorstellung sich ergehen, dass sie die
mörderischen Neigungen dieser hässlichen Menschen einmal
wieder zu Schanden gemacht haben. Es bleibt uns nur
die Umgebung dieser Gesellschaften von Vögeln und Krokodilen, aber auch diese ist eines Studiums für sich
werth. Im Vordergrunde der umgefallene Baum mit seinen
scharfen Gegensätzen von Licht und Schatten, und unter
ihm der gelbe Sand und grüne Schlamm. Dann der Streifen
ruhigen Wassers, das zunächst den mannichfaltigen Himmel
mit seinen Wolkeneffecten von Eisengrau und schneeigem
Weiss, gescheckt mit Flecken von glänzendem Blau, wiederstrahlt — während der Ton des rothen sandigen Bodens,
wenn zurückgeworfen, aus den Untiefen wiederstrahlt — und
darüber das glasartige Bild des Waldes, der wie ein Wall
in geringer Entfernung sich erhebt, und welches wie die
Wirklichkeit über ihm aussehen würde, verriethen nicht die
gelegentlichen Schrammen im Silberweiss, dass die leichte
Briese dort das Wasser kräuselt. Im wirklichen Forst

könnte man, wenn er auch um einige hundert Meter entfernt ist, viele Einzelheiten in dem klaren Mittagslicht beobachten. Da gibt es tiefdunkle Schatten und hellerglühende Massen gelbgrünen Laubes; weisse Skelete von eingegangenen und laublosen Bäumen und das phantastische Geflecht smaragdgrüner Kletterpalmen, welche ihre unordentlichen Wedel über die Wasserkante vorstrecken, die unverschämt spähenden Köpfe in jede Tiefe der Vegetation stecken und gleichzeitig über die Wipfel der höchsten Bäume hinausschauen. Jenseits des Waldes bildet der Himmel den Hintergrund, und in welchen Himmel schaut man hinein! In Afrika sind während der Regenzeit die Wolkenbildungen Gemälde für sich selber. Diese stolzen Massen von Wasserdampf, welche in dünnen Schichten von blau und grau über dem scharfbegrenzten Horizont des Kongo allmählich höher emporsteigen, Flügel und Beine ausstrecken, erheben gemach ihre schneeigen Häupter und glänzenden Arme über die Lüfte — während ihre dunkeln Leiber in verlängerter Perspective sich strecken und dehnen, bis sie in Nebel verduften — als ob sie in ihrer Herrschsucht das ganze Himmelsblau erobern und regieren wollten. Dann zerfallen sie gerade in den Momenten stolzester Entwickelung wie unlenksame Weltreiche. Eine Provinz nach der andern löst sich ab und schwebt unabhängig weiter; aus der einen grossen Wolke, welche soeben noch drei Viertel des Himmels einnahm, entstehen eine Menge kleiner Wölkchen, jede mit einem dunkelgrauen Innern und einem weissen Rande, und diese lassen in ihrer Theilung und Trennung das Sonnenlicht durch ihre Zwischenräume und Lücken in ebensoviel Pfeilen und Schwertbreiten goldig durchschimmern, bis diese Wolkenriesen völlig zerstückelt und in Unordnung gebracht

durch ihren leichtfüssigen Gegner, den Wind, von dem
blauen Himmel weggefegt werden und der Himmel für eine
Zeit lang wieder klar und heiter erscheint. Aber das dauert
nicht lange: während ich mein Frühstück im Schatten einer
Palmengruppe einnehme, wird die Luft erstickend schwül;
über dem Wasser liegt der schimmernde Wiederschein der
Hitze, die Krokodile auf den entfernten Sandbänken schnappen
mit weitgeöffnetem Rachen nach Luft, die Fliegen vergessen
zu beissen, die Vögel und Insekten hören auf zu zirpen —
achtungsvolles Schweigen herrscht ringsum. Da ist etwas
im Anzuge, jedes lebende Wesen fühlt den Waffenstillstand
und den bevorstehenden Kampf. Faradschi kommt zu meinem
Unterschlupf und auf einen Streifen offenen Wassers deutend,
da wo der Kongo den Himmel berührt, zeigt sein Finger
nach einer kleinen dunkeln Nebel- oder Regenwolke, welche
gestaltlos und bisjetzt noch schmal begrenzt ist. Sie ist die
Vorhut einer Achtung gebietenden Armee der wohl geschulten
Heerkörper des Sturmfeindes, welcher in seinem Kampf um
die Herrschaft des Himmels jetzt seine äussersten Kräfte
einsetzen will. Die frühern Wolken waren, mit ihnen ver-
glichen, nur leichte Plänkler, auf deren Bewegungen selbst
meine wetterkundigen Sansibarer nicht Acht gaben; jetzt
aber kommen sie alle zu mir heran, obwol der Himmel
noch überall ein fleckenloses Blau mit einziger Ausnahme
des dunklen Tüpfelchens am östlichen Horizont zeigt und
rufen mir mit besonderer Betonung zu: „es gibt Regen."

Da ich fürchten musste, durch den heranziehenden Sturm
für die übrigen Stunden des Tages von Msuata abgeschnitten
zu werden, und vielleicht eine Nacht in diesen feuchten und
triefenden Wäldern zubringen zu müssen, so dachten wir
nur noch daran, von einer kurzen Spanne freier Zeit Vortheil zu ziehen und über den Kongo zu setzen, bevor die

Elemente unsere Ueberfahrt hindern würden. Die Zeichengeräthe wurden deshalb rasch zusammengepackt, das Zelt abgeschlagen und aufgerollt, der Rest des Frühstücks den Ameisen und Vögeln überlassen, das Kanoe rasch flott gemacht — und fort rudern wir aus unserm kleinen stillen Hafen in den freien Kongo hinaus. Wie der Wind sich aufmacht! In fünf Minuten ist aus dem Nebel eine schwarze rings um den Horizont dicht gedrängte Wolkenmasse geworden. Der entfernteste Saum des Wassers sticht in Unheil drohendem Weiss gegen die schwarze Wolkenbank darüber ab; aber noch haben wir Zeit. Wir rudern mit fieberhafter Anstrengung — ja, wir, denn auch ich bemühe mich mit gemessenen Ruderschlägen die Geschwindigkeit zu vermehren. Sollen wir denn nie über den meilenbreiten Strom kommen?

Da gehts los, das Artilleriefeuer beginnt. In weiter Entfernung blitzt und leuchtet es ab und zu auf. Bisjetzt bleibt es aber noch still. Wir sehen den Blitz, hören aber den Donner nicht. Das Wasser gleicht einer festen Glasmasse; rechts von uns lächelt es uns noch blaufarben zu, aber sturmwärts sieht es düster grau aus, je ferner desto dunkler. Horch, da erschallt der Donner, erst leise murmelnd, aber untermischt mit gelegentlichen vereinzelten Schlägen und einem Wiederhall wie von einzelen Schüssen. Ein Drittel des Himmels ist schon von einem Schleier gleichmässig schwarzgrauer Wolken bedeckt, nur an einer Stelle von einem kleinen weisslichen Flecken unterbrochen, in welchem ein phantasiereiches Auge wol einen General auf weissem Pferde erkennen könnte, der die Bewegungen der grossen zusammengedrängten feindlichen Scharen leitet. Der Rand der Sturmwolke ist zerrissen, unregelmässig, zerzaust, und erstreckt sich mit seinem ungeordneten Saum schnell bis über unsere

Häupter. Dann leuchtet ein heller Blitz auf, über die ganze Wolke ergiesst sich ein blendendes Lichtmeer, und ihm folgt ein alles derartig erfüllendes Donnergerolle, dass wir unwillkürlich erbeben.

Die Stunde der Gefahr rückt schnell heran und doch regt sich, dank dem gemessenen Fortschreiten des Sturms, noch nichts in der Natur ringsum. Das Wasser ist spiegelglatt, das Laub der nähern Uferbäume noch nicht bewegt von dem leisesten Lufthauch. Wir haben drei Viertel der Ueberfahrt bewältigt, werden wir den Rest unangefochten zurücklegen? Ach nein! es ist zu spät — der Wind kommt, und Faradschi, der die entfernten Wellen zuerst erblickt, seufzt in sich hinein „O Mohammed, du Prophet Gottes, hilf uns!" Jetzt ist er bei uns, er ist da! Die Leute werfen sich platt auf den Bootsboden nieder, um dem fürchterlichen Windstoss keinen Angriffspunkt zu bieten, welcher das Kanoe beinahe umstülpt und die weissköpfigen Wellen zu uns herantreibt, die eifrigst bemüht uns zu verschlingen übereinander herstürzen. Aus ihrer liegenden Stellung vergraben die Leute indessen ihre Riemen tief ins Wasser, um sich einen Weg zu der rasch sich nähernden Küste zu bahnen, wobei der von hinten einfallende Wind ihnen etwas behülflich ist. Werden wir ihm entkommen? Es scheint fast nicht möglich. Eine hohe Regenmauer rauscht heran, über den Fluss auf uns zu, erreicht, umgibt und überwältigt uns beinahe. Ich fühle mich von den Wassermassen erdrückt, mein Athem vergeht mir, ich werde auf den Boden des Kanoes geworfen, auf dem die erschöpften Leute bereits liegen, gefühllos in stumpfer Ergebung.

Ich kann vor dem blind machenden Regen nichts mehr unterscheiden, glaube aber plötzlich einen Schrei der Verzweiflung dicht neben mir zu hören. Auf einmal stossen wir gegen einen Baumstamm und sehen uns dann gestrandet auf dem Ufer, wohin uns schliesslich der Wind getrieben hat und wir sind geborgen. Unter Ausrufen der tiefsten Dankbarkeit gegen ihren Propheten springen die Leute aus dem Boot, Janssen ergreift mich bei der Hand und zieht mich das schlammige Ufer hinauf unter steten Glückwünschen, dass wir so gut davongekommen sind. Ende gut, Alles gut!

In Afrika werden bestandene Gefahren bald vergessen. Nachdem ich meine Kleider gewechselt und etwas heissen Kaffee getrunken hatte, empfinde ich kein Ungemach mehr, ausser der Hitze nach dem kalten Regenbad, und vergesse beinahe, dass erst vor einer halben Stunde ich mich dazu verurtheilt glaubte, die Krokodile des Kongo zu füttern. Wie ich noch meinen Kaffee schlürfe und mit Janssen über den Leopard der vergangenen Nacht plaudere und wie derselbe am besten zu erlegen sei, bemerke ich in den von den Rauten meines Fensters begrenzten Blinken des Himmels die Anzeichen des sich nahenden Friedens. Der Sturmwütherich, den die Sonne hervorgelockt, wird durch dasselbe Gestirn beschwichtigt, und seine auseinandergesprengten Bataillone werden, zerrissen und zerzaust wie sie sind, von dem stets wechselnden Winde fortgetrieben, diesem wankelmüthigen Gehülfen, der sich in der Stunde der Gefahr stets gegen euch wendet. Bald herrscht tiefe Stille. Die Sonne bescheint strahlend die Regenlachen, erhellt die thränenvollen Gebüsche und der Boden ist mit Blättern und Zweigen bedeckt, den „débris" des Waldes, die vom Wind hierhin und dorthin geweht wurden.

Der spätere Nachmittag wird schön und mollig. Die Luft ist von köstlicher Frische, der Himmel zeigt eine blasse ausgewaschene Bläue und die sinkende Sonne lässt uns den

schwarzen Hintergrund des Waldes in schärfstem Gegensatz
erkennen.

Wir ziehen unsere Wasserstiefel an und unternehmen
einen Spaziergang zum Dorf. Der Fusspfad ist nicht blos
stellenweise sumpfig, sondern führt über verschiedene
infolge des schweren Regens entstandene Lagunen hinweg, durch welche die Sansibarer uns auf dem Rücken
tragen. Als wir ins Dorf kamen und die ersten Einwohner
uns gewahr wurden, sammelte sich bald die ganze Bevölkerung um uns, Willkommen schreiend mit den Worten
„Susu Mpembo wa Buï"[1]; sie melden uns jauchzend bei
ihrem Fürsten Gobila an, der vor seinem Hause in einem
kleinen reservirten Garten sitzt und die Ueberbleibsel einer
alten Steinschlossflinte reinigt. Gobila grüsst uns unter
vielem Grinsen und Mbotes und streckt seine dicke Pfote
aus, uns die Hände zu schütteln. Er ist ein Mann von etwa
40 Jahren, sieht aber älter aus. Seine Gestalt war einstens
schön und kräftig, aber neuerdings ist er infolge fauler Lebens-
art und reichlicher Kost zu fett geworden. Sein Gesicht ist
nicht unschön. Er hat gute klare Augen, eine längliche Nase,
vollkommene Zähne, abgesehen von dem künstlichen Befeilen
der beiden mittlern Schneidezähne, einen kleinen Schnurrbart und einen Spitzbart. Sein Stiernacken gleicht einer
starken Säule, aber der Hals trägt Falten von Fett. Seine
Arme sind riesig dick, dass man versucht wird sie zu kneipen,
ein Scherz, der ihn — denn er ist heitern Temperaments
— zu brüllendem Lachen veranlasst. Gobila hat fast die
hängenden Brüste einer Frau, wie man es häufig bei Männern

---

[1] Der „weisse Vogel" und die „Spinne", Janssen's und mein Name
bei den Eingeborenen. Janssen wurde aus irgendeinem unbekannten
Grunde der „weisse Vogel" genannt, und ich erhielt den Spitznamen
„die Spinne", weil ich immer Insekten fing.

mittlern Lebensalters hier sieht; seine Schenkel sind etwas
misgestaltet vor Feistheit. Aber bei aller dieser Körperfülle
erscheint er wie ein stattlicher Herr, der trotz seines Hanges
zum Scherz eine gewisse Würde des Benehmens zeigt.
Gobila mag mich nicht sehr gern — nicht halb so gern als
Janssen. Er kann es nicht begreifen, warum ich ihn immer
frage, warum mein schwarzer „Stecken" immer Zeichen auf
Stücken „Tuch" macht (schreibt), warum ich Kräuter sammle
(ausser zur Zauberei), und weshalb ich mich so bemühe ihn
zu conterfeien. Letzteres Begehr ist eine grosse Quelle der
Zwietracht zwischen uns geworden. Als ich dem Fürsten von
Msuata meinen ersten Besuch abstattete, benutzte ich den
Eindruck, welchen mein „Geschenk" auf ihn machte, dazu,
ihm wider seinen Willen das Versprechen zu entlocken, mir
als Modell zu sitzen. Am folgenden Tage kam ich mit
allen meinen Zaubergeräthen her, und der arme, feiste,
zitternde Gobila musste unbeweglich auf einer viereckigen
Matte vor mir sitzen. Das beständige Aufschlagen meiner
Augen von dem Papier und die Art, wie ich seine Züge
prüfte, verwirrten ihn derartig, dass er nach den ersten
wenigen Minuten der Sitzung ganz elend wurde und um
Aufschub bat. Er holte dann zwei seiner Weiber herbei,
die sich zu beiden Seiten von ihm niedersetzen mussten, um
durch Absorption den Einfluss meines bösen Auges zu mildern.
So flankirt sass er tapfer eine halbe Stunde lang da, wandte
aber immer seinen Kopf vor meinem Anblick weg und zwar
in einer solchen Weise, dass ich nach mehreren vergeblichen
Anläufen den Versuch, seine Züge zu fassen, voller Verzweiflung aufgab. Gobila strahlte vor Freude über meine
Niederlage. Sein Fetisch war stärker als der des weissen
Mannes. Nichtsdestoweniger drückte er sich um jeden
weitern Versuch, unsere psychischen Kräfte zu messen, und

ich setzte ihm auch nicht weiter zu, mir noch eine zweite Gelegenheit zu geben. Auch bei dieser Zusammenkunft vermeiden wir durchaus dieses unangenehme Thema. Das Skizzenbuch wird verborgen gehalten und wir versuchen Gobila in desto unschuldigerer Weise auszuhorchen. Damit meine Fragen nicht seinen Verdacht rege machen, wird Janssen beauftragt, die nöthigen Fragen zu stellen. Gobila fragt nach Flinten — eine gute Idee — und Janssen fragt ganz harmlos, wie lange es her sei, dass die Bateke diese Waffe kennen. Der Fürst antwortet, nachdem er einen Augenblick nachgedacht, dass sein Vater mit Bogen und Pfeil und mit Wurfspeeren gefochten, Flinten aber nicht gekannt habe, und dass diese erst gegen sein Lebensende eingeführt worden seien, als Gobila noch ein kleiner Junge war. [1]

Kann er sich erinnern, dass man je von einer Zeit sprach, wo es noch keine Ananas, Orangen, Mais, Maniok oder Zuckerrohr gab? Nein; waren denn diese Dinge nicht immer bei uns zu finden? erwiedert er ungeduldig. Gobila beantwortet noch einige Fragen, beginnt dann zu gähnen,

---

[1] Gobila ist nicht der wirkliche Name des gegenwärtigen Häuptlings von Msuata. Es ist der Name eines ältern Bruders, der früher Häuptling war, aber an gelegentlichen Anfällen von Raserei oder Melancholie litt, in welchen er zu vielen seiner Lehnsleute den Kopf abschlug. Infolge davon wurde er von fast allen Landsleuten und Sklaven verlassen, welche darauf unter Führung von Gampama (dem gegenwärtigen Gobila) über den Kongo setzten und sich in Msuata niederliessen. Gampama-Gobila wird von den Bajansi auch „Mbuma" genannt, entweder weil er in der Nachbarschaft des Wabuma-Volks wohnt, oder weil er ursprünglich von dieser Rasse abstammt. „Gampama" heisst Katze in der Ki-buma-Sprache. Das Urbild des Gobila lebt noch an seinem alten Wohnort, die wenigen übriggebliebenen Unterthanen „verdünnend", zugleich als Stichwort für Grausamkeit und als Popanz, um unartige schwarze Kinder in Schrecken zu setzen.

und wir verstehen den Wink, ihn zu verlassen, und gehen weg, um eine Runde von Visiten im Dorfe zu machen.

Einer unserer Freunde, Makole, dessen Name phonetisch dem Namen des grossen englischen Geschichtschreibers gleicht, lässt uns sagen er sei krank; wollen wir hingehen ihn zu besuchen? Als wir uns einer Wohnung nähern, bemerken wir, dass etwas Besonderes vor sich geht. Das umzäunte Grundstück um Makole's Hütten ist mit grossen Palmzweigen geschmückt, welche stellenweise so ineinander verschlungen sind, dass sie grüne Bögen über dem Fussweg bilden. Der Eingang in das Haupthaus, wo die Feierlichkeit, zu welcher wir entboten sind, vor sich gehen soll, führt durch eine wirkliche Laube, so dicht sind die aufrecht stehenden Palmwedel ineinander verflochten. 39 Personen waren im Innern der Hütte zusammengedrängt, welche etwa 6 m auf 3 m gross ist. Sie spielen auf Trommeln, „Marimbas", und einer rohen Art Leier, und singen in der höchsten Stimmlage, während von ihren fast nackten Leibern der Schweiss herunterströmt; dann, um die erschöpfende Natur ihrer Beschäftigung noch zu verstärken, haben sie ein Rostfeuer mitten in der Hütte angezündet, dessen Rauch sich mit dem Dampf der menschlichen Leiber verbindet und einen dicken Nebel erzeugt, durch welchen verschiedene Einzelheiten des Innern nur unklar erkannt werden können. An dem einen Ende der Hütte können wir jedoch Makole erblicken, der krank unter einem sich über ihm wölbenden Thronhimmel von Palmzweigen sitzt und die Fusssohlen gegen die Flamme hält. Zur Seite von ihm bückt sich eine Frau über eine Schüssel Speise, welche sie zubereitet. Die ganze Zeit über verhält sich ihr Ehemann, ein starker wohlgebauter Mann im kräftigsten Mannesalter, vollständig regungslos und schweigsam, während die Schweisstropfen ihm vom Körper rieseln, und man belehrt uns, dass es für die Kur von bestimmender Wichtigkeit sei, dass er keinen Ton von sich gebe, solange der Zauber wirke.

Endlich tritt eine Erfrischungspause ein und alle Insassen der Hütte, Musiker, Weiber und der Kranke selber, gehen ins Freie, keuchend, lachend und sich den Schweiss von ihren glänzenden Leibern wischend. Krüge mit süssem, angenehm schmeckendem Palmwein von der Malebu- oder Hyphaene-Palme werden von Sklaven hereingebracht und alle Anwesenden, wir eingeschlossen, nehmen einen Trunk; auch Makole nimmt ungenirt Theil daran. Obgleich er zum Stillschweigen verbunden ist, so versteht er doch den mündlichen Willkommengruss durch höchst bezeichnendes Grinsen zu ersetzen; sein Gesicht hat er in dumm lächelnde Falten gelegt, weil er augenscheinlich von höchstem Selbstbewusstsein erfüllt ist und sich einbildet, eine interessante Figur für den weissen Mann zu sein, welcher sich als Zeugen seiner Kur bei ihm hat einführen lassen. Seine Freunde erzählen uns, er leide an Kopfweh, und zur Bestätigung weist er auf Stirn und Schläfen, welche mit weisser Farbe bemalt sind. Wahrscheinlich ist jedoch die ganze Veranstaltung nur erfunden als Vorwand für ein Zechgelage in Malafu und eine grosse Schaustellung.

Wir kehren im Kanoe nach der Station zurück; lustig und mit starker Fahrt stromabwärts rudernd.

Bei unserer Ankunft ist die Sonne dem Untergange sehr nahe und Janssen eilt deshalb nach dem Ziegenstall, um während der noch übrigen wenigen Minuten des Tageslichts dem Leopard eine Falle zu stellen. Er richtet eine Art enger „Boma", d. h. einen dreiseitigen Bau von Stöcken her, an dessen Ende ein meckerndes Zicklein an die Drücker von drei geladenen Gewehren gebunden wird, deren Mündungen den einzigen Ausgang aus der Falle beherrschen. Der Leopard soll, während er die Ziege packt, selber den Inhalt der drei Musketen in seinen Körper entladen, und daran gleichviel wo verenden.[1] Während Janssen dies alles anordnete, betrachtete ich mir den Sonnenuntergang von meiner Veranda aus. Es ist ein schönes Schauspiel, und ich muss meinem Unwillen über die Behauptungen gewisser Schriftsteller Luft machen, dass die Tropen sowol in Blumenpracht als in schönen Sonnenuntergängen den gemässigten Zonen nachstehen.

Heute ist die Bahn der Sonne etwas gestört wie die manches irdischen Monarchen. Ihre Herrschaft war zuerst unbestritten und ruhig. Dann kamen die fürchterlichen mittäglichen Kämpfe und Krämpfe, die mit einem Siege des Lichtspenders endeten, welcher den Nachmittag hindurch seines Reiches in Frieden waltete. Nun die Sonne untergeht, leben ihre Feinde wieder auf, und blutige unruhige Zeichen im Westen begleiten ihr Sinken. Das ihrem Todesopfer folgende Zwielicht dauert etwa eine halbe Stunde[2], und der Himmel verändert sich vom feurigen Roth in orangefarbenes und blasses Grün. Der Strom in seiner ganzen Ausdehnung folgt sympathisch diesen Farbenänderungen und das ganze Schauspiel ist in seiner unbestimmten Mystik darnach angethan, darüber zu träumen und zu brüten, bis die düstere Nacht mit ihrer menschenfeindlichen Dunkelheit an-

---

[1] Bei dieser Gelegenheit erhielt die Bestie die vollen Ladungen der drei Flinten, war aber dessenungeachtet, obwol durchsiebt von Kugeln, doch im Stande, über die 3 m hohe Umzäunung mit Ziege, Gewehren und allem was daranhing hinwegzuspringen, bis sie im benachbarten Felde zusammenbrach.

[2] Die Kürze des äquatorealen Zwielichts wird vielfach übertrieben: die Nacht beginnt nie eher als eine halbe Stunde nach Sonnenuntergang.

bricht. Dann liebe ich es, den Blick von dem Flusse abzuwenden und den Schein des freundlichen Lampenlichts zu begrüssen, welcher aus der offenen Thür unsers Speisezimmers hervorleuchtet. Die Sonne ist todt, lang lebe die Lampe! Gehen wir zu Tische. Der Koch kommt herein mit seiner grossen Suppenterrine, unter deren Gewicht er einherschwankt; wir werfen rasch unsere Ausgehkleider ab, putzen unsere etwas schlampig aussehenden Leiber heraus, und dann setzen wir uns hin zu der fast religiösen Feierlichkeit des weissen Mannes. Einer der Gänge verdient besondere Erwähnung — der Pisangfresser, welchen ich diesen Morgen geschossen, ist am Spiese gebraten und wird mit geröstetem Kikwanga aufgetragen. Er schmeckt delicat und seine breite Brust wetteifert im Wohlgeschmack mit dem der Schnepfe.

Nachdem die Mahlzeit vorüber ist, setzen wir uns zusammen, besprechen die Ereignisse des Tages und machen Pläne für morgen. Um 10 Uhr ziehen wir uns in unsere Gemächer zurück und bald, verkrochen hinter unsere Moskitovorhänge, verbinden wir im Traume die Ereignisse des verflossenen Tages mit den Erwartungen für die kommende Nacht.... Pang, pang, pang! Ich fahre in die Höhe — träume ich noch oder hörte ich wirklich die Schüsse der Gewehre? Während ich noch zweifelnd daliege, schleicht sich Faradschi herein und meldet, der Leopard sei erschossen. Um so besser! Morgen wollen wir ihn abhäuten; und in mein kleines Bett wieder zurücksinkend falle ich bald in Schlaf, und damit geht wieder ein Tag in Msuata zu Ende.

ELFTES KAPITEL.

HEIMWÄRTS.

Abreise vom Stanley-Pool. — Ein schwimmender Mimosenstrauch. — Eine Heerde Elefanten. — Bajansi auf dem Marsche. — Ein Blutbruder. — Von Flusspferden verfolgt. — Dschuma bringt Nachrichten aus der Heimat. — Die Berge am Stanley-Pool. — Dortige Bäume und Blumen. — Coquilhat's Willkommen in Kimpoko. — Ankunft zu Kinschascha. — Eine Audienz. — Dualla, Stanley's Premierminister. — Bankwa's Rede. — Mein Aufenthalt in Leopoldville. — Wiederum Manjanga. — Bootfahrt bis zum Meere. — Willkommen in Boma. — Ankunft zu Banana. — Abschied von meinen Sansibarern. — Zurück zur Civilisation.

Crinum zelanicum.

ELFTES KAPITEL.

HEIMWÄRTS.

Nur mit beträchtlichem Widerstreben verliess ich Msuata, um noch einmal nach Stanley-Pool zurückzukehren. Aber der Gedanke, dass ich mich damit auf die Heimreise begab, tröstete mich einigermassen über den Kummer, mit welchem ich dem obern Kongo Lebewohl sagte. An einem glänzenden Sonntag Morgen gegen Ende April trat ich meine Reise stromabwärts an mit zwei gutgebauten Negerkanoes, welche von meinen drei Sansibarleuten und einigen Krumanos gerudert werden, die Janssen mir geliehen hatte. Das erste Kanoe war mit einem Sonnenzelt und Graskissen versehen worden und das zweite enthielt mein schweres Gepäck und die Sachen, deren Verlust ich schlimmstenfalls am leichtesten verschmerzen konnte. In meinem Kanoe beherbergten einige kleine Kisten die Ueberbleibsel meiner naturgeschichtlichen Sammlungen, welche von den Ameisen und der Regenzeit verschont geblieben waren; meine Notizbücher und Skizzenhefte führte ich immer in einer Schachtel bei mir, aus Furcht, diese Ergebnisse meiner Beobachtungen zu verlieren, wenn ich sie der Obhut der Leute anvertraute.

Janssen stand auf dem schnell zurücksinkenden Ufer von Msuata, als unsere Kanoes mit 10 km Fortgang in der Stunde stromabwärts davonfuhren. Wir riefen einander „auf Wiedersehen" zu, ohne zu ahnen, dass wir uns zum letzten male sahen. Drei Monate später ertrank mein gütiger Gastgeber von Msuata gegenüber seiner Station. Dieses traurige Ende einer glänzenden Laufbahn konnte ich nicht vorhersehen, darum nahm ich wohlgemuth und leichten Herzens Abschied. Die Sonne schien hell von dem blass-blauen, nicht von dem leichtesten Wölkchen getrübten Himmel herab, und ihre Hitze wurde von einem sehr leichten, von Westen kommenden Lufthauch gemildert, der mir wie eine Botschaft von dem sehnlichst zu begrüssenden Meere dünkte. Ueberall gab sich ein deutliches Streben nach lauter Thätigkeit kund. Die Königsfischer und Rohrdommeln hatten nie so eifrig gejagt, noch so lustig bei jedem Fange geschrien. Die grauen Papageien rückten zu ihrem täglichen Ausfluge aus und pfiffen melodisch, als sie über unsere Köpfe schwirrten. Selbst die Fische sprangen in lustigen silberfarbigen Haufen um den Bug des dahineilenden Kanoes. Die Leute sangen und die Riemen spalteten das Wasser so energisch unter ihren kräftigen Schlägen, dass meine Zufriedenheit höchstens durch das gelegentliche Sprühwasser gestört wurde, welches sie über mich und meine Sachen ergossen. Aber ich mochte ihre Ausgelassenheit nicht tadeln. Sie stimmte gar zu sehr zu der eigenen Freude, dass es heimwärts ging. Zuweilen fuhren wir um die Wette mit den schwimmenden Inseln von Schilf und Rohr, und schlugen sie; aber sie ergaben sich gern in ihr Schicksal, weil sie ja wussten, dass sie uns über Nacht leicht wieder einholen würden; ein anderes mal fuhren wir an armseligen taumelnden Bäumen vorbei, die mit ihren Wurzeln ausgerissen, nun die Träger von Farrn, Gräsern und Schmarotzerpflanzen geworden waren, welche hier rein verwilderten in dem heftigen Strom, der sie in die Runde wirbelte, von einer Seite zur andern stiess, sie über Kopf rollte und seine bedauernswerthen Gefangenen mit grausamem Griff davonführte. Einer dieser ausgerissenen Baumstämme war eine Species Mimose, deren Zweige noch reichbelaubt und mit schönen gelben Blüten bedeckt waren. Obendrein führte sie eine ganze kleine Bevölkerung auf ihrem Wege mit sich. Ich bemerkte drei Eidechsen, welche in den Zweigen auf- und abliefen, einige Schmetterlinge, die auf den wohlriechenden Blüten sassen, und zwei Bachstelzen, welche sich sonnten und sich putzten, als ob sie den schwimmenden Baumstamm zu ihrer zeitweiligen Heimat erwählt hätten.[1] Ich begann zu glauben, dass meine

---

[1] Auf vielen Flüssen dienen diese schwimmenden Bäume als die grossen Mittel zur Verbreitung der Arten.

Tagesreise köstlich ruhig verlaufen sollte, ohne daran zu
denken, dass in Afrika angenehme Vermuthungen selten erfüllt werden. Gegen Mittag sammelten sich Wolken im
Osten an, aus welchem Himmelsstrich in diesem Theil der
Kongolandschaft stets der Regen zu kommen pflegt. Der
Wind wehte freilich aus entgegengesetzter Richtung, aber
der hat nur geringen Einfluss auf den herannahenden Sturm,
der rasch den Himmel mit einem blauschwarzen Schleier be-
deckte: afrikanische Stürme treten eben zu gebieterisch auf,
als dass sie sich um die Richtung des vorherrschenden
Windes kümmern sollten. In ihrem schwarzen Innern bergen sie den eigenen Orkan für sich, welcher in fürchterlichen
Stössen brüllend vor ihnen aufgeht und die schüchterne
Briese, welche den Regen schwächlich zurückhält, zu tief-
stem Stillschweigen verurtheilt. Als darum das Auge des
Sturms, eine wirbelnde Masse grauer Wolken um einen
dunkeln Mittelpunkt, sich vor uns erhob, hielten wir weise
ab nach einer Sandbank, banden die Kanoes an einige starke
Bäume und beugten dann ergeben unsere Häupter vor dem
über uns hinwegrasenden Unwetter. Der Sturm hörte nach
einer kurzen halben Stunde auf, nicht aber der Regen, welcher unaufhörlich niederrieselte; ich war jedoch zu ungeduldig
und gestattete deswegen keinen weitern Aufenthalt, sondern
liess die Leute wieder zu den Riemen greifen. Trotz des
schlechten Wetters legten wir ein beträchtliches Stück Weges
zurück. Ungefähr um $1/_2$ 6 Uhr ruderten wir längs einer
sehr langen schmalen Insel hin, um einen passenden Lagerplatz zu suchen, als ich nicht zehn Meter von mir einen grossen
Elefanten mit mässig starken Fangzähnen entdeckte, welcher im hohen Grase am Rande des Wassers stand. Er
stach prächtig ab gegen die anmuthigen graugrünen Hyphaene-
palmen, die einen künstlerisch richtigen Hintergrund abgaben.

Ich schoss nicht auf ihn, weil erstlich dann das Bild verdorben wäre und zweitens eine Kugel aus einer Winchesterflinte ihm nur wenig zu Leide thun konnte. Wir hielten an und beobachteten wol fünf Minuten lang das mächtige Thier, welches seinerseits nicht die geringste Notiz von uns nahm. Seine Farbe sah gegen das Laub ganz grauweiss aus (der Rückenwirbel hatte sogar noch hellern Ton) und die sehr hübsche Zusammenstellung gab eine Gruppe von grosser Wirkung. Wir hörten andere Elefanten im Innern der Insel Bäume und Zweige niederbrechen und, seltsam genug, um dieses einsame Thier auf dem Strande lagen verschiedene Hyphaene-Palmen niedergelegt, die der gefrässige Elefant wegen ihrer runden gelben Früchte, welche er leidenschaftlich liebt, abgebrochen hatte. Die Elefantenheerde muss schwimmend diese Insel erreicht haben, weil selbst in der trockenen Jahreszeit zwischen ihr und dem Festland sich Wasser, ja sogar ein tiefer Kanal befindet. Die Insel ist ziemlich gross und mit über tausend Palmbäumen bestanden.

Wir landeten in geringer Entfernung von der Stelle, wo ich den Elefant gesehen, und schlugen für diese Nacht unser Lager auf einem sehr kleinen Landstreifen auf, welcher unglücklicherweise gar keinen Halt bot, sodass ich während der Nacht beständig mit den Füssen voran aus meinem Bett rutschte. Dazu Myriaden Moskitos und die Aussichten erschienen trostlos genug, wie man zugeben wird; nichtsdestoweniger verlebte ich einen leidlich angenehmen Abend. Die Suppe war vorzüglich gelungen und ausserdem hatte Janssen mir etwas delicaten wilden Honig mitgegeben, der eine angenehme Abwechselung in das Abendbrot brachte.

Am Morgen nach dem Sturme hingen schmutzige Regenwolken am Himmel, aber die Sonne überwältigte sie bald und

der Tag wurde schön und heiss. Gegen Mittag baten die
Leute um einen kurzen Halt bei einem grossen Dorfe auf
dem südlichen Ufer des Kongo, um Vorräthe einzukaufen.
Ich bewilligte eine Viertelstunde zu diesem Zweck und ging
selber auch ans Land, um einige reisende Bajansi zu besuchen, welche am Strande ein Lager aufgeschlagen hatten.
Es war dieselbe Gesellschaft, welche einige Tage zuvor in
Msuata angelegt hatte, um zu handeln, und deshalb stürzten
alle mit grossem Geschrei auf mich los, als sie mich erkannt
hatten. Ihr Gruss kam in der That von Herzen. Sie klopften mir auf den Rücken, schüttelten mir kräftig die Hände
und geleiteten mich dann zur Besichtigung ihres Lagers.
Diese Leute verstehen es wahrhaftig, wie man nach Massgabe
seiner Mittel bequem zu reisen hat. Eine Anzahl kleiner —
wie soll ich sie nennen? — Zelte, Schuppen, Hütten waren
aus Matten hergestellt, die den Regen nicht durchlassen und
äusserlich wie kleine Gewölbe oder abgeflachte Halbkugeln
aussehen. Der Boden unter diesem Schutzdache war ebenfalls zierlich mit Matten belegt und im Innern der Hütte
sah man den „Fetisch" oder kleinen Hausgott des Be-
sitzers, seine Pfeife, sein Schlummer- oder Kopfkissen, seine
Flinte, wenn er eine hatte, und verschiedenes nützliches
Mancherlei, alles niedlich aufgeputzt mit Thierhäuten und
selbstgefertigtem Tuch. Ich kaufte von einem Mann ein
Schlummerkissen für ein zerrissenes altes Halstuch, welches
ich gerade kurz zuvor als werthlos in den Kongo hatte
werfen wollen.

Die Leute übergeben sich hier gekörntes Salz auf grossen
Blättern. Sie essen es allein und mit ausserordentlichem
Wohlbehagen. Einer dieser Bajansi-Leute, welchen ich vorher in Msuata angetroffen hatte, wurde, nachdem ich ihm
einige Prisen Tafelsalz — für sie eine unbeschreibliche

Delicatesse — geschenkt hatte, so zuthunlich, dass er mich bat, sein „Blutsbruder" zu werden. Ich willigte halb lachend ein, worauf er sein Messer nahm und mit der Spitze desselben mir die Haut auf dem Vorderarme leicht ritzte, als ob er mich impfen wollte. Als einige Tropfen Blut in der Ritzwunde sichtbar wurden, sog er sie gierig auf, wiederholte dann denselben Process auf seinem eigenen Arm und lud mich ein, meine Lippen an die Wunde zu legen. Ich that so, als ob ich ihm willfahrte, und dann endete die Feierlichkeit mit dem Austausch von Geschenken und gegenseitigen Versicherungen ewiger Freundschaft. Ich habe diesen meinen Blutsbruder nicht wieder gesehen seit dem Tage als er mir zulächelte, wie wir in unsern Kanoes vom Ufer ins Wasser glitten, möchte aber wol wissen, ob er mich wiedererkennen würde, falls wir uns noch einmal begegnen sollten.

Kurz nachdem wir diesen Platz verlassen und ein kleines Vorgebirge umschifft hatten, stiessen wir ganz plötzlich auf eine Heerde Flusspferde, welche sich auf einer Sandbank sonnten. Drei von ihnen machten überlegterweise Jagd auf uns im ersten Kanoe; wir liessen sie aber lachend bald hinter uns, worauf sie sich umdrehten und auf das Gepäckboot zuschwammen, welches hinterherkam. Einen Augenblick ängstigte ich mich um mein Gepäck, aber die Leute ruderten auf den freien Strom hinaus, und die Flusspferde, welche einer Jagd von hinten nicht gewachsen oder zugethan waren, standen davon ab und kehrten zu den übrigen zurück. Freilich liefen die Leute, indem sie nach der Mitte der Strömung auswichen, Gefahr in Stromwirbel zu gerathen, dieselben lassen sich aber durch etwas geschicktes Steuern leicht vermeiden; dagegen war es ergötzlich zu sehen, wie eins der verfolgenden Flusspferde von einem schaumbedeckten Wirbel erfasst und darin herumgerissen wurde, bis es ohne Zweifel ganz schwindelig geworden war. Die Flusspferde sind auf dem Kongo so kühn und unbefangen, dass sie für die Kanoes wirklich gefährlich werden. Man weiss nie, ob man schiessen soll oder nicht. Trifft man und tödtet die Bestie nicht gründlich, so nimmt sie den Schützen an um sich zu rächen, und schiesst man nicht, so kann sie in einem Anfall reiner Bosheit das Fahrzeug in Havarie bringen.

Heute ruderten wir lange und weithin. Das Wetter war so schön, das Wasser so schlicht, und die Landschaft so lieblich, dass, wie ich im Vordertheil des Kanoes liegend, den Kopf auf meinem Schlummerkissen, die Gruppen der Hyphaene-Palmen betrachtete und die herabhängenden Zweige an mir vorüberglitten — ein schönes, wenn auch etwas einförmiges Schauspiel — die Unruhe und Gefahr der Kanoereise mir sehr unbedeutend, das Vergnügen dagegen sehr gross erschienen. Ich war auch im Stande, nicht weniger als drei getrennte Gewitterstürme im Norden, Osten und Süden von uns dahinziehen zu sehen und ihre grossen Regenschleier zu beobachten, mit denen sie die Luft überschwemmten und sich buchstäblich ausströmten, bis sie zuletzt zu einem dünnen Vorhang wurden, durch welchen man die entfernten Landschaften wie durch einen Schleier von doppelter Gaze sich betrachten konnte. Wir entgingen ihnen glücklicherweise, ohne einen Tropfen abzubekommen, was ein grosses Glück für uns war.

Gegen 5 Uhr desselben Nachmittags machten wir halt und landeten auf einem Streifen sandigen Strandes, der von hohem Grase und verkrüppelten Bäumen umgeben war, während die schönen Berge am jenseitigen Ufer sich dicht bewaldet über das Wasser erhoben, gerade wie an den Ufern eines schottischen Sees. Der Strom verengt sich hier merklich und scheint von Hügeln eingeschlossen zu sein. Ich sass am Strande mit Zeichnen beschäftigt, als ich einen Mann ausrufen hörte, dass Dschuma käme. Dschuma war ein Sansibarer, den Janssen kürzlich mit Briefen an Stanley nach Leopoldville abgeschickt hatte, und welcher jetzt nach Msuata zurückkehrte. Ich machte mir wenig Hoffnung auf Briefe, da ich so oft enttäuscht worden war, freute mich daher um so mehr, als Dschuma mir ein grosses Packet einhändigte, welches diese für mich unbezahlbaren Schätze enthielt. Briefe aus Europa hatte ich lange Monate hindurch nicht erhalten und jetzt lagen Dutzende in meinem Schos. Allerlei Zeitungsnummern starrten mich an aus ihren zerknitterten Umschlägen, als ob sie erstaunt wären, sich vielleicht zum ersten mal am obern Kongo wiederzufinden. Ich verlebte natürlich einen sehr glücklichen Abend und meine Leute desgleichen, nachdem ich in Anbetracht des glücklichen Zusammentreffens mit freigebiger Hand Lebensmittel ausgetheilt hatte.

Am nächsten Tage war unsere Reise verhältnissmässig ereignisslos. Die Fliegen waren ganz besonders lästig, besonders eine grosse braune Art, welche grausam zubeisst. Sie schienen an Zahl zuzunehmen, je mehr wir uns dem Stanley-Pool näherten.

Ich machte eine Weile halt, um einige weisse Lilien[1] zu zeichnen, welche zahlreich an den Flussufern wachsen und mit ihren schlanken Stengeln voll zart weisser Blumen um diese Jahreszeit sehr die Aufmerksamkeit auf sich lenken. Nachmittags ruderten wir in den „Pfuhl" hinein, dessen imposanter Anblick mir mehr als je zuvor auffiel. Ich kann mir ganz gut denken, dass Stanley bei seiner Thalfahrt im Jahre 1877 geglaubt hat, in irgendeinen grossen See oder ein binnenländisches

---

[1] *Crinum zelanicum*. Eine im mittlern Afrika ganz gewöhnliche Lilie, sehr wohlriechend und stets gedrängt voll Fliegen und Bienen.

Gewässer hineinzufahren, als er den klaren Wasserhorizont sich vor seinen Augen ausbreiten sah.

Der Pflanzenwuchs, welcher die steilen Abhänge an dem südlichen Ufer des Stanley-Pool bekleidet, da wo der obere Strom in ihn eintritt, ist eins der grossartigsten Schauspiele, welche der Kongo bietet. Fast senkrecht aus dem Wasser aufsteigend klimmt der Wald die Berghänge hinan, höher als das Auge reichen kann und ohne eine einzige Unterbrechung in seiner Ueppigkeit. Die Verschiedenartigkeit der Farben ist ganz besonders überraschend in dieser Jahreszeit, da fast alle Bäume in Blüte stehen. Ein Baumwipfel ist mit scharlachrothen Blumen bedeckt, welche von freigebiger Hand darüber ausgestreut scheinen; ein anderer lässt blassweisse Blüten anmuthig an langen Stengeln mitten durch dunkle Laubmassen senkrecht herunterhängen, während Schlingpflanzen von ungewöhnlicher Grösse ihre gelben und purpurnen Blüten über die von ihnen umschlungenen Opfer hinausstrecken. In dieser Stufenfolge von grünem Laube ist jede Schattirung vertreten, und auch die Bäume, welche dieses massenhafte Laub tragen, verändern ihre Farbe von blaugrün nach grünlichgelb und von grünlichweiss nach braunroth, und unterscheiden sich ebenfalls in Form und Aussehen von einander. Während einige geschlossene Massen von Laubwerk bilden, wachsen andere einsam und in unordentlichen Haufen auf. Schöne Mimosen beherrschen ihre Nachbarn, die in Laub von dunkelgrünem Sammt gekleidet sind; Dracaenen erheben hier und da ihre spitzen Häupter hoch über die weichen grünen Massen empor. Die grossen glatten Blätter eines Feigenbaums wechseln ab mit den federigen Palmwedeln, während zahlreiche Baumstämme völlig verhüllt werden von einem Netze von Schlingpflanzen, welche sie wie ein vegetabilisches Spinnengewebe verdecken. Die Calamuspalme bildet einen Zaun wie von Pfählen, indem sie am Rande des Wassers gerade aufsteigt und wirksam den Zugang zu diesen feenhaften Wäldern zu verbieten scheint, während längs des Saums des Flusses Reihen weisser Lilien wie Schildwachen dastehen, um zu bezeugen, dass die Grenze noch nicht überschritten ist.

Noch vor Abendzeit erreichten wir Kimpoko, eine neuerdings am nördlichen Eingange zum Stanley-Pool angelegte Station. Dort begrüsste mich beim Landen das freundliche Gesicht von Lieutenant Coquilhat, und nach einer viermonatlichen Entfernung von allem was mit der Aussenwelt zusammenhängt, verhinderte diese Rückkehr zu den Grenzen der Civilisation (welche nach Stanley jetzt am Stanley-Pool liegen) mich bis spät in die Nacht vollständig am Einschlafen, weil ich den armen Coquilhat beständig erzählen liess und mit ihm die europäischen Ereignisse eines halben Jahres durchging.

Am folgenden Tag setzte ich meine Reise nach Leopoldville wieder fort und fuhr drei Stunden lang zwischen Inseln und Sandbänken und auf den grossen stillen Wassern des Pfuhls dahin. Die „Dover-Klippen" glitzerten in der Morgensonne mit ihrem blendenden kalkartigen Scheine, und sahen mit dem weichen grünen Grase, welches die scharf abgeschnittenen Ränder krönte, ganz englisch aus. Ich kam gegen Mittag in Kinschascha an und sah dort den „Royal" und eine ganze Flotte anderer Boote. Stanley war hier, wie man mir erzählte, um eine Besprechung abzuhalten. Ich landete, wanderte durch hohes üppiges Gras an den vielen von ihren Bewohnern verlassenen Negerhäusern vorbei, bis nach dem Mittelpunkt der Ansiedelung hinauf, einem grossen, von hohen Pallisaden umschlossenen Raume, wo unter dem Schatten prächtiger Affenbrotbäume und in einem grünen zierlichen Kreise von Palmwedeln und Schlingpflanzen eine ganz imposante Berathung vor sich ging. Ein roher Kreis oder Amphitheater von menschlichen Wesen war gebildet, die innern Reihen sitzend und aufmerksam theilnehmend, die andern, welche eine niedrigere Stufe auf der Gesellschaftsleiter zu einem weniger hervorragenden

Die Insel gegenüber Kinschascha.

Platze verurtheilte, stehend, mit den Waffen um Brust und Hals, in der schlaff sorglosen Weise, die diesem Volke so gut ansteht. Einander gegenüber in diesem Kreise sassen zwei wichtige Gruppen, welche abwechselnd die grösste Beachtung herausforderten. Die höchsten Spitzen der Gesellschaft, der weissen wie der schwarzen, sassen hier zu ernster Berathung. Auf zwei stolzen Leopardfellen hatten sich die beiden bedeutendsten Zaunkönige der Umgegend niedergelassen. Der eine war ein alter Mann mit eingefallenen Backen, aber mit einem feinen Gesicht; der andere war eine sehr schwere gewöhnlich aussehende Persönlichkeit, die nur wenig sprach und deren einfältiges Schweigen augenscheinlich einen Mangel geistiger Kraft verrieth. Ihnen gegenüber sass „Bula Matade", der Chef von Kopf zu Fuss, mit seinem entschlossenen Blick und grauem Haar, das Staatsschwert umgegürtet. Zu seiner Linken sass ein junger belgischer Offizier, das günstige Resultat der Berathung über die Gründung einer Station zu Kinschascha abwartend; und zu Stanley's Füssen sass Dualla, erster Minister, Dolmetscher und Berather zugleich, überredend, überzeugend und den schwarzen Brüdern des „Steine zerbrechenden" Anführers schmeichelnd, damit sie seinen Wünschen sich fügten. Nachdem ich mit Stanley flüchtige Grüsse gewechselt und an seiner Seite Platz genommen hatte, ging die von mir momentan unterbrochene Berathung weiter ihren Gang. Bankwa, ein dem Plane Stanley's, eine Station zu Kinschascha zu erbauen und anzulegen, abgeneigter Häuptling, stand auf und hielt eine längere Rede, in welcher er die beiden Fürsten auf den zwei Leopardfellen eindringlich ermahnte, sich nicht mit den weissen Männern abzugeben. „Heute", sagte er, „senden sie nur einen weissen Mann hierher, aber nächstes Jahr kommen zwanzig andere, und weil wir dem einen Land gegeben haben, müssen wir dasselbe allen andern geben; und auf diese Art wird Kinschascha bald den weissen Männern gehören, wie Kintamo (Leopoldville) ihnen bereits gehört." In diesen Bemerkungen Bankwa's lag ein gut Theil Wahrheit, aber unglücklicherweise konnte er nicht über das gegenwärtige Geschenk hinausblicken und aus seinem innern Bewusstsein ein Bild der materiellen Vortheile heraufbeschwören, welche dem Volke von Kinschascha aus der Niederlassung der Civilisation in seiner Mitte erwachsen würden. So wurde sein Widerstand überstimmt, und das Resultat der Besprechung, die Erlaubniss Land zu kaufen und eine Station zu gründen, war Stanley günstig. Dann wurden Geschenke ausgetauscht und wir fuhren auf dem Dampfer ab, wobei das entzückte Volk uns unzähligemal „Mbote" nachrief, solange bis es heiser war.

Noch einmal erhob sich Cap Kallina vor meinen Augen und weiterhin erblickte ich die vielen Gebäude von Leopoldville und die den Hügel von Ntamo überragende Baptisten-Mission. Als ich mit Stanley in dem kleinen Hafen der Station landete und den steilen Aufstieg durch das sansibarer Dorf und die schönen Bananengruppen hinaufwanderte, sah der ganze Ort so heimisch anmuthend aus, wie er im milden Abendsonnenlicht gebadet vor uns lag, umgeben von so vielen Zeichen der Civilisation und Bequemlichkeit, die meinen so lange an die Wildniss gewöhnten Augen fremd geworden waren. Aber es war doch nicht alles unverändert geblieben, seit ich Leopoldville zu Anfang des Jahres verlassen hatte. Neue Gebäude hatten sich erhoben, neue Gesichter blickten mich an und viele alte waren von der Bühne verschwunden.

Ich verweilte nahezu zehn Tage mit Stanley zu Leopoldville und genoss seine Gastfreundschaft aus dem Vollen. Bei einer reichen Zahl Bücher, guter Kost und der Unterhaltung des Gastgebers verfloss die Zeit nur zu rasch, und ich fühlte mich in der That einsam und verlassen, als ich meine Reise zur Küste wieder aufnahm.

Wir brauchten fünf Tage zur Rückfahrt nach Manjanga, wo unter dem Dach meines guten Freundes Nilis eine Weile gerastet wurde, weil das Klima anfing an meiner Gesundheit zu nagen und einige wenige Tage beständiger Arbeit mich sehr anstrengten und ermüdeten. Darauf kamen wir in zwei Tagen mit einem Walfischboot den Kongo hinunter bis Isangila, wo ich viele alte Freunde antraf, nebst einigen neuen Ankömmlingen, welche auf dem Wege nach dem obern Strome waren. Hier fand ich auch den reizenden und gescheiten Abbé Guillot, den Pionnier der französisch-algerischen Missionen an dem obern Kongo, der einige Monate später mit dem armen Janssen in dem tückischen Strome ertrank. Nach nur einem Nachtlager verliess ich Isangila, um nach Vivi, der letzten Station unserer Fussreise, zu marschiren. Obgleich es schon Mai war, so herrschte die Regenzeit noch in voller Macht; in der ersten Nacht diesseits Isangila bestanden wir ein fürchterliches Regenwetter. Ausser meinen drei treuen Sansibarern hatte ich nur einige wenige erbärmliche Träger, und zwar faule und halsstarrige Kabindas. Als der Regen begann, machten sie in der Stille auf dem Wege halt, bereiteten sich ein Schutzdach von Zweigen und blieben für die Nacht mit meinem Gepäck an Ort und Stelle, während ich in der Front ihnen voraufgegangen war; ich war infolge dessen genöthigt die Nacht zuzubringen ohne besondern Schutz gegen den Regen und ohne irgendwelche Nahrung. Ich erreichte jedoch endlich Vivi nach dreitägigem Marsche, ohne mich weiter beklagen zu müssen, ausser dass ich von der Anstrengung erschöpft war; aber die stillen Wochen beständiger Ruhe dort gaben mir bald meine Kräfte wieder.

Während meines Aufenthalts in Vivi besuchte ich die Wasserfälle von Jellala, wie ich es im dritten Kapitel beschrieben habe, und machte einige andere Ausflüge in die Umgegend. Als dann der Termin der Ankunft des oceanischen Dampfers heranrückte, schiffte ich mich in einem Walfischboot ein, welches der Station gehörte (der kleine

Flussdampfer der Station war gerade in Reparatur), und fuhr mit meiner Mannschaft von Sansibarern und Krujungen langsam nach See hinunter. Diese Reise, welche gewöhnlich 10—12 Stunden dauert, kostete uns drei Tage, und war wegen eines andauernden Anfalls von Rheumatismus nicht übermässig angenehm. Am ersten Abend wollten wir Boma mit Sonnenuntergang erreichen, aber infolge schwieriger Verwickelungen quälten wir uns mühsam den stets breiter werdenden Strom hinunter und suchten noch um 10 Uhr abends unsern unsichern Weg durch die Sandbänke.

Endlich ging der Mond roth und düster auf, in seinem letzten Viertel wie ein angeschnittener holländischer Käse aussehend, und zeigte uns deutlicher unsern Weg zwischen den waldigen Inseln hindurch, welche die Mitte des Stromes einnahmen. Wir landeten bei dem ersten Hause, welches wir von Boma entdecken konnten und das sich glücklicherweise als die Factorei der Herren Hatton und Cookson erwies. Obwol den Insassen des Hauses vollständig unbekannt, fand ich hier doch eine sehr freundliche Aufnahme, wie ich sie stets bei den englischen und englisch-portugiesischen Häusern in Afrika gefunden habe. Obgleich die Nacht schon weit vorgerückt war, so wurde der Koch aus seinem Schlafe geweckt und die Herren vom Hause beeiferten sich, es mir bequem zu machen. Ich ging zuerst zu Bett, weil ein Fieberanfall drohte; später jedoch verbannte ein köstliches Mahl von duftendem Thee und kalter Wildente, welches neben meinem Bett aufgetragen wurde, die ersten vorbereitenden Fieberschauer und nachher fand ich im Schlaf eine süsse Stärkung. Am andern Morgen frühstückte ich bei Herrn Gillis, einem belgischen Kaufmann von Boma, und setzte dann meinen Weg nach Ponta da Lenha fort. Auch hier kam ich spät am Abend an, aber zu dieser Zeit wurde unsere Fahrstrasse ausnahmsweise von grossen Grasfeuern erhellt, welche von den entfernten Hügeln in lebhaften Feuergarben hinunterleuchteten.

Etwas unterhalb Ponta da Lenha legen die Mangroven Zeugniss davon ab, dass die Herrschaft des Brackwassers beginnt, und der Fluss verbreitert sich so, dass das jenseitige Ufer fast unsichtbar wird; die vielen Inseln folgen einander in geschlossener Reihe, sodass sie oft wie das Festland des andern Ufers aussehen. Darauf passiren wir, vom Strome fortgerissen, Kissange in fliegender Fahrt; eine frische Briese weht uns den Hauch des Oceans entgegen und in weiter Ferne erkennen wir die weissen Häuser von Banana und dahinter den freien Horizont des Atlantischen Oceans.

Auf den portugiesischen Dampfer wartend verweilte ich drei Tage zu Banana und brachte die Zeit hin mit dem Aussuchen von Geschenken für meine drei Sansibarer aus den Vorräthen des holländischen Kaufhauses. Jeder Mann empfing eine wollene Bettdecke, eine Pfeife, eine Rolle Taback und einen Tabacksbeutel, ein Taschenmesser, eine Schere und einen Spiegel; ausserdem erhielt jeder etwas Geld, mit der strengen Ermahnung, es zu sparen und es erst am Tage der Rückkehr nach Sansibar auszugeben.

Während dieser wenigen Tage zu Banana war ich der Gegenstand vieler Freundschaftsbeweise seitens des Herrn Sartou von der französischen Factorei und der alten Bekanntschaften im holländischen Hause; dennoch erschienen mir die nahe Rückkehr nach civilisirten Ländern und der leichte Vorgeschmack der Civilisation, welchen ich in Banana genoss, nicht so begehrenswerth, als ich bisher angenommen hatte. Ich empfand eine entschiedene Sehnsucht nach dem ruhigen einfachen Leben in Msuata und auf dem obern Fluss, und wurde traurig über die bevorstehende

Trennung von meinen drei treuen Begleitern, mit denen meine letzten afrikanischen Wanderungen so unlösbar und glücklich verbunden gewesen waren. Von dem Tage an, als ich diese Leute zuerst in der Vorhalle von Stanley's Haus zu Vivi erblickt hatte, war zwischen uns eine wirkliche gegenseitige Neigung entstanden. Diese Leute waren mir mehr als blosse Diener; sie waren meine Freunde und Vertrauten, welche meine Freude theilten, wenn ich lustig war, und nachsichtig meine Laune ertrugen, wenn ich verdriesslich war; welche mich nährten, wenn ich krank war, für mich wuschen, für mich kochten und mir meine Kleider ausbesserten; welche über meine Interessen wachten, mich nie um einen Pfennig betrogen oder nur je eine Unwahrheit sagten. Wenn Faradschi, Mafta und Imbono als gute Vertreter der semitisch angehauchten Negerbevölkerung Ostafrikas gelten dürfen, so wird nach meiner Ansicht diese Mischrasse dazu bestimmt sein, bei der Aufschliessung von Afrika wichtige Dienste zu leisten. Die Beimischung arabischen Blutes und arabischer Cultur gibt den Suaheli eine Festigkeit und Männlichkeit, welche selbst den besten Rassen der ungemischten Negerstämme abgeht. Die Kongovölker z. B. sind in der Regel liebenswürdig und sanftmüthig, aber im Grunde kann man selten auf sie bauen. Es liegt so etwas ungemein Kindisches in dem Charakter der Neger. Liebe zum Schwatzen, das Verlangen, bei jeder Gelegenheit sich auf die erste Stelle zu drängen, eine Naivetät des Betragens, welche zuweilen sehr belustigend ist, dann aber auch wieder höchst lästig wird, wenn man nicht länger belustigt sein will und nach etwas Verlässlicherm ausschaut, als nach blos einfacher Denkweise. Alle diese Züge findet man in denjenigen schwarzen Rassen Afrikas, welche aus dem reinen Neger- oder Bantu-Stamme herrühren; dagegen findet man in dem halbsemitischen Volke von Sansibar Männer von Gedanken und Ueberlegung, welche man als Rathgeber und Vertraute benutzen kann; Männer, welche wirklich einer eifrigen Dienstleistung und einer uneigennützigen Zuneigung fähig sind, und für welche Dankbarkeit ein Gedanke ist, der sowol ihrem Verstande als ihrer Zunge geläufig werden kann.

An Bord des Postdampfers „Portugal" angekommen, befand ich mich nach mehrmonatlicher Abwesenheit ausserhalb der Grenzen der Civilisation einmal wieder zwischen modisch gekleideten Menschen. Frisch von Europa und zum ersten mal auf ihrer Reise den afrikanischen Continent berührend, beschauten sie mich neugierig, wie ich in meinem zerlumpten Aufzuge und in schwerfälligen Stiefeln auf dem Deck umherging, und ich wurde wirklich recht empfindlich über ihre Musterung. Faradschi, Mafta und Imbono hatten mir zum letzten mal die Hand gedrückt und das Boot, welches sie zurückführte, verschwand rasch aus meinen Augen in den Abendnebeln, welche die sumpfige Küste einhüllten; die Krujungen, welche mich von Vivi her begleitet hatten, waren auch fortgegangen, um eiligst ihre kleinen Geldgeschenke zu vergeuden, die ich ihnen gegeben hatte; ich fühlte mich einsam und verlassen — etwa wie ein gefallener Potentat. Hier waren Menschen, die, weit entfernt vor meinen Stirnrunzeln zu erschrecken, unbeweglich mich anstarrten und meine Eigenthümlichkeiten mit ihren unverschämten Lorgnetten ruhig beäugelten. Die Aufwärter waren alles andere als unterwürfig und erkundigten sich bedeutungsvoll nach meinem Billet erster Klasse. Ich durchwühlte indessen meine vom Wetter stark mitgenommenen Koffer und fand in ihnen einige Ueberreste respectabler Kleidungsstücke, wie sie etwa für einen anständigen armen Mann passen würden; als ich mich jedoch am Ende einer langen Table-d'hôte neben den pikfeinen

JOHNSTON, Der Kongo. 18

portugiesischen Beamten und ihren Frauen niedersetzte, welche
in ihr afrikanisches Exil so viel von dem Duft des modischen
lissaboner Lebens mit sich führten, als sie an ihren Personen
tragen konnten, kam ich mir vor wie ein grosser Barbar und
wünschte mich fast nach dem Innern Afrikas zurück, wo ich
wieder einmal den Ton angeben könnte. Indessen nach zwei-
tägiger Dampferfahrt öffnete sich vor uns die schöne Bai von
Loanda und ich wusste mich wieder unter Freunden. Ich
stieg eilends die sandigen Strassen hinauf zu einem blau und
weissen Hause, hoch oben auf einer die Stadt beherrschenden
Anhöhe, von dessen Dach die englische Flagge sich stolz in
die stillen Lüfte erhob. Der Consul blickte gerade aus dem
Fenster seines Studirzimmers und hielt mich bald für einen
Bettler, bald für einen „Degredado", welcher um Arbeit zu
bitten kam; als ich aber zu ihm aufschaute und zu lachen
anfing, bewillkommnete er mich als einen von den Todten
Auferstandenen (vielleicht noch herzlicher als in solchem
Fall), und unter seinem gastfreien Dache erhielt ich einen
glücklichen Vorgeschmack von einem englischen Heim.

ZWÖLFTES KAPITEL.

KLIMA UND NATURGESCHICHTE.

Die ungesunden Gegenden. — Trinkwasser. — Vorsichtsmassregeln gegen den Sonnenstich. — Wie man am Kongo leben soll. — Die Feuchtigkeit. — Die Regenzeit. — Smokes. — Pausen in der Regenzeit. — Die trockene Jahreszeit. — Der afrikanische Frühling. — Der Vorsommer. — Heftigkeit der Stürme. — Der Herbst. — Geologie der Gegend. — Metalle. — Flora und Fauna. — Der Strom ist keine natürliche Grenze. — Die hauptsächlich vertretenen botanischen Familien. — Die Palmen. — Verzeichniss der charakteristischen Exemplare meiner Sammlung. — Farbe und Geruch.

Camoensia maxima.

ZWÖLFTES KAPITEL.

KLIMA UND NATURGESCHICHTE. — BOTANIK.

Das Klima des westlichen Kongogebiets ist natürlich verschieden, indem es, je nach den vom Strome durchflossenen Gegenden, bald gesunder bald heisser wird; im ganzen darf man es aber als entschieden besser bezeichnen, als das der Gegenden am Niger oder an der Goldküste. Das durchgängige Fehlen sumpfiger Striche an seinen Ufern ist zweifellos die Ursache der weniger bösartigen Fieber, und die regelmässigen kühlen Winde aus dem Südatlantic

mässigen in hohem Grade die tropische Hitze. Der Strom
ist vielleicht zwischen Boma und dem Meere am wenigsten
gesund, ohne Frage infolge der Mangrove-Sümpfe, welche
unvermeidlich die Ausweitung des Stromes bis zu seiner
Mündung begleiten. Boma selber ist entschieden ungesund.
Es ist der heisseste Ort am Kongo und von vielen Sümpfen
umschlossen. Nach Vivi zu wird es merklich kühler wegen
der grössern Meereshöhe; das Klima wird überhaupt gesunder, je höher man den Fluss hinaufgeht. Eine Beihülfe
zur Gesundheit liefert das herrliche Trinkwasser, welches
überall oberhalb Boma zu bekommen ist; nicht das Wasser
des Kongo — welches obwol gesund doch einen unangenehm
süssen Geschmack hat — sondern das Wasser aus den unzähligen Rinnsalen und Flüsschen, welche überall herunter
rieseln, sowol in der trockenen als in der nassen Jahreszeit,
das ganze Jahr hindurch. Deshalb ist Dysenterie oberhalb
Vivi fast unbekannt. Die vorherrschende Krankheitsform
ist das gewöhnliche afrikanische Fieber, welches den befällt,
der sich der Sonne zu sehr aussetzt oder sich nicht vor
plötzlicher Abkühlung hütet. Die gefährlichste Krankheit
ist das Gallenfieber, die „*febre perniciosa*" der Portugiesen,
das aber nur den ergreift, welcher seine Gesundheit vorher
beharrlich vernachlässigt hat. Jenseits des Stanley-Pool kann
ich die Temperatur nur angenehm nennen. Sie schwankt an
einem Orte, wie z. B. Msuata, zwischen 31° C. um Mittag
im Schatten und 16° C. um 2 Uhr morgens, und zwar sowol in der heissen als in der regnerischen Jahreszeit. Die
höchste jemals von mir zu Vivi beobachtete Temperatur
betrug 36,5° C. im Schatten an einem sehr heissen Tage. Es
ist recht wohl möglich, während der Mitte des Tages sich
im Freien aufzuhalten, ohne die Hitze unangenehm zu ver-
merken, wenn man nur sich mit einem Helm und Sonnen-

schirm ausrüstet; sieht man aber, wie ich es gesehen habe, junge, eben von Europa angekommene Leute sich der Mittagssonne aussetzen mit nichts anderm als ihrer Hausmütze auf dem Kopf, so darf man sich nicht wundern, wenn gelegentlich Leute am Sonnenstich sterben. Und dann schreiben die Verwandten dieser Opfer ihrer eigenen Unklugheit an die Zeitungen, namentlich die belgischen, und erzählen von dem grausamen afrikanischen Minotaurus und seinen Opfermahlen von weissem Fleisch! Die Sache ist einfach die, dass unter einer tropischen Sonne viel grössere Klugheit und Sorgfalt dazu gehört, seine Lebensweise den äussern Bedingungen gemäss zu reguliren, als in den gemässigten Zonen, wo die Wirkung weniger schnell der Ursache zu folgen pflegt. In den heissen Gegenden, besonders in den Ländern, welche heiss und feucht zugleich sind, wirken die Einflüsse der Natur etwas plötzlich und heftig. Alles ist „forcirt" und drängt eilends zur Krisis. Was in Europa eine blosse Unvorsichtigkeit sein würde, die nur dann ernste Folgen haben könnte, wenn man sie öfter beginge, wird unter einer afrikanischen Sonne eine ernste Gefahr. Man überisst sich z. B. (eine ebenso gewöhnliche als entschuldbare Extravaganz, weil das Klima so oft einen heftigen unnatürlichen Appetit hervorruft), und anstatt mit einem gewöhnlichen Anfall von Indigestion davonzukommen, wird der Betreffende von einem scharfen Anfall von Gallenfieber niedergeworfen, vielleicht treten, bevor er selber oder seine Gefährten Zeit haben, die rasche Ausdehnung der Krankheit zu hemmen, andere Verwickelungen hinzu, und in 2—3 Tagen ist der Tod da. Dennoch kann man sich am Kongo einer ausgezeichneten Gesundheit erfreuen, wenn man nur stets daran denkt, in allen Dingen Mass zu halten. Geniesst alles was angenehm und unschädlich ist, aber misbraucht keine Art des Genusses. Esst, trinkt, seid lustig und denkt daran, dass magere Zurückhaltung ebenso schädlich ist, als lärmendes Uebermass. Jedermann urtheile nach sich selber und folge stillschweigend innerhalb der gebührenden Grenzen den Befehlen seines Magens — d. h. wenn er keinen Grund hat zu glauben, er sei durch ungesunde Gelüste gereizt. Spürt man ein grosses Verlangen nach eingekochten Früchten und Süssigkeiten, so nehme man davon, bis ein gewisses Gefühl der Sättigung die erste Gier abgestumpft hat, denn wahrscheinlich ist dieses Verlangen nach Süssigkeiten durch einen Mangel an Zucker im Körpersystem hervorgerufen. Den Alkohol vermeide man so viel als möglich. Es ist schier ein Fall, in welchem Enthaltsamkeit zu entschuldigen ist, denn Wein und Cognac sind in Afrika gefährliche Zugaben zur Mahlzeit eines gesunden Menschen. Andererseits ist der Branntwein einfach unschätzbar als Stärkungsmittel, wenn man wegen Fieber oder aus anderer Veranlassung sich schwach fühlt. Bier erwies sich nach meiner eigenen Erfahrung wohlthuend und angenehm, andere Personen zogen sich dadurch Gallenleiden zu. Man wasche sich lieber in warmem als in kaltem Wasser, kleide sich warm und schlafe gut zugedeckt, befriedige alle vernünftigen und natürlichen Wünsche und man wird das Leben am Kongo sowol gesund als genussreich finden.

Der grosse Uebelstand des Klimas liegt in der ungemeinen Feuchtigkeit. Selbst in der trockenen Jahreszeit schwebt viel Wasserdampf in der Luft; denn obgleich kein eigentlicher Regen fällt, so werden die Morgen und Abende doch eingeleitet durch dichte weisse Nebel, welche niedrig ziehenden Wolken gleichen und unaufhörlich wie mit einem Sprühregen aus der klammfeuchten Luft alles und jedes mit schwerem Thau bedecken. Das ist der „Cacimbo" der por-

tugiesischen Kolonien und was man an der Guinea-Küste
„Smokes" oder Räuchern nennt. Diese Morgen- und Abendnebel sind die charakteristischen Kennzeichen des Anfangs
und Schlusses der Regenzeit; während der Regenmonate
selbst verschwinden sie, weil dann der Anfang und das
Ende des Tages gewöhnlich hell und klar ist.

Die relative Länge der Regenzeit verändert sich in dem
Masse, als man von der Mündung des Kongo sich dem
Aequator nähert. In der Nähe des Meeres gibt es nur vier
Regenmonate — November, December, Februar und März,
mit einer zwischenliegenden Trockenpause im Monat Januar;
aber beim Hinauffahren auf dem Flusse bemerkt man fortschreitende Veränderungen, und am Stanley-Pool beginnen
die Regen schon im October und dauern bis zum 20. Mai,
sodass nur vier Monate für die trockene Jahreszeit übrig
bleiben. Die Pause im Januar, die sogenannte „kleine
Trockenheit" oder „little dries", wie der Engländer sagt,
fällt hier weg. Noch höher den Fluss aufwärts in der Nähe
der Linie soll es nach Aussage der Eingeborenen im Juni,
August und September häufig regnen, sodass man dort von
einem wirklich äquatorialen Klima reden darf, in welchem
der Regen selten fehlt, welches daher, wie ich zu Bolobo
gefunden, die Region des ununterbrochenen Waldes bildet.
Dass dieser Waldgürtel sich nicht über ganz Afrika erstreckt,
rührt daher, weil überall, wo eine beständig trockene Jahreszeit von 4, 5 bis 6 Monaten herrscht, das lange Gras Gelegenheit findet, völlig an der Sonne zu verdorren und die Eingeborenen dann leichter die grossen Buschfeuer veranstalten
können, die ihnen so viel Freude machen, indem sie ihnen
den Boden für ihre Anpflanzungen säubern und gleichzeitig
den Wald von den Hügeln fegen. In den Aequatorialgegenden mit beständiger Feuchtigkeit ist dies nicht aus-

führbar. weshalb die dortige Waldgegend mit ihrer eigenthümlichen Thier- und Vogelwelt eine Lage der Dinge unterhält, die vermuthlich vor der Ankunft des Menschen sich weiter über Afrika ausdehnte, oder besser gesagt vor der Zeit, als der Mensch zuerst begann, seine steigende Unzufriedenheit mit den Anordnungen der Natur zu verlautbaren und das Gesetz in die eigene Hand zu nehmen. Ich bin fest überzeugt, dass das Baumleben des Menschengeschlechts sehr weit in seiner Entwickelung zurückdatirt, und dass wir gleich unsern Vettern, den Pavianen, zur Zeit als wir noch blosse Affen waren, begonnen hatten, Felsen und Höhlen [1] und die zum Ausguck geeigneten Höcker im offenen Lande dem dichten Walde vorzuziehen, in welchem unsere niedriger stehenden Verwandten, die Gorillas und Orang-Utangs, sich noch in einsamer Scheu verstecken. In der Regel ist der Mensch ein Feind des Waldes und hat sich stets bestrebt, die zukünftige Quelle seines Brennmaterials einzudämmen, aber vielleicht hat er unbewussterweise recht daran gethan. Das offene Land ist viel gesunder und heller als die düstern geheimnissvollen Tiefen des Waldes, und die höhern Formen der Säugethiere — die den meisten Verstand und die grösste Verbreitung haben — scheinen aus dem luftigen Hochlande und dem wallenden Flachlande hervorgegangen zu sein.

Man kann sich nur mit Mühe vergegenwärtigen, wie winterlich die Tropenländer in der trockenen Jahreszeit aussehen. Viel mehr Bäume welken in Afrika ab, als wir uns in unsern angelernten Vorstellungen von einem schönen tropischen Lande einbilden, in welchem ewiges Grün herrscht und die Vegetation aus einer unbestimmten Mischung schlanker

---

[1] Die Menschen der frühern Steinzeit wohnten stets in Höhlen.

Palmen mit Wedeln gleich Straussenfedern und aus wuchern-
den Bananen besteht, die ihr blütenreiches Laub über die
Massen ungestalteter Schlingpflanzen erheben. Nichtsdestoweniger hat, nachdem ein Monat seit dem letzten Regen
verflossen ist, das Aussehen eines afrikanischen Bergabhanges
vieles von der freudlosen Oede des Winters an sich. Die
vorher imposanten Affenbrotbäume, deren Laubmassen damals so prächtig aussahen, sind verkümmert zu einem Labyrinth laubloser Zweige; der Boden ist mit einem braunen
Teppich von abgefallenen Blättern bedeckt; wenn auch viele
Bäume ihre Blätter behalten, so setzen sie keine neuen
Schüsse an und welken und verdorren in der heissen Sonne;
hier und da zeigt ein immergrüner Strauch nach Art unserer
Stechpalme oder des Eibenbaums den fast herzlosen Gegensatz
seines dunkeln kalten Grüns gegen seine verblassten verwitterten Genossen, und ganz nahebei erblickt man vielleicht
ein weisses Skelet, welches vor kurzem noch ein buschiger
Baum war. Die schlanken Gräser, vordem mit schimmern-
den Blüten geputzt, zeigen jetzt nichts als gelbe Halme und
runzelige Samenhülsen, in welchen vielleicht noch ein farbiger
Punkt in den rothen und gelben Samenkörnern schlummert,
die aus den braunen Schoten hervorblicken. Die vielen
winzigen Blümchen, die Moose und Schwämme sind kaum
aufzufinden; blos einige abstossende Pflanzen — Gewächse
mit fleischigen, verstümmelten Gliedmassen, unnatürlich ver-
schwollen, verdreht und mit bösartigen Stacheln bedeckt —
drängen sich unangenehm vor, da sie vor unsern Augen
nicht länger verdeckt werden durch die schönen und zarten
kriechenden Farrn und klimmenden Bärlappgewächse, sondern vielmehr unverändert oder in gedeihlichem Wachsthum
vor uns zu stehen scheinen, während alles andere verblasst
und abgestorben ist. Auf den grossen Wiesen, durch welche

der Fussweg sich schlängelt, sind die wallenden Gräser
niedergelegt und an ihrer Stelle erblickt man die traurigen
Streifen schwarzer Asche, wo die Buschfeuer gerade darüber
weggefegt sind.

Aber die trockene Jahreszeit ist doch nicht so sehr der
Tod als vielmehr die Zeit der Erholung. Sie ist eine kurze
Pause — ein Schlaf, in welchem die verausgabten Kräfte
der Natur wieder einmal gesammelt werden. Gerade wie
die Erde gegen die Zeit der Sonnenwende sich aus der
Zucht der Sonne wie ein ruheloses Kind herauswindet, um
nachher der Freiheit müde sich langsam wieder zur nüchternen
Winterreise einfangen zu lassen, so bedürfen ihre zarten
Kinder, wenn sie in all der üppigen Fülle des Frühlings
und Sommers herumgetollt haben, der Ruhe in den schlaffen
Monaten, um ihre Kräfte wiederherzustellen. Die Vögel
legen ihre schönen Kleider ab, weil die „Saison" vorüber
ist, und gehen „aufs Land" im schlichten Rock des Alltags-
anzuges. Der Witwervogel besonders, welcher den ganzen
Sommer hindurch den richtigen Don Juan spielte und ver-
liebt bis über die Ohren mit seinen langen Federn vor den
Augen seiner Freundinnen herumprunkte, in einer Weise,
welche wirklich ihrer Tugend verderblich werden konnte,
hat jetzt seinen fröhlichen Blick verloren und nimmt das
Wesen eines Cynikers an, welcher der übermässigen Liebe
und leichten Eroberungen satt ist: er legt seine schöne
Haltung und reiche Tracht ab und dafür ein Costüm an,
welches durchaus einfach und selbst schäbig genannt werden
darf. Auch er muss sparen wegen früherer Verschwendung,
aber er thut es auch in der Voraussicht „auf bessere Zeiten"
nachher.

Ob der Kreislauf des Lebens einen Anfang hatte und
ein Ende haben wird, wissen wir nicht; für unsere be-

grenzte Wahrnehmung scheint er freilich ohne Ende zu sein.
Nach dem Leben folgt der Tod, d. h. die Unthätigkeit, und
aus ihm entspringt wieder neues Leben. Die perennirenden
Gewächse, erschöpft von der letzten Entfaltung ihrer Kraft,
sterben ab bis auf ihre Wurzeln, aber wenn die zurück-
kehrenden Regen wieder einmal den trockenen zerklüfteten
Boden erweichen und abkühlen, so wachsen die glänzenden
jungen Schüsse aus dem alten Stock hervor, um von neuem
zu blühen und ein neues Leben zu beginnen. Und wenn
die einjährigen Pflanzen absterben, haben sie nicht rund um
sich herum ihre Samenkörner ausgestreut, aus denen hundert
Kinder erstehen, die den Stammbaum fortführen und ihr
Geschlecht fortpflanzen? Wenn es so einen Winter in
Afrika gibt, so gibt es auch einen Frühling, voll von Hoff-
nungen und Versprechungen und lieblicher Thätigkeit. Die
ersten Regen sind selten heftig und von längerer Dauer,
aber sie durchfeuchten den Boden wirksam und machen die
ausgetrockneten Bäche fliessen und die Flüsse anschwellen.
Dann blühen Myriaden von Blumen auf, die traurigsten,
trockensten Büsche zeigen sich in ungewohnter Weichheit:
tückische Euphorbien, stachlichte Akazien, apoplektische
Affenbrotbäume verrathen, dass einige poetische Gefühle
unter ihrem absterbenden Aeussern schlummern, und machen
ihnen Luft in unschuldigen und wohlriechenden Blüten.
Ein Reichthum von Farben erfüllt die Wälder, die Ebenen,
die Sümpfe und selbst die kahlsten Felsen und Berge.
Schlanke Orchideen wachsen empor an der Wasserkante,
stolz auf ihre unvergleichliche Schönheit. Cannas und Car-
damumpflanzen leuchten auf von allen feuchten fetten Lichtungen. Die grössten Bäume — ernst, nüchtern und ge-
schäftsmässig aussehend während der übrigen Zeit des Jahres
— entfalten eine 14 tägige Blütenpracht in solch plötzlicher

unvorbereiteter Weise, als ob sie sich ihrer Schwäche schämten.
Selbst die Gräser versuchen es, etwas augenfällig hübsch zu
blühen; und weil sie sich keiner Blütenkelche rühmen können,
so zeigen sie doch wie zur Entschuldigung ihre dunkeln
Staubfäden. Die Vögel bauen. Die Webervögel hängen
ihre schwebenden Nester an alle Grashalme, welche die Bäche
einfassen. Die gemeinen schwerfälligen Fischadler putzen
ihren schmutzigen hässlichen Horst auf, und beginnen und
schliessen bald nachher eine seelenlose Brautwerbung; die
„verliebten Tauben" lassen ihr krankhaft sentimentales Kruen
auf jedem schattigen Baume hören, und strahlend schöne,
praktisch denkende Papagaienpaare sieht man geschäftig um
alle Löcher hohler Bäume fliegen, welche sich zu Brutplätzen
eignen dürften.

In dieser Jahreszeit bringen die Eingeborenen viele junge
Thiere zum Verkauf — vielleicht die Jungen eines schwarz-
rückigen Schakals oder die süssen kleinen Kitzen einer
Genettkatze. In den ruhigen Flussstrecken kann man eines
stillen Abends das weibliche Flusspferd langsam das Wasser
verlassen sehen, gefolgt von ihrem schönen fahlen Jungen;
sie beabsichtigen am Land zu schlafen zu grösserer Sicherheit vor den hässlichen tückischen Krokodilen, deren Junge,
nebenbei gesagt, gerade aus dem Ei schlüpfen und nun
Spiessruthen laufen müssen, nicht blos zwischen ihren natürlichen Feinden, den Störchen, Ibissen und Ichneumons, sondern auch, so leid es mir auch thut sagen zu müssen, vor
ihren unnatürlichen Vätern, welche eine grosse Familie nicht
lieben.

Auf diese Art rückt das Frühjahr vor, bis es Sommer
wird, und damit beginnen einige wenige kurze Wochen
köstlicher Eintönigkeit, wenn der Regen abnimmt und die
Natur in süsser Zufriedenheit auf dem Gipfel ihrer Schön-

heit stille steht. Aber auf die Zufriedenheit folgt ein Ausbruch lärmender Excesse. Die Luft ist beladen mit Feuchtigkeit. Die Stürme beginnen wieder mit einer Heftigkeit und Wuth, welche ihnen vorher nicht inne wohnten. Der Donner rollt, der Wind heult und der Regen strömt herab in ungeordneten Fluten, welche nicht mehr der durstigen Welt in milder Weise eine Erfrischung bieten, sondern rücksichtslos die gebrechlichen Schönheiten zerstören. Gegen die übereinandergehäuften dunkeln Wolkenbänke leuchten die Blitzstrahlen in stillem feurigem Zorn auf, oder fahren, zu heftigerm Grimm erregt, im Zickzack über die Berge und verbreiten plötzliches Verderben. Zwischen diese stürmischen Ausbrüche fallen Zwischenräume thränenvoller Reue. Die abgeschlagenen Blüten liegen auf der Erde, Zweige und Blätter bedecken den regennarbigen Strand, der Himmel ist von blasser erstorbener Bläue und die Natur, einem leidenschaftlichen Weibe gleichend, scheint ihre Heftigkeit bereuen zu wollen und stammelt vielleicht durch die Stimme eines kleinen piependen Vogels, dass sie die Scene der Unordnung bereue. Aber sie wird wieder aufgeregt durch die brennende Sonne, welche stets die heisse Luft mit dem Fieber unbefriedigten Verlangens erfüllt. Lüsternheit bemächtigt sich aller Wesen. Die Krokodile verrathen ihre seltsame Liebeswerbung durch heisern nächtlichen Ruf. Die schwerfälligen Flusspferde verfolgen mit Sonnenuntergang ihre Genossinnen unter verliebtem Grunzen, indem sie durch das hohe schlanke Gras krachend vorwärtsstürmen. Das Gras selber, welches einst, als der Regen erst kam, ein zartes grünes und furchtsames Hälmchen war, das über die Asche der Vorfahren wegkroch, ist jetzt mit seinen starken knotigen Stengeln und Rasirmesser gleichen Blättern ein unverschämtes Hemmniss geworden, welches uns seine vielen Blumenkelche ins Gesicht schleudert, der richtige gemein stolze Emporkömmling. Die Menschen sogar nehmen theil an dieser allgemeinen Orgie. Die Ernte wird eingeheimst, das Zuckerrohr geschnitten, und aus seinem Saft ein berauschendes Getränk gemacht, welches mancher wilden Ausschweifung zur Ursache und Entschuldigung dient. Es wird Zeit, dass die Natur dem Lärm ein Ende macht; die verderbte Welt muss durch Feuer gereinigt werden. Der Regen hört auf, der Boden trocknet ab, der Bach schrumpft zusammen. Untergetauchte Inseln erscheinen wieder, abgeschnittene Tümpel stagniren. Die immer scheinende Sonne bereitet hurtig die feurige Reinigung vor. Eines Tages wirft ein Eingeborener einen Feuerbrand in das verwelkte Kraut. Der Wind erhebt sich, ein grausiger Feuerschein läuft vor ihm her, fegt rasch über die Hügel, so reissend schnell, dass, während er das Gras zu Zunder verbrennt, er die Bäume kaum ansengt. Mit der zunehmenden Dürre nimmt das Leben wieder die alte Nüchternheit an. Die männlichen Flusspferde thun sich in Rudeln von Junggesellen zusammen, fern von ihren einstigen Geliebten, welche im Vorgefühl zukünftiger Mutterfreuden ein ruhiges und regelmässiges Leben führen. Die Tauben lassen nach mit dem Kruen und widmen sich gefrässig den Mahlzeiten, welche die vielen, jetzt weit und breit auf dem Boden verstreuten Sämereien ihnen bieten. Die Affenbrotbäume werfen ihre Blätter ab, und alles tritt wiederum in den winterlichen Stand der Ruhe und Erholung.

Der Regen fällt am Kongo nicht allein mit beträchtlicher Heftigkeit und Hartnäckigkeit, da die Schauer nicht selten 20 Stunden in einem fort dauern, sondern er scheint auch gewisse chemische Eigenschaften zu besitzen, welche ihm bei der Zersetzung der harten, sich umbildenden Felsen behülflich sind, wie auch bei der Bildung des tief rothen Oberflächen-Grundes. Die Thätigkeit des vom Himmel fallenden und in Strömen die Berge herniederstürzenden Wassers hat die Erdoberfläche in den Kongoländern beträchtlich verändert. Neue Hohlwege und Schluchten wurden vom Regen ausgewaschen, wo er nur eine weiche Stelle traf, und nach jedem heftigen Gewitter führte das an den Berghängen in zeitweiligen Bächen herabströmende Wasser grosse Massen des zerreiblichen Erdreichs mit sich und schnitt breite Rinnsale ein, welche im Laufe der Zeiten deutlicher erkennbar wurden und sich vertieften, bis ihre Wände einstürzten und so der Berg oder Hügel langsam aber sicher abgetragen und das Thal aufgefüllt wurde. In der hügeligen Gegend der Wasserfälle liegen hier und da grosse vereinzelte Quarzblöcke umher, die entweder durch vom Regen veranlasste Erdrutsche aus den Abhängen der Berge ausgewaschen wurden, oder in der Ebene die letzten Ueberbleibsel eines zerflossenen Hügels vorstellen, welcher der Zersetzung lange widerstanden hat. In den Flussbetten findet man häufig Riffe von Thonschiefer. Auch Basalt kommt vor unter den geologischen Formationen des Landes, und oberhalb Stanley-Pool treten vulkanische Gesteine am Flusse auf. Eisen findet sich im Kongobecken im Ueberfluss — viele Felsen führen die bekannten eisenfarbigen Streifen — und wird von den Eingeborenen benutzt, welche es *mputo* nennen. Weder Silber noch Gold sind bei den Kongovölkern bekannt. Wenn ihnen von Europäern Gold gezeigt wird, so halten sie es für minderwerthiges Kupfer.

Topase sollen bei Bolobo gefunden werden, wie ich in meinem Bericht über diesen Ort erwähnt habe. Ich habe jedoch nie einen irgendwie kostbaren Stein irgendwelcher Art im Besitz der Eingeborenen gesehen; nur Platten von

Marienglas bemerkte ich unter einigen von ihren Schmucksachen.

Die Thier- und Pflanzenwelt des Kongolandes zwischen den fast im Herzen des Continents liegenden Stanley-Fällen und der Küste ist keineswegs gleichförmig, sondern zerfällt vielmehr in drei getrennte Regionen, welche durch den Charakter der vom Kongo durchströmten Gegenden bestimmt werden.

Die erste Region, wie man sie nennen kann, erstreckt sich von den Küsten des Oceans etwa 130 km ins Binnenland und gehört zu dem sumpfigen Waldgürtel, welcher von Cabeça da Cobra, 90 km südlich von der Kongomündung, längs der westlichen Seeküste Afrikas sich bis zum Gambiafluss in Ober-Guinea erstreckt. Dieses sumpfige Gebiet, in welchem Säugethiere und Vögel sich mehr durch ihre absonderliche Grösse als durch den Reichthum der Arten auszeichnen, herrscht längs des untern Flusses ununterbrochen vor von der Küste bis nach Punta da Lenha, das ungefähr 90 km vom Meere entfernt liegt, und erstreckt sich mit etwas verändertem Charakter bis Boma und darüber hinaus; dort geht es unmerklich in die nächste oder Katarakten-Region über, welche aus nichts anderm besteht als dem Gebiet der parallelen Bergketten, die sich vom obern Ogowe gerade den Continent hinunter bis ins südliche Angola erstrecken, und das mittlere Hochland oder Becken des tropischen Afrika von dem Streifen niedrigen Küstenlandes längs des Meeresufers trennen. In diesem gebirgigen District, welcher einige Kilometer jenseits Boma beginnt und alle Wasserfälle oder Stromschnellen des Kongo bis zum Stanley-Pool in sich begreift, haben Fauna und Flora einen allgemeinern Typus als in der ersten und dritten Region und mehr Aehnlichkeit mit der Thier- und

Pflanzenwelt von Angola und Unter-Guinea. Zuletzt verschwindet der Einfluss dieser etwas dürftigen Region mit ihren felsigen Hügeln und steinigen Dämmen vor dem üppigen Reichthum des mittlern Hochlandes und treten am Stanley-Pool schon neue charakteristische Formen des centralen äquatorialen Afrika auf; und so schnell vollzieht sich der Uebergang, dass das obere Ende des Stanley-Pfuhls in seiner Naturgeschichte, besonders in seiner Pflanzenwelt, mehr den Gegenden am Uëlle und dem westlichen Gebiete des Tanganjika-Sees gleicht, als dem 32 km entfernten Landstrich, welcher an dem untern Ende des Pfuhls beim ersten Wasserfall anfängt. Obgleich ich selbst nicht weiter als bis 2° 30′ südl. Br. vorgedrungen bin, so bin ich doch durch Vergleichung meiner Wahrnehmungen mit denen von Stanley am obern Kongo und von Schweinfurth am Uëlle zu dem Schlusse gekommen, dass in dem ganzen vom Kongo durchflossenen Becken zwischen dem Stanley-Pool und den Stanley-Wasserfällen es keinen merklichen Unterschied in der Fauna und Flora gibt, dass sogar in diesem weiten Ländergebiet die Formen der lebenden Welt sich mehr gleichen als in den Gegenden der Wasserfälle und der Küste.

Bevor ich die Hauptzüge der Naturgeschichte des Kongo beschreibe, möchte ich die irrthümliche Idee soweit als möglich zurückweisen, dass der Kongo eine natürliche Grenze bei der Vertheilung gewisser Arten abgebe, oder dass er auch nur eine südliche Begrenzung der sogenannten westafrikanischen Region sei. Ich habe in vielen Werken über Afrika oder in Schriften über die Verbreitung der Pflanzen und Thiere gelesen, dass der Kongo die südliche Grenze für das Vorkommen des grauen Papagai, der menschenähnlichen Affen und der Oelpalme *(Elaïs guineensis)* bilde. Nun findet man den grauen Papagai wol am häufigsten in Malandje einer Gegend in Angola, etwa 500 km südlich vom Kongo, und zugleich mit der Oelpalme trifft man ihn beständig bis zu 10° südl. Br. an, während man von den menschenähnlichen Affen nicht einmal sagen kann, dass sie in ihrer Verbreitung durch den untern Lauf des Kongo beschränkt wurden, weil sie seine nördlichen Ufer überhaupt nicht erreichen, ja ihnen überall nicht näher kommen als bis zu dem 160 km vom Kongo entfernten Landana. In der Nähe des Aequators mögen Gorillas nördlich und südlich vom Kongo angetroffen werden, denn wir wissen bestimmt, dass eine Species derselben westlich vom Lualaba bei Njangwe vorkommt. Die Streifenantilope *(Tragelaphus scriptus)* ferner, sowie der rothe Büffel *(Bos brachyceros)*, von welch beiden man glaubte, es seien rein westafrikanische oder „Cis-Kongo"-Arten, werden am Quanza-Fluss angetroffen, welcher 300—500 km südlich vom Kongo entfernt ist, während andere westafrikanische Gattungen nicht über den Aequator hinaus vorkommen und deshalb am untern Laufe des Kongo unbekannt sind. Daneben gibt es manche westafrikanische Pflanzen, welche vom Gambia herunter, quer über den Kongo bis Angola im Süden verbreitet sind. Kurz ich habe niemals einen Unterschied in der Thier- und Pflanzenwelt zwischen den nördlichen und den südlichen Ufern dieses grossen Stromes wahrgenommen, und ich glaube daher nicht, dass er irgendwie als eine Schranke für die Verbreitung der Arten angesehen werden darf.

Ich will dieses Kapitel mit einer summarischen Skizze der Botanik des westlichen Kongo beschliessen, indem ich zunächst einige wenige bezeichnende (nicht seltene) Geschlechter hervorhebe, welche den Landschaften ihren allgemeinen Charakter verleihen. Die Familie der *Leguminosae* ragt vor allen hervor und wird durch ihre drei Unterfamilien oder

Geschlechter der *Papilionaceae*, *Caesalpiniae* und *Mimosae* repräsentirt. Aus der höchst bemerkenswerthen Gattung der Papilionaceen mögen erwähnt werden *Lonchocarpus* mit den Massen lilafarbiger Blüten *(L. sericeus)*, *Rhyncosia* mit glänzend rothen Blüten; *Cajanus indicus*, *Baphia*, und die wahrhaft schöne poetische *Camoensia*, die ihren Namen mit Recht trägt und mit ihrem Bilde dieses Kapitel ziert. Von den Caesalpinien ist die Gattung *Erythrophlaeum*, die durch einen thurmhohen Baum von 20, 25, selbst 30 m Höhe vertreten ist, wegen ihrer stark giftigen Rinde zu beachten. Die Mimosen sind natürlich zahlreich. Aus diesem Geschlecht liefern die Gattungen *Parkia* und *Acacia* viele schöne Waldbäume. Ein anderer grosser Baum ist *Parinarium excelsum*, zur Familie der *Rosaceae* gehörig, welche noch essbare Früchte trägt. Unter den *Connaraceae* steht *Cnestis* in erster Reihe mit ihren brillanten scharlachrothen oder orangegelben Samengefässen. Die schöne *Mussaenda* ist eine grosse und wohlvertretene Gattung der *Rubiaceae*, und die grosse Familie der *Compositae* veranstaltet häufig augenfällige Blumenausstellungen. Die Malvaceen sind vertreten durch die beachtenswerthen Geschlechter der weitverbreiteten *Adansonia*, der prächtig blühenden *Hibiscus* und die grossen Waldbäume *Eriodendron* und *Bombax*. Unter den Monokotyledonen ist die Orchideen-Gruppe glänzend vertreten durch die Gattung *Lissochilus*, welche reichlich in den sumpfigen Gegenden des untern Stromes, und in etwas veränderter Gestalt auch in einem Theile der Katarakten-Region wächst. Da sie das prachtvollste Glied der Kongo-Flora ist, so habe ich sie ausgewählt, um das erste Blatt des zweiten Kapitels zu schmücken. Die Lilien zeichnen sich am Kongo nicht gerade aus. Am meisten tritt von ihnen *Crinum zelanicum* (vgl. Kap. XI)

hervor. Unter den *Commelynaceae* ist *Commelyna* eine der
gewöhnlichsten Gruppen, die überall ihre schönen tiefblauen
Blumen entfaltet, seltener weisse Blumenblätter zeigt. Aloen
sind zahlreich, hier und da erblickt man ein schönes Exemplar der *Dracaena, D. sapochinowki. Costus* und *Amomum*
bieten dem Auge beständig ihre zartgefärbten Blüten, die
der ersten umgeben von geschuppten Deckblättern, während
der Blütenstand der letztern ohne die begleitenden Blätter
gerade so hoch liegt als der Boden. Die Banane, welche
von den Eingeborenen so häufig angebaut wird, vertritt die
Gattung *Musa*; ich bezweifle aber, dass sie in Afrika oder
in diesem Theil von Afrika heimisch ist. Eine recht eigentlich wilde Art derselben kommt am Kongo nicht vor, und alle
angebauten Arten erzeugen keinen Samen. Von Palmen trifft
man sieben Gattungen an — *Cocos, Borassus, Hyphaene, Phoenix,
Raphia, Elaïs* und *Calamus. Cocos*, die Kokosnusspalme
ist vielleicht nicht einheimisch in Südafrika, wenn sie auch
zahlreich längs der Meeresküste angetroffen wird. Sie dringt
nie weiter als einige Kilometer ins Land ein. Die Borassus-
Palmen (*B. flabelliformis*) sind auch auf die Kongomündung
beschränkt; weiter nach dem Binnenlande werden sie durch
die *Hyphaene guineensis* ersetzt, obgleich der Unterschied
zwischen diesen beiden kaum hinreicht, eine Trennung der
Geschlechter zu rechtfertigen. In der eigentlichen Region
der Wasserfälle fehlen die Borassus- oder Hyphaenoiden-
Palmen, aber am Stanley-Pool tritt eine neue Hyphaene
auf, welche wesentlich verschieden von der *Hyphaene guineensis* des untern Stroms, vielleicht identisch ist mit *Hyphaene
ventricosa* des obern Sambesi. Sie hat einen geschwollenen
Stamm, bläulichgrüne Wedel, und eine gelbe Frucht von
der Gestalt und Grösse eines Apfels mit dünnem süssem
Fleisch, welches einen harten elfenbeinartigen Kern umgibt.

Auf diese Frucht sind die Elefanten unmässig erpicht.
Diese Palme ist abgebildet zu Anfang des achten Kapitels.
Das Geschlecht Phoenix, berühmt durch seinen ausgezeichneten
Repräsentanten, die Dattelpalme [1], kommt blos ganz unten
am Kongo in Gestalt der *Phoenix spinosa* vor. *Raphia vini-
fera* wird überall am Fluss entlang angetroffen, aber nicht
so im Ueberfluss und allgemein von den Eingeborenen zur
Herstellung von Wein benutzt als weiter nördlich in Westafrika. Andererseits wird der Saft von *Elaïs guineensis*, der
anmuthigen Oelpalme, weit und breit von den Kongovölker-
schaften getrunken, und von Njangwe bis zum Meere im
ganzen Kongogebiet mit demselben Namen benannt, nämlich
„Malafu".[2] Ein etwas ähnlicher Name „Malebu" oder „Ma-
rebu" wird dem Saft der Hyphaene gegeben. Alle diese
Wörter sind Pluralbezeichnungen, indem die Singularformen
— Ilafu, Irebu, oder Ilebu — dem Baume selber zukommen.
Die Gattung *Calamus* endlich findet man am Kongo nur
in und oberhalb Stanley-Pool. Die dort vorkommende Art
heisst *Calamus secundifloris*. Sie ist in allen Stadien des
Wachsthums und der Blüte am Eingang des siebenten
Kapitels abgezeichnet.

Unter den *Gramineae* kommen viele wichtige Geschlechter
vor, die im einzelnen zu beschreiben aber zu viel Raum
erfordern würde. *Andropogon*, *Olyra*, *Pennisetum* und
andere sind bemerkenswerth wegen ihres sehr häufigen Vor-
kommens. Papyrus wird massenweise beim Stanley-Pool
angetroffen, und gleichfalls in allen ruhigen Strecken des
Stromes. *Pistia stratiotes*, ein Mitglied der Familie der

---

[1] *Phoenix dactylifera*.
[2] Vgl. Stanley, Durch den dunklen Welttheil, S. 82 fg., und Kapitel III und IV dieses Werkes.

Lemnaceae, wird wie an den meisten tropischen Strömen
häufig gesehen. Aus dem Geschlecht der Farrn findet man
Baumfarrn (ich weiss nicht welche Gattung) in der Katarakten-Region; das Farrnkraut *Pteris* ist überall anzutreffen.

Ich lasse nun noch eine Liste aller derjenigen Pflanzen
folgen, welche ich von der Flora des Kongo bestimmt habe.
Viele von ihnen sind die Namen der Exemplare, welche ich
mitgebracht und an das Herbarium zu Kew gesandt habe.
Andere sind nach meinen Zeichnungen benannt worden.

Ranunculus pinnatus (?), Clematis sp. inc., Cleome ciliata, C. polanisia, Nymphaea lotus, Brasenia peltata, Capparis tomentosa, Alsodeia cymulosa, Portulaca oleracea, Hibiscus vitifolius, H. crassinervius, H. calycinus, Gossypium sp., Sida cordifoliae, Adansonia digitata, Bombax sp., Eriodendron anfractuosum, Sterculia tragacantha, Dombeya rotundifolia (?), Dombeya sp., Grewia sp. inc., Triumfetta rhomboidea, Glyphoea grewioides, Acridocarpus corymbosus, Corchorus sp., Ochna sp., Celastrus sp., Vitis tenuicaulis, Crotalaria senegalensis, Desmodium lasiocarpum, Cnestis ferruginea, C. oblongifolia, Camoensia maxima, Dalbergia sp., Eriosema glomeratum, E. cajanoides, Rhyncosia sp., Baphia nitida, B. pubescens, Lonchocarpus sericeus, Cajanus indicus, Vigna sp., Indigofera hirsuta, Erythrophloeum guineensis, Abrus precatorius, Cassia mimosoides (?), Parkia sp., Acacia sp., Drosera sp., Parinarium sp., Ammannia senegalensis, Jussiaea pilosa, Wormskioldia heterophylla, Rhizophora mangle, Adenopus breviflorus, Homalium africanum, Momordica sp., Mollugo glinus, Gardenia sp., Mussaenda elegans, M. erythrophylla, M. grandiflora (?), Otomeria lanceolata, Oldenlandia decumbens, Spermacoce melliae, Ethulia conyzoides, Vernonia podocoma, Ageratum gariepina, Adelostigma, Helichrysum auriculatum, H. pachyrrhizum, H. argyrosphaerum, H. subglomeratum, H. fulgidum, Achrocline batreana, Jaumea compositarum, Melanthera sp., Bideus pilosa, Sphaeranthus sp., Emilia sagittata, Gynura cernua, Notoina sp., Dicoma sp., Lobelia sp., Cephalostigma perrottetii, Plumbago zelanica, Euclea divinorum, Heliotropium indicum, H. sp. inc., Anixia uniflora, Ipomoea sp., Jacquemontia capitata, Convolvulus Burkei, Solanum melongena, Halleria lucida, Diclis sp. nov., Buchnera sp., Striga Forbesii, Mimulus gracilis, Utricularia diantha, U. reflexa, Sesamum sp., Hygrophila longifolia, Barleria sp., Acanthacea sp., Selago alopecuroides sp. nov., S. Johnstonii sp. nov., Clerodendron spinescenti, Plectranthus sp., Jasminum sp., Euphorbia hermentiana, Jatropha multifida.

Aneilema sinicum, Commelyna nudiflora (?), Palisota thyrsiflora, Aloe sp., Dracaena sapochinowki, Crinum zeylanicum, Asparagus africanus, Lissochilus giganteus, Canna sp., Amomum sp., Costus sp., Musa sp. div. (cultivirt), Moraea textilis, Hypoxus obtusa, Cyrtanthus, Haemanthus multiflorus, Juncus sp., Eriocaulon sp., Cyperus mariscus, Papyrus antiquorum, Scirpus sp., Scleria, Pennisetum Benthami, Olyra breviflora, Andropogon sp., Schmidtia sp., Eragrostis nutans, Elytrophorus articulata, Triodia sp., Pistia stratiotes.

Davallia speluncae, D. elegans, Adiantum caudatum, A. capillus veneris, Pteris longifolia, P. cretica, P. aquilina, P. currori, Pellaea geraniaefolia, P. calamelanos, P. consobrina, Asplenium furcatum, A. sylvaticum, Nephrodium helypterus, N. molle, N. pallidiaenium, N. subquinquefidum, Polypodium n. sp., Notochlaena sp., Acrostichum viscosum, Osmunda regalis, O. var. japonica, Ophioglossum vulgatum var., Lycopodium cernuum, Chara vulgaris, Marsilea diffusa.

Das vorstehende Verzeichniss erhebt keinen Anspruch darauf, nur den zwanzigsten oder hundertsten Theil der Flora des Kongo zu enthalten. Ich habe blos die bezeichnendsten oder die häufigsten Arten herausheben wollen, welche der Reisende unter der Pflanzenwelt dieser Gegenden anzutreffen pflegt.

Im ganzen steht, wie man sich leicht vorstellen kann, die Flora des untern Kongo in der Mitte zwischen der von Ober- und Unterguinea. Das bergige Land der Wasserfälle zwischen Vivi und Stanley-Pool kommt fast überein mit Angola, während der niedrige sumpfige Theil in der Nähe der Meeresküste dem Ufergebiet von Senegambien und dem Nildelta gleicht. Der obere Kongo zwischen Stanley-Pool und Njangwe hat fast denselben Charakter wie die Goldküste und das Waldgebiet des westlichen Afrika, welches sich nordwärts bis zum obern Schari, dem Benue, den Kongbergen und dem Gambia erstreckt. Obgleich am Kongo, soviel wir bisjetzt wissen, keine eigenartigen Geschlechter oder Familien vorkommen, so dürften doch nirgendwo sonst

in Afrika die sichtbar blühenden Pflanzen und Bäume so
prächtige Farben entfalten wie hier. Jedenfalls darf niemand
behaupten, dass die gemässigte Zone irgendetwas Eben-
bürtiges in Blumenpracht leisten könne. Viele Blüten
hauchen auch starke Gerüche aus, manchmal sehr abstossende,
ich darf aber auch hinzusetzen, in vielen Fällen köstlich
wohlriechende. Es dürfte wenige Parfums geben, welche
sich mit dem gewürznelkenartigen Geruch der *Camoensia*
oder dem balsamischen Duft der *Raphias* messen können.

DREIZEHNTES KAPITEL.

NATURGESCHICHTE.

Entomologie des Landes. — Schmetterlinge. — Leichter Fang derselben. — Bester Köder. — Verzeichniss der am häufigsten vorkommenden Arten. — Käfer. — Heuschrecken. — Eintagsfliegen. — Die Mauerwespe. — Ameisen. — Der Sandfloh. — Fliegen. — Spinnen. — Weichthiere. — Krebse. — Ichthyologie. — Froschlurche. — Kriechthiere. — Krokodile. — Der Sporenkibitz. — Schildkröten. — Eidechsen. — Schlangen.

Eine Pythonschlange.

DREIZEHNTES KAPITEL.

NATURGESCHICHTE.

Wenn man den Kongo hinaufreist und gelegentlich an einer Sandbank oder einer niedrigen weichen Uferstelle anlegt, so gewährt es einen sehr schönen Anblick, den feuchten Boden mit Tausenden hochbunter Schmetterlinge bedeckt zu sehen, die zusammengeballt wie schöne Blumen auf einem Blumenparket die feuchten Stellen des Bodens umgeben und augenscheinlich sich dort versammeln, um die Feuchtigkeit aufzusaugen und ihren anscheinend beständigen Durst zu

stillen. Und so versunken sind sie in dieser Beschäftigung,
dass sie möglicher Gefahr sich nahezu unbewusst sind und
man ruhig auf sie losgehen, sich seine Opfer aussuchen und
bei der Brust fassen kann, um sie dann zu zwicken und in
die Sammelbüchse zu stecken; während dies geschieht, werden die andern, vor dem plötzlichen Angriff für den Augenblick auseinander gestobenen Schmetterlinge sich wieder gesetzt haben und der Fang kann von neuem losgehen. Wenn
man aber eine Beute im grossen Stil zu machen wünscht,
so hat man nur sein Netz auf den ganzen Klumpen nieder-
zusenken und bringt dann zwanzig Thierchen auf einmal in
Sicherheit. Diese Methode hat indessen ihre Unbequemlich-
keiten. Nicht allein wird es schwer halten, die aufgeregten
Insekten zu hindern, in dem Kampfe aller gegen alle sich
gegenseitig zu verletzen, sondern man schliesst leicht in sein
Netz auch eine Anzahl hässlicher kleiner Wespen oder
dicker fauler Bienen ein, welche tückisch durch die Gaze
des Netzes stechen, sobald man darangeht, sich der besten
Exemplare der Schmetterlinge zu versichern. Natürlich
kommen viele dieser Lepidopteren nie auf die Erde, sondern
sind unerreichbare Hochflieger, welche keiner Ruhe bedürfen,
ausser auf den höchsten Zweigen und Blüten der hohen
Bäume. Andere halten sich, wenn sie auch niedrig ziehen,
nur in unzugänglichem Gebüsch auf, in welchem das Netz
überall nur sehr schwierig zu handhaben ist. Solche Loca-
lität liebte vor allem eine prachtvoll karmoisinrothe Motte,
ein am Tage fliegendes Insekt; ich habe sie verschiedene mal
gesehen, konnte sie aber nie erwischen, einfach aus dem
Grunde, weil sie sich stets in ein Gewirr dorniger Gebüsche
zurückzog, in welchem der Fang unmöglich war. Hier sitzt
das Thier selbstgefällig, ohne zu befürchten, durch sein
prächtiges Karmin der Oberfläche seiner Flügel die Auf-

merksamkeit auf sich zu ziehen, obgleich deren untere Fläche blattbraun und von „schützender" Farbe ist, sodass, wenn es nur wollte, die geschlossenen Flügel es verhindern würden, dass man es in dem abgestorbenen vergilbten Laube, in welchem es sich verbirgt, erkennen könnte.

Es gibt aber einen Köder für Schmetterlinge, welcher die stolzesten und scheuesten unter ihnen anzieht, das ist — Blut. Man spritze das Blut eines frisch geschlachteten Thiers über eine freie Fläche, und man wird sehr bald eine reiche Schmetterlingsernte halten können. Auch versammeln sie sich auf den meisten verwesenden Substanzen, gleichviel ob thierischen oder vegetabilischen, wie z. B. der Elefantendünger im Walde häufig der Erholungsplatz dieser lieblichen Insekten ist. Die Gattung *Papilio* ist selbstverständlich gut vertreten und zwar durch einige recht schöne Exemplare. Da ist *Papilio Antheus*, geschwänzt, schwarz mit grünen Tüpfeln und Streifen; *Papilio Bromius*, gross und schwarz, mit breiten bläulichgrünen Streifen über beiden Flügeln (letztere auf ihrer Unterseite getüpfelt mit matt goldigen Flecken); und *Papilio Tyndaraeus*, eine sehr seltene Art, schwarz und apfelgrün, ein sehr schönes Insekt.

Ich bringe hier ein Verzeichniss der hervorragendsten Arten von Schmetterlingen, welche am obern und untern Kongo angetroffen werden. Viele von ihnen sind in meiner Sammlung vertreten, einige wenige andere sind aus einer Sammlung von Schmetterlingen des untern Kongo, die mein Bruder besitzt, hinzugefügt worden. Ich möchte noch bemerken, dass fast alle hier erwähnten Sippen und Familien weit verbreitet sind, da sie an der Goldküste, in Ostafrika und selbst in Natal vorkommen. Die Schmetterlinge des obern Kongo, oberhalb Stanley-Pool, scheinen jedoch mehr rein westafrikanische zu sein als die des untern Stromes, welche nordwärts und südwärts und selbst quer durch den Continent verbreitet sind und sogar am Cap der Guten Hoffnung, an der Küste von Sansibar und in Senegambien wieder auftauchen. Einen merkwürdigen Beweis weiter Verbreitung liefert die kleine Art *Eurema Hecabe*, welche in ganz Afrika und Indien vorkommt, wobei Exemplare aus dem südlichen Indien und vom Kongo nach Gestalt und Abzeichen nicht zu unterscheiden sind.

Ausser den hier verzeichneten Lepidopteren kann man noch viele Tagfalter am Kongo beobachten, welche meist zu der Familie der *Bombycidae* oder Spinner gehören. Auch kommt ein merkwürdiges Geschlecht (*Paradoxa?*) vor mit zarten, weisslichen, halbdurchsichtigen Flügeln, welches die dichtesten Wälder bewohnt.

Verzeichniss gewöhnlicher Kongo-Schmetterlinge.

I. Familie: Nymphalidae.

Danais limniaciae, D. Chrysippus, Amauris Damocles, A. Niavius. Ypthima Asterope, Gnophodes Parmeno, Melatanio Leda. Mycalesis Safitza, Elymnias Phegea, Acraea Zetes, A. Serina, A. Gea, A. Euryta, A. Egina, A. Pseudegina, Atella Phalauta, Junonia Coenio, Precio Pelarga. P. (? species), Hypanio Dithya, Cyrestes Camillus, Hypolemnas Misippus, H. dubius, H. Anthedon, Catuna Crithea, Neptio Agatha, Eurephene Sophus, E. Cocalia, E. Plantilla, Euphoedra Eleus, E. Ravola. E. Ceres, E. Themis, E. Medon, E. Xypete. Aterica Tadema, A. Afer, A. Cupavia, A. (? species) Cymothoe Theodata, C. Theobene, C. Coenio, Nymphalis Ephyra.

III. Familie: Lycaenidae.

Liptina Acraea, L. undularis.

IV. Familie: Papilionidae.

Pontia Alcesta, Eurema Brigitta, E. Hecabe. Trachyrio Saba. T. Sylvia, T. Agathina, Catopsilla Florella, Papilio Leonidas, P. Tyndaraeus, P. Demoleus, P. Policenes, P. Antheus, P. Nireus, P. Pylades, P. Bromius, P. Merope, P. Echeroides.

V. Familie: Hesperidae.

Isme Florestan, I. (? species).

Unter den Käfern sind die Langhornkäfer gut vertreten,
und eine Familie scheint verwandt oder identisch zu sein
mit dem *Xenocerus* von Malaysia. Von der Familie der
Grillen gibt es viele Arten, einige mit Fühlhörnern von
15 cm Länge; alle besitzen gleichmässig in ihren Hinter-
schenkeln und Flügeldecken höchst complicirte Werkzeuge,
um ein abscheuliches Geräusch zu machen. Es gibt am
obern Kongo Creaturen dieser Art, welche mit ihrem schrillen knirschenden Gezirp und „Schwirren" jeden Schlaf unmöglich machen.

Die Schaben sind nur zu gut vertreten. Ob eine von ihnen,
welche ganz bestimmt *Blatta orientalis* (gemeine Küchenschabe)
ist, vom Osten her importirt wurde oder hier einheimisch ist,
kann ich nicht entscheiden, aber dieses ekelhafte Insekt ist
überall zahlreich vorhanden. Glücklicherweise machen es die
rothen Ameisen zu ihrer Lebensaufgabe, diese unangenehm
riechenden Pestilenzthiere zu verzehren, und ebenso haben
viele Eidechsen sie zu ihrer Hausmannskost gewählt.

Viele Arten der Laubheuschrecken kommen vor, welche
oft sehr schöne Farben tragen. Natürlich sind auch die
Fangheuschrecken oder Mantiden gut vertreten, und einige
von ihnen sind oft sehr gross und stark. Eine kleine Art
ist besonders schön, da sie auf dem untern Theil der Flügel
ein grosses Auge oder Flecken hat, schwarz und hell, auf
grünem Grunde, wie in Fleischfarbe gemalt aussehend.
Wanderheuschrecken jeder Grösse werden angetroffen, alle
gleich wunderbar grün gefärbt. Die Wasserjungfern sind
natürlich schön, und viele Arten der *Calopteryx* (Jungfern)
tragen chocoladenfarbige oder blaugrüne Streifen auf ihren
Flügeln.

An gewissen Plätzen und in einzelnen Nächten sahen wir
Myriaden von Eintagsfliegen um uns herum in solchen Massen

sterben, dass sie alles bedecken könnten. In ihrem Bestreben, mit Glanz unterzugehen, löschen sie die Lichter vollständig aus, häufen sich um den Docht an, bis er von selber ausgeht. Ich verabscheue diese Insekten — es ist etwas so Leeres an ihnen. Ihre blassgrünen Leiber und dummen schwarzen Augen sehen so „billig" aus, dass man glauben möchte, es seien so grosse Massen contractlich bestellt, dass der Fabrikant auf ihre Vollendung im einzelnen kein Augenmerk habe richten können.

Es gibt hier viele Honigbienen; auch Wespen von jeder Grösse und Farbe kommen zahlreich vor, von denen einige Papiernester machen, während andere, wie die Mauerwespe, ihre Wohnungen und Vorrathshäuser von Lehm bauen. Diese Mauerwespe ist selbstverständlich hier wie überall im westlichen Afrika sehr häufig und baut ihre Lehmzellen an jedem haltbaren Stützpunkt, den sie finden kann, wobei sie es besonders liebt, sie zwischen die vorspringenden Bücherdeckel und in den Aermeln nicht getragener Kleidungsstücke anzubringen. Hier sammelt sie dann die grünen Raupen und kleinen Spinnen, von denen ihre eben ausgebrüteten Jungen leben sollen, solange sie Larven sind. Denjenigen Sammlern, welche Insekten fressende Vögel aufziehen, kommen diese Lagerräume der Mauerwespe sehr gelegen, weil man in ihren Lehmzellen stets einen frisch gesammelten Vorrath von Insektennahrung zur Hand hat. Das Männchen dieser Art blieb lange Zeit unbestimmt, und viele nahmen an, es lebe als Schmarotzer auf andern Insekten. Ich glaube jedoch es in einer winzig kleinen schwarzen Wespe erkannt zu haben, die so klein war, dass man sie für eine schwarze Fliege halten mochte, die aber vollkommen im Stande war, einen zu stechen, wenn man sie fing, und welche dem Weibchen en miniature sehr ähnlich sah. Die weissen Termiten herrschen hier natürlich ebenso vor, wie überall sonst im tropischen Afrika, und fügen hier jedem hölzernen Bau dieselbe Unbill zu.

Unter den Ameisen ist bemerkenswerth eine Art der *Ponera* (vielleicht *P. grandis*) und eine andere fürchterliche rothe Stachelameise, welche von den Sansibarern „madschi moto" oder „heisses Wasser" genannt wird, wegen des furchtbaren Brandgefühls, welches ihr Biss hervorruft. Wenn eine grosse Armee dieser Ameisen ein Wohnhaus auf ihrem Marsche antrifft, so ist es rathsamer es zu räumen und ihnen die Strasse freizulassen. Auch kann ein Schutzwall von heisser Holzasche gute Dienste leisten, um sie von ihrem Wege abzulenken. Viele Arten der kleinen Ameisen richten schreckliches Unheil unter unsern Sammlungen an, da sie getrocknete Pflanzen, entomologische Exemplare und Vogelbälge mit gleicher Freude und Eile verschlingen. Ein Unglück gibt es auch, wenn man seinen Zucker oder sonstige Süssigkeiten offen und ungeschützt hat stehen lassen; hat man es einmal vergessen, so ist es am besten alles wegzuwerfen, wenn man die Thierchen nicht mitverzehren will unter der Form von „Ameisen-Compot", denn Massen dieser gierigen Geschöpfe finden süssen Tod in diesen Fallgruben von Zucker.

Es macht mir Freude zu bekennen, dass der gemeine Floh am obern Kongo unbekannt ist, wie überall an diesem Flusse, wohin, wie ich hinzusetzen muss, die Portugiesen noch nicht gekommen sind. Damit indessen die Freiheit von einer solch gehässigen Pestilenz die Bewohner von Centralafrika nicht allzu zufrieden mit ihrer weltlichen Existenz mache, hat die gütige Vorsehung in diese zu glücklichen Gegenden von Amerika her ein schreckliches Geschöpf eingeführt, — den „Sandfloh", „Cichao", „Chigoe" oder „Höhlenfloh"

(*Sarcopsylla penetrans*). Nachdem er an den westafrikanischen Küsten zuerst im Jahre 1855 zu Ambris aufgetreten war, hat dieser abscheuliche kleine Sandfloh sich mit erstaunlicher Schnelligkeit über das ganze westliche Afrika von Sierra Leone bis Mossamedes verbreitet. Seine Fortschritte ins Binnenland gingen, wenn auch ebenso sicher, doch langsamer vor sich als längs der Küste. Jetzt ist er jedoch den Kongo schon bis zum Aequator hinangestiegen und gerade zur Zeit meiner Ankunft zu Bolobo fing er an, dort eine wohlbekannte Qual zu werden, obgleich bislang die leidenden Einwohner ihm kaum einen Namen gegeben hatten. Der Sandfloh, der nicht einmal so dick wie ein Stecknadelkopf ist, bohrt sich unter der Haut an Füssen und Händen ein und umgibt sich dort in seiner kleinen Höhle mit einem Eiersack. Seine Gegenwart macht sich bald bemerklich durch den Schmerz und das Jucken, welches er verursacht, und er wird sichtbar als ein kleiner blauer Punkt in weissem Kreise unter der Haut. Wird er gleich nach der Entdeckung entfernt, so verursacht er verhältnissmässig wenig Unbequemlichkeit; verschiebt man aber seine Entfernung, so kriechen die Eier aus und eine Masse kleiner Flöhe wird in euerm Fleische schmausen. Weitere Vernachlässigung kann die Folge haben, dass der ganze Fuss brandig wird und abstirbt. Der Sandfloh wird am leichtesten entfernt durch ein scharf zugespitztes Stück Holz, aber man muss sich dabei hüten, den Eiersack zu zerbrechen, damit nicht die Eier in die Wunde gerathen und, dort auskriechend, Eiterung verursachen.

Es gibt eine Menge schöner Cicaden oder Zirpen am Kongo, besonders um den Stanley-Pool, wo eine grosse Art von den Eingeborenen gegessen wird. Dieses Insekt ist 6 cm lang, das Männchen hat „Trommeln" in der Nähe der Hinterschenkel am Unterleibe.

Viele Arten von Fliegen vermehren die kleinen Leiden am obern Flusse. Eine sehr kleine schwarze Fliege saugt solange an der Haut, bis ein Bluttröpfchen, so gross wie sie selbst, heraustritt. Der Stich einer andern dicken schwarzbraunen Fliege ist sehr schmerzlich, juckend, besonders auf der Hand. Wenn ich Studien und Skizzen in Oelfarben malte, langweilte mich diese Fliege auf eine fürchterliche Weise, indem sie in die Ballen der linken, die Palette tragenden Hand kroch und mich dann mit ihrem Rüssel so heftig stach oder untersuchte, dass ich oft über dem plötzlichen Schrecken oder Schmerz bald die Palette weggeworfen hätte. Andere Fliegen, welche nicht beissen, quälen uns wenigstens ebenso stark, indem sie beständig um Hals und Ohren herumsummen, und allen Anstrengungen, sie zu verjagen, Trotz bieten.

Als Ergänzung zu der Häufigkeit der Fliegen dienen die zahlreichen Spinnen. Ich freute mich immer schon in England, wenn ich eine Spinne eine Fliege tödten sah — die Spinne ist so durchaus kühl und praktisch und die Fliege so schwachmüthig —, aber meine Freude steigerte sich am Kongo noch weit mehr, und ich betrachtete deshalb die Spinnen als meine persönlichen Freunde. Merkwürdig genug entsprang der Beiname, welchen die Eingeborenen mir gaben, „Buï" oder „Spinne", nicht wie ich glaube einer äussern Aehnlichkeit, sondern „weil ich immer Fliegen und andere Insekten fing". Verschiedene Arten scheinen zu der Gattung *Mygale* zu gehören oder mit ihr verwandt zu sein, und einige von ihnen sind sehr gross und öfters sehr schön. Eine grosse Würgoder Buschspinne war sammtartig blauschwarz gefärbt. Ich bemerkte auch viele Arten der Wolfsspinne (*Lycosa*, *Ciniflo* [?], *Scytodes*) und die fürchterliche Skorpionspinne (*Solpuga* oder *Galeodes*). Von wirklichen Skorpionen sah ich weder noch hörte ich etwas in diesem Theile von Afrika.

Hundertfüsser (*Scolopendra*) sind sehr häufig und höchst giftig. Sie wohnen im trockenen Holze, und in den Spalten der Baumklötze, welche die Eingeborenen zu ihrem Feuer benutzen, lauern viele dieser Thiere und stechen die Leute, wenn sie die Hölzer heranschleppen. Die unschuldigen Tausendfüsser (*Zephronia?*) sind auch sehr gewöhnlich.

Von den Weichthieren habe ich wenig zu berichten, ausser dass einige Schnecken sehr schön verzierte Gehäuse tragen und deshalb die Mühe des Sammlers vollauf lohnen würden, und ferner, dass einige nackte Schnecken sehr glänzende orangegelbe und scharlachrothe Farben zeigen können, ohne Zweifel weil sie hässlich sind, sich aber kühn und prächtig zeigen können, damit lüsterne Feinschmecker gewarnt werden. Im untern Strome findet sich eine Art Süsswasser-Garneele, welche die Eingeborenen sehr lieben und vielfach fangen, kochen, in einem Mörser mit Salz sammt Schale und allem zermalmen, und dann als würzige Zugabe zu ihren verschiedenen Gemüsen verwenden.

Landkrebse findet man häufig an der Mündung des Kongo, wo sie die Mangrovesümpfe innerhalb des Bereichs der Meeresflut bewohnen. Sie gehören zu den ersten Zauberkünstlern der tropischen Seeküsten, wie sie aus ihren Löchern im schwarzen Schlamm hervorkriechen und haufenweise der sich zurückziehenden Flut nachrücken, um sich auf den im Schlamm verstreuten Auswurf zu stürzen und mit nie ermattendem Hunger alles Essbare zu verschlingen. Sobald dann aber der Schritt eines menschlichen Wesens sich nähert, eilen sie schleunigst zurück zu ihren vielen Löchern verschiedener Grösse und Tiefe, und erscheinen und verschwinden so schnell, dass man an eine Verwandlung glauben möchte. Es ist ein Hauptspass, einer unglücklichen Landkrabbe den Rückweg zur Höhle abzuschneiden. Sie weiss ganz genau, nach welchem Loch sie hin will und würde sich auch gleich dahin aufmachen; aber wenn man sie in die Enge treibt und neckt und mit dem Stocke stösst (ohne den Scherz so weit zu treiben, dass man das arme Krustenthier verletzt), so versucht sie in der Verzweiflung in den Zufluchtsort eines Kameraden einzudringen, welcher sie aber rasch und derb zurückweist, sodass man schliesslich aus Erbarmen zur Seite tritt und sie ihrem eigenen Loch zueilen lässt, in welches sie in einem Nu hinunterhuscht. Zuweilen strebt eine grosse Krabbe, wenn verfolgt, einem zu kleinen Loche zu und bleibt in der Oeffnung stecken; dann gebraucht sie in der Noth ihre ungleichgrossen Scheren wie ein Faustkämpfer, schützt sich mit der einen und gräbt mit der andern.

Ein Strom wie der Kongo führt selbstverständlich eine Menge Fische, von denen bislang aber noch recht wenig bekannt ist. Nach den uns zur Kunde gekommenen Thatsachen scheint er stark dem obern Nil zu gleichen, und viele mit diesem identische Arten und Familien zu führen. Es gibt viele Arten aus den Familien der Heringe, Karpfen und Barsche. Die Familie der Welse ist durch verschiedene Sippen vertreten, unter welchen der kolossale Brakwels, der „bagre"[1] der Portugiesen, bemerkenswerth ist, ein Fisch mit weicher glänzender Haut und grossem flachen Kopf, in welchem die sehr kleinen farblosen Augen stark zur Seite stehen. Aus jedem Mundwinkel treten lange rückwärtsständige Fangfäden hervor. Auch ein Schmelzschupper, der Flösselhecht (*Polypterus*), ist sehr gemein und bösartig. Ich gebe umstehend eine Abbildung von demselben nach meiner

---

[1] *Bagrus sp.*

Originalskizze. Dieser Fisch trägt auf dem untern Theil des Rückens neun aufzurichtende Stacheln[1], die durch eine Schwimmhaut miteinander verbunden sind, und zebraartig gestreifte Flossen. Dann gab es noch ein stolzes Gethier da, einen Fisch mit grossen hauerartigen Zähnen — Zähnen, welche aussehen wie die Fangzähne eines Hundes, aber grösser als diese waren. Dieser Fisch ist in Stanley's „Durch den dunkeln Welttheil", als „Livingstone-Hecht" dargestellt, obgleich ich für meine Person nicht glaube, dass er der Familie der Hechte ähnlich sieht oder verwandt ist,

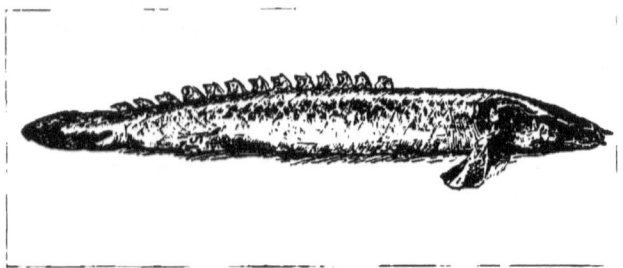

Flüsselhecht (*Polypterus*).

sich vielmehr dem *Hydrocyon*[2] nähert und in vielen Punkten übereinstimmt mit *Serrasalmus piraya* oder *Erythrinus macrodon* — einem Fisch der, wie Schomburgk erzählt, den Flüssen Guyanas und andern Theilen der Westküste von Südamerika angehört. Diese besondere Kongoart war mattrosa am obern Theil des Rückens, grünlichweiss unten und 109 cm lang (vgl. die gegenüberstehende Abbildung). Bei einem andern seltsamen Kongofisch finden sich die Kinnbacken verlängert zu einer Art Rüssel und Saugwarzen am Ende desselben.

---

[1] Die Zahl ist veränderlich.
[2] Vielleicht gehört er zu dieser Familie.

Endlich habe ich Europäer oft von dem *Protopterus* sprechen hören, welche bekräftigten, ihn gesehen zu haben; aber obgleich ich in vielen schlammigen Flüsschen und Pfuhlen auf ihn gefahndet habe, bin ich weder durch seinen Fang noch durch seinen Anblick für meine Mühe belohnt worden.

Von Froschlurchen habe ich nur wenig Exemplare gesehen. Der afrikanische Ochsenfrosch (*Touropterna adspersa?*) wurde gelegentlich bemerkt, auch habe ich *Rana fasciata*, *Cystignathus senegalensis* und eine Sippe *Discoglossus* beobachtet. Unter den Kröten sah ich *Bufo tuberosus*, *Brachymerus bifas-*

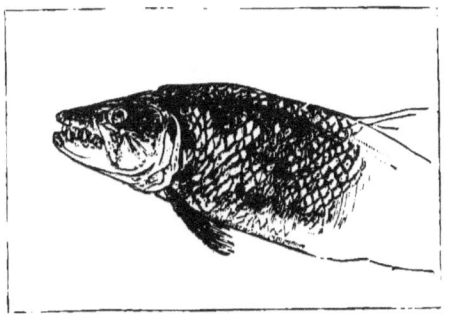

Hydrocyon (?) — Erythrinus (?).

ciatus (eine hübsche kleine zweigestreifte Kröte) und andere, welche ich weder nennen noch bestimmen konnte.

Wenn man zur Betrachtung der Reptilien des obern Kongo übergeht, so lenkt das Krokodil zuerst die Aufmerksamkeit auf sich, weil es ein Mitglied derjenigen Klasse ist, mit welcher man zumeist in Berührung kommt, und auch, weil es eine der hauptsächlichsten Gefahren einer Flussreise bildet, da es beständig auf dem Ausguck nach einer Mahlzeit sich befindet, sobald nur irgendeine Wahrscheinlichkeit eines Bootunfalls vorhanden ist. Die Eingeborenen sagen, dass, wenn die Zeit der fürchterlichen Stürme oder Tornados auf dem Kongo, während der jährlichen Regen, heranrückt, die Krokodile den von den Wellen geschüttelten Kanoes dicht zu folgen pflegen, in der Hoffnung, der Wind werde die Schiffchen, bevor sie in den Schutz einer Sandbank gelangen, mit ihrer Menschenfracht über Kopf werfen und eine Auswahl menschlicher Gliedmassen ihnen in ihren Weg streuen. Es ist bemerkenswerth, dass die Krokodile in diesem Strome selten mehr Unheil anrichten, als dass sie ihren menschlichen Opfern im Wasser einen Arm oder ein Bein abbeissen, dem Rest der unglücklichen Creatur aber gestatten, nach dem Verlust eines Armes oder Beines das Uter zu erreichen, d. h. unter der Voraussetzung, er habe nicht zwischen andern Krokodilen Spiessruthen zu laufen, um dann ein gliederloser Stumpf zu werden. Doch weiss ich nicht gerade, ob man es eine merkwürdige Gewohnheit dieser Ungeheuer nennen darf, und ob es nicht vielmehr einen beträchtlichen Vorrath gesunden Thierverstandes anzeigt. Ein halbes Laib ist besser als gar kein Brot, und ich glaube das Krokodil handelt weise, wenn es mit seinen einer stählernen Falle gleichenden Kinnbacken nur ein Glied abbeisst, und sich ruhig mit seinem guten „Mund voll" zurückzieht, statt ein ermüdendes Gefecht um den ganzen Körper durchzukämpfen, in welchem der Eingeborene (wie sie erfahrungsgemäss zu thun pflegen) seinem Gegner den Daumen ins Auge drückt und ihn so zwingt, im Todeskampfe seine Beute fahren zu lassen, oder ihm das Messer in den Bauch stösst, oder bis seine Freunde nach kurzem Besinnen den Entschluss fassen, sich dazwischen zu werfen und das Krokodil mit ihren Speeren oder Rudern zu verjagen. Natürlich wird ein also verstümmelter Mensch nur sehr selten das Ufer lebend erreichen; indessen sah ich doch selber einstens ein Individuum, welches einen Arm in des

Leviathans Kinnbacken gelassen hatte, ohne dem Angriff oder dem reissenden Strome zu erliegen, vielmehr das Ufer erreichte und noch lebte, um die Geschichte zu erzählen.

Wenn die Sonne hell scheint und der Tag still und heiss ist, verlassen die Krokodile vorzugsweise gern das Wasser und erholen sich auf irgendeiner Sandbank oder am offenen Strande, wo sie liegen und in der Sonne nicht so sehr sich wärmen als vielmehr braten und, während die starke Sonnenwärme rasch ihre nassen Schuppen trocknet, vollständig ihre Farbe ändern, die aus einem dunkeln grün-braunen baumartigen Ton in eine leicht staubgraue Farbe übergeht, die genau den Felsblöcken gleicht, welche das sandige Ufer bedecken. In der That leistet dem Krokodil seine Fähigkeit, sich den Umgebungen anzupassen, wundervolle Dienste, seine Opfer zu täuschen und seinen einzigen Feind — den Menschen — zu betrügen. Wenn es da lautlos an der Oberfläche des lauwarmen Wassers einhertreibt, halb im Traume sich der Sonnenwärme und der sanften Bewegung stromabwärts freuend, kann man es kaum für etwas anderes als einen der vielen abgedrehten Baumstämme und Zweige halten, welche der Strom in seinem Laufe mit sich führt; denn ganz wie diese lässt es sich es gefallen, beliebig über und über gerollt zu werden wie ein wehrloses Schlachtopfer, und nebenbei sieht es ebenso dunkel grünlichbraun und etwas gekerbt aus. Erst wenn man die zu regelmässigen Zahnreihen des Rückens und Schwanzes erkennt, oder das Thier durch eine plötzliche Bewegung die Aufmerksamkeit auf sich lenkt, gewahrt man in ihm ein interessanteres, gefährlicheres Ding als einen blossen schwimmenden Holzklotz. Auch wenn das Krokodil auf einem sandigen Ufer liegt, scheint es nur ein Felsriff zu sein, grau und rauh wie die Bruchstücke der Steine um dasselbe herum. Liegt dies Reptil auf dem Lande, so versteht es seine Beine so zusammenzunehmen und gebückt und platt dazuliegen, ohne seine Umrisse irgendwie zu verändern, dass es gar kein Wunder ist, wenn man es für einen leblosen Gegenstand hält; auch wird eine Bewegung seinerseits einen jedenfalls nicht rasch aus der Täuschung reissen, denn es gleitet so sachte nach dem Wasser zu, dass, bevor man zur Erkenntniss kommt, dass der „Baumklotz" sich aus dem Staube macht, ein Platsch und ein Schlag mit seinem sägeartigen Schwanze einen über die wahre Bedeutung der Erscheinung belehrt. Der Schwanz des Krokodils ist bekanntlich eine furchtbare Waffe. Mit einem wohlgezielten Schlage desselben kann es einen Menschen im Wasser betäuben oder gar tödten, und arglose, zu nahe dem Ufer stehende Opfer werden durch einen plötzlichen Jagdhieb mit demselben ins Wasser gefegt. Ich hatte einstmals am Quanza-Fluss in Angola einen greifbaren Beweis davon. Der Flussdampfer, mit dem ich fuhr, war nahe am Ufer festgemacht, und eine Laufplanke vom Deck nach dem Flussufer gelegt, über welche eben über dem Wasser die „Kruleute" vorwärts und rückwärts mit ihren Frachten gingen. Gegen Abend lief gerade einer dieser Neger mit seiner Ladung auf dem Kopf über die Planke, als ein bis dahin nicht bemerktes Krokodil seinen Schwanz rasch in die Höhe hob und den unglücklichen Neger ins Wasser warf. Er wurde gerettet, denn das Krokodil schien selber über die eigene Verwegenheit erschrocken zu sein und liess den Mann nach kurzem Kampfe fahren; aber dem Unglücklichen waren alle Eingeweide durch einen Griff mit den Zähnen des Krokodils aus dem Leibe gerissen, und er lebte kaum noch so lange, bis er das Ufer erreichen konnte.

Es ist wirklich wahr, dass das Krokodil von einem kleinen Sumpfvogel begleitet und „beschützt" wird, welcher einen schrillen warnenden Ruf ertönen lässt, sobald sein gepanzerter Freund, dem im Schlafe ein friedlich sattes Grinsen um die grausamen Kinnbacken spielt, von nahenden Feinden bedroht wird. Dieser kleine Vogel, der Sporenkibitz (*Lobivanellus albiceps*), in Aegypten als der „Zickzack" bekannt, lebt auf höchst vertraulichem Fusse mit den Krokodilen, hockt auf ihrem Rücken und hüpft frei um die ruhenden Ungeheuer herum, während dieselben auf dem flachen Lande sich in der Sonne wärmen. Welche Erkenntlichkeit sie von ihren seltsamen Verbündeten für die wachsame Sorgfalt, welche sie ihnen am Ufer zuwenden, zu geniessen haben, ist mir nicht bekannt. Man pflegte wol anzunehmen, dass der Zickzack-Regenpfeifer das Vorrecht genösse, als der Zahnstocher des Krokodils zu gelten; und andere Reisende, welche diesen Dienst für etwas abstossend hielten, behaupten, der Vogel entferne blos die Würmer und Blutegel, welche sich auf den weichern Theilen seines Mundes zu schaffen machten. Ich für meinen Theil kann nur sagen, dass, obwol der Sporenkibitz immer beim Krokodil angetroffen wird, während der ganzen Zeit, die es auf dem Lande zubringt, ich nie gesehen habe, dass er aus den fürchterlichen Kinnbacken sich eine Mahlzeit holte.

Bevor ich von den Krokodilen scheide, möchte ich erwähnen, dass die gewöhnliche und überall angetroffene Art das gemeine Afrikanische Krokodil (*Crocodilus vulgaris*) ist; doch habe ich auch eine Sippe gesehen, welche nach der grossen Concavität des Vorderkopfes zu urtheilen *C. marginatus* zu sein schien. Auch sah ich einstmals in der Nähe von Bolobo den halbverwesten Kopf eines Afrikanischen Rüsselkrokodils (*Gavialis*), mit seiner schmalen Schnauze, möglicherweise *Mecistops Bennettii*.

Landschildkröten sieht man selten am Kongo; aber eine

merkwürdige Art Wasserschildkröte, vielleicht *Trionyx niloticus* (die sogenannte weiche Schildkröte), wird ganz gewöhnlich angetroffen. Diese sonderbare Schildkröte besitzt einen drolligen Rüssel, der etwas trotzig in die Höhe gedreht zu sein scheint. Wenn das Thier sich im Wasser befindet, sinkt es gewöhnlich ganz unter die Oberfläche und lässt blos die Nasenlöcher am Ende des Rüssels über dem Wasser; so hält es sich vielleicht lange Zeit verborgen, aber stets bereit, sich auf sein Opfer zu stürzen, z. B. Insekten, die über das Wasser daherfliegen, kleine Wasservögel oder, wie man sich erzählt, junge, eben aus dem Ei geschlüpfte Krokodile. Ein Eingeborener vom obern Fluss hatte mir eines Tags eine dieser seltsamen Creaturen geschenkt, welche ich mehrere Monate hindurch in Gefangenschaft hielt und aufzog, bis sie ganz zahm wurde und deutlich an Grösse zunahm, die zur Zeit des ersten Empfanges nur 10 cm betragen hatte. Ich fütterte das Thier mit Würmern und verwesendem Fleisch und es gedieh so gut, dass ich die beste Aussicht hatte, es mit mir nach Europa zu bringen, und ich hatte auch wirklich mit dem Trionyx meine Heimreise angetreten. Da war es eines Tags jedoch aus meinem Kanoe verschwunden, und auf Befragen meiner Leute entdeckte ich zu meinem Schrecken, dass einer der Krujungen, von einem unnatürlichen Anfall von Hunger getrieben, es gebraten und verzehrt hatte. Nicht einmal die herzlichen Schläge, mit welchen ich den Delinquenten traktirte, konnten mich über den Verlust des interessanten Thieres trösten.

Die schönen Waran-Eidechsen sind gut vertreten am Kongo. Augenscheinlich sind die zwei hauptsächlichsten Sippen *Monitor niloticus* und *Regenia albogularis*. Diese letztere ist ein wirklich hübsches Thier, glänzend gescheckt in dunkelbraun und weiss, und ausgewachsen oft 1,80 m lang.

Die jungen Thiere scheinen heller gefärbt zu sein als die ausgewachsenen, indem bei letztern die weissen Flecken gelblich und die braunen Abzeichen grünlich schwarz werden. Sie werden trotz ihrer Wildheit oft von den Eingeborenen gefangen und zum Verkauf gestellt. Selbst wenn sie noch ganz jung sind, müssen sie mit lebendem Geflügel gefüttert werden. Obgleich diese Eidechsen glücklicherweise mit keinen irgendwie ernsthaften Mitteln zum Angriff versehen sind, so erweisen sie sich doch im Streit mit Menschen und Hunden als wirklich furchtbare Feinde, da sie ihren biegsamen Schwanz als einen fürchterlich wirksamen Schwengel zu gebrauchen verstehen, und mit ihren kleinen Zähnen wild um sich beissen. Sie sind im Stande einen Hund zu tödten und einem Menschen die Haut vom Beine zu streifen. Im wilden Zustande essen sie kleine Säugethiere, Vögel, Frösche und Insekten. Im Magen eines von mir erschossenen Thieres fand ich die Ueberbleibsel dreier Eichhörnchen. Von andern Kongo-Eidechsen mögen nachstehende Sippen erwähnt werden, wobei ich aber eine unendliche Zahl derselben übergehe, welche ich nicht bestimmen konnte: *Acanthodactylus*, der niedliche kleine Dornfuss; *Eremias, Zonurus cordylus, Ptyodactylus gecko, Tarentola capensis, Uroprastix spinipes* and *Agama*; dazu kommt noch eine sehr gewöhnliche und schöne Eidechse, deren Namen ich nicht weiss, schimmernd blau und roth gefärbt, mit kurzem spröden Schwanz, den man in der Hand behält, wenn man es an demselben festhalten will.

Schlangen kommen dagegen entschieden selten vor, und man kann recht wohl eine Reise den Kongo geradewegs hinauf machen und nach Europa zurückkehren, ohne einen Schimmer von ihnen gesehen zu haben. Im Laufe meiner Reisen längs des Flusses traf ich jedoch drei Arten an. Die eine war eine schöne Art *Hortulia*, eine Boïna-Schlange, ganz harmlos und mit braunen, gelben und schwarzen Ringen glänzend gezeichnet, über welchen ein purpurfarbiger Hauch oder Schiller schwebte, der nach dem Tode dahinschwand. Ausserdem sah ich ein kleines Exemplar der schwarzen Afrikanischen Pythonschlange und eine Puffotter, die wahrscheinlich zu der giftigen Sippe *Clotho* gehörte.

VIERZEHNTES KAPITEL.

NATURGESCHICHTE. — ORNITHOLOGIE.

Der Steissfuss. — Fregattenvögel. — Tölpel. — Pelikane. — Wasservögel am Stanley-Pool. — Gypohierax-Geier. — Habichte. — Rallen und Schnepfen. — Der Krokodilswächter. — Eine Uferschwalben-Familie. — Tauben. — Papagaien. — Krähen. — Verzeichniss der am Kongo bemerkten Vögel.

Schizorhis gigantea.

VIERZEHNTES KAPITEL.

NATURGESCHICHTE. — ORNITHOLOGIE.

Der erste Vogel von einiger Bedeutung, den ich nach meiner Ankunft am Stanley-Pool sah, war ein Steissfuss (*Podica*). Dieser merkwürdige Vogel, welcher als Typ einer jener Uebergangsfamilien gelten kann, von denen andere speciellere Arten ausgehen, kommt im westlichen Afrika nicht häufig vor. Ich habe ihn am Kongo nie ausser das eine mal bemerkt, und zwar am Stanley-Pool: sonst habe ich ihn nur an dem kleinen Flusse Tschiluango in der Nähe von Landana gesehen. Das von mir in Leopoldville am Stanley-Pool untersuchte Exemplar war von einem mürrischen, zur Expedition gehörigen deutschen Gärtner geschossen, welcher seine freie Zeit mit der Sammlung von Vögeln für gewisse Museen zubrachte. Er hatte keine Ahnung, welchen Vogel er besass; aber sobald er bemerkte, welchen Werth ich auf ihn legte, weigerte er sich nicht allein, ihn zu verkaufen, sondern gestattete mir nicht einmal ihn abzuzeichnen oder seinen Körper zu zerlegen, nachdem er abgebalgt sei, lediglich aus Furcht, ich möchte ihm bei der Entdeckung einer neuen Art zuvorkommen. Aus dem Grunde bin ich nicht im Stande, mehr als eine oberflächliche Beschreibung seines Aussehens zu bringen. Die allgemeine Farbe dieser *Podica* war dunkelgescheckt braun mit einem grünen Schimmer über dem ganzen obern Körper, während Hals und Bauch schmutzig weiss waren. Gerade über die Augen lief ein hellfarbiger Streifen von dem Grunde der obern Kinnlade bis zum Ohr, und unter demselben strich damit parallel ein breiteres schwarzbraunes Band. Die Brust hatte dunkelbraune Flecken und auch am Bauche zeigten sich einige ebenso gefärbte Streifen. Der Schwanz war etwa 10 cm lang und leicht ausgebreitet als ich ihn sah, sodass er im allgemeinen dem eines Schlangenhalsvogels glich. Quer über die mittlern Schwanzfedern liefen einige wenige schwach weisse Linien. Schnabel und Füsse sahen glänzend orange aus. Der Schnabel glich im äussern Bau sehr dem des Schlangenhalsvogels und war an seiner Spitze äusserst scharf. Die Füsse waren denen des Silbertauchers ähnlich, da jede Zehe mit einer Schwimmhaut von 6 mm Weite versehen war. Das allgemeine Aussehen des Vogels erinnert gleichzeitig an die Schlangenhalsvögel, die Reiher, die Enten und die Silbertaucher. Beim Schwimmen liegt er etwas niedrig zu Wasser, und der ziemlich lange und gewundene Hals bewegt sich langsam vorwärts und rückwärts, wie wenn er den Kopf hin und her wiegt, bevor er auf einen Fisch losschiesst. Am Tschilnangoflusse, wo ich ihn zwischen den Stengeln der Mangroven schwimmen sah, war beim Schwimmen wenig mehr als der Hals sichtbar, weshalb meine Bootsgenossen ihn anfangs für eine den Kopf über das Wasser hinaussteckende Schlange hielten. Der Schlangenhalsvogel (*Plotus Levaillanti*) ist einer der gewöhnlichsten Vögel am Kongo. Er sucht jeden Wassertümpel auf, mag derselbe Wasserfälle oder einen ruhigen Pfuhl oder einen stagnirenden Sumpf bilden. Auch lässt ein kleiner Cormoran sich oft blicken, ist jedoch nicht so häufig und allgemein als der Schlangenhalsvogel. Ueberall im Kongolande, sei es am obern Strom oder an der Mündung oder den benachbarten Küsten, trifft man Vertreter aller Sippen der Familie der Pelikane an. Der Fregattenvogel (*Fregata aquila*) wird nicht selten vor Banana-Point angetroffen, und der Tropikvogel (*Phaëton aethereus*) ist ebenso verbreitet. Weil der letztere auf der Insel São Thomé brütet, so ist er am Kongo nicht so sehr weit von Hause. Ferner besucht die Kongomündung mitunter in Scharen von vielen Tausenden ein Tölpel, *Sula capensis*, und schliesslich sind die Schlangenhalsvögel und Cormorane mit dem Pelikan selbst am Strome vertreten. Dieses Riesenmitglied der Familie findet sich nur strichweise verbreitet, denn zuweilen trifft man es sehr zahlreich am Stanley-Pool und an dem breiten Stromlauf bei Bolobo an, und zu andern Zeiten hört und sieht man es nicht auf Strecken von 150 km am Flusse. Auf einer unnahbaren Felseninsel oberhalb der Jellala-Fälle hat sich eine Colonie von Pelikanen, anscheinend *Pelicanus onocrotalus*, niedergelassen, und die Insel — welche man wegen der Wasserfälle höchstens mit einem Luftballon erreichen könnte — zu einem grossen Brutplatz gemacht, dessen Ränder weiss von Guano sind. Während ich mich auf der Baptisten-Mission zu Angu-Angu und später zu Vivi aufhielt, welche Orte einander nahezu gegenüberliegen, schien eine auffallende Sterblichkeit unter den jungen Pelikanen zu herrschen, da viele einjährige Thiere den Fluss hinuntertrieben und sterbend oder todt ans Land gespült wurden. Eine leicht erkennbare Ursache war nicht vorhanden, aber diese Sterblichkeit unter den Pelikanen erinnerte mich an ähnliche Vorkommnisse im südwestlichen Afrika, wo der Tölpel, *Sula capensis*, öfters auch der Walfischvogel genannt, oft in unglaublichen Mengen todt an die Küste geworfen wird. In der Bai von Loanda zählte ich oft mit einem Blick zwanzig todte Tölpel rund uns Schiff und ebenso wurden sowol zu Mossamedes als auch zu Banana an der Kongomündung viele ans Land gespült. Nach einer solchen Seuche ist der Strand wie bedeckt mit den anscheinend unversehrten Leichen dieser Vögel, welche binnen wenigen Stunden alle von den Landkrabben und Schildraben verzehrt werden.

Stanley-Pool ist eine von den Wasservögeln bevorzugte Gegend. Diese schöne Ausweitung des Kongo ist mit Inseln wie besäet und hier kann man zahllose Kronenkraniche, Marabus, Sattelstörche und gemeine Störche, Schattenvögel, geheiligte Ibisse, Riesenreiher, weisse Reiher, Rohrdommeln, Schlangenhalsvögel, Cormorane, Sporengänse und ägyptische Gänse, Brachvögel und grosse Meerschwalben mit scharlachrothen Schnäbeln studiren. Stanley behauptet, den *Balaeniceps Rex*, den walfischköpfigen Storch oder Schuhschnabel, am

obern Kongo angetroffen zu haben[1], und da er den Vogel
sehr genau beschreibt, so habe ich keinen Grund zu bezweifeln, dass seine Behauptung zutreffend ist. In diesem
Falle würde man den Wohnort dieses merkwürdigen Vogels
aus der Familie der Reiher (*Ardeae*) bis hierher ausdehnen
müssen, während man bisher annahm, dass er blos an den
Gewässern des obern Nil hause.

Ein eigenthümlicher Zug der Kongo-Ornithologie ist die Abwesenheit aller derjenigen Geier, die in andern Theilen Afrikas
so gewöhnlich sind. Vielleicht mag dies von der verhältnissmässigen Seltenheit grössern Wildes herrühren, aber trotzdem finden sich doch längs des Ufers des Stromes so viele
thierische Abfälle, dass sich davon mehr als die eine Art
Geier — wenn es überhaupt Geier sind —, die der Kongo
besitzt, ernähren könnte. Diese Art Geier sind wissenschaft-
lich bekannt unter dem Namen *Gypohierax*, werden auch
wol Angolageier genannt, obwol sie überall und ebenso
häufig in Senegambien oder an andern Stellen des westlichen Afrika zwischen dem Kunene und dem Senegal angetroffen werden. Ich halte den Gypohierax ganz bestimmt
für einen richtigen Geier, wenn er auch ein weniger extremer
Typ ist als seine mehr geierartigen Verwandten. Keines-
falls ist er ein blosser Gassenkehrer oder Schmutzvogel,
wie einige ihn nennen, sondern strebt gewöhnlich nach einem
feinern und respectablern Lebenswandel, wenn auch nicht
zu leugnen ist, dass er sich allen Umständen und Orten an-
bequemt und, wenn es verlangt wird, selbst recht schmutzige
Hantierung leisten kann. Am Kongo ist der Gypohierax
ungemein häufig und hier ist der in allen Sätteln gerechte
Vogel zu einem vollendeten Fischer geworden, der viel

---

[1] Durch den dunkeln Welttheil, II. 325.

gewandter im Fischfangen ist als die eigentlichen Fischadler (*Haliaëtus*), welche geborene Fischer sind. Möge es dem Gypohierax gut gehen! Ihm gehört mein Herz. Er ist eine der gewandten Allerweltscreaturen, gleich der Ratte unter den Säugethieren und der Krähe unter den Vögeln, welche ihre Hände oder besser gesagt ihre Magen jedem Berufe anpassen können und deshalb nie um einen Imbiss verlegen sind. Es verdross mich immer zu sehen, in welcher Weise Europäer am Kongo den armen Gypohierax hinmordeten. Er ist ein kühner Vogel, der sich seiner guten Aufführung bewusst ist, und in seinem schwarz-weissen Gefieder (die jungen Thiere sind schmutzfarben) öfters ein leichtes Ziel für die Flinte des Sonntagsjägers. Daher fährt auch kaum eine Gesellschaft neuangekommener Europäer den Fluss hinauf, ohne auf den armen Geier loszuknallen, wenn er dasitzt auf dem obersten Zweige eines abgestorbenen Baumes. Den weissköpfigen Fischadler hört man öfter als man ihn sieht. Sein lautes ungestümes Kreischen begrüsst die Morgen- und Abendsonne; aber diese Vögel schreien auch am Tage wie in der Nacht laut auf, wenn irgendetwas ihren Verdacht rege macht.

Unter den bemerkenswerthen Habichten ist eine Art sehr gewöhnlich, nämlich *Milvus migrans* (Schmarotzer-Milan?), ein grosser Vogel mit dunkelm Gefieder, der überall am Kongo angetroffen wird. Bemerkenswerth ist ferner ein kleiner und sehr hübscher Habicht (*Astur sphoenurus*), kaum grösser als der gemeine Thurmfalke und am ganzen Körper mattgrau gefärbt.

Seltsam genug fehlt *Helotarsus ecaudatus*, der Gaukleradler, völlig am Kongo, obgleich er in Angola ein so sehr gewöhnlicher Vogel ist.

Machoerhamphus Anderssoni, jener merkwürdige Fledermaus

fressende Habicht, der zuerst in Ovampoland im südwestlichen Afrika und nachher (eine verwandte Art) in Malaysia entdeckt wurde, ist zu Vivi am untern Kongo geschossen worden und ein Exemplar ist im Museum der Internationalen Afrikanischen Gesellschaft zu Brüssel zu sehen. Trotz seines seltsamen anders geformten Schnabels, seiner weiten Schnabelöffnung und anderer Eigenthümlichkeiten gehört er doch seiner ganzen Verwandtschaft nach zur Gruppe der Habichtsvögel. Sicherlich sollten wir ihn wegen seines absonderlichen Geschmacks in der Wahl seiner Nahrung bewundern, und denken, dass er wenig Nebenbuhler auf der Jagd finde, weil Fledermäuse doch gerade kein beliebtes Nahrungsmittel sind.

Es mag viele Schnepfen und Rallen am Kongo geben, aber sie ziehen, wie auch die meisten Taucher- und Wasservögel, den breiten Strom und die vielen Inseln des obern und untern Flusses den verengten Strompartien der Wasserfälle vor. Natürlich sind diese Familien der Wasservögel sehr zahlreich. Unter ihnen verdienen jedoch gewisse Vögel hervorgehoben zu werden, welche wegen ihrer grossen Ueberzahl und ihres kühnen Benehmens die gewöhnliche Staffage im Vordergrunde der Flussufer bilden. Dahin gehören *Pluvianus Aegyptius*, ein niedlicher kleiner Strandvogel, dessen Bild auf Seite 71 zu finden ist, und der Sporenkibitz, den ich öfters schon als den „Krokodilswächter" aufgeführt habe. Eine Skizze von ihm enthält das Schlussblatt dieses Kapitels, indessen will ich einige Worte zu seiner schriftlichen Schilderung hinzufügen, damit alle meine Leser, denen er einmal über den Weg laufen sollte, ihn erkennen und seiner schonen mögen, und zwar aus verschiedenen Gründen: erstlich weil er durchaus nicht wohlschmeckend ist; zweitens weil er ein kühner, unabhängiger Vogel ist, der

immer spricht und sein Herz ausschüttet: und drittens weil
er ausnehmend häufig vorkommt und es sehr schlecht gehandelt ist, einen Vogel zu tödten, der weder gut schmeckt
noch für die Wissenschaft ein neues Thier ist. Der Sporenkibitz (*Lobivanellus albiceps*) hat ungefähr die Grösse des
gewöhnlichen Kibitz, lange grünliche Beine mit nur drei
Zehen, einen hängenden gelben Ohrlappen oder Bart an
jeder Seite des Kopfes von $2\frac{1}{2}$ cm Länge, starke scharfe
Sporen auf der „Schulter" oder dem Bug des Flügels und
ist gefärbt wie folgt: ein grosses weisses Band läuft längs
des Scheitels des Kopfes, wovon er den Beinamen *albiceps*
führt; die Deckfedern von Stirn, Hals und Schwanz sind
blau gefärbt, auf der Schulter in rehfarben übergehend; der
Rücken und die Flügeldeckel sind glänzend dunkelschwarz
wie Jet, dagegen Bauch und Flügelspitzen schneeweiss. Der
Schnabel ist gelb mit schwarzer Spitze und verräth Verwandtschaft mit *Oedicnemus*, dem Dickfuss. Dessen Sippe
gehört zu einem andern weitverbreiteten Geschlecht der
Wasservögel. Ausserdem findet sich *Glareola cinerea* und
Nordmanni. Ich fand einmal ein Junges von *G. cinerea* auf
einer kleinen kahlen Felsplatte, die sich nur einen Fuss
über dem Wasser erhob und nicht mehr als einige Zoll im
Quadrat mass. Es war in der Nähe von Msuata, wo mir
bei dem täglichen Uebersetzen über den Fluss ein Paar dieser
Brachvögel auffiel, welches auf diesem kleinen Felsenriff
hockte ohne sich zu rühren, wie nahe auch das Kanoe herankam. Eines Tags wurde jedoch durch sorgloses Steuern
das Kanoe vom Strome gerade gegen den Felsen getrieben
und als ich meine Hand ausstreckte, um den Anstoss zu mildern, fühlte ich etwas Warmes und Weiches. Niederblickend
entdeckte ich zwei junge *Glareolae*, etwa eine Woche alt,
die sich platt gegen den Stein drückten. Sie waren mit

schwärzlichen Dunen bedeckt und völlig unsichtbar, wenn
sie sich gegen ihre dunkle Umgebung anschmiegten. Da
war keine Spur von Nest, nur eine leichte Höhlung oder
Vertiefung in dem Felsstücke, welche die Eier hatte zusammenhalten können. Während der Zeit flogen die Aeltern
mir so nahe um den Kopf herum, dass ich mehrere erfolg-
lose Versuche machte, sie mit der Hand zu fangen. Aus
Mitgefühl mit ihrem Kummer liess ich ein Junges liegen
und nahm das andere mit nach Hause, um es zu untersuchen.
Es hatte etwa die Grösse eines acht Tage alten Küchleins,
war bedeckt mit den vorerwähnten schwärzlichen Dunen und
hatte plumpe kurze Beine. Der kleine Vogel sass für gewöhnlich auf seinen Fusswurzeln, die Füsse ausgestreckt
nach Art junger Tauben, aber er verstand sich schon auf
den Füssen zu halten und von der Stelle zu watscheln. Er
schien aber durchaus noch nicht fähig zu sein, sich selbst
zu ernähren, obwol er mir Fliegen aus der Hand frass. Da
ich die Schwierigkeit einsah, ihn gross zu ziehen, und keinen
Spiritus besass, um seinen kleinen Körper für spätere Prüfung
aufzubewahren, so brachte ich ihn am nächsten Morgen zu
seiner felsigen Kinderstube zurück, wo er neben seinem
kleinen Bruder oder Schwester mit vollkommenem Gleichmuth niederhockte, als wenn nichts Besonderes geschehen
wäre. Ich nahm auch fernerhin grosses Interesse an dieser
schmucken kleinen Familie, die da so einsam auf einer Fels-
spitze mitten im Strom hauste, und stattete ihr noch mehrmals einen Besuch ab, wobei ich von Zeit zu Zeit eine
Gabe rohen Fleisches (um die Fliegen anzulocken) bei ihrem
Heim niederlegte. Meine nachfolgende Abreise von Msuata
machte dieser interessanten Bekanntschaft ein Ende. — Richtige Trappen gibt es nicht am Kongo, obgleich einige Arten
nicht weit südlich davon in Angola vorkommen: es gibt

hier jedoch einige kleine Otides-Arten, von denen ich eine
bei Isangila sah, die einer sehr kleinen Trappe ähnlich war,
und auch mit einer naheverwandten Familie, den Rennvögeln,
einige Aehnlichkeit hatte. Es ist ein sehr zart gefärbter
kleiner Vogel — milchgelb, rehfarben, schwarz und weiss.
Seinen Familiennamen kenne ich nicht; doch befindet sich
ein Exemplar im Museum der Internationalen Afrikanischen
Gesellschaft zu Brüssel.

Perlhühner kommen wenig vor am Kongo. In einiger
Anzahl habe ich sie blos bei Bolobo angetroffen, wo die
Sippe *Numida cristata* vorhanden war. Haselhühner kann man
von Zeit zu Zeit schiessen und damit die frugale Reisekost
in angenehmer Weise bereichern.

Unter den Tauben (*Trerones*) ist eine Sippe zahlreich vertreten, *T. calva*, eine Fruchttaube mit grünem oder grünlich
grauem Gefieder und beinahe jochzehigen Füssen. Ein
schöner Vogel, welcher überall längs des obern Flusses und
in der Nachbarschaft des Stanley-Pfuhls sich aufhält, ist der
grosse blaue Pisangfresser (*Schizorhis gigantea*), dessen Gefieder im allgemeinen erdgrün-blau aussieht, untermischt mit
gelbgrün am Bauch, kastanienbraun an den Schenkeln, wozu
noch ein violetter Federbusch kommt. Dieser Vogel ist
schwer zu schiessen, weil er sehr scheu ist und sich gern
im dichtesten Laub der grossen Bäume verbirgt; aber bei
einer Gelegenheit gelang es mir ihn einzuheimsen, er wurde
seines schönen Balges beraubt und dann zum Mittagsmahl
gebraten, wobei sich sein Fleisch ganz saftig und wohlschmeckend erwies. Er lebt hauptsächlich von wilden Fei-
gen und von den scharlachrothen Datteln von einer Art Ca-
lamus-Palme. Ein junger belgischer Offizier versuchte es,
eines dieser Thiere mit Bananen lebend zu erhalten, aber
es verweigerte jede Nahrung ausser jenen Früchten, und da

deren Herbeischaffung dürftig war, so kränkelte es und starb. Dieser Vogel ist der einzige seiner Sippe, von dessen Zehen sich deutlich erkennbar drei nach vorn, eine nach hinten richten. Alle andern Pisangfresser und Helmvögel sind entweder ausgebildete Zygodactylen oder es ist, wie man von *Schizorhis concolor* sagen könnte, die Stellung der Zehen eine etwas „unentschiedene". *Colius* kann bekanntlich seine Zehen nach jeder Seite richten; aber nach dem verstorbenen Professor Garrod sollte *Colius* gänzlich von den Bananenfressern abgeschieden und statt den *Musophagidae* einer Sippe zugetheilt werden, welche mehr den Kukuks verwandt ist. Es ist merkwürdig genug, dass, obgleich es mehrere Arten von Turakos oder Helmvögel (*Corythaix*) in Angola gibt, diese Familie am Kongo nicht vertreten ist, und als einziges weiteres Mitglied der Familie *Musophagidae*, ausser dem obengenannten Schizorhis, der schöne Bananenfresser *Musophaga violacea* genannt werden muss, welcher gelegentlich am untern Strom angetroffen wird, besonders zwischen Vivi und Isangila. *Colius* oder der Wiriwa, oder Mäusevogel, ist überall sehr häufig.

Auf den Inseln des Stanley-Pool und thatsächlich überall am obern Kongo findet sich der graue Papagai nach mässiger Schätzung — zu Tausenden. Die hohen Bäume sind mit ihnen bedeckt und ihre rothen Schwänze beleben stets das Laub mit scharlachrothen Tüpfeln. Es scheint nicht allgemein bekannt zu sein, dass dem grauen Papagai im wilden Zustande eine grosse Menge verschiedener Töne zur Verfügung stehen. Sein Pfeifen klingt sehr melodiös, besonders früh am Morgen, wenn die Vögel des Waldes zu einem Spazierflug ausziehen. Der kleine Papagai *Paeocephalus* ist häufig auf dem Festlande um Stanley-Pool und scheint ein zanksüchtiger, unruhiger kleiner Vogel zu sein. Er krakehlt fortwährend, besonders mit einer Art Ralle (*Eurystomus*), welche seine Nester anzugreifen und unnöthigen Streit zu suchen scheint. Die Eingeborenen behaupten, dieser Eurystomus greife die Nester von Paeocephalus in den hohlen Affenbrotbäumen an und verschlinge die kahlen Jungen. Wenn dem so ist, so hat allerdings der geschäftige kleine Vogel genügende Entschuldigung für sein Kreischen. Die genannte Art Ralle ist ein Vogel mit grossem gelben, gebogenen, ziemlich breiten und abgeplatteten Schnabel und schwachen, mit mächtigen Klauen bewaffneten Zehen, von denen die hintere Zehe etwas nach vorn und nach innen gerichtet ist, sodass alle vier Zehen fast in einer Reihe zu stehen scheinen. Seine Färbung ist schön. Kopf, Rücken und Flügeldeckel sind reich chocoladenbraun; nach der Brust geht die Farbe in liebliches Lila über, während Bauch und die äussern Schwanzfedern blass marineblau sind. Kiele und mittlere Schwanzfedern sind ultramarin gefärbt. Einst verwundete ich eins dieser Thiere und behielt es länger als drei Monate am Leben (nachdem ich den gebrochenen Flügel wieder geheilt hatte): es frass schon im Moment des Fanges gierig aus der Hand, wurde aber nie zahm. Diese Rallen halten in kleinen Völkern zusammen und lieben es, Falken und Schildraben zu necken.

Der Schildrabe, einer der gemeinsten afrikanischen Vögel, verschwindet beinahe, wenn nicht gänzlich, in der Region der Wasserfälle, und erscheint erst wieder am und jenseit Stanley-Pool. Liebt wirklich der Vogel die Berge nicht oder gibt es in jenem magern Strich zu wenig Futter für ihn? Letzteres dürfte schwerlich der Grund sein. Der Appetit des Vogels passt sich den Umständen an und würde sicherlich die nöthige Befriedigung in der Nähe der Dörfer der Eingeborenen finden, besonders bei den Flussdörfern,

bei denen es so viele Fischabfälle gibt. Am obern Strom
baut er ganz gewöhnlich sein Nest in den Hyphaene-Palmen,
und geräth oft mit einem grossen Hühnerhabicht aneinander,
welcher dieselben Bäume zu seinem Horst sich ausgewählt hat.

Ich verbinde mit dieser kurzen Beschreibung der be-
merkenswerthern Kongovögel ein Verzeichniss der Familien
und Sippen, mit denen ich während meines Aufenthalts am
Flusse näher bekannt geworden bin. Ich mache keinen Anspruch darauf, dass es ein irgendwie vollständiges Verzeichniss der ganzen Vogelwelt dieser Gegend ist, sondern es
soll nur die am meisten charakteristischen und augenfälligen
Vögel vorführen, welche man auf der Durchreise durch das
Land antreffen kann.

Verzeichniss der am Kongo beobachteten Vögel.

Erste Ordnung: **Passeres** — *Sperlingsvögel*.

	Beobachtungsstelle.
Erste Familie: **Turdidae** — *Drossel-vögel*.	
Turdus pelios (?)	Vivi.
Crateropus bicolor	„
Pratincola rubetra	Katarakten-Gegend.
Phylloscopus trochilus	Ueberall.
Acrocephalus turdoides	Unterer Kongo.
Cisticola erythrops	Katarakten-Gegend.
Motacilla vidua (?)	Ein gewöhnlicher Flussvogel.
Zweite Familie: **Pycnonotidae** — *Grauvögel*.	
Pycnonotus capensis	Ueberall.
Criniger barbatus	„
Dritte Familie: **Dicruridae** — *Würgerschnäpper*.	
Dicrurus Ludwigi (?)	Zwischen Vivi und Isangila.

	Beobachtungsstelle.
Vierte Familie: Campophagidae — *Raupenfresser.*	
Campophaga phoenicea	In den meisten Gegenden des Kongo.
Fünfte Familie: Laniidae — *Buschwürger.*	
Lanius badius (?)	Landana, zweifelhaft.
Laniarius barbarus	An den meisten Stellen.
Dryoscopus gambensis	Am untern Flusse gewöhnlich.
Prionops plumatus	Ueberall.
Sechste Familie: Muscicapidae — *Fliegenfänger.*	
Bradyornis sp.	Oberer Strom.
Terpsiphone cristata.	Unterer Strom.
Siebente Familie: Hirundinidae — *Schwalben.*	
Hirundo melanocrissa (?)	Oberer Strom.
Cotyle riparia	Sehr häufig in der Kataraktengegend.
Cecropis striolata	Vivi; vgl. Museum d. Intern. Afrik. Gesellschaft zu Brüssel.
Achte Familie: Nectariniidae — *Honigsauger.*	
Nectarinia pulchella	Ueberall.
Cinnyris gutturalis	Vivi.
„ splendidus	..
Zosterops sp.	Unterer Strom.
Neunte Familie: Fringillidae — *Finken.*	
Passer occidentalis	Unterer Fluss.
Crithagra chrysopyga	Fast überall.
Fringillaria septemstriata	Kataraktengegend.
„ flaviventris	..
Zehnte Familie: Ploceidae — *Webervögel.*	
Hyphantornis textor	In den meisten Gegenden.
„ capitalis	.. .. „ ..
„ aurantius	„ .. .. ..
„ castaneofuscus	„ .. .. ..
Pyromelaena flammiceps	.. .. „ ..
„ franciscana	.. .. .. „

	Beobachtungsstelle.
Coliostruthus macrurus	Vivi.
Vidua principalis	Ueberall.
„ regia	,,
Spermestes cucullata	,,
Estrelda melpoda	,,
„ cinerea	,,

Elfte Familie: **Sturnidae** — *Glanzdrosseln.*

Lamprocolius purpureus	Ueberall am untern Strom.

Zwölfte Familie: **Corvidae** — *Krähen.*

Corvus scapulatus	In der Nähe der Küste und am obern Strom. Selten oder gar nicht in der Kataraktengegend.

Zweite Ordnung: **Picariae.**

Erste Familie: **Picidae** — *Spechtvögel.*

Dendropicus sp.	Unterer Strom und Küste.
Verreauxia sp.	,, ,, ,, ,,

Zweite Familie: **Megalaemidae.**

Pogonorhyncus aeogaster	Häufig in den untern Gegenden.
Trachyphonus sp.	,, ,, ,, ,, ,,

Dritte Familie: **Coraciidae** — *Raken.*

Coracias spatulata	Gelegentlich in der Kataraktengegend.
Eurystomus sp.	Am obern Strom.

Vierte Familie: **Caprimulgidae** — *Nachtschwalben.*

Caprimulgus lentiginosus	Ueberall.
Cosmetornis sp.	Bei den Wasserfällen.

Fünfte Familie: **Cypselidae** — *Segler.*

Cypselus sp.	Gelegentlich am Flusse gesehen.

Sechste Familie: **Strigidae** — *Eulen*.   Beobachtungsstelle.

Scotopelia peli	An den meisten Orten.
Syrnium sp.	Soll gesehen sein.
Strix sp.	,, ,, ,,

Siebente Familie: **Meropidae** — *Bienenfresser*.

Merops apiaster	Gemein.
,, rubicoïdes	Selten; zu Vivi gesehen.
Melittophagus pusillus	Gewöhnlich.

Achte Familie: **Halcyonidae** — *Eisvögel*.

Halcyon senegalensis	Unterer Strom.
,, albiventris	,, ,,
Corythornis cristatus	Ueberall.
Alcedo sp. inc. (mit schwarzem Schnabel, grösser als C. cristatus; weisser Ohrflecken)	Oberer Strom.
Ceryle rudis	Ueberall.
,, maxima	,,

Neunte Familie: **Bucerotidae** — *Hornvögel*.

Tockus melanoleucus (?)	An den meisten Orten.
,, semifasciatus	,, ,, ,, ,,
Berenicornis sp. (?)	Am untern Strom.

Zehnte Familie: **Upupidae** — *Hopfe*.

Upupa sp.	An den Wasserfällen.
,, nana (?)	,, ,, ,,
Irrisor cyanomelas	,, ,, ,,

Elfte Familie: **Cuculidae** — *Kukuksvögel*.

Centropus superciliosus	Ueberall.
,, monachus	,,
Chrysococcyx sp.	Am untern Kongo und der Küste.

Zwölfte Familie: **Coliidae** — *Mäusevögel*.

Colius senegalensis	Ueberall.
,, leucotis (?)	,,

Dreizehnte Familie: **Musophagidae**
— *Pisang- oder Bananenfresser.*

Beobachtungsstelle.

Musophaga violacea — Am untern Strom.
Schizorhis giganteus — „ obern „

Dritte Ordnung: **Psittaci** — *Papagaien.*

Erste Familie: **Psittacidae** —
Papagaien.

Agapornis pullaria — Nicht oft am Kongo gesehen, und wenn gesehen, am untern Kongo.
Paeocephalus robustus — Am untern Strom.
„ Rüppelii — Ueberall.
Psittacus erythacus — Ueberall, höchst gemein.

Vierte Ordnung: **Gallinacea** — *Hühner.*

Erste Familie: **Phasianidae** —
Fasanenvögel.

Coturnix histrionica — Am untern Strom und der Küste.
Francolinus capensis — Im Innern.
„ afer — An den meisten Orten.
Numida cristata — Am obern Strom.
„ cornuta — „ „

Fünfte Ordnung: **Pluviales** — *Wasservögel.*

Erste Unterordnung: **Grallae** — *Stelzvögel.*

Erste Familie: **Otitidae** — *Trappen.*
Oedicnemus sp. — An den Wasserfällen.

Zweite Familie: **Phoenicopteridae**
— *Flamingos.*
Phoenicopterus antiquorum — Im Besitz von Eingeborenen sah ich Flügel und Federn dieses Vogels.

Dritte Familie: **Charadriidae —**
   Regenpfeifer.

	Beobachtungsstelle.
Lobivanellus albiceps	An allen Wasserläufen.
Aegialites sp. (?) Forbesii (?)	⎫ Gemein am obern Strom.
„ tricollaris (?)	⎭
Pluvianus Aegyptius	Ueberall gemein.
Tringoides hypoleucus	An den Wasserfällen.

Erste Unterfamilie: **Parridae —**
   Blätterrallen.

Parra africana	Zahlreich an den meisten Stellen des Flusses.

Vierte Familie: **Laridae** — *Möven.*

Sterna caspia	⎫ Gemein am obern Strom.
Rhyncops sp.	⎭

Zweite Unterordnung: **Columbae** — *Taubenvögel.*

Erste Familie: **Columbidae —**
   Tauben.

Treron calva	An den meisten Orten.
Turtur vinaceus	Ueberall.
„ semitorquatus	„
Chalcopelia afra	
„ puella	

Dritte Unterordnung: **Rallae** — *Rallen.*

Erste Familie: **Gruidae** — *Kraniche.*

Balearica pavonina	⎫ Stanley-Pool und am obern Strom.
Grus carunculata	⎭

Zweite Familie: **Rallidae** — *Rallen.*

Porziana sp. (?)	Vivi, Isangila-Niederungen.
Hydrornis Alleni (?)	„ „
Porphyrio sp. (?)	Am Stanley-Pool und vielen breiten Stellen des Stromes.

	Beobachtungsstelle.
Dritte Familie: **Fulicinae** — *Wasserhühner.*	
Fulica cristata	Am Stanley-Pool und vielen breiten Flussstellen.
Vierte Familie: **Podicidae** — *Steissfüsse.*	
Podica sp.	Am Stanley-Pool, unterm Strom und an der Küste.

Vierte Unterordnung: **Anseres** — *Gänse.*

Erste Familie: **Plectropteridae** — *Sporengänse.*

Plectropterus gambensis	⎫ Am Stanley-Pool und allen breiten
Chenalopex aegyptiaca	⎭ Flussstellen, Lagunen u. s. w.

Zweite Familie: **Anatidae** — *Enten.*

Anas xanthorhyncus — Am Stanley-Pool und allen breiten Flussstellen, Lagunen u. s. w.

Fünfte Unterordnung: **Pelicani** — *Pelikane.*

Erste Familie: **Phalacrocoracidae** — *Scharben.*

Plotus Levaillanti	Ueberall.
Phalacrocorax minimus (?)	.,

Zweite Familie: **Sulidae** — *Tölpel.*

Sula capensis	⎫ Flussmündung und Küste.
Phaethon aethereus	⎭

Dritte Familie: **Pelicanidae** — *Pelikane.*

Pelicanus onocrotalus — An den meisten Stellen.

Vierte Familie: **Fregatidae** — *Fregattvögel.*

Fregata aquila — Benachbarte Küsten.

Sechste Unterordnung: **Ciconiae** — *Störche*.

	Beobachtungsstelle.
Erste Familie: **Ardeidae** — *Reiher*.	
Nycticorax cucullatus	
Tigrisoma scaeolophum	An den meisten Stellen des Flusses
Butorides atricapillus	und in den Niederungen.
Ardea purpurea	
„ atricollis	Gelegentlich gesehen.
„ Goliath	Sehr gemein, überall.
„ squacco	Oberer Strom.
„ alba	„ „
„ bubulcus	Ueberall.
Erste Unterfamilie: **Balaenicepinae** — *Schuhschnäbler*.	
Balaeniceps Rex (?)	Stanley behauptet ihn häufig gesehen zu haben und beschreibt ihn genau.
Zweite Unterfamilie: **Scopinae** — *Schattenvögel*.	
Scopus umbretta	Ueberall; einer der gemeinsten Kongovögel.
Dritte Unterfamilie: **Ciconinae** — *Störche*.	
Ciconia alba[1]	Oberer Strom.
Dissura episcopus	„ „
Xenorhyncus senegalensis	„ „
Leptoptilus crumeniferus	An den meisten Stellen.
Tantalus sp.	Stanley-Pool.
Zweite Familie: **Plataleidae** — *Löffelreiher*.	
Platalea sp.	Stanley-Pool.
Erste Unterfamilie: **Ibidinae** — *Ibisse*.	
Ibis aethiopica	Oberer Strom.
Plegades falcinellus (?)	Oberer und unterer Strom.

---

[1] Ich schoss diesen Vogel in Angola und am Kunene. Ist er ein Zugvogel?

	Beobachtungsstelle.
Lophotibis carunculata (?) (Ibis mit sehr kurzem und dickem Schnabel, und glänzend grünem und aschgrauem Gefieder.)	Oberer und unterer Strom.

Sechste Ordnung: **Accipitres** — *Habichte*.

Erste Familie: **Falconidae** — *Falken*.

Erste Unterfamilie: **Gypohieracinae**.

Gypohierax formosus [1]	Ueberall.

Zweite Unterfamilie: **Milvinae** — *Milane*.

Milvus migrans	Sehr gemein.

Dritte Unterfamilie: **Buteonidae** — *Bussarde*.

Buteo sp.	Gemein bei den Wasserfällen.
Nisaëtus sp.	Oberer Strom.
Spizaëtus sp.	" "
Haliaëtus vocifer	In den meisten Gegenden.

Vierte Unterfamilie: **Circinae** — *Weihen*.

Circus sp.	In den meisten Gegenden.
„ ranivorus	„ " „ „

Fünfte Unterfamilie: **Accipitrinae** — *Habichte*.

Astur sp.	In den meisten Gegenden: die Arten sind schwer festzustellen.
Accipiter sp.	
Asturinula sp. (?)	

---

[1] Ich wage es in aller Bescheidenheit, ihm den Beinamen „*formosus*" zu geben, weil er ein auffallend schöner und hübscher Vogel ist und weil für einen Vogel, welcher vom Senegal bis zum Damaraland und dem obern Sambesi verbreitet ist, der Beiname „*angolensis*" zu beschränkt ist.

Vierzehntes Kapitel.

	Beobachtungsstelle.
Sechste Unterfamilie: **Falconinae** — *Unechte Falken*.	
Tinnunculus sp.	Oberer Strom.
Siebente Unterfamilie: **Machoeramphinae**.	
Machoeramphus Anderssoni	Vivi.

Sporenkibitz (Krokodilswächter).

FUNFZEHNTES KAPITEL.

NATURGESCHICHTE. — SÄUGETHIERE.

Affen. — Mandrills. — Der Gorilla. — Makis. — Der Leopard. — Der Löwe. — Tigerkatzen. — Hyänen. — Zibetkatzen. — Genettkatzen. — Schakale. — Der Manati. — Der Elefant. — Grösse der Fangzähne. — Das Flusspferd. — Ein Landstreicher unter den Flusspferden. — Das Rhinoceros. — Der Büffel. — Antilopen. — Verzeichniss der am Kongo beobachteten Säugethiere.

FÜNFZEHNTES KAPITEL.

NATURGESCHICHTE. — SÄUGETHIERE.

Ein Galago-Maki.

Es ist auffallend, dass ein so reich bewaldetes Land wie das Gebiet des Kongo so arm an Affen ist. Wenig nördlich davon, am Flusse Kwilu, und etwas weiter südlich am Quanzaflusse ist das Affengeschlecht im Ueberfluss vertreten, und dabei sind die äussern Verhältnisse der umgebenden Natur so ziemlich dieselben. Nichtsdestoweniger kann man eine Reise den Kongo hinauf von der Küste bis Bolobo machen und keinen Affen zu Gesicht bekommen, gerade wie es einem auch mit den Schlangen gehen kann. Die einzigen Male, dass ich selber ihnen, d. h. im wilden Zustande, über den Weg lief, ereigneten sich in dem unbewohnten Lande

Inga, zwischen Vivi und Isangila, in welcher Gegend ich
öfters eine grosse braune Meerkatze (*Cercopithecus*) bemerkte,
ohne deren Art bestimmen zu können. Sie macht sich ein
grosses plumpes Nest oder eine Plattform von Stöcken auf
den obern Zweigen der Bäume und sitzt darin, indem sie
die Vorübergehenden beobachtet. Ich habe auch Gelegenheit
gehabt, durch Felle, welche die Eingeborenen trugen oder
zum Verkauf stellten, das Vorhandensein gewisser wohl-
bekannter westafrikanischer Arten festzustellen. Auf diese
Weise wies ich das Vorkommen des schönen Diana-Affen [1],
des Pluto [2], des Abalandj [3], des Mohren-Affen [4] und des
Stummelaffen [5] nach. Es ist möglich, dass alle westafrikanischen Sippen am Kongo vertreten sind, aber sicherlich
zeigen sie sich nicht in nennenswerth grosser Anzahl. An
der Mündung des Kongo und seinem niedrigen Waldlande
scheinen Affen viel gewöhnlicher vorzukommen als weiter
flussaufwärts, wenigstens nach den von den Eingeborenen
zum Verkauf gebrachten Exemplaren zu schliessen. Dort sah
ich viele Mandrills (*Cynocephalus mormon*) und Drills (*C. leu-
cophaeus*) in der Gefangenschaft. Zur Zeit meines Besuchs
in dem holländischen Hause in Banana gab es dort eine
ausgezeichnete Sammlung westafrikanischer Affen, darunter
einige sehr schöne männliche und weibliche Mandrills. Am
Stanley-Pool hörte ich, dass man Paviane [6] gesehen habe,
und die Bewohner von Kimpoko erzählen fabelhafte Ge-
schichten von grossen menschenähnlichen Affen im Innern.
Der Gorilla und Schimpanse, welche am untern Kongo
durchaus nicht vorkommen, nähern sich wahrscheinlich dem
obern Strom oberhalb der Fälle. Ganz sicher sind den

---

[1] *Cercopithecus Diana*.
[2] *C. Pluto*.
[3] *C. griseo-ciridis*.
[4] *Cercocebus fuliginosus*.
[5] *Colobus*.
[6] Wahrscheinlich *Cynocephalus*.

Bateke und Bajansi einige grosse Anthropoiden-Affen bekannt, denn sie erkannten mit lautem Geschrei eine Abbildung des Gorilla und bestätigten wiederholt, dass er am Nordufer des Stromes angetroffen werde. Dies ist mir öfters von Bewohnern von Bolobo (welche, wenn sie von dem menschenähnlichen Affen sprachen, das Wort „ngina" gebrauchten), die zufällig in Msuata vorsprachen, und ebenfalls in Kimpoko und andern Orten am Stanley-Pool erzählt worden. Die Baptisten-Missionare haben gleichfalls durch ihre Schüler vom Gorilla gehört, welche sofort sein Bild in Wood's Naturgeschichte aufzufinden wussten. Ich halte es aus diesen Gründen für wahrscheinlich, dass der Gorilla und Schimpanse, entweder beide oder einige verwandte menschenähnliche Affen am obern Kongo sich aufhalten und vielleicht mit dem „Soko" des Lualaba identisch sind.

Periodicticus potto und *arctocebus* sind merkwürdige schwanzlose Makis, welche auch am untern Kongo vorkommen. Der erstere wird beständig von Eingeborenen nach Banana zum Verkauf gebracht. Beiläufig möchte ich anführen, dass für einen Sammler es keinen bessern Platz gibt als Banana. Vielleicht ist die Umgegend nicht besser mit wilden Thieren versehen als manche andern Orte am Kongo, aber jedenfalls sind dort die Einwohner auf den Fang geübt und bringen alles zum Verkauf, worauf sie haben Hand legen können.

Der Galago-Maki ist am Stanley-Pool sehr häufig und die Eingeborenen machen aus vielen zusammengenähten Fellen „Karossen", die sie mit den Schwänzen verzieren. Die Wägelchen sind sehr hübsch, aber unglücklicherweise widerstehen die Leute jedem Versuch sie zu verkaufen, sonst könnte man sich in ihnen ein sehr hübsches und kostbares Andenken mit nach Hause nehmen.

Von den Katzen (*Felidae*) ist am Kongo der Leopard der am besten gekannte und am meisten gefürchtete Repräsentant. Die Eingeborenen nennen ihn häufig den „grossen Herrn", und wenn ein Leopard getödtet oder in der Falle gefangen ist, so halten alle benachbarten Dörfer ein allgemeines Freudenfest ab, währenddessen alle Sklaven die Arbeit ruhen lassen dürfen.

Vom Löwen, welcher an der ganzen Küste zwischen dem Kongo und Sierra Leone nicht vorkommt, hört man am Stanley-Pool zuerst reden; weiter nach dem Innern zu kommt er unzweifelhaft vor. Einige der einflussreichern Häuptlinge besitzen Löwenfelle. Makoko, der Häuptling der Bateke, empfing Brazza auf einem solchen Fell sitzend, welches jetzt nebst den andern Abzeichen seiner Würde auf seinen Nachfolger übergegangen ist. Die Eingeborenen beschreiben das Auftreten und ahmen das Brüllen des Löwen so gut nach, dass es keinem Zweifel unterliegt, dass sie mit dem König der Thiere in Berührung gekommen sind. Ich habe verschiedene Dörfer am nördlichen oder westlichen Ufer des Kongo sorgfältig gegen den befürchteten Angriff des Löwen verbarrikadirt gesehen; in diese verpalissadirte Festung wurde jeden Abend das lebende Vieh zusammengetrieben. Weiter bekundeten die Sansibarer, dass, als sie einst in einem Dorf Namens Gantschu, fast gegenüber den Wabuma, hatten Hühner kaufen wollen, sie nachts in ihre Kanoes gekrochen seien und vorgezogen hätten, auf dem Wasser zu schlafen, weil der Löwe so laut in der Nähe gebrüllt habe.

Zwei oder drei Arten Tigerkatzen sind sehr gemein und vernichten viele Hühner. Die eine scheint *Felis serval* zu sein; die andere hatte ich keine Gelegenheit zu bestimmen.

Die Hyäne wird öfters von den Eingeborenen angeführt,

und nach ihren Erzählungen zu urtheilen dürfte es die gestreifte sein. Die Zibetkatze (*Vicerra*) steht hoch im Preise wegen ihrer Drüsentasche, scheint indessen nicht häufig vorzukommen. Gennetkatzen trifft man beständig an, sie geben reizende Hausthiere ab. Ihre Jungen sind die unterhaltendsten kleinen Geschöpfe, die man sich denken kann, und entwickeln in ihrer Jugend mehr Muthwillen als irgendein anderes Thier.

Der einzige Vertreter des Hundegeschlechts am Kongo ist *Canis lateralis*, der seitlich gestreifte Schakal. Der schwarzrückige Schakal mag auch vorkommen, ich habe aber nie eine Spur von ihm entdeckt. *Potamogale*, der merkwürdige otterartige Insektenfresser, bewohnt möglicherweise den obern Strom, nach den von den Eingeborenen gebrachten Fellen zu schliessen. Auch habe ich *Chrysochlorus*, den Goldmull, gesehen.

Der Manati (*Manatus*) überschreitet, so viel wir wissen, niemals die Wasserfälle des Kongo, sondern hält sich nur im untern Strome auf. Eine Art des Flussdelphin, die vielleicht mit der des Amazonenstromes verwandt ist, wird gelegentlich im untern Kongo sowie an der Mündung gefangen. Ich habe einen Schädel gesehen, der von ihm herrühren sollte.

Elefanten werden sehr häufig am obern Kongo angetroffen; jeden Morgen kann man bei der Stromfahrt die Spuren ihrer Verwüstungen der letzten Nacht sehen. Sie scheinen eine Neigung zu leichtfertiger Zerstörung und Verschwendung zu haben, da sie wie die Papagaien und Affen nur ein Viertel der geraubten Nahrung wirklich verzehren und den Rest rechts und links in ausgelassener Laune verstreuen. So sieht man auf den Inseln des obern Stroms, auf welchen die zierlichen Borassus-Palmen, jene blaugrünen Palmen mit ihrem Klumpen orangefarbiger Früchte, zu Tausenden wachsen, den Elefant beständig — öfters am hellen Tage, mindestens aber gegen Sonnenuntergang — sich seinen Weg durch die säulengleichen Baumgruppen brechen und manche schöne Palme vernichten, lediglich wegen dieser orangefarbigen Datteln, nach denen er so ausserordentlich lüstern ist. Auch kann man, wie ich bestätigen kann, sie oft in der kurzen stillen Dämmerstunde einer hinter dem andern aus dem schützenden Walde nach seichten Stellen im Flusse wandern sehen, wo sie ganze Wasserströme über ihre trockene heisse Haut spritzen. Gewöhnlich kommen die Elefanten zur Nachtzeit, besonders wenn Mondschein ist, herunter, um zu trinken und zu baden. Ferner sieht man sie am Kongo häufiger in der trockenen Jahreszeit, weil dann die vielen kleinen Waldbäche eingehen, und die Elefanten gezwungen werden, ihre Bäder in grösserer Oeffentlichkeit zu nehmen und zu dem Zweck den Kongo aufzusuchen. Obgleich Elefanten viel häufiger oberhalb Stanley-Pool angetroffen werden, so sind sie doch auch in gewissen Gegenden des untern Stromes, besonders bei den Wasserfällen, häufig zu finden. In der Gegend gegenüber Isangila sind oft von Mitgliedern der Stanley'schen Expedition Elefanten geschossen, und vor der Livingstone-Missionsstation zu Bansa, Manteka, 24 km vom südlichen Ufer des Kongo entfernt, sind zu Zeiten ganze Trupps Elefanten in langer Procession vor der Thür des Missionshauses vorbeimarschirt, während die erschrockenen Missionare sich hinter der geschlossenen Thür in Sicherheit brachten.

Der grösste Fangzahn, welchen ich bisjetzt am Kongo sah, wog 42 kg, und ein anderer von einem durch die Sansibarer bei der Station Msuata erlegten Elefanten wog 35 kg. Natürlich habe ich von Fangzähnen von dem ungeheuern und fast fabelhaften Gewicht von 82, ja selbst 87 kg gehört,

wobei ich nur bescheidene Beispiele dieser Wunder citire;
ich möchte sie aber wiegen sehen, bevor ich an diese Aus-
sagen glauben mag. Der grösste von mir überhaupt in
Westafrika (zu Alt-Calabar) gesehene Fangzahn wog 63,5 kg
und sah ungeheuerlich genug aus. Obgleich der Elefant so
häufig längs des ganzen Kongo vorkommt, so liessen, soweit
ich den Fluss hinaufgefahren bin, die Eingeborenen es sich
nie einfallen ihn anzugreifen, sondern empfingen alles Elfenbein von den Bangala, die unterm Aequator wohnen, und
von diesen erzählten mir die Bajansi, dass sie es wiederum
von einem noch entferntern Stamme kauften; es würde mich
deshalb gar nicht überraschen, wenn jemand behauptete und
nachwiese, dass die Kaufleute am Schari und Nil sich aus
denselben Gegenden von Centralafrika mit Elfenbein ver-
sorgten, aus denen es die Kongokaufleute beziehen.

Das Flusspferd ist, wie man schon aus den vielen bis-
herigen Angaben über sein häufiges Vorkommen entnehmen
konnte, eins der gewöhnlichsten, wenigstens eins der be-
achtenswerthesten Säugethiere am Kongo. Während des
Tages zieht diese grosse Amphibie es vor, sich auf grossen
vom Wasser überströmten Sandbänken oder Untiefen aufzuhalten, an denen der Strom so reich ist. Hier steht es
mit vielen seiner Gefährten in einer geraden Linie aufrecht
im Wasser, sodass Kopf und Rücken aus demselben hervorragen. Sie gähnen beständig, wobei sie die ungeheuern
Kinnbacken über Wasser erheben und Gaumen und Kehle
einen rosenrothen Abgrund zeigen. Den grunzenden Laut,
welchen sie von sich geben, und ihre starken Seufzer, mit
denen sie befriedigt über eine sekundenlange Betrachtung
eines heranfahrenden Kanoes in das warme Wasser zurück-
sinken, kann man aus weiter Ferne quer über den Strom
hören. Flusspferde sehen im Wasser entschieden röthlich aus

Sie ziehen gewöhnlich in Heerden von 9—10, anscheinend ein starker Bulle mit 4 oder 5 Kühen und deren Kälbern. Der Akt der Begattung tritt laut den Erzählungen der Eingeborenen stets wie bei den Sauen zur Nachtzeit ein. Ohne Frage wird die Thätigkeit des Flusspferdes viel grösser nach Sonnenuntergang, denn dann verlässt es das Wasser und geht zum Aesen in die grossen hohen Grasfelder, in welchen es bis nach Sonnenaufgang bleibt; wer ein guter Jäger ist, kann es dort abfangen, ihm den Rückzug abschneiden und es leicht tödten, da es ein sehr grosses Ziel bietet, und dann ruhig frühstücken gehen, nachdem er ihm sein Frühstück gelegt hat. Sie vom Kanoe aus im Wasser zu schiessen, bleibt eine Frage, deren Nutzen schwer zu entscheiden ist. Feuert man nicht auf das Thier, so kann es herankommen und lediglich zum Scherz das Kanoe havariren; fehlt man aber oder trifft es nicht tödlich, so wird es ganz sicher den Jäger annehmen, um sich zu rächen. Glücklicherweise schwimmen sie nicht sehr schnell, sodass ein geschickt gerudertes Kanoe ihnen leicht entgehen kann. Das weibliche Flusspferd liebt ihr Junges leidenschaftlich, und hält sich während der ersten Wochen nach dem Wurf fast ganz vereinsamt von den Kameraden meist am Lande auf; ich glaube weil die kleinen Flusspferde im jugendlichsten Alter gar leicht die Beute der gefrässigen Krokodile werden könnten. Die Männchen lieben es häufig selbst am Tage zu streiten; im Gefecht quieken und knurren sie wie Eber. Oft ereignet es sich, dass ein unglücklicher Bulle, der keine Frau sich hat verschaffen können, zum Landstreicher wird und sein einsames Leben dazu benutzt, seinen Groll an allem und jedem loszulassen, was ihm in den Weg kommt. Ein solches Unthier suchte die Umgegend von Msuata heim. Das boshafte Geschöpf war der Schrecken der Eingeborenen in allen

benachbarten Dörfern, denn es pflegte sich im Schilf auf die
Lauer zu legen, um auf die am Abend vom Fange zurück-
kehrenden Fischerboote sachte loszuschwimmen und sie um-
zuwerfen. Als ich mich dort aufhielt, sandten wir ein Boot
mit Briefen an Stanley, welcher weiter unten am Strome
sich befand. Das Kanoe fuhr am frühen Morgen ab, wurde
dicht in der Nähe der Station von dem teuflischen Flusspferd umgeworfen und einer der Insassen von einem Krokodil entführt. Man darf deshalb das Flusspferd als das
den Menschen gefährlichste Thier am Kongo ansehen.

Vom Rhinoceros hört man nirgends in diesen Gegenden
reden, und es kommt auch in der That im westlichen Afrika
selber nicht vor, da es höchstens vom Sambesi und süd-
afrikanischen Districten zuweilen nach dem südlichen Angola
hinüber wechselt. Das rothe Buschschwein (*Potamocherus*)
ist häufig und das Fleisch wird von den Eingeborenen sehr
geschätzt.

Auch sah ich die Haut eines *Hyomoschus*, welches also
offenbar bis zum Kongo verbreitet ist.

Von Büffeln kommt am Strome nur eine Art vor, der
rothe *Bos*[1] *brachyceros*. Er ist viel kleiner als seine grossen
Verwandten, die Büffel von Mittel- und Südafrika; für gewöhnlich scheint er indess ebenso wild zu sein, wenn er
auch zu Zeiten eine sehr willkommene Sanftheit des Betragens zeigt, wie man aus nachstehendem Vorfall ersehen
kann, welchen Stanley auf dem Wege zwischen Vivi und
Isangila erlebte. Stanley marschirte an der Spitze seiner
Karavane und hatte eben einen sehr steilen Berg im heissen
Sonnenschein erstiegen. Als er auf dem Gipfel ankam und
sich gerade keuchend vor Anstrengung und Erschöpfung ins

---

[1] *Bubalis?*

Gras niederwerfen wollte, sah er sich plötzlich einem rothen
Büffel gegenüber, der ihn ganz erstaunt anstarrte. Der
Büffel senkte seinen Kopf und Stanley feuerte, fehlte jedoch vor lauter Aufregung, obgleich das Thier nur wenige
Meter vor seinem Flintenlauf stand. Der Büffel indessen
drehte sich lediglich um und trottete ruhig davon. Da der
Fussweg in diesen Gegenden beständig über steile Höhen
bergauf bergab führt, so fürchtete ich mich immer, wenn ich
ganz hinfällig und ausser Athem oben auf einem Hügel an-
langte, dass ich nicht in eine ähnliche Lage kommen und der
Büffel weniger rücksichtsvoll sein möchte.

Im Vergleich zu den weniger waldigen Gegenden im
Norden und Süden ist der Kongo sehr arm an Antilopen.
Richtige Gazellen gibt es überhaupt nicht: *Cervicapra* (die
Hirschziegenantilope) und *Nanotragus* (Rindantilopen?) kommen vor, und passiren wol unter jenem Namen. Es gibt
aber verschiedene Arten *Cephalophi* (Schopf- oder Zwergantilopen), von denen die grosse *C. sylvicultrix* gelegentlich
am untern Strom zu sehen ist. Wasserböcke (*Cobus antelope*) kommen ziemlich oft und an allen Stellen, besonders
an den Stromufern vor. Nebenstehend gebe ich die Abbildung
eines Kopfes, welcher nach meiner Ansicht mit keinem
andern Kopfe der zahlreichen Art dieser grossen Familie
übereinstimmt. Die Klauen dieses Cobus weisen nichts Besonderes auf ausser etwa, dass sie etwas lang sind und weit
auseinanderstehen. Man findet einen *Tragelaphus* am Kongo,
anscheinend *T. gratus*, dessen Klauen fast 15 cm lang und
sehr spitz sind. Diese Thiere, von denen die Böcke dunkel-
schwarzbraun aussehen, mit weissen Flecken und Streifen,
bewohnen die Niederungen und kleinen Flussläufe, und
leben eigentlich mehr im Wasser als auf dem festen Lande.
Die Hörner werden von den Eingeborenen häufig als Trom-

peten gebraucht (vgl. Abbild. S. 403). Andere Mitglieder der *Tragelaphidae* sind die *Kudus* (Drehhörner), welche ich in der Nähe von Vivi sah, die überall vorkommende Streifenantilope und wahrscheinlich auch der Derbian oder die gestreifte Elandantilope.

Eine Wasserbock-Antilope.

Das Stachelschwein lebt längs des ganzen Kongo und seine Stacheln werden von den Eingeborenen verschiedentlich verwandt. Die Bajansi nennen das Thier „nkake" oder „Donner", von dem Geräusch, welches es im Zorn mit seinen Stacheln macht. Ein grosser Nager, *Aulacodus* (Borstenferkel) wird gelegentlich von den Eingeborenen gefangen und gegessen. Kleine, seitlich gestreifte Eichhörnchen leben zahlreich in den Wäldern, auch wird eine Unzahl Arten von Mäusen angetroffen, von denen eine Art von der Grösse einer kleinen schwarzen Ratte die Dörfer heimsucht.

Eine merkwürdige Familie der *Edentatae* (Zahnarme). das Schuppenthier (*Manis*), gehört auch zu den Säugethieren des Kongo, ist aber sehr scheu und selten.

Dieser kurzen Beschreibung der Säugethiere lasse ich noch ein Verzeichniss der Sippen und Familien folgen, welche entweder häufig oder überhaupt am Kongo angetroffen werden, und füge auch, aber mit einigen Fragezeichen, die Namen einiger Arten hinzu, deren Vorkommen vorausgesetzt werden darf, wenn man es auch bisjetzt nicht beweisen kann.

Erste Ordnung: **Primates** — *Handthiere*.

Erste Familie: **Simiae** — *Affen*.

	Beobachtungsort.
Erste Unterfamilie: **Anthropoidae.** *menschenähnliche Affen*.	
Troglodytes gorilla (?)	⎱ In den Waldgebieten um Stanley-
Anthropopithecus chimpanze (?)	⎰ Pool und am oberu Kongo.
Zweite Unterfamilie: **Pithecoidae.** *Schweifaffen*.	
Cynocephalus mormon	⎱ Im Lande um den untersten Theil
,, leucophoeus	⎰ des untern Kongo häufig.
,, sphinx	In der ganzen Gegend.
Cercopithecus griseo-viridis	,, ,, ,, ,,
,, Diana	,, ,, ,, ,,
,, Pluto	,, ,, ,, ,,
,, talapoin	,, ,, ,, ,,
,, petaurista	,, ,, ,, ,,
,, ruber	,, ,, ,,
Cercocebus fuliginosus	Am untern Kongo, unterhalb der Fälle.

Zweite Ordnung: **Lemuren** — *Makis*.

Erste Familie: **Lemuridae.**	
Galago monteiri	Oberer Kongo und Küste.

Naturgeschichte. Säugethiere.

	Beobachtungsort.
Zweite Familie: **Loriidae**.	
Perodicticus potto	⎱ Sumpfiges Waldland um den untern
Arctocebus calabarensis	⎰ Strom unterhalb Boma.

Dritte Ordnung: **Chiroptera** — *Handflügler*.

Erste Unterordnung: *Megachiroptera*.

Erste Familie: **Pteropodidae** — *Flughunde*.

Cynonycteris collaris	An den meisten Stellen.
„ torquata	„ „ „
„ straminea	„ „ „ „
Epomophorus monstruosus	Mündung des Kongo und Küste.
„ gambianus	„ „ „ „ „

Zweite Unterordnung: *Microchiroptera*.

Erste Familie: **Rhinolophidae** — *Hufeisennasen*.

Rhinolophus Landeri	Vivi.
„ Aethiops (?)	„

Erste Unterfamilie: **Phyllorhinae**.

Phyllorhina Cyclops (?)	Stanley-Pool.

Zweite Unterfamilie: **Megaderminae** — *Ziernasen*.

Megaderma frons (juv.?)	Aufs Schiff gesprungen vor Kabinda.

Dritte Unterfamilie: **Nycterinae** — *Nachtfledermäuse*.

Nycteris hispida (?)	Vivi.

Zweite Familie: **Vespertilionidae** — *Dämmerungsfledermäuse*.

Vesperugo sp. div.	Ueberall.
Vespertilo sp. div.	„
Kerivoula africana	Stanley-Pool und oberer Strom.

Dritte Familie: **Emballonuridae**.

Taphozous sp.	Banana.

Vierte Ordnung: **Insectivora** — *Insektenfresser.*

Beobachtungsort.

Erste Familie: **Erinaceidae** — *Igel.*
Erinaceus sp. div. — Gemein bei den Wasserfällen.

Zweite Familie: **Potamogalidae.**
Potamogale velox — Dem Fell dieses Thieres gleichen Felle, welche von den Anwohnern des obern Stromes getragen werden.

Dritte Familie: **Soricidae** — *Spitzmäuse.*
Sorex sp. — Vivi, Msuata etc.

Vierte Familie: **Talpidae** — *Maulwürfe.*
Chrysochloris capensis — Fell dieses Thieres (allem Anschein nach) zu Noki bei den Wasserfällen gesehen.

Fünfte Ordnung: **Carnivora** — *Fleischfresser.*

Erste Familie: **Felidae** — *Katzen.*
Felis leo — Soll längs des obern Flusses vorkommen. Häuptlinge besitzen Felle.
„ pardus — Ueberall, sehr gemein.
„ serval — Oberer und unterer Strom.
„ servalina — Sah Felle zu Msuata, kommt aber ohne Zweifel überall sonst vor.
„ chrysothrix — Oberer Strom.

Zweite Familie: **Viverrinae** — *Schleichkatzen.*
Viverra civetta — Ueberall.
Genetta pardina — „
Nandinia binotata — Flussmündung und Küste, wahrscheinlich auch am obern Strom.
Herpestes fasciatus — Ueberall.
Crossarchus obscurus — In der Gegend der Wasserfälle gesehen.

Dritte Familie: **Hyaenidae** —
    Hyänen.

	Beobachtungsort.
Hyaena striata (?)	⎫ Nach Erzählungen der Eingeborenen
„ crocuta (?)	⎭ hier erwähnt.

Vierte Familie: **Canidae** — *Hunde.*
Canis lateralis   Ueberall.

Sechste Ordnung: **Edentata** — *Zahnarme.*

Erste Familie: **Manidae** —
    Schuppenthiere.
Manis tricuspis   Theil eines Fells in Banana gesehen.

Siebente Ordnung: **Sirenia** — *Sirenen.*

Erste Familie: **Manatidae** —
    Manaten.
Manatus africanus   Unterer Strom.

Achte Ordnung: **Proboscidea** — *Rüsselthiere.*

Erste Familie: **Elephantidae** —
    Elefanten.
Elephas africanus   Gewisse Gegenden des untern Stromes und häufig am und oberhalb Stanley-Pool.

Neunte Ordnung: **Hyraces** — *Klippschliefer.*

Erste Familie: **Hyracidae.**
Hyrax sp. (?)   Zu Landana, an der Küste, und am Nordufer des untern Stromes. Hyrax genus?

Zehnte Ordnung: **Rodentia** — *Nager.*

Erste Familie: **Sciuridae** — *Eich-*
    hörnchen.
Sciurus erythropus   Oberer Strom.

	Beobachtungsort.
Zweite Familie: **Muridae** — *Mäuse*.	
Cricetomys gambianus	Unterer Strom.
Mus sp. div.	Ueberall.
Dritte Familie: **Octodontidae** — *Strauchratten*.	
Aulacodus swindernianus	Oberer und unterer Strom.
Vierte Familie: **Hystricidae** — *Stachelschweine*.	
Hystrix cristata	Ueberall.
Athenusia africana	Bolobo und oberer Strom.

Elfte Ordnung: **Artiodactyla** — *Gradhufer*.

Erste Familie: **Hippopotamidae** — *Flusspferde*.	
Hippopotamus amphibius	Ueberall im süssen Wasser.
Zweite Familie: **Suidae** — *Schweine*.	
Potamochoerus pencillatus	Gemein am obern Strom, auch am untern Strom in der Nähe der Küste.
Dritte Familie: **Tragulidae** — *Zwerg-Moschusthiere*.	
Hyomoschus aquaticus	In den Niederungen am untern Strom.
Vierte Familie: **Cavicornia** — *Hohlhörner*.	
Erste Unterfamilie: Bovinae — *Rinder*.	
Bubalis brachyceros	Ueberall.
Zweite Unterfamilie: **Tragelaphidae**.	
Tragelaphus scriptus	Ueberall.
„ gratus	Waldgegend oberhalb und unterhalb der Fälle, fast ganz Wasserthier.
„ Kudu	Bei Vivi gesehen; von ihm am obern Strom gehört.
Orcas Derbii (?)	Nach Hörnern, welche man in Dörfern zeigte, und nach Beschreibungen vielleicht am obern Kongo gefunden.

	Beobachtungsort.
Dritte Unterfamilie: **Gazellidae** — *Antilopen*.	
Cephalophus Maxwellii	Gemein überall.
„ sylvicultrix	Fell gesehen in Boma am untern Kongo.
Neotragus sp. (?)	Felle gesehen am untern Strom.
Cervicapra sp.	Ueberall gemein.
Cobus sp.	„ „

SECHZEHNTES KAPITEL.

DIE VÖLKER AM KONGO.

Die Zwergrasse. — Die Rassen des obern Kongo. — Die Mussirougo. — Die Bakongo. — Betragen und Moralität. — Der Phallusdienst. — Die Nkimba. — Die heilige Sprache. — Aerztliche Kunst. — Häusliches Leben. — Haarwuchs der afrikanischen Rassen. — Frühreife. — Bekleidung. — Beschneidung. — Haarputz. — Gesichtszüge. — Charakter. — Gebräuche. — Erziehung. — Heirath. — Begräbniss. — Nahrung. — Hausthiere. — Ernten. — Häuser. — Musikalische Instrumente. — Bevölkerung. — Fortschritte.

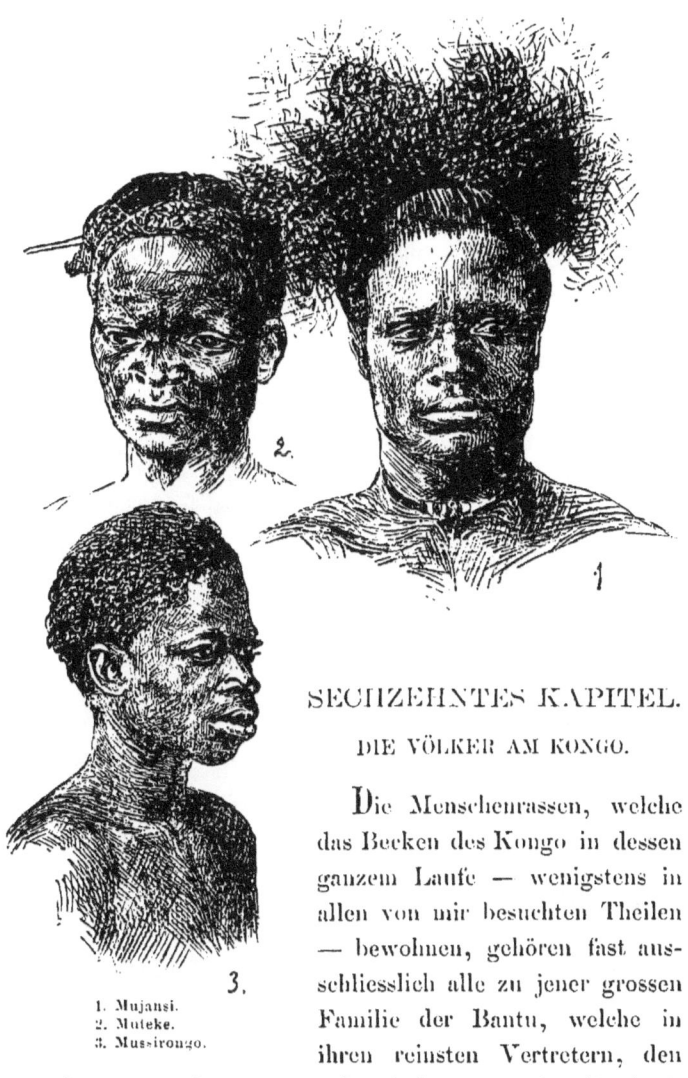

1. Mujansi.
2. Muteke.
3. Mussirongo.

SECHZEHNTES KAPITEL.

DIE VÖLKER AM KONGO.

Die Menschenrassen, welche das Becken des Kongo in dessen ganzem Laufe — wenigstens in allen von mir besuchten Theilen — bewohnen, gehören fast ausschliesslich alle zu jener grossen Familie der Bantu, welche in ihren reinsten Vertretern, den Ova-herrerro und Ova-mpo des Südwestens, den Sambesistämmen, den Völkerschaften des grossen Tanganjika- und

Njassa-Sees und der Westküsten des Victoria-Njansa-Sees,
sowie endlich des obern Kongo, physikalisch und sprachlich
sich streng von den verschiedenen Neger-, Halbneger- und
Hamitischen Stämmen im Norden und von der Gruppe der
Hottentotten und Buschmänner im Süden unterscheiden.
Ich habe eben gesagt, dass die Bewohner des Kongobeckens
„fast" ausschliesslich dieser grossen gleichartigen Bantu-
Familie angehören. Dies beschränkende „fast" habe ich aus
zwei Gründen hinzugefügt. Erstlich weil wir wissen, dass
am obern Kongo und Lualaba gewisse von Stanley und
Wissmann angetroffene Zwergrassen wohnen; und weil ich
ferner selber zwei Vertreter einer Zwergrasse gesehen habe,
die als Sklaven unter den Bajansi wohnten und sich in ihrer
äussern Erscheinung von ihren Herren in allem und jedem
unterschieden. Dabei bleibt es noch nicht ganz sicher,
ob nicht diese Zwergrassen schliesslich doch als ein stark
entarteter Bantustamm anzusehen sind. Die Sprache ist
natürlich in keinerlei Hinsicht massgebend, weil sie einer
unterworfenen oder niedriger stehenden Rasse oft von dem
stärkern Einwanderer aufgedrungen wird. Dabei bleibt es
merkwürdig, dass die einzigen Worte, welche ein Mitglied
der Wa-twa, der westlich vom Lualaba von Stanley[1] angetroffenen Zwergrasse, gesprochen haben soll, ihrem Charakter nach das reine Bantu repräsentiren. Er soll dem
grossen Reisenden zufolge gesagt haben, „Mabi, mabi" für
„schlecht", „Ki-rembo-rembo" für „Blitz" und „Firi Niambi"
für „Gott." Nun wird „mabi" im Sinne von schlecht,
giftig, verhext, den ganzen Kongo hinunter bis Stanley-Pool
gebraucht. Es ist z. B. das reine Ki-teke und eins der am
häufigsten gebrauchten Wörter. „Ki-rembo-rembo" scheint

---

[1] Durch den dunklen Welttheil, II, 189. 190.

gewissen mittelafrikanischen Ausdrücken für „Finger"[1] zu
gleichen, und der Zwerg wollte mit „Ki-rembo-rembo, firi
Niambi" muthmasslich den „Finger Gottes" bezeichnen, weil,
indem er „Niambi" für „Gott" gebrauchte, er damit dasselbe Wort „Nyambi", „Njambi", „Ndyambi", „Ndambi",
„Nsambi" anwandte, welches an der Angolaküste, am westlichen Kongo und am Gabun gebräuchlich ist. Die Zwergrassen des Innern sollen stark behaart sein. Die Buschmänner und Hottentotten des Südens aber, mit welchen diese
Zwergrassen vielleicht eine gewisse entfernte Verwandtschaft
haben sollten, sind aber bekanntlich durchaus nicht behaart,
dagegen sind die Bantustämme des Kongo von Natur stark
behaart, obgleich die meisten infolge künstlichen Ausziehens
der Haare eine weiche Haut zu haben scheinen. Bei alledem unterliegt es keinem Zweifel, dass diese Zwergrassen
sich hinlänglich von ihren Nachbarn unterscheiden, um die
Beschränkung zu rechtfertigen, welche ich meiner Behauptung
anfügte. Ausser jenem ersten Grunde lege ich aber noch
Gewicht auf einen zweiten, dass nämlich die Kongostämme,
je näher sie der Küste kommen, desto mehr ihren unter-
scheidenden Charakter als Bantu verlieren, sei es durch die
Entartung, welche das Küstenklima im Gefolge hat, oder
weil sie auf ihrer Wanderung aus dem nordöstlich belegenen
Brennpunkt der Bantu nach Westen zu in den niedrigen
Küstenstrichen mit einer von früher her dort angesiedelten
Negerbevölkerung zusammenstiessen und sich vermischten.
Diese letztere Annahme möchte ich mehr und mehr für die
einzig richtige halten, weil in einem dieser Küstenstämme,
wie z. B. den Kabinda, oder in dem Volk von Loango
zwei Rassentypen deutlich hervortreten. Die einen — die

---

[1] Lembo, mu-liemo, remo in verschiedenen Kongosprachen.

Bantu — sind schöne, grosse, sich gerade haltende Menschen, mit zierlichen kleinen Händen und wohlgestalteten Füssen, feinen Gesichtszügen, hoher dünner Nase, Backenbart, Schnurrbart und reichlichem Kopfhaar; die andern haben eine misgestaltete, locker gebaute Figur, mit einwärts gestellten Füssen, hohen Waden, zurücktretendem Kinn, wulstigen Lippen, sind haarlos im Gesicht und haben eine dicke und krausgeringelte Wolle auf dem Kopf. Je weiter aber man ins Innere vordringt, desto schöner wird auch der Schlag. Menschen wie die Bajansi von Bolobo sind in der Entwickelung und dem Ebenmass ihrer Formen vollkommene griechische Statuen, und unterscheiden sich in zwei Punkten höchst günstig von den meisten Küstenrassen, nämlich durch ihre hellere Hautfarbe — gemeiniglich eine warme Chocoladefarbe — und durch die Abwesenheit jenes widrigen Geruchs, der, mit Unrecht, die meisten Afrikaner charakterisiren soll. Viele andere Einzelheiten verrathen die vergleichsweise hohe Stellung der Rassen des obern Kongo, wie ihre kleinen Hände und Füsse, ihre wohlgestalteten Beine mit vollen Waden und ihr reichliches Kopfhaar.

Die vornehmsten Stämme, welche man auf einer Reise den Kongo hinauf bis zum Aequator antrifft, sind von der Flussmündung an gerechnet die Kakongo (Kabinda und andere), Mussirongo, Bakongo, Basundi, Babwende, Wabuno, Bateke, Wabuma, Banunu und Bajansi. Von ihnen sind die Kabinda oder Kakongo-Stämme bereits geschildert und möchte ich nur noch hinzufügen, dass sie die Krujungen des Südens sind, welche sich nach allen Richtungen als Diener, Matrosen, Arbeiter verdingen, und mit besonderer Vorliebe in die portugiesischen Kolonien wandern, welche sie bis Mossamedes überlaufen, aber unabänderlich nach einiger Zeit wieder verlassen, um zu Hause ihren Ver-

dienst zu verzehren. In ihrem Verkehr mit den Portugiesen
gleichen die Kabinda gar sehr den Krujungen der Liberischen
Küste in ihren Beziehungen zu den Engländern. Auf beide
Rassen hatte der Umgang mit den Weissen einen grossen
Einfluss, und wenn auch dort nirgendwo eine Eroberung
oder vorgängige Besitznahme von Land stattgefunden hat,
so spricht doch jeder Kabinda mehr oder wenig portugiesisch,
und wenige — fast möchte ich sagen kein — Krujunge der
Küste ist völlig unbekannt mit dem Englischen. Nach meiner
Ansicht wird der gegenwärtige Versuch der Portugiesen,
sich an der Kakongo-Küste niederzulassen, was auch die
Grossmächte dazu sagen mögen, der Zustimmung der Eingeborenen
sich erfreuen, welche so lange unter ihren neuen
Herren draussen gedient haben, dass sie gern deren Herrschaft
bei sich zu Hause anerkennen dürften.

Am südlichen Ufer des untern Stromes, gegenüber dem
Kabinda-Stamme, in dem wenig bekannten Lande Sonjo
oder Songo, wohnen die Mussirongo, wie die Portugiesen
sie nennen, oder besser Basikongo [1], ein entarteter Zweig
der grossen Bakongo-Rasse, welche einschliesslich mancher
Varietäten in Wirklichkeit das weite Gebiet von Kabinda
bis Kinrembo längs der Küste und vom Stanley-Pool bis
Banana längs des Stromes inne hat. Die Bakongo-Gruppe
zerfällt in verschiedene getrennte Stämme, welche alle jedoch
mehr oder weniger dieselbe Sprache reden, die zuweilen
„Fiote", d. h. „das gemeine Volk", und genauer Kisikongo
genannt wird. Von den Bakongo-Stämmen oder den Bewohnern
des untern Flussgebiets vom Stanley-Pool bis zum
Meere, sind die Basikongo bereits erwähnt, welche wahrscheinlich
den Vortrab der Bantu-Invasion nach dieser Rich-

---

[1] Die Eingeborenen nennen sich hier häufig Basirongo; rongo ist
das corrumpirte Kongo.

tung vorstellen und mit einer vorhandenen Negerbevölkerung
gemischt sind; dann kommen die eigentlichen Bakongo mit
ihren Mittelpunkten um São Salvador und Pallaballa, die
Basundi, die Babwende und die Wabuno. In den Namen
aller dieser Stämme bis auf einen hat sich seltsamerweise
die alte Plural-Vorsilbe „Ba" erhalten, während sie im Dialekt entartet ist zu „Wa" und selbst zu „A". Die einzige
Ausnahme bildet Wabuno, welches wahrscheinlich eine spätere
Unterabtheilung des Hauptstammes vorstellt. Die eigentlichen
Bakongo waren einst die herrschende Rasse in der ganzen
Gegend: sie gründeten das Kongoreich, welches zur Zeit
der Entdeckung durch die Portugiesen auf dem Gipfel seiner
Macht stand und dessen Könige weit über die Grenzen des
Kongogebietes hinaus herrschten. Ein kleiner Landstrich
zwischen São Salvador und dem Strome ist alles, was von
dem einst mächtigen Königreich übrig geblieben ist. Der
König vom Kongo regiert noch zu São Salvador, und obgleich er nicht gerade ein Christ ist, so schwankt er doch
zwischen den Lehren der Baptisten-Missionare an seinem
Hofe und den Dogmen der römischen Kirche, welche wieder
einmal versucht hat, ihre verlorene Herrschaft über die
Kongovölker zurück zu gewinnen. Die Bakongo-Sprache,
oder recht eigentlich das Kisikongo, wird am reinsten in São
Salvador, auch um Pallaballa, und am südlichen Ufer Vivi
gegenüber gesprochen. Es ist einer der schönsten und bieg-
samsten Bantu-Dialekte und besitzt die ganze Weichheit des
Italienischen, die Genauigkeit des Französichen und die Bieg-
samkeit des Englischen, drei Eigenschaften, welche nebenbei gesagt im Portugiesischen gut vertreten sind, einer
Sprache, welche aus irgendwelchen Gründen von den afrikanischen Stämmen leichter als jede andere europäische Mund-
art erlernt wird. Das Portugiesische hat grossen Einfluss

auf das Wörterbuch der Kongostämme ausgeübt, wie man leicht aus dem 400jährigen Verkehr zwischen den beiden Völkern entnehmen kann. Alle neuen Dinge, noch dazu exotischen Ursprungs, werden durch leicht veränderte portugiesische Wörter bezeichnet, z. B. „mesa" für „Tisch" (Port. mesa) „di-lalansa" für „Orange" (Port. laranja), „sabola" für „Zwiebel" (Port. cebola) u. s. w. Diese portugiesische Beimischung ist viel grösser zu São Salvador und an der Küste und verschwindet in dem Maasse, als wir uns dem Innern zuwenden; doch sind einige lusitanische Worte weit in den Continent von der Westküste her versprengt und gleich den von Stanley bei den Rubunga angetroffenen vier alten Musketen nach Verlauf von Jahrhunderten in die Wörterbücher von Stämmen eingedrungen, welchen Portugal vollkommen unbekannt ist. So wird jenseits Bolobo die Ananas, welche die Portugiesen von Brasilien einführten, bi-nasi oder bi-nanasi genannt, offenbar dem portugiesisch-brasilianischen „ananas" nachgebildet. An der Küste hat sich die Ananas lange genug eingebürgert, um ihren Namen zu verändern und umzuformen, aber unter den Bajansi ist der alte Ausdruck langsam mit der Ausbreitung der Pflanze vorgerückt.

Die Bakongo von Pallaballa sind ein schönerer Menschenschlag als die entarteten Halbnegerstämme der Musikongo oder Musorongo der Küste. Dennoch zeigen sie nicht den reinen Bantu-Typus, wie ihn die Bajansi des obern Stroms aufweisen. Ihre Haut hat freilich nicht die todte Kohlenschwärze der Küstenstämme, sondern ist oft warm chocoladenbraun oder röthlichbraun. Sie lieben persönlichen Schmuck nicht sehr, ausser durch Tätowirung und Bemalung der Haut mit verschiedenen Farben. Sie sind von Natur stark behaart, besonders im Gesicht, sodass einige Fürsten üppige Backen-

und Schnurrbärte tragen, aber am übrigen Körper wird jedes
Haar von früher Jugend an herausgezogen, sonst würden
sie theilweise mit kurzem krausem Haar bedeckt sein. Die
beiden obern Schneidezähne werden zuweilen befeilt, doch
ist dies nicht so allgemeiner Gebrauch als weiter flussaufwärts. Auch unter den Babwende von Manjanga und den
umwohnenden Stämmen werden grosse Nasenringe durch die
Knorpel der Nasenflügel gezogen und Ohrringe häufig getragen. Beschneidung wird allgemein vorgenommen, wovon
bei den halbreligiösen Gebräuchen die Rede sein wird.

Die Bakongo sind von Charakter träge, wankelmüthig
und sinnlich. Sie verabscheuen in der Regel das Blutver-
giessen und sind, ausser bei gewissen abergläubischen Gebräuchen, selten grausam, zeigen vielmehr Güte und Sanft-
muth in der Behandlung von Thieren. Werden aber ihre
Leidenschaften erregt, sei es wegen Zauberei oder um schwere
Beleidigung zu rächen, so können sie in ihrer fanatischen
Wuth zu wahren Teufeln werden; dasselbe Volk, welches in
ruhigen Augenblicken davor zurückschaudern würde, einem
Freund oder Nachbar die Haut zu ritzen, wird um den
Scheiterhaufen eines der Zauberei überführten Freundes
hüpfen und jauchzen und in ausgelassener Freude ihn
lebendig rösten sehen. Das Verbrennen von Zauberern und
Hexen (von letztern werden in der Regel mehr getödtet)
kommt sehr gewöhnlich vor bei den heruntergekommenen
Stämmen der Küste, und das Gottesurtheil durch den Gift-
trunk, welches ich bereits im dritten Kapitel erwähnte,
herrscht weit und breit in den Landstrichen des untern
Kongo. Wirklich muss in vielen Bakongo-Dörfern durch
die beständigen Anklagen auf Hexerei das Leben zur Qual
werden. In Pallaballa wird z. B. für jeden Verstorbenen,
gleichviel ob er ein Kind, Weib oder Mann war, jemand in

Verdacht genommen, als habe er den Tod durch übernatürliche Mittel veranlasst, und der schreckliche alte Nganga oder „Medicinmann", welcher die Untersuchung über die Leiche abhält, wird berufen, die schuldige Person zu entdecken. Gewöhnlich hält er sich an die mit weltlichen Gütern Gesegneten, damit sie sich von seiner grausamen Anklage loskaufen. Sollte der Angeklagte indessen, sei es wegen Armuth oder der Gewalt der öffentlichen Meinung unterliegend der Beschuldigung nicht ausweichen können, so wird er oder sie gezwungen, die *Casca* oder den Aufguss von einer giftigen Rinde zu sich zu nehmen: je nachdem nun die Stärke des Aufgusses vom Zauberer bemessen ist, wird der heimlicher Zauberei Angeklagte entweder das Gift wieder von sich geben und genesen, oder an dessen Wirkungen sterben, oder aber es bei sich behalten und nicht sterben, in welch letzterm Falle die Eingeborenen das seltene Vergnügen haben, den Uebelthäter mit ihren plumpen Messern in Stücke zu zerhacken, oder ihr Opfer über langsamem Feuer zu „kochen". Dabei sind dieselben Leute, so lange nicht ihre Furcht oder Leidenschaft erregt wurde, zart und selbst weibisch, und besitzen manches ausdrucksvolle Wort für Liebkosung und Mitgefühl.

Ich habe vorhin gesagt sie seien unmoralisch — oder mindestens sinnlich —, aber dies muss nicht in dem Sinn genommen werden, wie man dieses Wort auf lasterhafte europäische Sitten anwendet. Ihre Immoralität entspringt eher aus übertriebener Liebe zu ihren Frauen als aus Liebe zum Laster. Unnatürliche Verbrechen sind bei ihnen unbekannt, wo sie nicht unter europäischen Einfluss gerathen sind, und sie besitzen in ihrer Sprache kein Wort für den gemeinen Ausdruck, der unter den niedrigern englischen Klassen fast als scherzhafte Beschimpfung dient.

Ehebruch ist nicht ungewöhnlich: die Strafe wechselt je nach der Lebensstellung oder dem Wohnort des Betreffenden, von Leibes- und Lebensstrafe bis zu einer geringfügigen Geldbusse herunter. Die Weiber geben wenig auf die eigene Tugend, sei es vor oder nach der Verheirathung, und ohne die Eifersucht der Männer würde ungehinderter Verkehr unter den Geschlechtern die Regel bilden. Unter den Bakongofrauen gilt es für ehrenhaft und lobenswerth, sich die Stellung einer Maitresse des weissen Mannes zu verdienen, und ein so vor seinen Mitschwestern ausgezeichnetes Weib wird von seinen Landsleuten mit Respekt und Hochachtung angesehen. Obendrein sind die Männer, wenn sie untereinander auch einige eheherrliche Eifersucht verrathen, doch weit entfernt, irgendetwas wie Genugthuung zu verlangen, wenn ein Europäer das Anerbieten einer Frau anzunehmen sich veranlasst sieht, sei es als Zeichen der Gastfreundschaft oder in Erwartung einer kleinen Belohnung. Unverheirathete Mädchen bieten sie schon sparsamer an, weil ihr Marktpreis ein höherer ist; aber man kann in aller Aufrichtigkeit sagen, dass unter diesen Völkern weibliche Keuschheit unbekannt ist und die Ehre eines Weibes nach dem Preise bemessen wird, der dafür bezahlt wird.

Am niedern Kongo bis Stanley-Pool hinauf, also in einem Landstrich, welcher sich noch etwas über das eigentliche Gebiet der Bakongo ausdehnt, herrscht der Phalluscultus in verschiedenen Formen vor. Er ist nicht mit irgendwelchen Gebräuchen verbunden, welche eigentlich obscön zu nennen wären, und an der Küste, wo Sitten und Moral hauptsächlich verdorben sind, wird der Phalluscultus nicht mehr angetroffen. In den Wäldern zwischen Manjanga und Stanley-Pool trifft man nicht selten einen kleinen, von Palmwedeln und Stöcken gebauten Tempel an, in welchem

männliche und weibliche Figuren von nahezu oder völliger
Lebensgrösse mit unverhältnissmässigen Geschlechtstheilen
zu sehen sind, welche das männliche und weibliche Princip
vorstellen sollen. Um diese geschnitzten oder bemalten
Statuen, die schon im sechsten Kapitel beschrieben sind,
liegen Opfergaben an Tellern, Messern und Zeugen, und oft
kann man auch das Phallus-Symbol von den Dachsparren
herunterhängen sehen. Aber man darf in alledem nicht die
geringste Obscönität vermuthen; wer diese Anbetung der
Zeugungskraft als obscön ansieht, thut es im blinden Eifer
oder aus Unkunde. Sie ist ein feierliches Geheimniss für den
Eingeborenen am Kongo, eine nur unklar verstandene Kraft,
und gleich allen geheimnissvollen natürlichen Kundgebungen
— gleich dem grossen rauschenden Strom, welcher sein
Fischerkanoe umwirft und die Macht hat ihn zu ertränken —
gleich dem leuchtenden Blitz, dem brüllenden Donner, dem
brausenden Wind, ist es eine Kraft, welche man sich günstig
stimmen und zum Guten lenken muss.

Ohne Zweifel steht dieser Phalluscultus in Verbindung
mit den Nkimba-Ceremonien, die man am untern Kongo
zwischen Isangila und der Küste antrifft und in ihren
mannichfaltigen Formen zu den Gebräuchen rechnen darf,
welche unter den meisten Bantustämmen den ersten Eintritt
in die Mannbarkeit zu begleiten pflegen.

Die Nkimba sind höchst wahrscheinlich Mannspersonen,
welche sich der Beschneidung unterzogen haben und in die
Ehegebräuche eingeweiht werden, und diese geheime Brüderschaft besteht gewöhnlich aus Junggesellen verschiedenen
Alters zwischen 12 und 15 Jahren. Gelegentlich kann man
auch ältere Männer unter ihnen sehen, welche aus irgendeinem Grunde der Einweihung in jugendlicherm Alter aus
dem Wege gegangen sind. Diese Gebräuche dauern zwei

Jahre nach dortiger Rechnung (d. h. zwölf Monate), und man sagt, es gebe drei oder mehr Grade der Einweihung, welche durch Aenderungen in den Grashemden angezeigt werden. Sie kalken sich über den ganzen Körper mit einer thonartigen Erde gespenstisch weiss an und waschen sich nicht ein mal während der sechsmonatlichen Vorprüfung, er-

Ein Nkimba.

neuern jedoch öfters den weissen Anstrich. Während der ganzen Periode ihrer Einweihung leben sie gleich den Lilien des Feldes, und werden auf gemeinsame Kosten des Dorfes oder der Gemeinde unterhalten. Die Nkimba leben grösstentheils von ihren Mitbürgern getrennt und scheinen jede Berührung mit ihnen, besonders aber mit weiblichen Personen und Kindern der Gemeinde zu meiden, deren Gegenwart als nicht wünschenswerth und sogar befleckend betrachtet wird, weil sie nicht in die Geheimnisse des heiligen Mysteriums eingeweiht sind. Wenn darum die Nkimba auf der Strasse sind, so kündigen sie ihre Anwesenheit durch eine Art trommelnden Lärmens wie „durr-r-r!" an, und dann müssen alle Fremden, — d. h. alle welche nicht Mitglieder ihrer Freimaurerschaft sind — die Strasse räumen. Sollten sie sich sträuben, so werden sie von den Nkimba angegriffen und weidlich mit den Stöcken durchgeprügelt, welche diese hässlichen Geschöpfe führen. Hässliche Geschöpfe sind es in der That und sie regen die beständig wiederkehrende Frage an: „warum macht der Mensch so oft aus seinen religiösen Gebräuchen einen Schrecken seiner Mitmenschen?" Ausser dem weissen kalkigen Anstrich oder der Paste, welche die von Natur russige Haut der Nkimba-Novizen bedeckt, schmücken sie auch, wenn sie es irgendwie machen können, ihre Köpfe mit einer seltsamen Weidenkrone oder -Käfig, an welche kleine flimmernde Streifen von scharlachrothem Tuch oder die Federn glänzend befiederter Vögel befestigt werden. Ausserdem tragen sie um die Taille einen weiten hölzernen Reif oder Gurt, der oft wunderbar mit eingeschnitzten Figuren geschmückt ist, und von ihm hängt ein langes dichtes Hemd von getrocknetem Grase oft bis auf die Knöchel herunter, welches öfters durch ein inneres Gerüst gleich einer Krinoline vom Körper abstehend gehalten wird. Oft hängen auch Garben oder Bündel von Gras von Schultern und Nacken herunter, aber ich glaube, dass diese Zugabe die Erreichung eines höhern Grades der Einweihung kennzeichnet.

Ein merkwürdiger Theil dieser halbreligiösen Gebräuche ist die Erlernung einer heiligen mysteriösen Sprache, welche von dem Nganga, der bei allen diesen Gebräuchen die Leitung hat, den Schülern gelehrt wird, welche beschnitten und in die Brüderschaft aufgenommen sind. Diese Sprache wird nie den Frauenzimmern gelehrt, und bislang ist auch kein Europäer im Stande gewesen, ihre Natur zu ergründen. Ich habe Männer sich darin unterhalten hören und zwar ganz offen, und ich erkannte auch die meisten Vorsilben der Bantu und sonstige Uebereinstimmung mit ihrer Sprache, aber die wirklichen Wörter waren mir unbekannt. Möglicherweise bildet es eine alte oder mehr veraltete Form der Bantu-Sprache, die für religiöse Zwecke erhalten geblieben ist — wie das Sanskrit, das Kirchenslawische oder das Latein —

oder vielleicht ist es nichts als eine willkürliche Umbildung der Wörter, wie man sie in Mpongwe [1] findet oder in solchen künstlichen Dialekten, wie dem Ki-njume von Sansibar. [2]

Ein Nkimba wird vor der Einweihung „Mungwala" und nachher „Tungwa" genannt. Ich habe keine Ahnung von der Ableitung dieser Wörter; vielleicht könnte eine entfernte Verwandtschaft mit „Longwa" („was gelernt werden muss") auf die Spur helfen.

Man trifft diese Nkimba unter den Kongostämmen nicht weiter landeinwärts als bis Isangila. Zwischen diesem Ort und Manjanga gibt es in den grossen Dörfern viele Eunuchen, welche einem unbestimmten Phalluscultus ergeben zu sein scheinen, mit welchem eine Anbetung des Mondes aufs engste verbunden ist. Sobald Neumond eintritt, führen die Eunuchen Tänze auf und opfern ihm zu Ehren einen weissen Vogel, und zwar stets einen Hahn. Der Vogel wird dabei in die Luft geworfen und in Stücke zerrissen, sobald er zur Erde fällt. Man sagte mir, dass in frühern Zeiten ein Menschenopfer bei solchen Gelegenheiten dargebracht sei, was in letzterer Zeit jedoch durch einen weissen Hahn ersetzt wurde.

Ein phantasiereiches Volk, welches die Erklärung aller physikalischen Fragen auf die Thätigkeit übermenschlicher Geister zurückführt, nimmt ganz natürlich an, dass sie auch

---

[1] „Unter den Aeltesten des Stammes ist eine Sprachweise im Gebrauch, «die Ewiria oder dunkle Sage», welche von den Nichteingeweihten nicht verstanden wird, selbst wenn eine ganz öffentliche Rathsversammlung stattfindet. Sie wird gebildet, indem man die Wörter willkürlich verändert, und das Geheimniss wird keinem anvertraut, der nicht 25 Jahr alt ist, und auch dann nur unter der eidlichen Versicherung der Verschwiegenheit." Vgl. Cust, Modern Languages of Africa, II, 419.

[2] Vgl. Steere, Handbook to the Ki-suahili Language.

die Krankheiten der Bosheit von Teufeln zu verdanken haben, welche materiell wie die Verkörperung der von ihnen erregten Krankheit dargestellt werden. Es gibt einen Pockendämon, einen Fiebergeist, und in gewissen Tempeln um Manjanga kann man sogar ein ekelhaftes Bild des schmutzigen Teufels finden, welcher den unglücklichen Eingeborenen die Syphilis gebracht haben soll; wenigstens bringen sie zu seinem Schrein ihre Gaben, in der Hoffnung seine grausamen Verwüstungen zu mildern.

Von der Heilkunst haben sie wenig oder gar keinen Begriff; als Medicin dienen unbestimmte Getränke und Pulver, die ohne Rücksicht auf ihre antiseptischen Eigenschaften verabreicht werden, lediglich auf Grund ihrer verborgenen magischen Kräfte. Der Kranke hat sich zuweilen einer solch heroischen Behandlung zu unterwerfen, dass er vielleicht geheilt wird nach dem Grundsatze: ein Uebel vertreibt das andere. Durch Opfergaben an seinem Schrein, durch das Dazwischentreten des „Nganga", und durch laute Klagegebete suchen seine Freunde die Bosheit des Krankheitsteufels zu mildern; andererseits aber bemühen sie sich auch, geleitet von dem instinctiven Gefühl, dass „jemand" einen Fehler begangen hat, wofür „er" bestraft werden muss, denjenigen ausfindig zu machen, welcher durch schändliche Zauberkunst den bösen Geist zu dieser verdriesslichen Kundgebung seiner Macht angestiftet hat. Der „Nganga" leitet natürlich diese Untersuchung, und der Schuldige, auf den sein Auge fällt, wird nun mit schwerer Brüche gestraft oder bei ernsten Fällen und wenn der Angeklagte arm ist, gezwungen, das Gottesgericht des „Giftbechers" mit seinen verschiedentlichen Folgen über sich ergehen zu lassen. Diese Bakongo scheinen von Krankheiten nicht mehr als die meisten uncivilisirten Rassen heimgesucht zu werden. Der Natur wird gestattet, eine glückliche Auswahl bei dem Ueberleben der Stärksten zu treffen, und wenn ein Kind schwächlich ist, so gibt man sich keine Mühe es am Leben zu erhalten. Infolge davon sind die körperlich Starken in der Mehrzahl, während zum Ausgleich die Schlausten sich die meisten Weiber zu verschaffen wissen und die grössten Familien hinterlassen.

Der „Nganga" einer jeden Gemeinde ist gemeiniglich ein mittelmässig aussehender, vielleicht unansehnlicher Mann, aber ein Blick seines scharfen Auges zeigt sofort, dass er seinen bärenstarken Nachbarn an geistiger Fähigkeit überlegen ist; darum hat der „Medicinmann" des Dorfes einen grossen Harem und hinterlässt eine Menge Nachkommen.

Das tägliche Leben dieses Volkes muss von einer schrecklichen Einförmigkeit sein. Einen Kalender führen die Leute nicht, die unbestimmten Ueberlieferungen werden mündlich vererbt. Sie führen sozusagen ein Waldleben; grosse Unfälle, plötzliche Angriffe werden bald verborgen und vergessen, tiefer gehende Gemüthsbewegungen kommen nicht vor, während flüchtige Sorgen und Freuden keinen Eindruck in ihrer hohlen Seele zurücklassen, die nur für die Stunde lebt, denkt und schafft.

Vor der Dämmerung fangen sie an, mürrisch aus dem Schlaf zu erwachen und die erstorbene Asche des Feuers zu wärmender Glut anzufachen. Dann setzen sie sich auf ihre Fersen und kreuzen die Hände über die Schultern, um sich zu wärmen, weil der frühe Morgen die kälteste Zeit in Afrika ist; und während die Männer gähnen und sich die Augen vor der zunehmenden Helligkeit reiben, schmatzen die Weiber ihre Kleinen, schelten mit den grössern Kindern und beginnen mit ihren Herren und Meistern dieses oder jenes unangenehme Thema zu verhandeln. Der Sonnenaufgang, die ewige Auferstehung, welche selbst die Thierseelen in der Natur erfreut, macht diesen verdriesslichen Erörterungen ein Ende. Die Weiber treten aus den Hütten, um ihre Nachbarn zu begrüssen und an ihre häuslichen Arbeiten zu gehen, die Männer setzen ihre Waffen und Jagdgeräthe in den Stand und schicken sich an, nach ihren Vogelschlingen und Fischfallen zu sehen, oder sie packen ihre Sachen für einen benachbarten Markt ein und wandern ihrer Bestimmung zu, bevor die Sonne zu hoch steigt.

Wann sie ihre regelmässigen Mahlzeiten halten, ist schwer zu sagen. Die Kinder scheinen immer an etwas zu nagen, und die Weiber bereiten beständig Nahrungsmittel. Ich denke, die Erwachsenen essen meistens eine Stunde nach Sonnenaufgang und endigen vielleicht mit einer andern Mahlzeit am Abend.

Nach dem Morgenessen gehen die Weiber aus, um ihre Felder zu bestellen, oder sie machen sich an eine Handarbeit, weben und fertigen thönerne Geschirre oder Hühnerkörbe für ihre Hennen und Küchlein. Um Mittag ruhen alle im Schatten der Verandas, rauchen Taback oder verbringen die schwülen Stunden mit Frisiren, Putz und freundschaftlichem Geplauder. Wenn die Sonne sinkt, wird irgendeine nützliche Arbeit wieder aufgenommen und nach Sonnenuntergang, wenn die Männer zum Dorf zurückgekehrt sind, wird Palmwein getrunken und getanzt, und in Ermangelung andern Zeitvertreibs — wie z. B. das Verbrennen einer der Zauberei angeklagten Person — damit fortgefahren bis zu einer späten Nachtstunde, bis alle in recht heiterer Stimmung und unter lautem Gespräch sich zum Schlafen zurückziehen, um am andern Morgen jämmerlich und verdriesslich aufzuwachen.

Ich habe eine kurze Beschreibung der Stämme gebracht, welche am untern Kongo zwischen Stanley-Pool und der

Küste hausen. Am Stanley-Pool jedoch, wo wir auch neuen Formen von Schmetterlingen, Vögeln und Pflanzen begegnen, greift eine entschiedene Aenderung im Typus der Menschen und der von ihnen geredeten Sprachen Platz.

Am nördlichen Flussufer streckt sich das Gebiet der Bateke weit über den Pfuhl nach Westen hin zum Jue oder Gordon Bennett-Fluss, und selbst vielleicht noch weiter bis zu den Grenzen der Babwende, welcher Stamm einen Dialekt

Ein Mbuma.

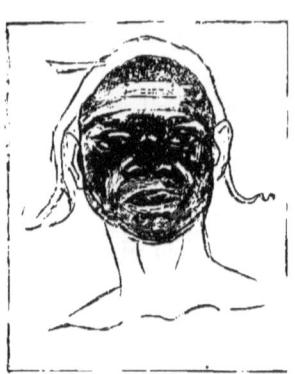
Ein Majansi.

der Kongo-Sprache des untern Stromes spricht; am südlichen Flussufer beginnen jedoch die Bateke-Kolonien nicht eher als bis wir zum Distrikt von Ki-ntamo kommen, an den westlichen Ufern des Stanley-Pool.

Die Bateke, Wabuma und Bajansi, alles Stämme vom obern Strom [1], unterscheiden sich freilich alle voneinander in gewissen charakteristischen Merkmalen, besonders in ihrer Sprache, bieten aber auch wieder so viele Vergleichspunkte

---

[1] Mit oberer und unterer Strom bezeichne ich immer den Kongo oberhalb und unterhalb des Stanley-Pool.

und sind dem Bakongo-Volk unterhalb des Stanley-Pool so unähnlich, dass man sie recht wohl in ihren gemeinschaftlichen Zügen zusammenstellen darf, wenn man ihre Beschreibung nur von den Rassen des untern Stromes getrennt hält.

Diese Völker des obern Kongo verrathen wenig oder gar keine Beimischung von Negerblut. Es sind reine „Bantu" und gleichen deshalb bedeutend den andern ungemischten Rassen desselben Grundstocks, wie z. B. den Ova-mbo, den Balunda und den Völkern am Tanganjika- und Njassa-See. Sie unterscheiden sich von den Halbblutnegern der Bakongo durch ihre chocoladenähnliche Hautfarbe und ganz besonders durch ihren üppigen Haarwuchs. Der Bart, Backen- sowol als Schnurrbart, fehlt nie, ist aber gewöhnlich, ebenso wie die Haare der Augenbrauen und Augenlider ausgezogen, weil man ein Vorurtheil gegen jede Cultur des Haars ausser auf dem Scheitel des Kopfes hegt. Nur die Fürsten gestatten in der Regel ihrem Bart zu wachsen, aber auch nur an gewissen Stellen. Darum wird das Haar auf dem übrigen Körper, wo es sonst reichlich, stellenweise sogar sehr dicht wachsen würde, ohne Gnade mit der Wurzel ausgezogen, indem diese Völker eifrig die Nacktheit der Haut pflegen, für welche die Menschen von jeher eingenommen gewesen sind.

Es ist eine Thatsache, dass die meisten afrikanischen Rassen ursprünglich behaart sind, speciell auf ihrem Körper[1], aber gar viele Stämme haben die Gewohnheit, mit äusserster Gewissenhaftigkeit jedes Haar, sobald es erscheint, auszureissen, sodass man es begreiflich finden kann, wenn jemand behauptet, die Afrikaner seien haarlos an ihrem Körper.

---

[1] Dies gilt ebenso sehr von dem wahren Neger als von dem Bantu. Ich habe Krujungen der Goldküste gesehen, welche ganz bedeckt waren mit feinem krausen Haar, besonders auf Brust, Magen, Lenden und Rücken.

Die einzigen mir bekannten Stämme, bei denen es mir nicht gelungen ist, irgendeine Spur von Haar oder selbst Bart zu entdecken, ohne dass ich ihre Abwesenheit damit erklären konnte, dass diese Stämme Nacktheit vorziehen, sind die Buschmänner und Hottentotten; und doch hält man sie für die niedrigsten Menschenrassen in Afrika. Es wäre interessant zu erfahren, wie dies zu erklären ist.

Zu allen Zeiten und in allen Klimaten haben die Menschen eine kahle Haut als ein persönliches Reizmittel gepflegt. Die alten Griechen und Römer übten dasselbe Enthaarungsverfahren, welches bei den Afrikanern von heute beliebt ist. Priester haben gelehrt, es sei gottgefällig, glatt geschoren zu leben; und die Höflinge und Rathgeber so vieler weltlicher Fürsten haben ihren freiwachsenden Bart beschnitten und ihre Locken gekräuselt, um ein ernsteres und stattlicheres Aussehen zu bekommen. Es ist wirklich merkwürdig, dass das Behaartsein immer als Zeichen von Wildheit und thierischer Kraft gegolten hat, und dass Soldaten erlaubt ist, einen Bart zu tragen, welchen eine strenge Mode dem Bürgersmann verbietet.

Menschliche Nacktheit zeigt sich zuerst bei den Pavianen und ihren Verwandten, dem Gelada-Affen. Diese Thiere zeigen ihre nackten Theile augenscheinlich aus Stolz, indem sie dieselben selbstgefällig den Blicken ihrer Feinde oder Freunde zuwenden; nicht, wie man geglaubt hat, um zu beleidigen, sondern aus demselben Grunde, weshalb der Pfau seinen Schwanz aufrichtet und mit den Federkielen rasselt, um nämlich seine Beschauer zu entzücken oder in Furcht zu setzen. So haben in verflossenen Zeiten die Weiber des beginnenden Menschen mit Genugthuung die zunehmende Nacktheit ihrer Ehemänner betrachtet, gerade wie das Weibchen des Gelada-Affen mit zarter Hand die grosse kahle

Stelle an der Brust ihres Männchens berührt und streichelt. Bei den meisten Affen der Alten Welt sind Hände, Füsse und Gesicht kahl, bei den Pavianen sind die hintern Theile kahl und glänzend. Demzufolge überkam den strebsamen Affen, welcher sich schliesslich zur Menschwerdung durcharbeitete, eher eine allmähliche Abnahme der Behaarung als absolute Nacktheit, wie denn auch Körper und Glieder bei nur wenigen Menschen völlig von Haaren entblösst sind.

Als der Mensch alles oder fast alles Haar verloren hatte, welches bei so vielen Säugethieren sich zu einem hervorragenden Schmuck des männlichen Geschlechts entwickelt, hatte er einen genügenden Grad von Verstand erworben, das niedrige Machwerk der Natur aufzugeben und die Hülfe der Kunst anzurufen, um seiner angeborenen Eitelkeit aufzuhelfen und seine Person so zu schmücken, dass sie in den Augen der Weiber an Anziehungskraft gewönne. Backen- und Schnurrbart, die schon in weniger entwickelter Form bei den höhern Affen vorkamen, erhielten im Menschen ihre äusserste Vollendung, aber darüber hinaus wurde kein Versuch gemacht, irgendein besonderes physisches Reizmittel zu entdecken oder einen ähnlichen Fortschritt zur Färbung der Haut oder einem Auswuchse derselben zu unternehmen, wie wir das bei so manchen Affen[1] sehen. Im Gegentheil scheint der Mensch eher zu körperlicher Gleichmässigkeit und Unbedeutendheit entartet zu sein. Von dem Standpunkt eines Hirsches mit starkem Geweih oder eines anmuthigen Leoparden betrachtet, scheint ein nackter Mensch eine armselige Art von Thier zu sein. Die höhere Schönheit

---

[1] Um nur ein Beispiel anzuführen, so erinnere man sich nur an die blau gestreiften Wangen der Mandrills, die glänzend roth gefärbten Geschlechtstheile der Paviane, die Mähne des Gelada- und Colobus-Affen etc.

seiner wohlgeformten Gestalt und ihre augenfällige Zweckmässigkeit für seine Laufbahn ist nur wahrnehmbar für die ästhetisch gebildeten Geister der höchst entwickelten Individuen.

In den allerfrühesten Tagen der Geschichte unsers Geschlechts, während jenes grossen Kampfes nicht blos ums Dasein sondern gleichzeitig um die Herrschaft, aus welchem einige der grössten Affen als Menschen hervorgingen, muss wenig Verlangen oder Musse vorhanden gewesen sein, physischen Schmuck durch geschlechtliche Zuchtwahl zu schaffen. Unsere ganze Thatkraft richtete sich in jener Periode auf die blossen Bedürfnisse des Lebens, auf die Beschaffung der Nahrung, des Schutzes gegen die Feinde oder der Abwehr der ungünstigen Einflüsse veränderter Klimate durch künstliche Mittel. Als jedoch diese Bestrebungen die Wirkung hatten, die Geistes- und Verstandeskräfte des Menschen zu entwickeln und erheblich zu stärken, und er dadurch eine so hervorragende Stellung gewann, dass seine Existenz als besondere Art gesichert war, da hatte die Entwickelung körperlicher Reize weniger Anziehungskraft für ihn, als sie für die niedern Thiere hat. Die geschlechtliche Wahl wurde von der Zeit an mehr vom Geist als vom Körper bestimmt, und der schlaueste Mann sicherte sich die grösste Zahl Frauen. Gleichzeitig übte, trotz des Verlustes der frühern Alleinherrschaft, die körperliche Schönheit noch jetzt auf die niedrigern physischen Eigenschaften des Menschen einen Einfluss, welchen sie in frühern Zeiten in höherm Grade ausgeübt hat. Die Rolle des Schiedsrichters in solchen Dingen ist nur in andere Hände übergegangen. Der Mann fing an, sich die Frau zu wählen, und nicht länger blieb es dem Weibe überlassen, sich ihren Mann auszusuchen. Die Folge davon ist gewesen, dass gegen eine oder mehrere der höchsten Arten der Männer von Seiten des schwächern Geschlechts ein schwacher Versuch angestellt wurde, eine anreizende Gesichtsbemalung und eine sehr einseitige Hinterkopf-Mähne zu entwickeln. Aber bei ihrem Bestreben, sich die Bewunderung zu sichern und ihrer persönlichen Eitelkeit Genüge zu thun, haben Männer und Frauen gleich ungeduldig zu künstlichen Mitteln ihre Zuflucht genommen, sich anziehend oder lächerlich zu machen oder Furcht einzuflössen. Die Kleidung diente anfänglich entschieden mehr zum Schmuck denn als ein Erforderniss des Anstandes.

Die sekreten Theile wurden ursprünglich mit den Zuthaten geschmückt, welche später infolge eines aufdämmernden Gefühls von Scham dazu benutzt wurden sie zu verbergen.[1] Auch die Kleidung entwickelte sich durch klimatische Einflüsse in einem stärkern Grade, als lediglich aus Gründen des Anstandes; desgleichen hat der Hang zum Schmuck, gepaart mit dem Verlangen sich ein anziehendes oder obendrein imponirendes Ansehen zu geben, zu verschiedenen Zeiten die Menschen verleitet, aus sich einen wahren menschlichen Raben zu machen, der sich mit den von den übrigen Wirbelthieren geborgten Pelzen und Federn schmückte. Es mag ja der Hermelin des englischen Lordkanzlers viel mehr bedeuten als die Affenfell-Mützen und Mäntel eines alten afrikanischen Medicinmannes, sowie auch die von einer Schönheit eines europäischen Hofes getragenen Straussenfedern nichts mit den Papagaifedern gemein zu haben scheinen, welche sich ein Bajansi-Mädchen ins Haar steckt,

---

[1] Bei verschiedenen wilden Menschenrassen der Gegenwart, z. B. den Negern im portugiesischen Senegambien, den Neu-Caledoniern und einzelnen Papua-Stämmen ist es Sitte, das männliche Glied in auffälliger Weise mit Bändern von hellem Zeug oder kleinen Muscheln zu verzieren.

aber alle diese äussern Schmuckgegenstände wurzeln in denselben leitenden Beweggründen. Bei den Eingeborenen des tropischen Afrika ist jedoch jede Kleidung lästig und nicht wohl angebracht. Ein Stückchen Grastuch genügt den Ansprüchen der prüdesten Schamhaftigkeit. Häute, Federn, Muscheln, Elfenbein, Metalle und Holz, alles muss dazu dienen, bei diesen Völkern die Person zu schmücken, es bleibt aber immer ein Theil nackter Haut unbedeckt und nicht verziert. Infolge davon haben die Stämme des obern Kongo, deren ästhetisches Gefühl weit mehr entwickelt ist als das der unempfindlichern Stämme des untern Stromes und der Küste, allerlei Erfindungen gemacht, mit welchen sie der Mangelhaftigkeit der Natur durch vollendetere Kunst zu Hülfe kommen. Die Haut der Bateke, Bajansi und Wabuma wird häufig mit farbigen breiten Strichen und Mustern geschmückt, deren Zeichnung im allgemeinen den Umrissen des Körpers sich anschliesst. Die beliebten Farben sind durchweg weiss, gelb, braun und schwarz und werden hergestellt aus Kalk, Ocker, „Camwood" und Holzkohle.

Dieses „Camwood", von dem ich bereits erwähnte, es sei die Rinde von einer oder mehrerer Arten *Baphia* (vgl. Abbildung S. 99), versieht die Kongo-Völker auch mit einer rothen, der Henna ähnlichen Farbe, mit welcher sie Nägel, Haar und gelegentlich den ganzen Körper karmoisinroth färben. Ausserdem wird von ihnen die Oberfläche der Epidermis oft mit eingeschnittenen Mustern verziert, und zwar je nach dem Stamm mit diesem oder jenem Muster. So zeichnen sich die Bateke immer aus durch 5 oder 6 gefurchte Striche quer über die Backenknochen, während die Bajansi Schrammen über die Stirn ziehen in horizontaler oder verticaler Richtung. Das Porträt des Königs Ibaka, das wir als Titelbild diesem Band voranstellen, zeigt, wie man sieht, diesen Strich über der Stirn und ausserdem einen breiten weissen Streifen quer über der Wange.

Die Wabuma scheinen in der Regel ihr Gesicht nicht mit Schrammen zu kennzeichnen, dagegen üben sie, wie auch die meisten Stämme des obern Kongo, die Kunst der Tätowirung, indem sie Wülste oder Striemen in der Haut auf-

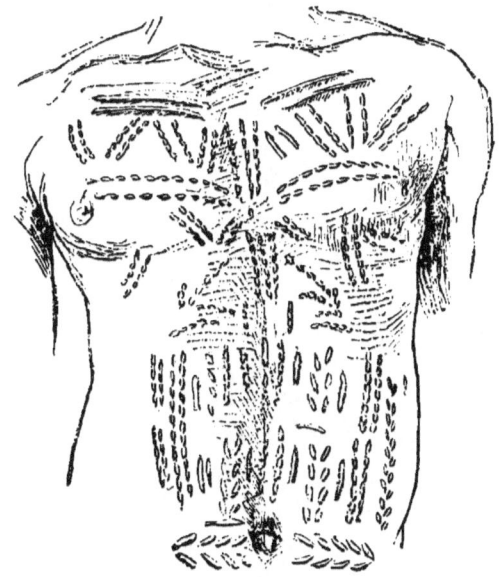

Ein Muster der Tätowirung.

treiben, dadurch, dass sie die Haut mit einem Messer einschneiden und irgendeine beizende Substanz in den Schnitt einreiben. Diese Art von Tätowirung wird längs des Kongo geübt bis zu den Stanley-Fällen hinauf. Ich bringe hier eine Zeichnung des Torso eines Mungala aus der Gegend des Aequators (des einzigen Exemplars dieser Rasse, welches mir zu Gesicht gekommen ist), dessen ganzer Körper beinahe auf diese Weise geschmückt war.

Die Völker des obern Kongo wenden ausserdem viel Zeit und Mühe daran, ihr Haar zu frisiren. Zuweilen wird der ganze Kopf glatt rasirt bis auf eine kleine Stelle des Hinterhauptes, wo man das Haar nun üppig wachsen lässt. Vorn wird das Haar mit Lehm und Gras gemengt und flach auf den Schädel angedrückt, während hinten eine zerzupfte Mähne wie ein Heiligenschein den Kopf umgibt. Aber die zahllosen Moden der Haartracht verlangen zu ihrer nähern eingehenden Beschreibung zu viel Raum, darum will ich nur noch hervorheben, dass das Haar der neugeborenen Kinder feiner und weniger kraus ist als das der Erwachsenen, und dass die Männer im allgemeinen stärkeres Haar haben als die Frauen, will aber jetzt zu andern bemerkenswerthen physischen Eigenthümlichkeiten übergehen.

Bei den Bateke finden sich oft hervorragende Augenbrauen und sehr leicht angedeutete Stirnfurchen. Die Nase ist gewöhnlich abgeplattet und an den Nüstern immer sehr breit; zuweilen jedoch trifft man auch unter diesem Stamm ein Individuum mit hoher etwas gebogener Nase.

Die Bajansi haben in der Regel besser geformte Nasen als sowol die Wabuma oder die Bateke. Der Mund ist bei allen diesen Völkern von verschiedener Form. Zuweilen sieht man dünne wohlgeformte Lippen, und dann hat der Mund wiederum die rechte Negerform, breit und mit wulstigen Lippen. Die Zähne sind immer vollkommen, sowol was ihre Gestalt als ihre Weisse anbetrifft. Die Schneidezähne treten niemals über die andern Zähne heraus.

Auch das Kinn ist ebenso wie Mund und Nase bei den einzelnen Individuen sehr verschieden, im ganzen aber sieht man viel häufiger ein starkes kräftiges als ein schwaches zurücktretendes Kinn.

Die Augen sind viel „klarer" als bei den meisten afrikanischen Rassen und das Weisse ist weniger mit Blut unterlaufen. Die Ohren sind etwas gross. Die Körpergestalten sind bei diesem Volke wahre Modelle und von höchster Entwickelung, sodass viele von ihnen mit ihrer glänzenden Haut nackend wie in Bronze gegossene antike Statuen aussehen. Bei einigen Personen sind die Arme sehr lang, wie bei der hier abgebildeten Bateke-Frau, aber das ist kein allgemeines charakteristisches Kennzeichen der Rasse.

Eine Bateke-Frau.

Die Weiber haben gemeiniglich besser geformte Büsten als bei den Küstenstämmen, und bei vielen haben die Brustwarzen das merkwürdige Bestreben, sich in die Höhe zu richten und nicht herunterzuhängen. Hände und Füsse sind klein und von guten Verhältnissen. Die zweite Zehe ist die längste.

Von Charakter sind die Rassen des obern Kongo gutmüthig, leichten Sinnes und sehr empfänglich für Schönheit. Sie sind Verehrer von Farben und Musik und lieben den Tanz, den sie graziös und mit Verständniss ausführen. Sie haben entschieden verliebte Anlagen, aber es liegt eine gewisse Poesie in ihren Gefühlen, welche ihre Liebe veredelt und über die rein geschlechtliche Sinnlichkeit des Negers erhebt. Die Ehemänner lieben ihre eigenen Weiber wie

auch die anderer Leute, und man könnte manches hübsche
Familienbild in ihren Behausungen malen, wenn Vater und
Mutter sich mit ihren Kindern herumbalgen, oder in einer
gierig essenden Gruppe um den Suppentopf herumsitzen.

Warum der Trübsinn bei diesem heitern Volke fehlt,
erklärt sich zum Theil daraus, dass sie keinen selbst-
quälerischen Aberglauben kennen. Bei ihnen findet, soweit
ich habe in Erfahrung bringen können, kein Gottesgericht
wegen Zauberei statt, sie werden nicht geplagt mit den Ein-
weihungsgebräuchen der Nkimba, es fehlt diesen Leuten
sogar der Medicinmann, der Nganga, der sonst überall sou-
verän regiert. Bedarf man dieser Persönlichkeit zur Ver-
richtung einiger weniger nothwendiger Ceremonien, oder zur
Aburtheilung streitiger gesetzlicher Fragen, so wird er von
den Stämmen des Innern geborgt. Die Bajansi z. B. benutzen durchweg die Nganga der Banunu, eines südlich von
ihnen wohnenden Stammes.

Man darf unbedenklich behaupten, dass diese Völker
jeder Religion entbehren. Sie üben lediglich eine schwache
Form der Verehrung der Vorfahren, auch haben sie eine
dämmerige Idee von einem Gott; wenn man jedoch nach
dessen Namen fragt, so gebrauchen sie ein Wort, welches
gleichbedeutend mit Himmel oder Luft ist.

Sie haben eine unbestimmte Idee von einem Leben nach
dem Tode, und die am Grabe eines Häuptlings abgeschlach-
teten Sklaven sollen ihm zur Begleitung auf seiner geheimnissvollen Reise dienen.

Bei der Geburt eines Kindes finden keine besondern Ge-
bräuche statt. Die Mutter lebte schon drei Monate vor seiner
Geburt von ihrem Ehemanne getrennt und wird, sobald die
Zeit der Entbindung heranrückt, von den alten Frauen ihrer
Bekanntschaft gepflegt.

Die Beschneidung wird 12 Tage nach der Geburt vom Medicinmann und in seiner Abwesenheit vom Häuptling vorgenommen. Bis die Wunde vernarbt ist, wird der betreffende Theil beständig mit heissem Wasser behandelt. Zuweilen wird die Beschneidung in früher Jugend ausgesetzt, sei es weil die Mutter sie nicht dulden will, oder weil es an einem Doctor fehlt. Früher oder später wird das Individuum jedoch angehalten, sich der Operation zu unterwerfen, und dann, mag es mehr oder weniger erwachsen sein, gleich nach der Beschneidung dicht vor ein ungeheueres Feuer gesetzt, vor dessen Glut es zwei oder drei Tage kauernd liegen bleibt, bis die Wunde geheilt ist. Die Beschneidung wird mit einem scharfen Messer ausgeführt.

Das Kind wird oft nicht eher entwöhnt, als bis es zwei oder drei Jahre alt ist und alle seine Zähne durch das Zahnfleisch gedrungen sind. Während all der Zeit, dass die Mutter es an der Brust hat, lebt diese getrennt von ihrem Mann.

Wenn das Kind noch ganz jung ist, wird es schon von den Aeltern mitgenommen zum Fluss, um das Schwimmen zu erlernen. Die Mädchen werden frühzeitig in häuslicher Arbeit unterrichtet, lernen kochen und sonst ihrer Mutter beistehen, während die Knaben kleine Bogen und Pfeile anfertigen, kleine Kanoes rudern und ehrgeizig die Hantierungen der Männer nachahmen.

Die Heirath ist lediglich ein Handelsgeschäft und wird ohne lustige oder specielle Gebräuche vollzogen. Ein Mann verschafft sich so viele Weiber als möglich, theils weil sie für ihn arbeiten, und dann auch aus dem Grunde, weil die mit einem Kinde gesegnete Frau ihren Ehemann auf zwei bis drei Jahre verlässt, bis das Kleine entwöhnt wird.

Es ist unmöglich, mit einiger Genauigkeit das mittlere Lebensalter dieser Menschen festzustellen, indessen darf man, nach den Erfahrungen von länger an der Küste angesiedelten Missionen zu schliessen, wol annehmen, dass das Volk rasch altert und wenige Personen ein Alter von 60—65 Jahren erreichen.

Wenn ein Sklave stirbt, so wird er ohne viel Umstände in den Fluss oder den Wald geworfen; scheidet aber eine Person von einem gewissen Range aus dem Leben, so wird sie gewöhnlich unter der Hütte, in der sie lebte, begraben und diese nachher verlassen; in das Grab werden Tücher, Perlen, Teller, Messer, Kauries u. s. w. massenhaft hineingelegt, damit sie frisch ihr neues Leben beginnen könne. Die Teller werden gewöhnlich zerbrochen und die Messer krumm gebogen, um sie zu „tödten", damit sie auch „sterben" und so in das Reich der Geister übergehen. Wenn ein grosser Häuptling stirbt, so werden vier oder mehr Sklaven querüber in sein Grab, und sein Körper oben auf gelegt. Die Sklaven werden nicht lebendig begraben, sondern vorher aufgehängt. Nach dem Tode eines verheiratheten Mannes wird seine Witwe oder Witwen in dem Hause (unter welchem er begraben liegt) für eine Zeit von 50 Tagen eingeschlossen, während welcher Frist sie ihre Gesichter mit Holzkohle schwärzen.

Die Nahrung der Völker am obern Kongo ist zusammengesetzter als die der Eingeborenen am untern Strom. Wenn auch ihre Nahrung zumeist aus Pflanzenkost besteht, und Bananen, Erdnüsse, Maniok, Mais und süsse Kartoffeln Hauptartikel derselben bilden, so bringen andere Elemente doch Abwechselung in den Mittagtisch. Ein Fluss wie der Kongo liefert natürlich eine Menge Fische, und die Flussanwohner verzehren Massen dieser ebenso appetitlichen als leicht erbeuteten Kost.

Ein Stamm des obern Kongo treibt sogar vollständigen Handel mit geräuchertem Fisch, welchen sie an die sesshaften

Stämme längs der Stromufer oder etwas weiter landeinwärts verkaufen. Ganz gewöhnlich kann man eine Gruppe Bajansi-Leute auf einer grossen Sandbank mitten im Flusse sitzen und ihre frisch gefangenen Fische über mächtigen Holzfeuern räuchern sehen. Ich habe diese geräucherten Fische oft gekauft und gegessen (gewöhnlich sind es grosse Exemplare der Familie der *Percidae* oder Barsche) und ich kann nur gestehen, dass, vorausgesetzt man kauft nicht ein Jahre altes und von Würmern zerfressenes Exemplar, sie delicat schmecken — wirklich in der That delicat, denn das Räuchern über einem wohlriechenden cederartigen Holz verleiht dem Duft des an sich soliden Fleisches noch einen weitern angenehmen Beigeschmack. Zuweilen scheinen die Eingeborenen den Fisch auch noch in eine Salzlake zu tauchen, bevor sie ihn dem Räucherungsverfahren unterwerfen, und dies gibt dem ohnehin appetitlichen Fisch den angenehmen Geschmack eines wohlgesalzenen Schellfisches. Die Eingeborenen fischen gewöhnlich mit einer Art Schleppnetz von verschiedener Form. Zuweilen gleicht das Netz einem ungeheuern Schmetterlingsnetz mit etwas länglicherer Oeffnung und sehr kräftigem Handgriff: dies dient indess nur für den Fang kleiner Backfische, während die grossen Fische mehr mit dem Wurfspiess gefangen werden. Die Bateke, welche dem Fischfang aus Liebhaberei ein wenig obliegen aber in einer bequemen Weise, rudern in den Strom hinaus zu einer der vielen schwimmenden Inseln von Gras und Wasserpflanzen, und die kleinen Lanzen vorsichtig im Gleichgewicht haltend harpuniren sie den Fisch, wenn er an den Wurzeln eben unter der Wasseroberfläche nippt, um die Larven und Wasserkäfer, die sich daran festhalten, zu verschlingen. Die kleinen Bateke-Jungen fischen vom Ufer aus mit niedlich gemachten Ruthen, Leinen und

Schwimmern. Ausserdem haben sie höchst sinnreiche Weiden-Fischkörbe jeder Gestalt, und mit ihrer Hülfe gerade werden die meisten Fische gefangen. Auch verstellen sie die Mündungen kleiner Buchten mit Netzen, sodass der Fisch in der trockenen Jahreszeit nicht entwischen kann, sondern dem alles verschlingenden Menschen leicht zum Opfer fällt.

Für die Vögel macht man Schlingen, aber auch die kleinern Säugethiere werden nicht verschmäht, auf Ratten sogar besonders gern Jagd gemacht, während sie grossem Wilde nur sparsam nachstellen. Das Flusspferd wird gelegentlich verfolgt und harpunirt, aber mehr aus Rache für die Unbill, mit welcher es ihre Kanoes beschädigt, als aus Verlangen nach seinem Fleisch.

Die Hausthiere versorgen die Eingeborenen auch mit Nahrung, aber diese sind nicht solche Fleischesser wie die Stämme des östlichen oder südlichen Afrika, welche grosse Rindviehheerden besitzen. Am obern Kongo ist der Ochse unbekannt, und sein alter classischer Bantu-Name „Ng'ombu" oder „Ng'ombe" gilt bei den Bajansi als der Name des Büffels. Schafe trifft man jenseits des Stanley-Pool selten an; dort kennt man sie und gibt ihnen auch einen Namen. Sie gehören zu dem mittelafrikanischen Schlage — haarig, mit kurzen Hörnern, der Widder mit einer prächtigen Mähne, die sich vom Kinn bis zum Bauch erstreckt und in hohem Grade demselben Schmuck des Arui oder wilden Mähnenschafs des nördlichen Afrika gleicht. Ich glaube jedoch nicht, dass dieses Hausschaf des centralen Afrika von dem „Moufflon à manchettes" Algeriens abstammt. Im Gegentheil ähneln das Mutterschaf, welches keine Mähne hat, und die ebenfalls mähnenlosen jungen Widder durchaus gewissen Abkömmlingen des persischen Schafs, gleich denen sie schwarz und weiss gescheckt sind. Die Ziege des Kongolandes ist ein kleines, gedrungen gebautes Thier, mit kurzen Beinen, und sehr fett. Die Weibchen sind vorzügliche Milchziegen; ihre Milch ist eine höchst delicate und gesunde Zugabe zur täglichen Kost. Unglücklicherweise werden sie trocken, nachdem sie drei Monate gemolken sind, und das einzige Mittel, einen beständigen Ersatz dieses angenehmen Tranks sich zu verschaffen, besteht darin, dass man sich 4—5 Ziegen hält und es so einrichtet, dass sie zu verschiedenen Zeiten

Ein Kongo-Schaf.

Junge werfen. Die Eingeborenen jedoch sind nie so vorsichtig, weil es sie anwidert, Milch zu trinken.

Der allgemeine Schlag der Hunde am obern Kongo (am untern Strom ist er stark gemischt mit europäischen, von den Portugiesen eingeführten Rassen) ist der der wilden Hunde in Indien und dem Osten überhaupt, mit einem Blick wie des Dingo und des wilden Hundes von Sumatra obendrein. Er hat einen Fuchskopf, spitze Ohren, weiches rehfarbenes Fell und einen ganz wenig buschigen Schweif, und ist nach meinem Dafürhalten überhaupt ein recht niedliches

Thier. Der Charakter dieser Hunde ist insofern bewundernswerth, als sie nie bellen, da sie höchstens infolge starker Aufregung sich durch eine lange Klage oder Geheul Luft machen. Gegen Europäer sind sie gern bissig und unzuverlässig, aber die Anhänglichkeit zwischen ihnen und ihren afrikanischen Herren geht tief und wird voll erwidert. Sie werden von den Eingeborenen als eine köstliche Speise betrachtet und gelten für einen solchen Schmaus, dass nach allerdings ungeschriebenem Gesetz blos das stärkere Geschlecht — die Männer — an einer Mahlzeit Hundebraten theilnehmen dürfen. Die Katzen am Kongo sind hager, langbeinig und hässlich und kommen in allen möglichen Farben vor. Scheckige sieht man am häufigsten. Diese Katzen sind ausgezeichnete Maus- oder besser Rattenfänger, und helfen die Dörfer der Eingeborenen von den kleinen schwarzen, sie heimsuchenden Ratten befreien.

Das Hausschwein wird viel gehalten und sein Fleisch häufig von den Kongostämmen gegessen. Ich bin nicht der Meinung derer, welche muthmassen, dass das Schwein ursprünglich von den Portugiesen nach Westafrika und den Kongoländern eingeführt wurde. Das Schwein ist in seinem Zustande als Hausthier unter den Bantu-Rassen quer durch Afrika verbreitet und trägt überall denselben Namen. Im Kijansi heisst es „Ngulu" und im Kisuaheli von Sansibar ist es bekannt unter dem Namen „Nguruwe" oder „Nguluwe." Es ist ein schwarzes, borstiges, hochschulteriges Thier und hat viel Aehnlichkeit mit dem irischen Windhundschwein. Gleich den meisten afrikanischen Hausthieren stammt es ursprünglich wol aus Asien.

Das Geflügel am Kongo ist klein und gemischter Herkunft. Die Hennen sind aber gute Eierleger, und da die Eingeborenen selten Eier essen, dagegen den Hühnern erlauben, die von ihnen gelegten Eier auszubrüten, so lebt das Hausgeflügel scharenweise in den Dörfern und ist ein nie versiegender Handelsartikel.

Die Bisamente hat sich bis zum obern Kongo von der Küste aus verbreitet, wohin sie im 17. Jahrhundert von den Portugiesen gebracht wurde.

Von den am meisten angebauten Pflanzen und Bäumen sind zu erwähnen *Cajanus indicus*, der Maniok, die süsse Kartoffel, Mais, Erdnüsse, Taback, Zuckerrohr, Bananen und Oelpalmen. Zu den von den Portugiesen der Westküste eingeführten Pflanzen gehören die Ananas, Apfelsinen, Citronen, Melonen und eine kleine ausgeartete Sorte Kohl.

Es ist eine merkwürdige Wahrnehmung dass, während man den asiatischen Ursprung der meisten afrikanischen Hausthiere verfolgen kann, die Culturpflanzen dieses Landes zum grössten Theil von Amerika eingeführt zu sein scheinen. Man kann sich nur schwer vorstellen, wie dieses Volk hat leben können, bevor Mais, Maniok, Erdnüsse und süsse Kartoffeln von den Portugiesen und andern europäischen Nationen seit dem 16. Jahrhundert an die afrikanischen Küsten gebracht wurden. Die Entdeckung Amerikas hat einen nachhaltigen Eindruck auf die Entwickelung des dunkeln Welttheils hinterlassen.

Die Häuser der Dörfer am obern Kongo unterscheiden sich im Riss und Material nicht wesentlich von den bereits beschriebenen des untern Kongo. Sie sind alle rechtwinkelig und länglich viereckig gebaut, mit schiefen Dächern und weiten Verandas. In Bolobo entwickelte man einiges Geschick beim Bau, und theilte sie in verschiedene Zimmer oder Abtheilungen. Die Versuche mit dem Hausgeräth verrathen eine entschiedene Verbesserung gegen die Bakongo. Stühle und Sitze werden aus einzelnen Holzblöcken ausgehauen ohne Verband (welche Kunst dort unbekannt ist), und einige dieser Möbel haben eine gefällige Form und passen sich auch dem Zweck gut an, für welchen sie gemacht sind. Viele niedliche kleine Gegenstände werden aus Holz geschnitzt und mit Messing eingelegt; Kissen und Kopfunterlagen werden ganz nach Art der bei den alten Aegyptern gebräuchlichen angefertigt. Pulverflaschen aus weichem Holz ausgehölt und mit eingebrannten Mustern vermittelst rothglühenden Eisens verziert. Proben von Töpferarbeiten

Bateke-Stuhl.

gebe ich nachstehend in Abbildung; eine Töpferscheibe ist aber nicht im Gebrauch, sondern alle diese Geräthe werden in Korbformen ausgedrückt oder aus freier Hand gemacht.

Ich habe bereits der Geschicklichkeit Erwähnung gethan, welche diese Völker im künstlerischen Ausschmuck entfalten; ihre Liebe zur Musik ist ebenfalls bemerkenswerth. Ausser der Trommel benutzen sie das Horn von *Tragelaphus gratus* und anderer Antilopen der Sippe der Tragelaphiden als Trompete, welches einen schönen vollen Ton gibt. Die Bateke-Kinder machen sich Trompeten aus zusammengerollten Bananenblättern.

Für den Vortrag von Melodien benutzen sie die „Marimba", ein Instrument von unbestimmter Bedeutung, im Princip aus vielen dünnen metallenen Streifen oder Dämmen bestehend, die auf einem Resonanzboden angebracht sind.

1. Töpferwaaren vom obern Kongo. 2. Antilopenhorn-Trompete. 3. Pulverflasche.

Mit geübtem Griff angeschlagen geben sie sehr sanfte Töne von sich. Wegen wirklicher Schönheit des Tons berühmt ist jedoch die fünfsaitige Leier vom Kongo, auf welcher die eingeborenen Musiker ebenso seltsame als rührende Melodien zu spielen verstehen. Die pentatonische Scala ist allein im

Gebrauch und die Töne sind C, D, E, G, A, C; die vierten und siebenten Noten unserer Tonleiter fehlen.

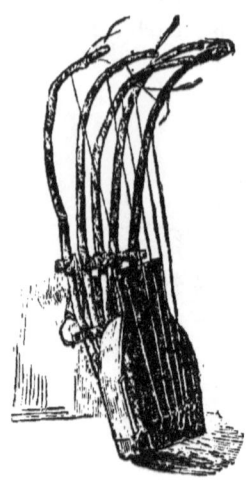

Leier der Eingeborenen.

Weder die Bateke noch die Wabuma scheinen in Metallarbeiten soviel zu leisten als die Bajansi. Dies letztere Volk scheint sein Eisen vorzugsweise von weiter im Binnenlande wohnenden Stämmen zu empfangen, jedenfalls deutet nichts darauf hin, dass es aus dem Erz in der Nähe der Kongoufer geschmolzen wird, obgleich sich Eisen im Boden findet.

Die Bajansi schmieden das rothglühende Eisen aus und formen daraus allerlei Messer, Beile und Aexte. Sie verkaufen ihre Messer grösstentheils an die Bateke und Wabuma.

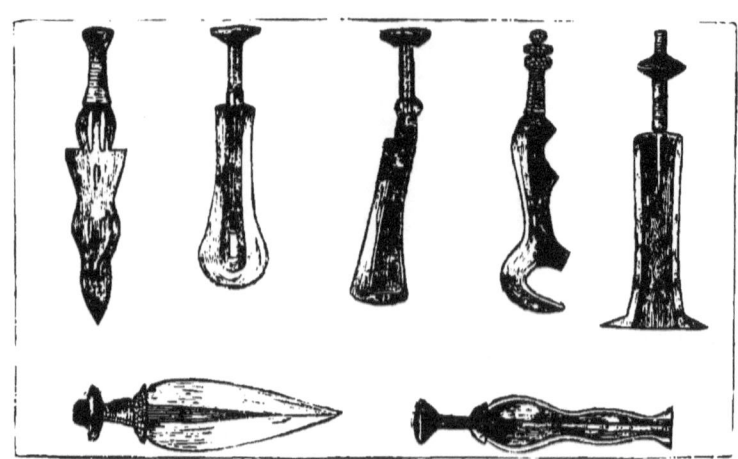

Messer der Bajansi.

Die meisten Häuptlinge, besonders der Bateke, benutzen eine originell geformte Axt (vgl. Abbildung) als Scepter oder Zeichen ihrer Würde. Diese Axt unterscheidet sich vollständig von der gewöhnlichen Hackemesserform des täglichen Gebrauchs, ist ganz einfach eine ceremonielle Waffe, hat vollständig stumpfe Kanten und ist deshalb zum Schneiden nicht tauglich. Sie wird stets nur als ein

Hackemesser der Bajansi.

Axt als Zeichen der Würde eines Häuptlings der Bateke.

Zeichen der Würde betrachtet und die hier abgebildete Waffe gehörte de Brazza's Freund Makoko, bevor er abgesetzt wurde.

Die Bevölkerung ist am ganzen Kongo entlang oberhalb des Stanley-Pool eine sehr dichte. Nach Bolobo hin gibt es kaum eine Wasserfronte, die frei von Dörfern wäre, und Stanley berechnet aus vollständigern Daten die ganze Bevölkerung des Kongo-Beckens auf 49 Mill. Menschen, d. h.

22 auf den Quadratkilometer! [1] Diese Massen sind nicht
einem einzigen grossen Fürsten oder Kaiser unterthan. Man
darf die hiesigen Zustände nicht mit denen von Muata Janvo
oder der Negerkönigreiche weiter im Norden zusammen-
werfen. Solche Häuptlinge wie Ibaka oder Mpumo Ntaba,
der Nachfolger Makoko's, herrschen vielleicht über einige
tausend Unterthanen, gewöhnlich ist aber jedes Dorf oder
jede Niederlassung ein kleiner unabhängiger Staat für sich.
Es ist neuerdings häufig davon die Rede gewesen, wie
wünschenswerth es sei, eine Art politischen Zusammenhangs
unter diesen Stämmen einzuführen, sie zu veranlassen, sich
zu einer grossen Nationalität zusammenzuschliessen. Dieser
Gedanke ist bei hohen Autoritäten günstig aufgenommen,
ich muss mir aber erlauben, seine Nützlichkeit zu bezweifeln.
Was bisher Stanley's Werk gefördert und verhältnissmässig
leicht gemacht hat, war gerade der Mangel an Zusammen-
hang unter den eingeborenen Häuptlingen; er hatte kein
grosses eifersüchtiges Königthum zu bekämpfen, wie weiter
im Norden oder Süden der Fall gewesen wäre. Während eine
Dorfbevölkerung es ablehnte, dass er sich unter ihr nieder-
liess, empfing ihn die benachbarte Stadt ohne alle Neben-
buhlerschaft mit offenen Armen. Es gab eben kein *mot d'ordre*,
und dies hat ihn in den Stand gesetzt, wirklich mitten unter
ihnen festen Fuss zu fassen. Durch die Vereinigung der
kleinen dortigen Königreiche zu einer Union — welche un-
ausbleiblich eine Rassen-Eifersucht gegen den weissen Mann
erregen würde — wird das Eindringen der Cultur in die

---

[1] Nach den neuesten Volkszählungen wohnen auf dem Quadratkilometer in Deutschland 81, in Oesterreich-Ungarn 61, in Spanien 33,
in der europäischen Türkei und Bulgarien 26, im europäischen Russ-
land und Finnland 11, in Schweden 10, in Europa überhaupt 32 Menschen.

Kongo-Völker aufgehalten und dieses grosse Werk von den Launen eines afrikanischen Despoten abhängig gemacht werden. Der schwarze Mann kann nie herrschen, wol aber einen willigen Unterthan abgeben. Die Völker sind geneigt, in ihrer gegenwärtigen Lage, Cultur anzunehmen, aber die Civilisation muss nicht als demüthige Bittstellerin kommen, sondern als eine Gebieterin. Sie muss sowol Achtung als naive Bewunderung einflössen können, und darum hat gerade die von Stanley geleitete Expedition so viel Erfolg gehabt.

Um dies zu beweisen, wollen wir zum Schluss den Stand der Dinge am Kongo vor nur sieben Jahren ins Auge fassen und ihn mit dem gegenwärtigen Zustande vergleichen. Im Jahre 1876 waren die europäischen Kaufleute nicht weiter als bis Boma vorgedrungen, an welchem Ort sie alle ihre Niederlassungen hatten. Es gab keine einzige Handelsstation höher den Fluss hinauf. Niemand wusste etwas von dem Lande oberhalb Isangila, ausser dass alle Eingeborenen Kannibalen seien. Dann kehrte Stanley, nachdem er als der erste den Fluss hinab befahren hatte, im Jahre 1879 von Europa zurück und begann 1880 sein jetziges Werk, welches trotz vieler natürlichen im Wege stehenden Hindernisse und der höchstens lauwarmen Sympathie der afrikanischen Handelsgesellschaften, soweit vorgeschritten ist, dass überall, wohin Stanley's Einfluss sich ausgebreitet hat, Leben und Eigenthum gesichert sind, und infolge seiner Anstrengungen ein Europäer mit einem Passe „seines Freundes" Stanley in der Tasche mehrere hundert Meilen über Stanley-Pool hinaus reisen darf, ohne der Hülfe einer Schutzmannschaft oder der Feuerwaffen zu bedürfen.

Seit Stanley's Ankunft haben die Kaufleute von Boma 15 Handelsstationen zwischen Boma und den Wasserfällen bei Vivi gegründet. Vor 1879 gab es nicht einen einzigen

Missionar am Kongo. Jetzt gibt es dort drei blühende Missionen, die Livingstone-, die Baptisten- und die Römischkatholische Mission, mit vielen Stationen zwischen Stanley-Pool und dem Meere. Der ganze Lauf des Flusses Niari ist erforscht und eine gerade Strasse zwischen seiner Mündung und Stanley-Pool angelegt. Niederlassungen wie Vivi und Leopoldville, welche kleine Städte genannt zu werden verdienen, sind geschaffen und andere Stationen, 21 an der Zahl, gegründet worden, sodass jetzt von der Aequator-Station an der Mündung des grossen Mobindu bis zur Küste eine Strecke von über 1100 km der Cultur gesichert ist und dem Reisenden keine grössern Schwierigkeiten bietet, als die Elemente und die üblichen Widerwärtigkeiten tropischer Ströme zu bereiten pflegen.

Stanley hat drei Dampfer auf dem obern Strom und eine kleine Flotte von Leichtern und Kanoes. Die eingeborenen Häuptlinge sind seine thätigen Helfer. Er hält überall den Frieden aufrecht und er gilt für den grossen Obmann in Gegenden, wo er einst ein gehetzter Flüchtling gewesen war. Kurz wohin wir unsere Sympathie auch lenken mögen — und alle Europäer sollten diese glänzende, ihrem Handel geöffnete Strasse als willkommen begrüssen — wir müssen mindestens zugeben, dass das Werk ein kolossales ist, und dass der Mann, der es unternommen, den unbeugsamen angelsächsischen Willen besitzt, und wir dürfen ferner nicht vergessen, dass der König von Belgien, als Präsident der Internationalen Afrikanischen Gesellschaft, mit Stanley sich in die Ansprüche auf die Dankbarkeit und Bewunderung der civilisirten Welt theilen darf. Während es wahrscheinlich wenig Männer gibt, welche es mit den Schwierigkeiten und Gefahren dieser Unternehmung so wie Stanley aufnehmen konnten, so gibt es wahrscheinlich auch nirgends einen

Menschenfreund wie Leopold II., der aus reiner Liebe zur Wissenschaft und Verbreitung der Cultur zum Besten der ganzen Welt eine Strasse quer durch Afrika eröffnen und ein dem Wohle künftiger Geschlechter gewidmetes Unternehmen aus seinem Privatvermögen freigebig ausstatten konnte.

Dass der gegenwärtige König der Belgier so lange leben wird, dass er seinen grossen Plan völlig verwirklicht sieht, ist unwahrscheinlich, gerade wegen der Grösse seiner Anlage, aber wenn erst in nicht mehr ferner Zukunft Leopoldville eine gedeihliche Stadt geworden ist, und in ihrem Glücke das Andenken ihres frühesten Beschützers dankbar ehrt, so wollen wir hoffen, dass die Marmorstatue Leopold's II. von ihren sonnigen Terrassen und waldreichen Abhängen hinausblicken möge über die breiten Wasser des grossen Stromes, die er im Leben niemals sehen sollte, mit deren Erschliessung zur Civilisation aber sein Name unauflöslich verbunden ist.

Ein Eingeborener vom untern Kongo.

SIEBZEHNTES KAPITEL.

DIE SPRACHEN DES WESTLICHEN KONGOGEBIETES.

Kongo — Ki-teke — Ki-buma — Ki-jansi.

SIEBZEHNTES KAPITEL.

DIE SPRACHEN DES WESTLICHEN KONGOGEBIETES.

Der Fetisch und die geheiligte Lanze von Ganschu.

Ich beschliesse dieses Werk mit einem kleinen erklärenden Wortverzeichniss der vier Sprachen, welche am westlichen Kongo vom Aequator bis zum Meer gesprochen werden. Das erste derselben, das des Kongo oder Schi-Kongo, ist hauptsächlich aus dem Kongo-Englischen Wörterbuch von Henry Craven und John Barfield von der Livingstone-Binnenland-Mission zusammengestellt; doch habe ich mehrere Wörter und einige leichte Verbesserungen nach meinen eigenen Notizen hinzugefügt.

Die übrigen drei Vocabularien — des Ki-teke, Ki-buma und Ki-jansi — habe ich ganz allein entworfen; diese Sprachen sind, mit Ausnahme von einem Dutzend zerstreuter Wörter des Ki-jansi in Stanley's „Dunklem Welttheil", für die Philologie völlig neue Sprachen. Sie bieten manche merkwürdige Vergleichungspunkte, besonders in Bezug auf ihre Verwandtschaft mit andern Gliedern der Bantu-Gruppe. Jede dieser Sprachen ist ziemlich verschieden von der andern. Ki-teke und Ki-jansi stehen sich am nächsten und haben wenig Aehnlichkeit mit dem Kongo des untern Stromes oder den Mundarten der Westküste. Ihrer Stellung nach gehören sie mehr zur mittlern Gruppe der Bantu-Sprachen. Das von den Wabuma gesprochene Ki-buma steht bisjetzt ausser aller nähern Verwandtschaft zu einer bekannten Bantu-Mundart, obgleich es wie das Ki-teke und Ki-jansi seinem Charakter nach reines Bantu ist und nicht den auswärtigen Einfluss verräth, welchen das Portugiesische auf das Kongo, die Negermundarten auf das Diwalla und Isubu, oder die Hottentotten-Sprache auf die Sprache der Zulukaffern ausgeübt hat.

Bei der Niederschrift dieser Vocabularien habe ich nicht, wie ich vielleicht hätte thun sollen, das phonetische System von Lepsius angewandt, sondern ich bin einer Art von Compromisssystem gefolgt, wie diese afrikanischen Mundarten dem Laute nach und möglichst einfach buchstabirt werden. Man lese also wie es dasteht und beachte nur, dass das nach einem Vokal stehende *ch* unserm *ch* nach *a, o, u,* oder dem tief gutturalen „*goud*" des Holländischen, *sh* dem französischen *j* in *jour* u. s. w. entspricht, *z* das gelinde *s* darstellt, ferner, dass in Doppelvokalen immer jeder Vokal für sich gehört wird, wie im Spanischen Valpara-i-so. Der Accent liegt meistens auf der vorletzten Silbe. In einigen wenigen Worten liegt er infolge einer Verstümmelung auf der letzten Silbe.

Die Sprachen des westlichen Kongogebietes. 415

Kongo-Vorsilben		Ki-teke-Vorsilben		Ki-luna-Vorsilben		Ki-jansi-Vorsilben	
Singular	Plural	Singular	Plural	Singular	Plural	Singular	Plural
1. Persönlich 2. Wa-		1. Persönlich 2.		1. Persönlich 2.		1. Persönlich 2.	
Mu- M- N- (-)	4.	Mu- M- N- (-)	Ba-	Mu- M-	Ba- Wa-	Mu- M-	Ba-
3. Mw- M- N-	4. Mim- Mi- M-	3. Mu- M-	4. Mi-	3. Mu- M-	4. Mi-	3. Mu- M-	4. Mi-
5. Di-	6. Ma-	5. I-; E- (-)	6. Ma-	5. I- (-)	6. Ma-	5. Le- Li- I-; E-	6. Ma-
7. Ki- (-)	8. I- J-	7. E- (Ki-)	8. Vi- Bi-	7. Ki- Ke- Ge-	8. Bi-	7. Ki- I-	8. Bi-
9. N- M- (Nì-) (-)	10. Zin-	9. (-)	10. (-)	9. (-)	10. (-)	9. (-)	10. (-)
11. Lu- Mu-	12. Tu-	11. (-)	12. (-)	11. (-)	12. (-)	11. (-)	12. (-) Ma-
13. Ku-	6. (ma)	13. Bu-? I-? Mu-?		14. U-? W-?		14. Lu-?	
16. Va- Wa-		15. Ku- (-)		15. (-) I- O-; U-		15. Ku- (-)	

Die Zahlen bezeichnen die Klassen, in welche alle Vorsilben des Bantu in Bleek's Comparative Grammar eingetheilt sind.

Kongo	Ki-teke	Ki-buma	Ki-jansi
Nennwörter, gehörig zu Klasse 1 und 2:	Nennwörter, gehörig zu Klasse 1 und 2:	Nennwörter, gehörig zu Klasse 1 und 2:	Nennwörter, gehörig zu Klasse 1 und 2:
Sing. Mu-ntu, ein Mann	*Sing. Mu*-kara, Weib	*Sing. Mu*-ru, Mann	*Sing. Mu*-ntu, Mann
Plur. Wa-ntu, Männer	*Plur. Ba*-kara, Weiber	*Plur. Ba*-ra, Männer	*Plur. Ba*-ntu, Männer
Sing. M-voi, ein Sklave	*Sing. M*-bolo, Knabe	*Sing. M*-buma, ein Buma	*Sing. M*-jansi, ein Jansi
Plur. I-voi, Sklaven	*Plur. Ba*-bolo, Knaben	*Plur. Wi*-buma, das Volk der Buma	*Plur. Bi*-jansi, das Volk der Jansi
Sing. N-kento, eine Frau	*Sing. Nkaa*, Perlhuhn		
Plur. A-kento, Frauen	*Plur. Bi*-nkaa, Perlhühner		
Klasse 3 und 4:	Klasse 3 und 4:	Klasse 3 und 4:	Klasse 3 und 4:
Sing. Mu-insi, Zuckerrohr	*Sing. Mu*-vu, Jahr	*Sing. Mu*-schia, Tau	*Sing. Mu*-sebe, ein Finger
Plur. Mi-insi, Zuckerrohre	*Plur. Mi*-vu, Jahre	*Plur. Mi*-schia, Tau	*Plur. Mi*-sebe Finger
Sing. M-vu, Jahr			
Plur. Mi-vu, Jahre			
Klasse 5 und 6:	Klasse 5 und 6:	Klasse 5 und 6:	Klasse 5 und 6:
Plur. Mi-wenu, Arzneien	*Plur. Ma*-wenu, Arzneien	*Sing. I*-dzuda, Nase	*Sing. Li*-kongo, Speer
Sing. li-meme, Schaf	*Sing. E*-boko, Markt	*Plur. Ma*-dzulu, Nasen	*Plur. Ma*-kongo, Speere
Plur. Ma-meme, Schafe	*Plur. Me*-boko, Märkte	*Sing. I*-ko, Ei	*Sing. I*-ke, Ei
Klasse 7 und 8:	Klasse 7 und 8:	*Plur. Ma*-ke Eier	*Plur. Ma*-ke Eier
Sing. Ki-andu, Stuhl	*Sing. Ntaro*, Bett		
Plur. Bi-andu, Stühle	*Plur. Me*-ntaro, Betten		
Klasse 9 und 10:	Klasse 9 und 10:	Klasse 7 und 8:	Klasse 7 und 8:
Sing. Sanga, Insel	*Sing. E*-schia, Insel	*Sing. Ki*-tumi, Matte	*Sing. Ki*-sanga, Insel
Plur. I-sanga, Inseln	*Plur. Ki*-schia, Inseln	*Plur. Bi*-tumi, Matten	*Plur. Bi*-sanga, Inseln
Klasse 9 und 10:	*Sing. Ki*-teke, Teke-klasse	*Sing. Nto*, Nadel	
Sing. N-kusu, Papagei	*Plur. Bi*-teke, Teke-klassen	*Plur. Me*-nto, Nadeln	
Plur. Siu-kusu, Papageien			
Klasse 11 und 12:	Klasse 11:	Klasse 9 und 10:	Klasse 9 und 10:
Sing. Lu-dimi, Zunge	In verschiedenen abstracten Nennwörtern *Mu*-bi, z. B. *Wa*-ti, ein Uebel, *Wu*-bi, Unwahrheit	*Sing. Mpale*, Messer	*Sing. Nkoka*, ein Hügel
Plur. Tu-dimi, Zungen		*Plur. Mpale*, Messer	*Plur. Nkoka*, Hügel
Klasse 15:			
Ku als Infinitiv-Vorsilbe für Zeitwörter und auch für einzelne Nennwörter mit Plur. *Me*- der 6. Klasse.	Klasse 15: *Tchel, Wa*-ti, ein ...	Klasse 14: *L*-dale, Schmerz ? *W*-enge, Blattern	Klasse 11: Verschiedene Nennwörter beginnen mit *Lu*- und bilden ihre Pluralformen mit *Ma*-
Klasse 16: *Vuna* „ein Ort" nimmt die entsprechende Vorsilbe *eu, e*.		Klasse 15: Fehlt fast: O- und U- werden gelegentlich angetroffen als Vorsilben für Infinitive.	Klasse 15: *Ku* wird verwandt als Vorsilbe für Infinitive.

Die Sprachen des westlichen Kongogebietes.

Hauptwörter.

Deutsch	Englisch	Kongo	Ki-teke	Ki-buma	Ki-jansi
A.					
Adler	eagle	Ngoazula	Ukwangu	Ndschuri	Kumambele
Affe	ape	Nkewo	Kima	—	—
„	monkey	Nkewo	Kima	Nkima	Nkima
After	anus	Anto	—	—	—
Alter	age	Nvu (Jahre)	Mivu (Jahre) Alama (grosses Alter)	Kingame	—
Ameise	ant	Kimfwetete	Ma-kami	—	—
Ananas	pine-apple	—	Vintu	Mbampuru	Binasi
Antilope	antelope	Belo Nkoko Nka	Ntscha	—	Nkani
Apfelsine	orange	Dilalanza	Halanza	—	—
Arm des Körpers	arm	Koko pl. moko	Mio	—	Leboko
Armband	bracelet	Nlunga	Milunga	Mua	Milunga
Auge	eye	Disu	Ischu	Diu	Lischuu. Disu
Augenwimper	eye-lashes	Nse	Nse	—	—
Axt	axe	Mpivi pl. zim-	Ekuu	—	Eshumbi
B.					
Bach	brook	Kinsulu-sulu	Mbwele	—	—
Banane (Frucht)	banana	Tschiba	Manku	—	Manko, Nkomo
Baobab (Baum)	Baobab	Nkoudo, pl. min-	Mi-kondo	—	Mi-kondo
Bart	beard	Zindevu	Ndevu	Mfo	Elole, Sali
Bauch	belly	—	Ndumo	Ifuni	Mwe
Baum	tree	Ntschi	Muti	Muti	Mute
Begräbnissplatz	burial-place	—	Mampieme	Ndjiumo	Lewili
Beil	hatchet	Mpivi			
Bein	leg	Kalu	Milo	Mfuru mili	Likulu
Beschneidung	circumcision	—	Kudschira	Obocho munsuri	Moketa munschumba
Bett	bed	Dibala	Ntaro	Nta	Ntaro
Biene	bee	Njumbula	—	—	Likuuzi
Blattern	small-pox	Kingeja	Maburi (pl.)	Wenge	Lekiutu (?)
Blitz	lightning	Nesezi	Ndschele	—	—
Ein Blödsinniger	idiot	—	Eshubi	—	—
Blume	flower	Nvuma	Mbumi	—	—
Blut	blood	Menga	Makira	Makila	Maluugu
Bogen	bow	Nkangi	Ampia	Wutaba mti	Lekuta, Makula

Deutsch	Englisch	Kongo	Ki-teke	Ki-buma	Ki-jansi
Bruder	brother	Mpansi	Mwama	Mboje	Ondeggu, Njanguloko
Brust, der Frau	breast	Dijeni	Ma-biela	Ma-biela	Ma-biela
Büffel	buffalo	Mposo, Mpakasa	Mpo	Njare	Ngombu
D.					
Dach	roof	Ludi, Mwanzu	Nkenkele	Isaendzo	Schankaugu
Dämmerung	dawn	—	—	Mfinu-mfinu	Nantongo
Dieb	thief	Mwivi	—	Mni	Muibi
Ding	thing	Lekwa	Kilo	Kina	Kiloko
Donner	thunder	Nvumo	Ndschere	Wabawa	Ndschere, Nkake
Durst	thirst	Divwina	Mpua manja	Mpiame	Mpusa
E.					
Ehe	marriage	—	—	Ubagha molume (einen Mann nehmen)	—
Ehefrau	woman	Nkentu	Mukaru	Mukaru	Mwaschi
Ehemann	husband	Nuni	Mulume	Molume	Mobali
Ehescheidung	divorce	—	Mbala mafi	—	—
Ei	egg	Diaki	Ike	Kile	Ike
Eidechse, Waran	lizard, Monitor	Vala	Nduli, Mbambi	Munzunsele	Nkutu, Lubambi
Eisen	iron	Lengwa	Mputo	Mwamumfiri	Mputu, Nzondo
Elefant	elephant	Nzo	Ndschoo	Nzo	Nzoko
Elfenbein	ivory	Mpungi	Inschemo	Mfu	Mondzo
Enkel	grandchild	Ntekolo	Nko	—	Nkoko
Erdnuss	ground-nut	Nguba	Ndschuu [1]	Nterre	Ndschuku [1]
Eunuche	eunuch	—	Mpolo	Muntsure	Mpolo
Euphorbie	euphorbia	Ndiza	—	—	Dilanga
Excremente	excrements	Tuvi	Dschibi	—	—
F.					
Fabel	fable	—	Kumoka	—	—
Fallsucht	epilepsy	—	Nganku	—	—
Falschheit	falsehood	Diambu	Mpia	Uwacha wenka	Likuta
Familie	family	—	Nkanalemu	—	Bi-buti
Farbe	dye	Lomba	Mwemu	—	—
Feigling	coward	Nkuta	Bwomo	—	Akutula
Feind	enemy	Mbeni	Vusura	—	—
Ferse	heel	Lingiji	Etscheno	—	—

[1] Ndschuu und Ndschuku bedeuten auch Nieren.

Sprachen des westlichen Kongogebietes. 419

Deutsch	Englisch	Kongo	Ki-teke	Ki-buma	Ki-jansi
Fett	fat	Mazi	—	Udzuenene	Mune
Feuer	fire	Mbazu	Mba	Mbo	Mea
Fieber	fever	—	Ibaa	Ushoche iba	Mowewe
Finger	finger	Lembo	Miliemu	Micho	Mosche, Misseji
Finsterniss	darkness	Pipa	Miumpiba	Osui-su	Mukollo
Fisch	fish	Mbizi [1]	Ntschwi	Ntu	Ndschui
Flagge	flag	Dimbu	Ntschanga	—	—
Flasche	bottle	Sangala	Milangi	Mbuo	Milangi
Fledermaus	bat	Ngembwa	—	Ingiomo	Ngiemo
Fliege	fly	Nzinzi	—	—	Linga
Flinte	gun	Nkeli	Wuta	Buta	Mata
Floh	flea	Ngina (auch Laus)	Ntschina	Mafa	Ntschisa
Fluss	river	Nzadi, nzulu	Ndschare	—	Nzali
Flusspferd	hippopotamus	Ngvu	Mvubu	Ntobe	Ngubu
Freund	friend	Nkundi	—	Mumbaaua	Ndigo
Friede	peace	—	Mando mafi (Streit todt)	—	—
Frosch	frog	Kimbondia	Koro	—	—
Frucht	fruit	—	Vimporo	—	—
Furcht	fear	Wonga	Bwomo	—	Mbangu
Fuss	foot	Kulu (Bein)	Ita	Lulu	Likulu, Litambi

G.

Deutsch	Englisch	Kongo	Ki-teke	Ki-buma	Ki-jansi
Gabe	gift	—	Ngolo	—	—
Garten	garden	Divia	Ntschenu	—	—
Gefecht	fight	Nnana	Vita	Wanana	Etumba
Geflügel	fowl	Nsusu	Nsusu	Nkocho	Nsusu
Gehirn	brains	Tomfi	—	Tuna	—
Geier	vulture (Gypohierax)	—	Ibiu	—	Ibiki
Gelächter	laugh	Sevanga	Kuscheba	Oschiele	Bischescho
Gesäss	buttocks	Mataku	—	Iwana mpuli	Ukoti
Gesicht	face	Luse	Nsu	Mufu	Ilimu (?)
Gespenst	ghost	—	Mufu	Boscho, Bwane	Mikole
Gestern	yesterday	Zono	Matschu		
Gift	poison	Ndikila	Wuti	Muti	Wunganga
Glas	glass	—	Ntare	Gelia	Tala-tala
Glocke	bell	Dijongolo	Itee	Kentwe	Gunga
Gonorrhoe	gonorrhoea	—	Entere	—	—
Gott	God	Nzambi	Ndschambi	Nzambi	Nzambi
Grab	tomb	—	Mpieme	—	—
Gras	grass	Tschitschi	Ntscholo	Mischiri	Ntscholo
Grossmutter	grandmother	—	—	Nangami	—
Grossvater	grandfather	—	—	Nkacha	—

[1] Bedeutet auch Speise, Nahrung.

27*

Deutsch	Englisch	Kongo	Ki-teke	Ki-buma	Ki-jansi
H.					
Haar	hair	Lusuki	—	Mfu	Nzui
„ des Kopfes	—	—	Mfuu	—	—
„ „ Körpers	—	—	—	—	Nzozo
Habicht	hawk	Dijimbi	Ukole	—	—
Hand	hand	Koko	Ikee	Nzala (?)	Mische
Haus	house	Nzo	Nzo	Nzo	Ndako
Haut	skin	Nkanda	Ibana	Kikolo	Ikutu
Häuptling	chief	Nfumu	Mfumo	Ntore	Mukundschi
Hebamme	midwife	—	Mpala	Mpala	Mulima
Herr	master	Nfumu	Mfumo	Nkumo	Mukundschi
Herz	heart	Ntschina	Mokolo	Mukolu	Muluku
Heute	to-day	Wunu	Bubu	Bubu	Lelo, Tschatschawa
Himmel	heaven	Dizulu	Kunzulu	Unge	Likolo
„	sky	Dizulu	Kuuzulu	—	Ikuru (Lekolo?)
Hitze	heat	Mungula	Mbaa	Mbo	Meja
Hoden	testicles	—	Ma-karra	Ma-karra	Ma-kata
Holz	wood	Lukuni	—	Muti, Mfe	Kanzu (?)
Honig	honey	Njusi	Niu	Nuchi	Bwi
Horn	horn	Mpoka	—	Masige	Mascheke
Hügel	hill	Nsausa	Maukiu	Ikuli	Nkekka
Hund	dog	Mbwa	Mbwa	Mbwa	Mbwa
Hunger	hunger	Nzala	Nzala	Nzala	Nzala
Hungersnoth	famine	—	Ikala	—	—
Hyäne	hyaena	Mbulu	Ibubi	Nduchuru-nduchuru	Gumbulu [1]
I.					
Insekt	insect	Nvidi	—	Moinju	Nkischu
Insel	island	Sanga	Eschia	Kiseche	Kisanga, Boke
J.					
Jahr	year	Mimvu (pl. von Mvu, Jahreszeit)	Muvu, Mvula	Ngawa (Regen)	Mivu
Jungfrau	virgin	—	Abuabwewe	Ubirawe	Bukoli
Junggeselle	bachelor	—	Mpivi	—	—
K.					
Käfig	cage	Kalanga	Engela	—	—
Kälte	cold	Kiosi	Mfula	Mpio	Mbunge
Kanoe	canoe	—	Bwatu	Bwaro	Bwengo, Lungwe
Kartoffeln (süsse), Batate	sweet potatoes	Mbala (?)	—	—	Bischungu

[1] Vergl. Ki-teke für Schakal.

Die Sprachen des westlichen Kongogebietes.

Deutsch	Englisch	Kongo	Ki-teke	Ki-buma	Ki-jansi
Katze	cat	Budi	Nganju	Gampama	Gampamo Mpange
Kaurie	cowry	—	Gampuru	Mbele	Mibele
Kehle	throat	Dilaka	Inkiu	Mure	Nkingu
Kind	child	Leki-leki	Mwana	Mwana	Mwana
Kinn	chin	Bevo	Ilelu	Wabocha	Ebeko
Knie	knee	Dikungunu	—	Ibo	Ibolongo
Knochen	bone	Visi	Mafa	Gikochoro	Mafa
Körper	body	Nitu	Njuru	Njuru	Njutu
Kopf	head	Ntu	Mutschwi	Mutu	Mutu, Mali
Korb	basket	Ntete	Munto	—	Itiba
Koth, Schmuz	dirt	Nvindu	Mataba	Ntoro	Masoto
Krähe	crow	—	Kwampo	—	Kwampo
Krankheit	disease	—	Kulua	—	—
Krieg	war	Nvita	—	Unwana	Letumba
Krokodil	crocodile	Ngandu	Ngwene	Ngone	Nkoli
Krug	jar	Mbungwa	Mutiele	Ndschno	Mpoto
Kürbis	pumpkin	Dilengi	Mbulangapari	Ngapare	Nganzo
Kupfer	copper	—	Bikuru	Ikari	Bindschanga
Kuss	kiss	Fibanga	—	Unuchara	Mabele

L.

Deutsch	Englisch	Kongo	Ki-teke	Ki-buma	Ki-jansi
Land	country	Nsi	Ntschi	Kise	Ntschi
Laus	louse	Ngina	—	—	Nsisa
Leben	life	Moijo	—	—	—
Leichnam	corpse	Nvumbi	Mufwili	Azaafwa	Liwili
Leopard	leopard	Ngo	Ngo	Ngne	Ngoi
Licht	light	Kia	Mafulu	—	—
Liebling	darling	—	Udschia	—	—
Lippe	lip	Bobo kia mon	Ibole	Gilili chomia	Lebelu
Löwe	lion	Nkosi	Mkwe	—	Nkosche
Lügner	liar	—	—	—	Lukuta
Luft	air	Mpevi	—	—	—

M.

Deutsch	Englisch	Kongo	Ki-teke	Ki-buma	Ki-jansi
Mädchen	girl	—	Mwana Mukaru	—	—
Magen	stomach	—	Ndumo	—	—
Mais	Indian corn	Disa	Ma-scha (pl.)	Masa	Masangu
Mann	man	Muntu	Mburu	Mnru	Muntu
Markt	market	Dizandu	Eboko	Nsui mpiu	Liboko
Matte	mat	Teva	—	Kitumi	Manzi
Medicinmann	medicine-man	Nganga	Nga	Nga	Mulo
Menge	plenty	Kia-kingi	Bikami	Bi-i-i-i!	Bajiki
Messer	knife	Mbele	Mbiele	Mpale	Botale
Messingdraht oder -Stäbe	brass wire or rods	Lusoka	Bi-ndschanga	Ikara	Bi-ndschanga
Milch	milk	Mamvumina	Mabiele	Mabiele	—

Deutsch	Englisch	Kongo	Ki-teke	Ki-buma	Ki-jansi
Mitschläferin	concubine	—	Akǫlung-wele	—	Mwasi azingula
Mittag	noon	Ntangwa	—	Mpamwamje	—
Monat und Mond	month moon	} Ngondi	Ntschiu	Ndinducho	{ Ntschungi Nsungi
Morgen	morning	Nsuka	Pale-pale	Mpinu-mpinu	Ntougontongo
Morgen	to-morrow	Mbazi	Musna	Mbare	Lovi, lobi
Moskito	mosquito	Lubu	Ma-tubu, pl.	—	Nkutu
Mühe	pain	Tanta	—	Udale mpwara	—
Mund	mouth	Nua	Munwa	Mia	Munwa, Muja
Muth	bravery	Kiakala	Bolo	—	—
Mutter	mother	Mama, Mbuta	Ngu	'Nna	Njangu

N.

Nacht	night	Fuku	Mpiba	Aschue-schu	Mokolo, Mpoko
Nadel	needle	Ntumbu	Nuo	Ndo	Lendongo
Nagel (Finger-)	nail	Nzalu	Mandschara, pl.	Kebaa	Ma-ndschara
Name	name	Dizina	Nkumo	—	Edina
Narr	fool	Lo	Idschui	Mukochoro	Ilimu
Nase	nose	Luzunu	Ashulu	Idzulu	Nzulu
Netz	net	Dikondi	Mischia	Mischia-mischia	Ngoli

O.

Ochse	ox	Ngombe	—	—	—
Oel	oil	Mazi	Mali	Mare	Ntschali
Ohr	ear	Kutu	Ma-tschni, pl.	Itui	Itui, Li-tuji
Onkel	uncle	—	Ngoboro	—	Njangubwe

P.

Palme	palm-tree	Duja	—	—	Mobira
Hyphaene	Hyphaene	—	Muliwo	—	Irebu
Oelpalme	oil-palm	—	Muliwo	—	—
Palmwein	wine	Malavu	Malafu	Malafu	Malafu
Papagai	parrot	Nkusu	Nkusu	Nkusu	Nkusu
Penis	Penis	Mvia	Mpulu	Mpulu	Njama
Perlen	beads	Zin-zimbo	Mi-scha	Mi-sa	Mi-kole
Perlhuhn	Guinea-fowl	—	Nkaa	—	—
Pfad	path	Ndschila	Ndschia	—	—
Pfeife	pipe	Su	Ibu	Genwa	Nkonongo, Nkanangi, Kisu
Pfeil	arrow	Ntota	Mumbura	—	Makora
Platana	plantain	Dinkondo	Inko	—	Manko
Platz	place	Tschini	Mbwiru	—	—

Deutsch	Englisch	Kongo	Ki-teke	Ki-buma	Ki-jansi
R.					
Ratte	rat	Mpuku	Bikaba	Mpuchu	Mpuku
Rauch	smoke	Mwisi	Mokumambu	Mushia	Midschia
Regen	rain	Nvula	Ngawa	Ngawa	Ngawa
Reichthum	riches	—sina (?)	Mufuli	Aganzimu	Mufuli
Rücken	back	Nima, *pl.* zi-	Mingwo	—	Mikundo
Ruhe	quietness	Anapi	Pi-i-i!	Pi-i-i!	Bolobo
S.					
Samen	semen	—	Malibu	Mavunja	—
Salz	salt	Mungwa	Mungwa	—	Mpongwe, Mokwa
Schaf	sheep	Dimeme	Ma-meme (*pl.*)	—	Mbata
Schale	cup	Mbungwa	Nkene	—	Nkeni
Schakal	jackal	—	Ngomburu	—	—
Schatten	shadow	Kini	Adschiladschili	Kimdschini	—
Scheide	vagina	Ndini	Liti	Mudschini	Eshole
Schiesspulver	gunpowder	Ziufula	Mbaa (Feuer, Hitze)	Mbo (Feuer)	Meja (Feuer)
Schlaf	sleep	Tolo	—	Helaaza	Ku-tutuma (Zeitw.)
Schlauge	snake	Njoka	Ntare	Mpili	Muschwema
Schlechtigkeit	badness	Jaibi	Mubi	Mbi	Mobi
Schmetterling	butterfly	Lubemba-bemba	Mfuranga	—	—
Schmuck	adornment	—	Adiekwena	—	Schemnjano
Schmuz, Koth	dirt	Nvindu	Mataba	Ntoro	Masoto
Schnur	string	—	Mpuo	Wundigi	Ndimba
Schnurrbart	moustache	Ndevo	Ndevu	Lule-lule	Mindschembe
Schulter	shoulder	Divembua	Viso	—	—
Schwein	pig	Ngulu	Ngumbili	Ngombile	Ngumbili, Ngulu
Schweiss	sweat	Kjufuta	Ntschoro	Mwanji	Jangala
Schwester	sister	Mbunzi	Nkere	Mboje	Mkename
See, Meer	sea	Mwanzo, Mbu	Mputo	—	—
Seele	soul	Lunzi	Mkolo	—	—
Skelet	skeleton	Visi a visi (alle Knochen)	Mafwa	Ikochozo	Lipfuba
Sklave	slave	Muai	Muintu	Muru	Muntamba
Sohn	son	Mwana	Mwana	Mwana	Mwana
Sonne	sun	Ntuba, ntaugwa	Matere	Itere	Ndembe, Birisa
Speer	spear	Dionga	Mashuo	Ishua	Kongo, Likongo
Speichel	saliva	—	Mate	—	
Speise	meat	Mbizi	Mbizi	Nturu	Ebwele
Sprache	language	Ndinga	—	Obilandacha	Dschambi, Zambi

Deutsch	Englisch	Kongo	Ki-teke	Ki-bama	Ki-jansi
Stachel-schwein	porcupine	Ngumba	—	—	Nkake
Stein	stone	Ditadi	Itare	—	Ma-bwa (pl.) Mbila
Stern	star	Mbueteti	Mpulumwero	Mwere	Moto
Stimme	voice	Ndinga	Idiono	—	—
Stirn	forehead	—	—	Ndui	Elengi, Mutu
Stuhl	chair	Kiandu	Mbala	Mute	Nkobe
Syphilis	syphilis	—	Ngala	—	—
T.					
Taback	tobacco	Nfuama	Ma-kaja (pl.)	Ikaa	Lekaja
Tag	day	Lumbu	Ischuu	Mpawenje	Mikolo
Tante	aunt	Disc. pl. mase	Nko	—	Nkoko
Teufel	devil	Ndoki	Nkita	Nkira	Vunganga, Birimu
Thier	animal	Bulu	—	—	—
Thür	door	Divitu	Idschun	Mimonzo	Maji
Tochter	daughter	—	—	Nkanka	Elenge
Tod	death	Kiafua	Afi	Saafwa	Agwi
Topf	pot	Luenga	Muntiele	—	—
Traum	dream	Ndozi	Ndole	—	s. Zeitwörter
Trommel	drum	Ngoma	Ngoma	Ngoma	Ngoma
Trunkenbold	drunkard	—	Agwilimanu	—	—
Tuch	cloth	Zimbongo	Wiko	Kipiu	Bilamba
U.					
Uebel	evil	Jaibi	Mubi	Mbi	Mubi
Urin	urine	—	Maschuba	Maziba	Mia
V.					
Vater	father	Sa, Tata	Tara	Ita	Sangu
Vetter	cousin	—	Nkaka	—	—
Vogel	bird	Nuni	—	Njonji	Anuni
Vorhaut	foreskin	—	Isulu	—	Munschum-ba (?)
W.					
Wahrheit	truth	Dinu	Minu (pl.)	Minu (pl.)	Minu (pl.)
Wald	forest	Nfuida	Mschuru	—	—
Wasser	water	Nlangu	Manja	Me	Maï
Weib (siehe Ehefrau)	wife	Nkama (?)	Minkulu bali	Mukaru	Mwaschi
Wind	wind	Mpevi	Mfula	Kingwere	Mbunge
Witwe	widow	—	Mufwili	—	Lewili
Woche [1]	week	Lumingu	—	—	—
Wolke	cloud	Dituti	Gawapini	—	—

[1] Hat nur vier Tage.

Die Sprachen des westlichen Kongogebietes. 425

Deutsch	Englisch	Kongo	Ki-teke	Ki-buma	Ki-jansi
Z.					
Zauberei	magic	Nkissi	—	Ngili	—
Zauberer	wizard	Nganga	Mulo, muloko	Nga	Muloko
Zaun	enclosure	—	Kati	—	—
Zehe	toe	Nlembo	—	—	—
Zibetkatze	civet-cat	—	Nzobo	—	Ndschuli
Ziege	goat	Nkombo	Ntaba	Ntaba	Ntaba
Zuckerrohr	sugar-cane	Mwisi	Mischu	Mischuo	Nkuku
Zuneigung	affection	—	Ajie	—	—
Zunge	tongue	Ludimi	Lilimu	Lilimu	Lilimu
Zwerg	dwarf	Jakala	Mufi-mufi	Ufu Ufe	Mu-Kusi
Zwilling	twin	Nsimba	Ngubambu	Madschia	Ngubambu

Beiwörter.

Deutsch	Englisch	Kongo	Ki-teke	Ki-buma	Ki-jansi
A.					
alle	all	-onsono	bonso	dschinso	ijiki
alt	old	-kulu, -nuua	elame	gekukuma	obika
anderer	other	-anka	ikima	ki, mori ki	eschischu
B.					
blau	blue	—	ipi	mpiri	mpiri
blind	blind	mesu mifua (Augen todt)	apfimiu	mimifi	—
buckelig	hump-backed	nkuvu	nkuvu	ikacha	—
D.					
dick	thick	nkatu	-nene	gepaba	—
dünn	thin	-kilikisi	mike-mike	—	—
E.					
eitel	vain	—	ekwene	—	ekwene
F.					
fett	fat	vonga	mali makami	ozuwanene	mune-mune
G.					
gelb	yellow	—	ndobo	ndobo	ndobo
gewandt	clever	nduka	majere	mashele	majere
gleich	alike	mpila mosi	ifaemo	ifaemochi	lekula, mpilaja
gross	great	-neni	-nunu	-numunene	-nene
grün	green	-nkunsu	ngaku	-zaa	ukoko
gut	good	-mbote	-bwe	-vuve	-lamo

Deutsch	Englisch	Kongo	Ki-teke	Ki-buma	Ki-jansi
H.					
heiss	hot	mbazu	mba	mbo	meja
J.					
jung	young	mwana	-keka	lekee	mpiu
K.					
klein	little	ndwelu, kike	-ukenke, mike, -mike	muki-mukie	moke, mokemo
krank	sick	mbevu	-bielo	oshocho	mputu
M.					
männlich	male	-akala	-lume	-dschiru	-bale
N.					
neu	new	-iva, -va	wubwo	-bwe	wubwe
R.					
reif	ripe	-jelele, lubele	-bie	gebio	-sosola
roh	raw	ukuusu	ibischo	kethva	ibiso
roth	red	-mbuaki	ibe	gelebile	ngiudu, -leke
ruhig	quiet	anapi	pi-i-i!	dzo-o-o-o!	biu, biu
S.					
schlau	cunning	nduka	majere	mashele	majere
schlecht	bad	-ibi	mbi	mubi	nubi
schön	beautiful	mote, mbote	mubive	move	mulamo
schwach	weak	—	mpinu we (nicht stark)	usum' we (nicht stark)	ukutite
schwarz	black	mpjuki	impiri	oletuu	ekoko
stark	strong	ngolo	mpino	usumo	vukuti, okala
stumm	dumb	di-baba	mukukumi	—	—
süss	sweet	zenza	ebie	gebio	—
T.					
taub	deaf	fua matu (Gehör todt)	apfimatschi	matiu mafi (Gehör todt)	matoi magui (Gehör todt)
toll	mad	lo	vusuba	ilarre	—
V.					
viele	many	-ingi, kingi	-kami	bi-i-i-i!	-jiki
W.					
weiblich	female	ukento	mukari	mukaru	mukari
weiss	white	-mpembe	nduuo	sase	bue-bue, binza
wenig	few	-iki	mike-mike	elunkunkie	elenge, gabuji

Die Sprachen des westlichen Kongogebietes.

Zahlwörter.

Deutsch	Englisch	Kongo	Ki-teke	Ki-buma	Ki-jansi
1	1	mosi	mo	more	moko, loko
2	2	ole	-bole	-pe	-bali
3	3	-tatu	-tatu	-saru	-satu
4	4	-ija	-'nne	-'nni	-'nne
5	5	-tanu	-tano	-tano	-tano
6	6	-sambanu	schjem	-schamo	motuba
7	7	sambwadi	nschambu	kisale	nsambu
8	8	nana	mpomo	inana	moambi
9	9	evwa	bwa	iva	libwa
10	10	kumi	kumi	dschomo	shumo
11	11	kumi i ki-mosi	kumi na mo	dschumi mori	„ na loko-moko
12	12	„ iole	„ „ shole	„ pe	„ „ bali
13	13	„ itatu	„ „ tato	„ saru	„ „ satu
14 u. s. w.	14 etc.	„ ija etc.	„ „ 'nne	„ inne	„ „ 'nne
20	20	maku'mole	makumi-mole	mware	makwa bali
21	21	„ e mosi	„ -mole na mosi	„ nacha more	„ bali na moko
22 u. s. w.	22 etc.	„ e iole	„ „ na shole	„ nacha vespe	„ bali na bali
30	30	maku'matatu	„ matiru	msaru	bweli
40	40	„ maja	„ manne	munni	ju-minezi
50	50	„ matanu	„ matano	mutano	ju-mitano
60	60	„ masambama	„ maschjem	schiamo	ju-mutuba
70	70	lusambwadi	„ maschjam	kisaali	ju-minsambu
80	80	lunana	„ mampomo	inana	luassi
90	90	luvwa	„ mabwa	ioa	mubwa
100	100	nkama	nkama	nkama	munkama
200	200	„ shole	„ shole	makama mipe	„ mibali
300	300	„ tatu	„ tatu	„ misaru	„ misatu
400	400	„ aja	„ 'nne	„ mi-nne	„ minne
500	500	„ tanu	„ tano	„ ni-tano	„ mitano
600	600	„ sambame	„ schjem	„ schiamo	„ motuba
700	700	lusambwadi luankama	„ nschambu	„ kesaali	„ minsambu
800	800	lunana dia nkama	„ mpomo	„ inana	„ moamb
900	900	luvwa dia nkama	„ bwa	„ iva	„ bwa
1000	1000	kumi dia nkama, oder usundi	funda	—	nkutu, funda
Halb	half	nlambu	mupa	kitini	ituma
Viertel	quarter	—	kisulu	kifiacha	mupa (?)
Erste	first	-vita	-kulange	—	ejambu (?)
Zweite	second	-nsoli	wakati	—	mbiza (?)
Dritte u. s. w.	third etc.	-ntatu	-ngwele	—	ntanti (?)

Persönliche Fürwörter.

Deutsch	Englisch	Kongo	Ki-teke	Ki-buma	Ki-jansi
ich	I	mono	mme	mie	ngaje
du	thou	ingeja	ndsche	ndschno	jowu, ijo, jeu
er	he	jandi	nde	nde	juna
wir	we	jetu	biu	virantso?	bisu
ihr	you	jenu	bee	du und er verbunden	baïo (ba-jeu, ba-jo; nämlich „du" pluralisirt
sie	they	jau	bo? binu?	bebaa	bangai (?) („ich" pluralisirt?)

Zueignende Fürwörter oder Pronominalaffixe.

Deutsch	Englisch	Kongo	Ki-teke	Ki-buma	Ki-jansi
mein	mine	ami	Zueignende Fürwörter scheinen im Ki-teke blos aus den persönlichen Fürwörtern mit beigefügter entsprechender Vorsilbe zu bestehen, z. B. „eschin ki-eme", meine Insel" „mfumo mu-ndsche", dein Herr. Im Ki-buma ebenso, doch tritt da ausserdem eine Form „aku" gelegentlich auf für „dein", „dich".		Im Ki-jansi gelten die persönlichen Fürwörter auch zugleich als zueignende oder als Pronominalaffixe.
dein	thine	aku			
sein	his	jandi			
unser	our	etu			
euer	your	enu			
ihr	their	jau			

Hinweisende und beziehende Fürwörter.

Deutsch	Englisch	Kongo	Ki-teke	Ki-buma	Ki-jansi
dies	this	Die entsprechende Vorsilbe wird angewandt um „dies" zu bezeichnen.	-na (mit Vorsilbe)	ndese?	udi
des	that	-na (n-na, mina u. s. w.)	⎰ -huu ⎱ -na	ndesechuu	?
diese	these	Die entsprechenden pluralischen Vorsilben, zuweilen verdoppelt, bezeichnen „diese"; zu-	-na (mit pluralischer Vorsilbe)		

Deutsch	Englisch	Kongo	Ki-teke	Ki-buma	Ki-jausi
jene	those	weilen gebraucht man auch abgekürzte persönliche Fürwörter dafür. -na (mit pluralischer Vorsilbe verdoppelt. z. B. mama-na tnatu-na)	-na (mit doppelter pluralischer Vorsilbe)		
wer? welche?	who? which?	nani?	nani?	nande?	
was?	what?	inki?	inki?	mbi?	nke?
wessen?	whose?	nani mit dem Vorwort a-davor	nani mit dem Vorwort -a davor		
wer? welche?	who? which?	-na, — -o z.B. jandi una jo (er, der ihn zerbrach [den Tisch])	ebenso wie im Kongo		

Nebenwörter u. s. w.

Deutsch	Englisch	Kongo	Ki-teke	Ki-buma	Ki-jausi
ja	yes	inga			
nein	no	ve	ve, we	we	ve, we
wie viele	how many	weve?	kwe?	ve, ufe?	
wie viel	how much	ikwa?			
wie	how				
viel	much	kingi			
wann?	when?	ana? inki?	maschu kwe? (wieviel mal)	mascho ve?	
warum?	why?	inkiama?			ebume
wo?	where?	kwevi? kwe? ve, kasovana	ande?	ndelonko?	
hier	here	ave, okwe	awu	pipa	jala bwa
diese	these	ovana, vovo, oko u. s. w.	uku	kukane	peno we (?)
jene	yonder	kuna, kuna-a-a-a	awuna-a-a!	alekuna-a-a!	kuna-a-a!
jetzt	now	wan, lelu			
mit, und etc.	with, and etc.	-a, -o	na	nacha	na
in	in	muna			
zu, von, für	to, from, for	kuna	kuna		kuna
wiederum	again	diaka			
fast, beinahe	almost	meni			

Zeitwörter.

Deutsch	Englisch	Kongo	Ki-teke	Ki-buma	Ki-jansi
A.					
abreisen	depart	katuka-ku	enda-ku	alacha	kie-kie
ankommen	arrive	suaka-ku	schiema-ku	—	schema-ku
antworten	answer	kamba-ku	akiu-ku	—	ajamba
anzünden	fire	vika-ku	fela-mba-ku	bucho-mbo	tumba-me-ku
arbeiten	work	sala-ku	sala-ku	usala	sala-ku
aufknoten	untie	kutula-ku	aujono	ukuru	pusura
aushöhlen, ausschneiden	carve	kaija-ku	akuuomo	azala	—
aufwachen, aufwecken	awake	temuna-ku	avu-ku	—	—
B.					
backen	bake	—	maku-ku	madsch'oko	maku-ku
baden	bathe	junga-ku	woba-ku	azuba	ediba
begraben	bury	zika-ku	zika-ku	ntschemano	akunda
behexen	bewitch	—	mulo-ku	atschajina	moloke-kn
beissen	bite	tatschika-ku	atschna-ku	—	atschi-ku
berühren	touch	simba-ku	sua-ku	oschua	sua-ku
brennen	burn	kwika-ku	adinmba-ku	asirumbo	adika-ku
bringen	bring	bonga-ku	jakiu-ku	zakiu, shakiu	ajamba
D.					
denken	think	banza-ku	abara	abilandacha	abwaki
E.					
essen	eat	dia-ku	ja-ku	wanuna	akusakula, munjamu
F.					
fallen	fall	voluka-ku	bwa-ku	avumontschi	akita
finden	find	bonga-ku	ntole (?)	nzantore	alungula
fragen	ask	lomba-ku	—	—	—
G.					
gähnen	yawn	mwoija-ku	mwa	mwaje	mwa
geben	give	vana-ku	vana-ku	saapa	lampe, ompe
geboren werden	be born	wutuka-ku	abuli-ku	—	buti-ku
gehen	go	enda-kw	ajene	alacha	ake, ukiawe
genug sein	to be enough	—	aluli	nzadochora	ajuta
H.					
halten	hold	simba-ku	schimba-ku	atampi	kata
hören	hear	owa-ku	aju-ku	zanzoucha	akunjukae
husten	cough	kofula-ku	nkoro	okoje, koje	—

Die Sprachen des westlichen Kongogebietes. 431

Deutsch	Englisch	Kongo	Ki-teke	Ki-buma	Ki-Jansi
J.					
jagen	hunt	veta-ku	ajene mukila (jagen gehen)	alacha mukila (auf die Jagd gehen)	ake shamba
K.					
kaufen	buy	lumba-ku	luma-ku	aschuma	lumba-ku
klettern	climb	kuma-ku	akuma	obana	—
knoten	tie	kanga-ku, jika-ku	bundika	akule	—
kochen	cook	lamba-ku	lamba-ku	ulamba	lamba-ku
können	can	lenda-ku	saba-ku	ashiba	jiba-ku
kommen	come	wisha-ku	sha-ku, za-ku, ja-ku	sakune	ja-ka
krank sein	to be ill	jela-ku	la-ku	ajocho mukali	kanza-ku
L.					
lachen	laugh	seva-ku	tscheba-ku	aschele	schere-ku
laufen	run	zola-ku	—	—	—
lieben	love	tonda-ku	ndschi-ku	okuenee	—
M.					
machen	make	vanga-ku	tunga-ku	utua	bete-ku
malen	paint	kusa-ku	atamampira	ukachana	atamampira
N.					
nähen	sew	ta-ku	obama	atuma	tunga-ku
nehmen	take	zonzola-ku	awole	nzole	akwi
niesen	sneeze	tenkischja-ku	kescha-ku	usacha	—
O.					
öffnen	open	bundula-ku	njono	upala	pusula
P.					
paaren	copulate	kwela-ku	alala mbu	abila mukaru	siba-ku, tutuma-ku
pfeifen	whistle	sika-ku viosi	mwelo	obero	—
R.					
regnen	rain	noka-ku	ngawa ano	ngawa anocho	etumba
rudern, ziehen	pull	tantika-ku	okoo	okocho	bindika
reissen					
rufen	call	bokila-ku	twambile-ku	zakune (?)	agubianga
ruhen	rest	vunda-ku	—	—	—
S.					
sagen	say	vova-ku	liela-ku	obilandacha	asakula
schälen	bark	woka-ku	lila-ku	—	lila-ku

Deutsch	Englisch	Kongo	Ki-teke	Ki-bama	Ki-jansi
schauen	look	tala-ku	tala-ku	akee	abo
schiessen	shoot	sika-ku	ta-ku	abocho (zielen)	ta-ku
schlafen	sleep	leka-ku	lala-ku	ubira	tutama-ku, ngoli
schlagen	beat	jeta-ku	beta-ku	—	beta-ku
schliessen	shut	zika-ku	kura-ku	ukaa	kanga
schneiden	cut	basa-ku	tschira-ku	wabacha	uketa
sehen	see	tala-ku	tala-ku	nsaumona	tala-ku
sein	be	—	—	abuma	—
spielen	play	sakana-ku	tama-ku	utama	—
sprechen	speak	vova ku	liela-ku	ubila	usakula
stehlen	steal	jia-ku	muivi	oja	mujibi
stellen	place	teutscheka-ku	tula-ku	gila	tika
streiten	quarrel	—	mpuru	adzuma	nkanda
T.					
tanzen	dance	kina-ku	wukina	ukuni-kina	bina-ku
thun	do	vanga-ku	.a-ku	sachana	—
tödten	kill	vonda-ku	tschira-ku	abacha	keta-ku
trauern	mourn	—	lila-ku	olila	lila-ku, buleli
träumen	dream	tschina-ku	—	olorondzore	—
trinken	drink	nua-ku	uwa-ku	ako	uwa-ku
U.					
uriniren	urinate	—	schuba-ku	onjena	oneke
V.					
verbergen	hit	jeta-ku	nkolo	ate, apachara	abete
verkaufen	sell	teka-ku	teka-ku	ntacha	teka-ku
verschneiden	castrate	vokula-ku	amara makara	ashua makara	—
versprechen	promise	ikila-ku	—	—	—
W.					
wandern	walk	kija-ku	awila	jakeche	atambula
warten	wait	vinga-ku	sakana	kala dzo	—
waschen	wash	sukula-ku	sukula-ku	oschuwi	upunga
weben	weave	—	okuba	okuba	matanda
werfen	throw	loza-ku	tilibwe	ubacha	wakangi
wissen	know	zaia-ku	saba-ku	ashiba	iba-ku, njeba
wünschen	wish	—	adschii	nkuni dschuo	alinga
Z.					
zielen	aim	teza-ku	djulemo	—	loko

NAMEN- UND SACHREGISTER.

Aberglauben bei den Bakongo 374.
Ackerbau 401.
— in Pallaballa 50.
Affen 89. 347.
—, menschenähnliche 12. 348.
Affenbrotbaum (Baobab) 15.
Afrikanische Station, Beschreibung einer 41.
Alkohol, Nutzen und Schaden des 6. 280.
Ambris 3.
Ambrisette 17.
Ameisen 307.
Antilopen 356.
Axt, als Zeichen der Würde eines Häuptlings 405.

Babwende, die 372.
Bajansi, die 370. 384.
—, Dorf der 187.
Bakongo, die 373.
Banana-Point 21. 271.
Bankwa's Rede 267.
Bantu, die 367.
Baobab, der 15.
Baphia, die 160. 390.
Bartvögel 30.
Basikongo, die 371.
Basundi, die 372.
Bateke, die 152. 384.
Baum, heiliger 15.
Bäume, abwelkende 282.
Baumente 91.
Begräbnissfeierlichkeiten 225.
Belgier, König der 409.
Belgique, der Dampfer 38.
Berathung oder Palaver 265.
Berauschende Getränke 7. 280.

Beschneidung 377. 395.
Bevölkerung, Dichtigkeit der 405.
Bieneuspecht 90.
Blutbrüderschaft 261.
Blüten, Glanz der 264.
Bolobo 208.
Boma 35. 270.
Botanik des Kongo 277. 292.
Brandungsboote in Kinsembo 9.
Branntwein als Tauschmittel 115.
Brazzaville 149.
Bücher als Mittel gegen den Branntwein 7.
Büffel 219. 292. 355.
Bula Matade zu Hause 39.
— —, Ursprung des Namens 91.
Bundi, der 84.
Buschfeuer 126. 281. 284.
Busi, der 84.

Cabeça da Cobra 18.
Cacimbo 280.
Calamus 169.
Calemma 8.
Camoensia 80.
Camwood-Farbe 190. 390.
Ceremonien und Gebräuche 167. 212. 382.
Christenthum in Pallaballa 57.
Chrysochlorus 351.
Cnestis, Fruchtgehäuse der 160.
Conversazione, eine 157.
Coquilhat, Lieutenant 265.

Dandanga, König von 117.
Delphin 351.
Diät, Nothwendigkeit der 279.
Dover-Klippen 149.

Drachenbäume, Dracaenen, in Jellala 63.
Draht als Tauschmittel 115.
Dschuma, Ankunft des 263.
Dualla 40. 267.

Edwin Arnold-Fluss 129.
Eidechsen 318.
Eingeborene auf Bäumen 182.
Eingeborenen, praktische Heilkunst der 249.
Eisen 219. 404.
Elefant 218. 351.
—, Fangzähne des 352.
—, grauweisses Exemplar 259.
—, Nahrung des 237.
Elfenbeinstrasse, die 17.
Embe 200.
Entomologie des Kongo 301.
Erdnussöl 104.
Ethnographie 367.
Eunuchen, Tänze der 380.
Euphorbien 229.

Falle für Leoparden 250.
Fangzähne, grösste 352.
Faradschi 76.
Farben, beliebteste 115.
Fauna des Kongolandes 290.
Felsbrecher, der 39. 91.
Felsen, Abwaschung der 289.
Felsen und der Regen 288.
Fetisch-Hans 133.
Fetisch-Mann 217.
Feuer, Bedeutung der 126. 281. 284.
Fiote-Sprache 55.
Fischadler 328.
Fische 311.
Fischereigeräthe 397.
Fischfang bei Jellala 69.
Fisch, geräucherter 161. 396.
Fledermausfressender Habicht 328.
Fledermaus-Schlingen 133.
Fliegen 309.
Flora des Kongolandes 290.
—, Schönheit der 83.
Flusspferd 160. 164. 352.
—, Abenteuer mit einem 181. 262.
—, landstreicherisches 353.
Fortschritte am Kongo 407.
Französische Flaggen in Mbamo 200.
Fregattvögel 325.

Froschlurche 313.
Fruchttauben 90.
Frühling am Kongo 285.

Ganschu 187.
Gazellen 356.
Gebräuche und Ceremonien 167. 212. 382.
Geflügel am Kongo 400.
—, Lieblingshahn 81.
— -Suppe, Recept einer 208.
Geier 327.
Geisterglauben 380.
Gennetkatze 351.
Gerstenzucker 104.
Gesichtszüge der Kongovölker 392.
Gesundheitspflege 164.
Glareolae 330.
Gobila 246.
Goldmull 351.
Gorilla 292. 318.
Gottesdienst in Pallaballa 55.
Gras, Ueppigkeit des 82.
Grasbrände 126. 281. 284.
Gräser, die 295.
Guillot, Abbé 269.
Gypohierax 327.

Haar der Bajansi 201.
Haarputz 189. 392.
Haarwuchs 369. 374. 385.
Habichte 328.
Hahn als Lieblingsthier 81.
Handel mit Thieren 32.
Handel zu Manjanga 115.
Handelsstrassen zur Küste 102.
Handtücher als Tauschmittel 115.
Hängematte, Reisen in der 4.
Hausgeräth 401.
Hausthiere der Eingeborenen 398.
Häuser, die 401.
— in Pallaballa 51.
Häusliches Leben 382.
Heilkunst 249. 381.
Heuschrecken 305.
Hexen, Verbrennung von 375.
Höllenkessel 37.
Hornvögel 90.
Hühnersuppe, Zubereitung einer 208.
Hunde, eingeborene 110. 399.
Hundertfüsser 310.
Hut, seltsamer 213.

Namen- und Sachregister.

Hüttenlager der Bajansi 260.
Hyänen 350.
Hyphaene-Palmen 9. 159.

Ibaka, König von Bolobo 209.
—, sein Königreich 218.
Ichthyologie 311.
Imbono 76.
Iukissi, der 135.
Insekten des obern Kongo 178.
Isangila 99. 269.
Itimba 224.
Itunzima-Wasserfälle 110.

Janssen, Lieutenant 185.
Jasmin, Arten des 17.
Jellala-Fälle 60.

Kabinda 370.
Käfer 305.
Kaï, das Dorf 63.
Kallina, Cap 151.
Kanoe der Eingeborenen 236.
Katze, die Hauskatze 400.
— zu Mukemo, eine 231.
Kauries als Scheidemünze 115.
Keuchhusten in Mukemo 231.
Kibuma-Wörterbuch 415.
Kijansi-   —   415.
Kikwanga 103. 115.
Kimpoko 166. 265.
Kinder, spielende 136.
—, Willkommen der 78.
Kinschascha 154. 265.
Kinsembo, Willkommen zu 5.
Kintamo 153.
Kissange 27.
Kiteke-Wörterbuch 415.
Kleidung, Ursprung der 389.
Kletterpalme 169.
Klima des Kongolandes 277.
Kochkunst für Reisende 104.
Königsfischer 107.
Kongo, Delta des 20.
—, Farbe des 20.
—, keine natürliche Grenze 291.
— -Reich 372.
—, Völker am, Charakter der 272.
— -Wörterbuch 415.
Kongo Mpaka 57.
Krokodile 238. 313.

Krokodilen, Abenteuer mit 33.
Krokodilswächter, der 316. 329.
Krujungen 22.
Krumanos 22.
Kürbisse 58.

Lagunen, Leben in den 29.
Landkrebse 310.
Landleben in Msuata 183.
—   —   Pallaballa 50.
Lawson, der 193.
Leben der Eingeborenen 382.
Lebensweise am Kongo 5. 44.
— —, Nothwendigkeit geregelter 279.
Lebensmittel in Maujanga 115.
Lehrlinge und Sklaven 23.
Leichenbegängniss eines Eingeborenen 224.
Leier der Eingeborenen 404.
Leoparden 350.
— -Falle 250.
—, Fussspuren der 135.
Leopold II. und die Erforschung Afrikas 408.
Leopoldville 138. 144. 268.
Lepidopteren 302.
Lissochilus giganteus 28. 293.
„Little Dries" 281.
Loa, Thal des 78.
Loanda, Land um 13.
Loge, Uebergang über den 5.
Löwen 186. 350.
Lufu, der 59.
Luku-Käse 185.
Lulu-Fluss 88.
Lutete, Strasse nach 124.

Mädchen, eingeborene 191.
Märkte am Kongo 105.
Mafta ju Hali 76.
Maki, Galago- 349.
Makole's Krankheit 249.
Malafu aus Zuckerrohrsaft 199.
Manati, der 351.
Mandrillaffen 348.
Maniokbrot 103.
Manjanga 111. 268.
Marimba, die 403.
Markttag am Kongo 103.
Mbamo, französische Flaggen zu 200.
Mbila 183.

28*

Mbongo 199.
Mbote, Bedeutung des Wortes 110.
Medizin 249. 381.
Medizinische Praxis der Eingeborenen 249.
Medizinmann 375.
Mensch, Entwickelung des 387.
Menschen, auf Bäumen wohnend 282.
—, ihre frühern Kämpfe ums Dasein 388.
Menschen, ihre ursprüngliche Behaarung 385.
Messer der Eingeborenen 404.
Messinghaken als Tauschmittel 115.
Metallarbeiten 404.
Metalle 219. 289.
Mfwa 150.
Mimosenzweige, schwimmend 257.
Mission zu Manjanga 114.
— zu Pallaballa 55.
— — Stanley-Pool 140.
— — Underhill 35.
Mlongo Mlako 118.
Mollusken 310.
Moukoli Topas 219.
Moralität der Bakongo 374.
Mposo, der 53.
Msuata 184. 223 fg.
Mukemo 230.
Muschirongo 19.
Muserra, Säule von 11.
Musikalische Instrumente 403.

Nacht in Kinschascha 154.
Nahrung der Kongovölker 396.
Nahrungsmittelfrage am Kongo 141. 164.
Ndiza 64.
Ngaliema 152.
Nganga 375. 382.
Ngoma 138.
— -Wasserfälle 92.
Nguvi-Mpanda 60. 78.
Nilis, Lieutenant 112. 268.
Nkimba, die 377.
Ntamo 153.
Ntete Mbongo 65.
Ntombo Mataka 120.

Orban, Lieutenant 211.
Orchideen zu Kissange 28.
Ornithologie 323.

Palaver oder Berathung 265.
Pallaballa 49.
Palmen 12. 294.
—, Kletterpalmen 169.
Palmenstämme als Baumaterial 37.
Papagaien 333.
—, graue 160. 165. 207. 233.
— -Vorkommen 291.
Pelikane 326.
Perlen als Tauschmittel 114.
Persönlicher Schmuck 389.
Pflanzen, Verzeichniss der 296.
Pflanzengeographie des südwestlichen Afrika 12.
Phalluscultus 376.
Pisangfresser, der blaue 237.
Pistia stratiotes 197.
Ponta da Lenha 34. 270.
Portugal, Aufnahme auf dem Dampfer 273.
Portugiesen, Einfluss der 372.
Potamogale 351.
Prahlereien von Lutete 127.

Rallen, die 187. 334.
Regen, Wirkungen des 288.
Religiöse Gebräuche 56. 376. 394.
Reptilien 313.
Roller 8.
Royal, Reise mit dem 106.

Sadika Bansa 80.
Salz, Werth desselben 192. 204. 260.
Sangalla 106.
Sandfloh 308.
Sansibarer, meine 76. 271.
Säugethiere, die 345.
—, Verzeichniss der 358.
Säuglinge 192.
Schafe, die 398.
Schädel zum Schmuck der Häuser 227.
Schakale 351.
Schildkröten 230. 317.
Schildraben 334.
— zu Banana 22.
Schimpause 348.
Schlangen 319.
Schlangenhalsvogel 325.
Schlingen für Fledermäuse 133.
Schlinggewächse, Ueppigkeit der 107.

Schmetterlinge 178. 301.
—, Verzeichniss der 304.
Schmetterlingsbaum 160.
Schnepfen 329.
Schuppenthiere 358.
Schweine 400.
Schwimmunterricht 395.
Sklaven, merkwürdige 194.
Sklaverei am untern Kongo 23.
„Smokes" 281.
Soko 349.
Spinnen 309.
Sporenkibitz 317. 329.
Sprache, heilige 379.
Sprachen am Kongo 413.
Stachelschwein 357.
Stämme des Kongo 370.
Stanley, erste Begegnung mit 39.
—, in dem Palaver 265.
—, das Werk von 407.
— -Pool 138. 268.
— —, Wasservögel am 326.
Steissfuss 323.
Sturm bei Nacht 130.
Stürme, die 162. 287.

Tätowirung 190. 391.
Tauben 332.
Tauschmittel am Kongo 114.
Thalboden 125.
Thiere, Vertheilung der 290.
Thierwelt des Kongolandes 290.
Tigerkatzen 350.
Tölpel, der 325.
Topas 219. 289.
Trionyx 230.
Trockene Jahreszeit 281.
Tropenvögel 323.
Tücher als Tauschmittel 115.
Tuckey's Expedition 105.

Uferschwalben 109.
Underhill, Missionsstation 35.

Verbrennen von Hexen 375.
Vertheilung der Thiere 290.
Vivi 38.
Vogelleben in den Lagunen 29.
Vögel am Kongo 323.
Vögel, Verzeichniss der 335.
Völker am Kongo 367.

Wabuma 187. 384.
Wabuno 372.
Wasserfälle von Isangila 100.
— — Itunzima 110.
— — Jellala 60.
— — Ngoma 92.
— — Ntombo Mataka 120.
Weiber der Bakongo 376.
Weiber bestellen das Feld 117. 383.
Weibliche Arbeiten in Afrika 117.
Weichthiere 310.
Witwervogel 284.
Wörterverzeichnisse 415.
Wüsten, die Grenzen der Tropen 14.

Zauberei der Bakongo 375.
Zeichnen, Abenteuer beim 215.
Zelte der Bajansi 260.
Zibetkatze 351.
Zickzack, der, der Aegypter 317.
Ziegelsteinbauten in Manjanga 112.
Ziegen 398.
Zuckerrohrsaft, Bonbons aus 104.
Zwergrassen 368.

Druck von F. A. Brockhaus in Leipzig.

Johnston, Der Kongo.

PHYSIKALISCHE KARTE
DER
WESTKÜSTE VON AFRIKA
von H. H. Johnston.

Dichter Wald
Wiesenland mit Oelpalmen
Wiesenland
Spärlicher Pflanzenwuchs
Wüste

Leipzig: F. A. Brockhaus

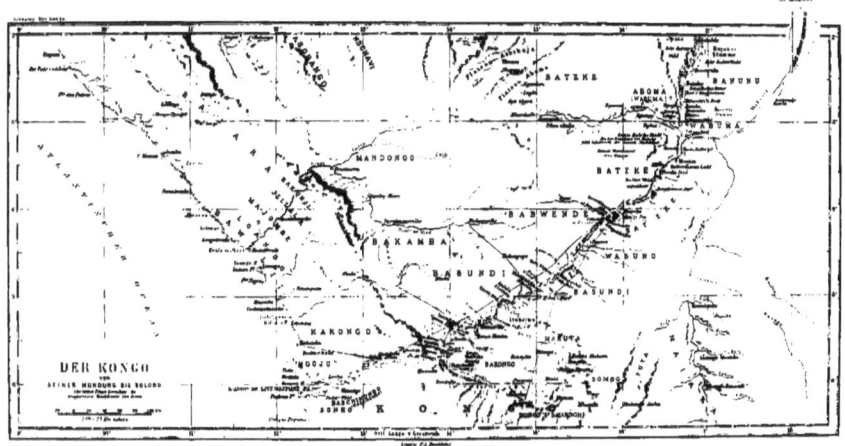

www.ingramcontent.com/pod-product-compliance
Lightning Source LLC
Chambersburg PA
CBHW020603300426
44113CB00007B/496